A Primer For
Rorschach Interpretation

罗夏测验系列丛书

罗夏测验
解释入门

【美】约翰·埃克森纳　著
孟宪璋　任滨海　刘浩鑫　译

暨南大学出版社
JINAN UNIVERSITY PRESS
中国·广州

图书在版编目（CIP）数据

罗夏测验解释入门/［美］约翰·埃克森纳著；孟宪璋，任滨海，刘浩鑫译．—广州：暨南大学出版社，2013.6（2023.1 重印）
（罗夏测验系列丛书）
书名原文：*A Primer For Rorschach Interpretation*
ISBN 978－7－5668－0572－0

Ⅰ. ①罗…　Ⅱ. ①约…②孟…③任…④刘…　Ⅲ. ①墨迹测验—研究　Ⅳ. ①B841.7

中国版本图书馆 CIP 数据核字(2013)第 094128 号

John E. Exner, Jr.
A Primer For Rorschach Interpretation
English language edition published by Rorschach Workshops. Asheville, North Carolina.
本书中文简体字翻译版由 Rorschach Workshops 授权暨南大学出版社在中国独家出版发行。

广东省版权局著作权合同登记号　图字 19－2013－121 号

罗夏测验解释入门
LUOXIA CEYAN JIESHI RUMEN
主　编：约翰·埃克森纳　译　者：孟宪璋　任滨海　刘浩鑫

出 版 人：张晋升
责任编辑：武艳飞　牛　攀
责任校对：方俊聪
责任印制：周一丹　郑玉婷

出版发行：暨南大学出版社（511443）
电　　话：总编室（8620）37332601
营销部（8620）37332680　37332681　37332682　37332683
传　　真：（8620）37332660（办公室）　37332684（营销部）
网　　址：http://www.jnupress.com
排　　版：广州市天河星辰文化发展部照排中心
印　　刷：广州方迪数字印刷有限公司
开　　本：787mm×1092mm　1/16
印　　张：17.25
字　　数：410 千
版　　次：2013 年 6 月第 1 版
印　　次：2023 年 1 月第 2 次
定　　价：62.00 元

（暨大版图书如有印装质量问题，请与出版社总编室联系调换）

前　言

在1970年至1973年期间，我们确定了综合系统的组成部分，当时没有一个人对刚建立的罗夏测验模型将来的变化有什么想法。这项工作是耗时费力的，但也相对简单。它包括将来自其他罗夏测验模型或系统的最好的东西整合起来，并在其中增添一些新的有文献支持的变量和发现。目的是为罗夏测验提出一种有实证基础的、易学的和标准化的方法。

我常常回想起那些早期的决策，回想起我们团队的天真乐观。在1974年综合系统面世后不久，我们遇到了严峻的考验。很显然，我们没有完成任务，因为我们无意中忽略了特殊分数的问题。我们采纳了一些变量，但严格地讲，它们没能达到预期的目标，我们基于小样本的数据而做出的某些结论后来被证实是有错误的。显然，许多有关测验的问题依然没有得到解决。

几年过去后，新的研究一下子涌现出来，有关综合系统增添和修改的报道也时常出现。1976年，《罗夏测验综合系统工作手册》出版了，现在第五版也要出版了；1978年和1982年，《罗夏测验综合系统》的第二卷和第三卷先后出版；1986年，第一卷的第二版出版。尽管如此，这个项目依然没有完成，研究仍在继续着。20世纪90年代，对《罗夏测验综合系统》的第三卷再次进行修订，但即便如此，研究还没有结束。新的变量还在不断被发现，新的解释规则和策略也不断改进，同往常一样，新的问题出现了。

在这漫长的过程中，测验的问题和疑问曾多次让我们感到挫折，偶尔还令我们感到无奈。幸运的是，这些感受通常被新发现所带来的兴奋所抵消。最重要的是，该项目参与者的热情支撑着它，他们一直认为罗夏测验确实是一个很好的测验，能够提供大量的有关人的信息。但就像任何其他测验一样，它也有局限性，但总的来说，它能让熟练的使用者获得其他方法所不能得到的有关个人的很多信息。

某些人对发展使用罗夏测验所必需的技能感兴趣，不过他们常常发现这并非一件容易的事。罗夏测验是一个复杂的测验，不可能在几个小时的集中学习后就能掌握。学习罗夏测验的学生都记得，他们是如何被恰当的编码或逐字记录所困扰。不过，这些死板的问题通常经实践就能很容易解决。大概任何一个有理解和学习能力的人都能学会并正确施测和正确编码。真正的挑战是对测验数据的准确解释。

在处理罗夏测验的数据时，要使用到许多原则和规则，不过它们并非总是孤立的。单独一个变量的数据通常是没什么意义的，除非将其与其他变量的发现结合起来考虑。罗夏测验的解释需要判断。它是一个归纳和演绎的过程，通过这个过程，有关个人的信息才会逐渐显露出来。

在过去，罗夏测验的解释原则与大量的研究资料一同散落在《罗夏测验综合系统》的各卷中。尽管研究发现常常能促进对解释规则或原则的理解，但也为那些努力掌握解释程序的初学者增添了许多额外负担。支撑综合系统的研究不断扩展，使得《罗夏测验综合系统》第一卷的篇幅也在增加，令初学者面对信息过载的问题。

当然，研究的发现是重要的，不应被忽视。然而，考虑到学习罗夏测验解释这一任务的复杂性，似乎有必要以一种更为精炼的形式来展现这些原则，将焦点聚集在基本的概念及其应用上，如此便有了这项精炼化的工作。这本书几乎没有提及有关研究的内容，也少有表格。它只涉及解释程序的要点，强调解释的逻辑和策略。

罗夏测验的解释涉及对各单元数据的处理。每个单元与某种心理特征有关。解释工作先聚焦于各个单元，然后再将所有发现组织起来。希望该书能使初学者在学习罗夏测验解释时更容易些，也为那些有丰富罗夏测验经验的人提供更为便利的工具，以满足他们查阅具体原则或规则之需。

本书的内容反映了有关综合系统及其应用的最新发现。有些新的变量最近已经增添在其中，那些熟悉综合系统的人会注意到有些老的变量已经从结构化表中删除了。这是参考许多新的研究对综合系统进行的一种微调。许多人对最近的发展和改进作出了贡献，我希望他们能知道我的感激之情。我要特别感谢罗夏测验研究会的成员 Tomas Boll、S. Philip Erdberg、Mark Hilsenroth、Gregory Meyer、William Perry 和 Donald Viglione。对他们创造性的建议、富有思想性的评议和对似乎没完没了的数据的审核表示感谢。他们的专心和努力是非常有益和激励人心的。我也希望向 Karen Rogers 和 Pil Erdberg 表示感谢，感谢他们对原稿的阅读和提出的建议。如果本书便于阅读，应归功于他们的努力。

John E. Exner, Jr.
北卡罗来纳州阿什维尔市
2000 年 9 月

译者序

罗夏测验（Rorschach Test）是国际上著名的人格测验之一。它与人格问卷或量表不同，使用的材料是十张随意形成的墨渍图形。施测时让被试顺序自由地观看每一张图并讲出所看到的东西以及如何看出的，然后使用符号对被试的回答进行分类编码，再经过对编码的分析和综合，进而获得人格的信息。由于测验使用的材料没有明确结构和固定意义，对反应的限定较少，要求完成的任务与目的没有直接联系，如此便可减少掩饰和伪装，令所获得的人格信息更为真实，特别对揭示隐蔽的、潜在的和无意识的人格特征更为有效。罗夏测验可以对人格的多个维度进行测量，能够对人格作出整体性分析，提供的人格印象更为全面完整。故而被广泛用于临床评估、司法鉴定、人员选拔以及跨文化人格研究。

罗夏测验是瑞士精神病学家赫尔曼·罗夏（Hermann Rorschach）在1921年首创的，当时设计的目的是用来诊断精神分裂症。几年后，Levy将测验图卡的复制品带回美国，到20世纪40—50年代，罗夏测验的发展进入到一个空前的繁盛期，在美国陆续出现了五种记分系统。由于各种系统在理论导向和记分体系上存在差异，结果导致使用和解释上的混乱。在这种情况下，各种批评意见日渐增多，甚至有这样的极端观点：学生学习罗夏测验是浪费时间。在这些批评中，突出的有几点：罗夏测验的解释缺乏实验基础；记分和施测缺乏标准化的程序；测量学指标缺乏实证基础；缺乏理论基础等。罗夏测验面临空前挑战。20世纪70年代初，美国的Exner决定改变这种情况，重新恢复罗夏测验的地位和荣誉。他将五个系统中经得起实证检验的指标综合在一起，对施测、言语的指导、反应的记录以及对被试的提问作出了明确的操作性规范，对信度和效度进行了广泛的研究，建立了包括非病人和病人的常模系统，形成了罗夏测验综合系统（the Rorschach Comprehensive System，CS），不仅兼顾了各种理论流派，也牢牢地将罗夏测验建立在实证和心理测量学的基础上。时至今日，综合系统已成为罗夏测验主流的记分和解释系统。在美国，80%的心理学家称在工作中使用过综合系统。由美国心理学会核准的临床心理学课程，其中80%包括罗夏测验的学习和实习。选择临床心理学课程的学生，有75%选修了综合系统。在美国所有使用的心理测验中，罗夏测验排名第四。在西班牙、葡萄牙和拉美国家最常用的心理测验中，罗夏测验排第三。

罗夏测验引入我国可追溯到湘雅医学院的凌敏猷、龚耀先和华中师范大学（华中师大）的罗传方。1946年凌敏猷访问美国，当时罗夏测验非常盛行，便将其带回国。1950年龚耀先刚从华中师大毕业来湘雅医学院工作，凌敏猷便让他开展这项工作。龚耀先那时对罗夏测验不甚了解，但在华中师大读书时听罗传方介绍过罗夏测验，所以即刻回母校求教。罗传方是47或48年从美国回国的，当时也带回了罗夏测验。龚耀先从华中师大学习半年后，回湘雅便开展了罗夏测验的工作，当时学的是Beck系统。那时在南京也有人使用，60年代初，哈尔滨医科大学有人也想开展罗夏测验，要求湖南印刷些图片，并计划合作建立全国常模，但因“文革”而停止了。直到20世纪80年代，罗夏测验的研究才重新开始。1985年，龚耀先再次开始进行常模建立的工作，此时选用的是综合系统，到1987年共收集了514例正常人样本，来自湖南和江苏等地。当时将此样本数据进行整理，形成了一个初步的常模，编制了手册，并计划在完成全国采样后，推出正式的全国正常人常模。可惜后来龚耀先没有将此工作延续下去，计划中的全国常模就此夭折，那个初步的常模也被束之高阁，鲜有人使用。在此期间还有其他人介绍了罗夏测验。暨南大学的凌文辁80年代在日本留学时，曾与日本罗夏测验的专家滨治世学习罗夏测验，在与滨治世合著的《心理测量法》中，对Klopfer系统作了比较全面的介绍。1997年袁军将罗夏的《心理诊断法》翻译出版。2005年本人在《实用心理测量》中介绍了Lerner的精神分析导向的记分系统，在教材《心理评估》中介绍了综合系统。此外，在过去的20多年里，也有一些罗夏测验的研究报道，文献中可查到的不过十几篇，真正在临床中的应用几乎没有。究其原因，可能有如下几点：首先，龚耀先的兴趣更多在研究方面，在编制和修订测验。他的研究领域非常广泛，从人格问卷、智力测验、神经心理测验，到罗夏测验，不下几十种，因此也没有精力顾及罗夏测验的临床应用。第二，罗夏测验的施测、编码和解释相对难度较高，并非像其他人格问卷，易于推广使用。第三，罗夏测验技术复杂，对使用者要求很高，仅作为精神科“贴标签”式诊断之用，实属大材小用，不能体现其价值，况且又缺乏效益。更能体现其价值的领域是心理治疗，如为选择恰当的心理治疗类型、确定核心的治疗目标和制定治疗计划等提供指导。随着心理治疗在国内的不断发展，罗夏测验在国内似有重新兴起之迹象，如2011年清华大学邀请了美国著名罗夏测验专家来华讲学，举办培训班，至今已有三届。而在今年，国内学者也开始举办类似的培训班。这预示着罗夏测验在中国的发展将进入一个新的时期。

20世纪90年代初，本人在龚耀先教授门下攻读博士，曾接触过罗夏测验，但未深入。2000年开始，因教学的需要以及对精神分析的兴趣，再度投入到罗夏测验的研究中。从一开始，我们的重点便没有放在常模的制定，而是在临床的应用上。我们以为，对罗夏测验而言，不能突破临床应用的技术难关，即便制定出常模，也是不可靠的，更是无用武之地的。《罗夏测验综合系统工作手册》和《罗夏测验解释入门》的翻译，便是在这个过程中积累而成的。

Exner建立综合系统后，在1973年出版了《罗夏测验综合系统：基本原理和解释原则》，之后差不多每10年便再版一次，到2003年出了第四版。鉴于此书内容繁杂，不仅包括了施测、编码、记分和解释原则，也涉及大量的相关研究内容。Exner为初学者学习和临床使用中查阅方便，去除了原书中的研究内容，将其核心内容精炼，形成了《罗夏测验综合系统工作手册》和《罗夏测验解释入门》。

《罗夏测验综合系统工作手册》主要涉及测验的施测、编码和记分，其中有不少案例示范，并配以练习和参考答案。另一项内容是常模，非常细致和全面，包括成年人和儿童，涉及非病人和病人样本。就我们的经验而言，虽说这是美国人的常模，不一定适用于中国人，但有一定参考价值。《罗夏测验解释入门》是《罗夏测验综合系统工作手册》的姊妹篇，按照Exner的说法，通过学习和实践，正确掌握罗夏测验的施测、编码和记分并非难事，真正的挑战是罗夏测验的解释。《罗夏测验解释入门》将人格划分为八个单元，详细介绍了每个单元的解释原则和程序，以及如何将将八个单元的数据整合并结合被试的背景资料，形成最终的报告。同样，在书中也提供了大量的案例示范、练习和参考答案。总之，这两本书注重实用性和操作性，对学习、掌握和使用罗夏测验必不可少。

罗夏测验在中国的发展实属不易，在此让我对那些为此付出艰辛努力并作出贡献的前辈表示敬意，特别是我的导师龚耀先先生，他是该项工作的开拓者，为罗夏测验在中国的发展奠定了基础。此外，我要感谢我的历届学生，由于人数众多，不便一一列出，他们为此书的翻译也付出了辛勤劳动。

孟宪璋

2013 年 6 月于广州

目　录

第一章 一般原则

虽然罗夏测验解释的某些方面非常简单，但整个解释过程既不简单，也不机械。其过程既复杂又费力。之所以复杂，是因为它要求解释者具有一个逻辑性的概念框架，没有这样的框架就不可能形成有意义的结论；之所以费力，是因为它经常要求解释者对数据资料的完整性提出质疑。当然，如果学习罗夏测验的学生具有以下三个基本的前提条件，那学习解释的程序，即系统地对数据资料提出质疑和对已有的发现进行概括性的组织，就不是一件太难的事情。

一、基本前提条件

第一个前提条件是，学习者要对人和人格概念有相当好的理解。这并不意味着对罗夏测验材料的解释应按某个特殊人格理论直接做出。那样做的话，很可能是错误的。罗夏测验的基本结论最终都可以转换成任何一种人格理论模型，但有个前提就是，对资料的解释要与支撑效度的发现相一致。

解释应指向将一个人理解为独一无二的这个目标。换句话说，坚持没有哪两个人是绝对相同的观点，将会激励解释者努力将有关思维、情绪、自我意识、控制和其他人格特征的发现整合起来，尽可能凸显出被试的个性特征。

第二个前提条件是，要有丰富的精神病理学和适应不良的应用知识。这不是指对诊断标签的简单认识，也不是指那种天真的看法，即以为按照由正常和异常这样的概念建立起来的孤立的标准就可以识别不足或过分。对精神病理或适应不良的充分、完好理解，是从对人格如何成为一种缺陷，以及这些缺陷的混合如何形成各种内在和/或外在适应不良的不断积累的认识中获得的。

第三个前提条件是，解释者必须对测验本身有所理解。罗夏测验只有十张墨迹图，在标准化施测时，它迫使被试做出一系列有关问题解决的决策，由此导致一系列反应。一旦对反应进行编码或记分，接下来便是汇总整理，最后形成后续诸多计算的基础资料，这些基础数据可以划分为三组，它们包括：①被试在给出反应或回答主试问题时使用的语言表述；②反应内容和反应编码的次序排列；③至少包括100多个变量的频数以及由此导出的60多个变量、比率、百分数和指数的结构化表。这三组数据共同构成了罗夏测验解释的核心，通常它们可以产生足够的信息，形成对个人心理有效和有用的描述。

二、罗夏测验的价值

为什么要使用罗夏测验？有许多评估方法可以对个人进行有效和有用的描述。虽说罗夏测验做出的描述更具综合性，但其毕竟源自一种相当普通的间接行为样本（对墨迹图的反应）。这样，便导致其所获得的发现和做出的结论主要是推论性的。这种基于罗夏测验对个人的推论性描述，与来自深入访谈、其他心理测验的发现或重要他人（significant others）观察得到的描述相比，其价值究竟如何？

对这个问题的回答，远非像某些罗夏测验的积极倡导者所期望的那样简单、直接。事实上，在某些情况下，罗夏测验的发现可能是没用或用处很少的。比如，有些评估者或转诊者相信，在症状与其最佳治疗之间存在着固定的联系。对这些人来说，罗夏测验的发现便少有用处。另外，当评估的目的是挑选诊断标签，那情况也是如此。罗夏测验的发现对做这类判断是有益的，但因其耗时耗力，所以，其他评估方法或测验可能在完成这类“贴标签”的任务上更有效率。

罗夏测验在什么情况下才是最有价值的？当对一个人的独特性的理解在治疗的选择中变得重要时，或当需要做出涉及个人的重要决定时，罗夏测验的价值便最能体现出来。如果罗夏测验使用得当，很少有哪种评估方法像它一样，能捕捉到个人的独特性。这是因为罗夏测验的反应是基于众多的心理操作和经验。

那些决定罗夏测验反应的心理功能和经验，同样也影响着其他行为，如那些被朋友、亲戚或正式访谈者所观察到的行为。来自重要他人观察或漫长访谈而获得的个人行为的描述，通常都是相当准确的，但这些描述并不包括导致那些观察行为的心理功能的信息。而罗夏测验则能提供这类信息。

罗夏测验的任务很不寻常，在观看墨迹图的情境下，可激发起惯常的决策活动。在做决策时，有许多心理特征参与其中。正因为如此，罗夏测验的反应就能反映一个人日常生活中习惯性决策的特征。许多这类特征并不会轻易地出现在日常行为观察者的眼前。行为观察聚焦于心理过程结果的观察。罗夏测验的发现，主要反映的是导致其行为的过程。

罗夏测验的解释聚焦于个人心理的组织和功能。它强调个人的心理结构或人格，而不是个人的行为。它所提供的信息超越了对症状的认识，涉及探究、区分不同人的病原学问题。为什么要如此麻烦地使用罗夏测验？如果个人独一无二的心理特征信息，能通过帮助选择治疗计划或做出其他重要决策而对其健康幸福产生重要作用，那在施测、记分和解释中耗费一些时间也是值得的。

三、解释的某些程序规则

当解释者对程序和目标有了现实的认识和了解后，解释的进程就变得比较容易了。对程序和目标的认识，可以为解释者确定一个方向，从而帮助解释者避免形成错误的假设或结论。它包括许多方面，其中任何一个方面对信息的整合都有不同程度的影响。这种认识包括：对测验环境特征的理解；对数据完整性的认识；对数据审查规程的认识以及对假设形成的原则的认识。

（一）被试和测验环境

当解释者对被试和测验环境有所了解后，解释就会变得比较容易。全盲式分析（Completely blind analyses）是一种不错的学术研究方法，能够获得有价值的结果。但在实际评估中，某些有关被试的基本信息，如年龄、性别、婚姻状态、教育背景和测验环境等，都可以作为重要的背景框架，使得对资料以一种有意义的方式进行整合变得更加容易。

有时，测验环境可能会导致某种特殊的动机取向（motivational sets），从而影响反应的选择和反应的表达方式。但这并不表示被试的这种动机取向能显著地改变测验数据，因为这种情况很少发生。然而，认识到被试在测验过程中可能的动机取向，常会为解释者澄清特殊发现提供依据。

例如，大多数接受罗夏测验的被试，因面对某种无法解决的问题而处于心理紊乱或不适的状态。在这种情况下，大部分接受罗夏测验的成年人会“谨慎地开放自己”。特别是在向他们提供了一些有关测验的知识后，通常他们也不大会受测验或测验环境独特设置的影响。不过，也有与此不同的情况，即被试对测验或测验环境的态度或动机取向可能与寻求帮助的成年病人的典型态度或取向很不相同。

例如，有问题的儿童比有问题的成年人对测验的防御性更强。这种情况并非少见，原因可能是儿童对测验环境不信任或害怕。这种防御性在测验上以一种风格特征表现出来。解释者要确定这种风格特征是情境性的，还是心理结构的核心成分。他们常为此而感到困扰。

同样，一个被控谋杀而又希望被判无责任能力的人，在接受测验时，其所具有的动机取向或态度一定与一个在工作中寻求提拔的人大不相同。前者的反应常常是过分推敲或过于精心制作的，而后者常常给出较为谨慎或更为常规性的反应。同理，一个因精神伤害而卷入诉讼的人与一对寻求儿童监护权的父母，应有不同的测验动机。

一般来说，这些各种各样的有关测验的态度或动机取向，并不能充分地改变整个数据的趋势，但并非所有的罗夏测验资料都代表着稳定的人格特征。有时，一个特定的情境，确实能使被试以一种与在别的情境下不同的方式做出反应。一般来说，解释者应当能够觉察这种不同。

不断积累的资料或发现，通常能够让解释者将被试的那些情境性或短暂性的心理特征，与其心理系统中较长期或稳定的特征区分开来。然而，只有解释者认识到那些测验的环境和/或条件时，才能信心十足地进行这种区分。

（二）变异原则

解释过程通常是以一种个别研究（a molecular manner）开始的，即从对一组变量中的每个变量，就其自身以及与少数其他变量关系的研究开始的。通常，采用这种个别研究法能够形成很简单和/或具体的假设。很多这样的假设都依据变异原则形成，即当常模被作为预期值时，实际数据与预期值之间存在的差异。

利用变异原则生成假设，是解释测验数据的一种标准的“常态法则研究法（a nomothetic approach）”，在罗夏测验解释中具有重要的价值。然而，这也是一个容易导致过分简单化甚至产生错误解释的方法。当解释者注意到一个变量发生变异时，会诱导其给出不成熟的结论。例如，假如一个成年人记录中包含 4 个 COP 反应（合作性运动反应），与成年非病人样本的中值和众数相比，这是一个很高的频数。一般而言，COP 反应被认为是好的反应，在一份记录中存在 4 个 COP，任何一位解释者都可能提出这样的假设，即此人对与他人的交往是给予积极评价的，而且也可能是那种容易交往的人。这个假设可能是正确的，但也可能是不正确的，因此肯定不能将其作为确定无疑的结论。

很容易理解为什么某些解释者会变得过分关注数据的变异性。最常见的一个原因是，过分依赖常模和参照数据。常模和参照数据确实对理解和利用测验数据很重要，如果能够非常聪明地利用它们，对解释者是很有帮助的。它们是基础性资源，通过它们可以识别出个体的一些独一无二的特征。但如果对它们的使用是幼稚、形式或很随意的，则可能会导致一些有误导性的结论。

许多罗夏测验的效度研究倾向于传递这样的信息，即每一个罗夏测验的变量都与某种具体的特征相联系。这种错误信息助长了人们以一种非常具体或狭隘的方式去错误地使用常模和变异。这导致了这样一个观点，即变量可以在单一背景中进行解释或可以对变量进行孤立的解释。不幸的是，有些解释者会陷入这种观念中，忽略诸多存在于心理特征和心理操作中的相互关素。当这种相互关系被忽视，当只根据一个变量就得出假设时，错误便会出现，因为这类解释方法忽视了其他数据，而恰恰就是这些数据决定着对基于变异的假设的接受、拒绝或修正。孤立没有联系的假设必然会导致一个凌乱而又没有联系的人格画面，从而不能捕捉到个人的人格组织，甚至得出错误或扭曲的结论。

例如，我们在前面提到过，解释者可能会被诱导做出这样的假设，即有四个 COP 出现，表明被试常会积极地评价人与人之间的沟通，并且能很轻松地与他人打交道。这是一个与某些有关合作运动反应的研究发现相一致的假设。然而，假定存在以下几种情况：① 4个 COP 反应中有 3 个是攻击性运动反应（AG），② 4 个 COP 反应中有 2 个被编码为 M－，且 ③所有人类反应都是（H）或（Hd），初始假设就应该被拒绝。4 个 COP 反应的存在确实很重要，但在我们形成任何假设之前，需要仔细研究其他相关变量。

有能力的解释者非常聪明地使用变异数据，避免形成不成熟的结论。许多基于变异的假设和从测验的其他数据中得出的类似假设，不断地累积起来。随着对整个数据资料的考察，新的发现会不断增加，早期在解释的过程中形成的单一假设会变得更加广泛和精确，最后就能捕捉到被试的某些独特性。

（三）对数据完整性的质疑

解释者应当随时保持对数据完整性的关注。测验是不是逐字逐句记录的？反应的编码是不是正确的？这些疑问在解释过程中要不断提出。

在考察结构化数据时，这种质疑特别重要。结构化数据来自反应的编码，依赖于编码的精确性。每个解释者应当始终意识到，无论怎样强调精确的编码、正确的分数排序、准确的记录数据的频率和正确地计算大量的比率、百分比及衍生变量的重要性，都是不过分的。因此，一种怀疑的态度可为整个解释过程奠定坚实的基础。

在罗夏测验的记录、编码和记分过程中，有些错误是不允许发生的。主试对被试口述的记录不能发生错误。同样，对分数序列、数据频数的计算以及其他各种各样的计算，都不应发生错误。此外，有些错误虽不希望看到，但它们确实会发生，这些错误发生在对反应的编码或记分过程中。在这个过程中，即便是最老道、认真的主试有时也会犯错误。

编码或记分错误可分为两类：遗漏和错误编码。有经验的编码者最常出现的问题就是遗漏。如对一个复杂的混合反应编码时遗漏了一个决定因子、少了成对反应、忘记编码常见反应（P）或遗漏了次级内容。经验不足的记分者也会犯遗漏的错误，而且他们出现错误编码的概率更高。例如：忽略降级原则，用编码 C 替代 CF；当被试的意向不明确时，用 C' 替代 Y；选择错误的 Z 分数；将 FD 反应错误编码为 V（阴影维度）；赋予包含错误逻辑或古怪措词反应不正确的特殊分数。

幸运的是，结构化分数是从大量的数据中产生出来的。这样的话，虽说我们不希望出现错误的编码，但如果在反应的编码中存在 1 个或 2 个错误，通常也不会改变对结构化分数解释的意义。这是因为那些错误不会导致频数、比率和百分比等发生非常大的改变，以致戏剧性地改变源自于这些分数的假设。不过情况也并非都是如此，有时，即使只出现了一个错误，也可能对解释造成严重的影响。

例如，由于对图卡 VI 的常见反应的错误编码，从而导致 FT 或 TF 的缺乏，最终形成一个没有 T 或 T = 0 的结构化数据。T 为 0 是少见的，在有关人际关系的分数单元中，该分数为 0 有重要意义。T 也是决定 es 和 Adj es 的变量，而 Adj es 又与 D 分数有关，因此又影响到了 D。显然，在某些情况下，一个简单的错误会引发多米诺效应，导致形成不止一个的错误假设。下面的例子是对图卡 I 的反应：

反应	询问
它让我觉得像个女人，被绑在一个树桩上，身边都是烟。	主试：（重复被试的反应） 被试：她在正中央，高举着她的双手，这个暗的部分好像是浓烟从她的周围升起。 主试：升起？ 被试：像是在往上飘，从火那里过来的，她站在那儿，很无助，像圣女贞德一样，你看不到火，仅能看到烟。

这个反应的大多数编码是很容易的。不过，该反应也包含了一些意思模糊的措词，这样就需要在两个可能的编码中进行选择。这里被试使用了“暗的”这个词，那么对此编码为 YF，还是 C'F？正确的编码应为：

W + M^p. m^p. YFu H，Fi，Ay 4.0 MOR，PHR

有些编码者可能错误地选择了 C'F，而不是 YF，因为他们忽视了一个规则，该规则规定，当使用“暗淡的”或“明亮的”等词汇，而其意图又不清楚时，编码弥漫阴影更合适。按照正确编码汇总的结构化分数如下：

EB = 5:2.5		EA = 7.5		FC:CF + C = 3:1
eb = 6:5		es = 11	D = −1	SumC':WSumC = 2:2.5
		Adj es = 10	Adj D = 0	
FM = 5	C' = 2	T = 1		
m = 1	V = 0	Y = 2		

如果编码者给出错误的编码，而不是 YF，则其中的一些结构化分数就会被改变。改变的数值用粗体和下划线标识出来。

EB = 5:2.5		EA = 7.5		FC:CF + C = 3:1
eb = 6:5		es = 11	D = −1	SumC':WSumC = **3**:2.5
		Adj es = **11**	Adj D = −1	
FM = 5	C' = **3**	T = 1		
m = 1	V = 0	Y = **1**		

1. *对正确编码数据的解释*

假如有疑问的反应被正确地编码了，则此组数据产生以下的假设：第一，在考虑 EA 的情况下，D 为 −1，Adj D 为 0，提示存在情境性压力，由此可导致刺激过载；第二，因为 D 分数是负值，所以刺激过载可导致冲动；第三，因为 EB（5∶2.5）表明是内向风格（introversiveness），所以这些冲动更可能对原来的思维模式产生影响，从而使思维变得不清晰或较零碎，形成的决策也比平常更草率。当然，这些假设会随着其他发现的出现而被仔细评估，但最终很可能会形成一个涉及情境性压力问题的干预建议。

2. *对错误编码数据的解释*

来自错误编码数据的假设则很不同，可能不会提及情境性压力。相反，因为两个 D 分数都是 −1，可以假设刺激过载的状态是长期的而非情境性的，提示对压力的承受力有问题，这样在复杂或要求过高的情境下有效应对的能力就显得不足，从而可能出现冲动性的思维或行为。依据 EB（5∶2.5）比值很容易从 C' 反应数的升高和左边较高的事实，形成这样的假设：刺激过载（超负荷）的原因涉及情绪表达的过度谨慎和情绪内化（internalize feeling）的倾向。也可以这样假设：回避情感的公开表达并将其禁锢在内的倾向，会导致明显的不舒服，并经常体验到紧张、焦虑，甚至抑郁。

这种情绪束缚和内化的倾向，特别是结合压力耐受问题一起考虑时，就很容易被视为是经常出现的躯体化症状的基础。尽管还会参照其他数据对这些错误的假设进行仔细的评价，但最后可能提出一个包括针对持久的情绪处理困难干预的建议。

3. 不可能现象

解释者应当特别注意这样的情况，即由给出的数据不能得出某种重要的发现。例如，在面对上述例子中的正确数据时，解释者应当能够很快地意识到，如果任何一个 Y 的编码是错误的话，那么 Adj D 的值就是负的。换句话说，Adj D 几乎不可能是 0。

类似的是，当面对上面例子中不正确的数据时，精明的解释者会注意到，如果 EA 增大 1 个点，或 Adj es 降低 1 个点，则 Adj D 就会为 0。另外，值得注意的是，在 SumC'∶WSumC 比值中，左边的值看上去大些，其实仅比右边多出 1.5。意识到这些细微的差异会促进解释者对那些包含这些变量的反应编码进行仔细的检查。

如果对上述例子中的那组错误数据产生质疑，那首先要检查的是 EA，特别是要对 4 个色彩编码的反应进行检查。质疑的主要问题是编码是否正确。如果 FC 编码中的 1 个是 CF，那就可能要改变对 SumC'∶WSumC 比值的解释；如果 FC 编码中的 2 个是 CF，则两个 D 分数都会改变。相反，如果编码为 CF 的反应实际是 FC，那么以 D 分数和 SumC'∶WSumC 为基础的假设就应该得到加强。

由"不可能现象"引发的另一个质疑涉及灰—黑和阴影编码的反应。在这种情况下，要对纹理反应的编码进行检查，以确保该编码只包含 T 而不包含 Y。同样的问题也存在于 3 个 C' 反应中，应检查 Y 反应以确定其不是 C' 反应。如果 C' 编码已经被错误地输入了，如同上面的例子，此刻错误应被发现，数据相应发生改变，初始的假设也随之而变。

对一个记录中若干反应的编码进行检查花费不了多长时间。对于一位资深的罗夏测验专家来说，可能仅需几分钟，即便对一位有责任心的新手来说，也不会花费太长的时间。一般来说，解释者在进行解释之前，检查所有反应的编码是很明智的做法。这不是对编码者的挑战，而是努力确保不要发生遗漏或错误编码。

即使是最有经验的罗夏测验专家，也不应对他/她的记分过于自信。特别是当解释者与施测者和编码者不是同一个人时，检查所有的编码就显得格外重要。这种谨慎的检查，也为评估记录是否清晰、询问有无多余和部位记录单的使用情况提供了一个机会。

在解释过程中，任何对已经汇总到分数序列表中的反应编码准确性的质疑和对比率、百分比计算的质疑，都可能出现。在解释过程中，编码检查常常要从原始记录到分数序列表或结构化分数一览表，然后再倒转过来，这种反复的检查是必须的。

这种反复的检查常常是由于遇到疑问，比如哪张图卡有常见反应？S 反应在哪里发生？镜像反应的内容是什么？或一个编码为 DR 的特殊反应的特征是什么？诸如此类问题，不仅能使解释更加精确、优化，而且也能避免过分狭窄或具体的解释。

四、使用分数单元来解释

大部分的测验分数被归入不同的单元中（见表 1）。前面的七个单元与个人的基本特征有关，在解释过程中要一一对它们进行检查。第八个分数单元是情境相关压力，仅当测验中有情境相关压力的证据时才进行检查。一些变量不止出现在一个分数单元中，这是因为它们不止与一种心理特征或心理过程有关。

表 1　与不同心理特征有关的分数单元

功能成分	变　量
情绪特征	DEPI、CDI、EB（外向风格）、Lambda、EBPer、eb［右值（SumC' + SumT + SumV + SumY）］、SumC'：WSumC、Afr、2AB +（Art + Ay）、CP、FC:CF + C、纯 C（频数和形状质量）、S、混合反应、色彩—阴影混合、阴影混合
控制和压力耐受	D、Adj D、CDI、EA（SumM、WSumC）、EB、Lambda、es 和 Adj es（FM、m、SumT、SumV、SumC'、SumY）
认知中介	R、Lambda、OBS、XA%、WDA%、X - %、FQ -、S -、（检查同一种类的形状质量为“ - ”的反应和歪曲程度）P、FQ +、X + %、Xu%
概念化	EB*（内向风格）、Lambda、EBPer、a：p、HVI、OBS、MOR、eb［左值（FM + m）］、Ma：Mp、2AB +（Art + Ay）、Sum6、WSum6、6 个特殊分数的形状质量、MQ、M 反应质量
信息加工	Lambda、EB、OBS、HVI、Zf、W:D:Dd、部位序列、W:M、Zd、PSV、DQ、DQ 序列
人际知觉	CDI、HVI、a：p、Fd、SumT、人物内容总和、H、GHR、PHR、COP、AG、PER、孤独指数、包含成对反应的人类运动和动物运动的内容
自我知觉	OBS、HVI、Fr + rF、3r +（2）/R、FD、SumV、An + Xy、MOR、纯 H:非纯 H、人物内容编码、所有形状质量为“ - ”内容、MOR、H、人类运动反应
情境相关压力	D、Adj D、EA、EB（0 值）、m、SumY、SumT、SumV、混合反应复杂性、色彩—阴影和阴影混合（m 和 Y）、纯 C、M、M -、Mnone

注意：当 EA 大于 3.5，如果 EA 小于等于 10 时，EB 一边的值大于或等于另一边 2 个点，如果 EA 大于 10，EB 一边大于另一边 2 个点，此时 EB 才是风格性的。

例如，形状质量为“ - ”的反应与认知中介和自我知觉有关。同样，某些运动内容与自我知觉和人际关系知觉密切相关。高 Lambda 与控制、情绪、信息加工、认知中介和概念化有联系，阳性的高警觉指数与信息加工、概念化、自我知觉和人际关系知觉有关系。

有些变量出现在不止一个单元中，但这并不一定意味着它在这些单元中都具有重要意义。

例如，当 MOR 为 0 或 1 时，评估自我知觉，对解释者是有用和重要的，但在评估概念化时则没什么意义。相反，如果 MOR 大于或等于 3 时，则解释者会在研究自我意象的某些负面特征时使用它，同时在评价概念化时也会使用它，因为 MOR 值升高预示着对自己的一种负面态度，这种态度导致一种悲观倾向，后者对概念化有严重影响。

因此，归属于某个单元的变量可能只有在其显著变异时才有意义，但它也可能在另一个分数单元中总是有意义的，而不论其值的大小。

（一）系统化处理

自然地，对任何一个罗夏测验记录的解释，都必须建立在全面考虑测验资料的基础之上。测验资料主要分为三组：结构化数据（Structural Data）、分数序列（Sequence of Scores）和言语表述（Verbalizations）。在心理测量学事实的基础上，对上述三组资料进行检查。检查之后，结构化数据便构成了罗夏测验的“核心数据”，它是形成基本假设的最重要的基础。然而，这些假设可能太笼统、太狭窄甚至是错误的。在研究结构变量时，常常会有问题出现，这样就不得不在处理其他结构变量前，转向研究分数序列和/或言语表述资料。

表 2 显示了处理分数单元的顺序。在某些单元中，从一个数据组到另一个数据组的转移是系统性解释程序的一部分。在另一些情况下，从一个数据组转向另一个完全是由解释者遇到了不清楚的问题所引发的。

如果想要获得一个复杂的和有意义的测验解释，那在不同数据组间进行灵活的转换就至关重要。例如，序列特征常常提供一些信息，利用这些信息可以对源自结构化数据的假设进行检验、澄清或扩展。有时，不同寻常的分数序列可导致新的假设。同样，言语表述资料也是丰富的信息源，借助它可以澄清假设或发展新的假设。

（二）作为建构单元的初始假设

对罗夏测验的解释就是利用结构单元建造完整人格画面的过程。随着对每个分数单元不同部分的考察，便有一系列的假设形成。最初，这些假设多是简单的，而且也较为笼统，但随着解释过程不断延伸，假设便不断丰富，逐渐形成一套有关研究特征的精确、细致的描述。有时，产生于解释程序中某一步骤的假设，可能与其他假设不同，但不要仅仅因其与源自其他数据的假设不相同便简单地将其否定。一般而言，这种表面的差异，可在与其他发现的整合中协调起来。

从每一个分数单元产生出来的假设，其数量的多少与资料的丰富性和解释者的推演技术有关。在某些情况下，从某个分数单元得到的有关某种特征的假设并不比常人的说法更好。但即便是这些平庸的假设，在与其他发现的整合中，也可变得重要起来，因为它们是整个画面的一部分。它们常常使那些从更为特别的或变异的数据中推演而来的假设，变得更加协调、和缓。

任何孤立的假设都可能是有疑问或靠不住的。因此，好的假设是在不断地积累和组织中形成的，是在对那些描述不恰当或被忽略的问题的关注和澄清过程中形成的。

表2　每个单元考察变量的顺序

控制和压力耐受		信息加工	
步骤1	Adj D 和 CDI	前提（L、EB、OBS、HVI）	
步骤2	EA	步骤1	Zf
步骤3	EB 和 Lambda	步骤2	W:D:Dd
步骤4	es 和 Adj es	步骤3	部位序列
步骤5	eb	步骤4	W:M
		步骤5	Zd
与情境有关的压力		步骤6	PSV
步骤1	与 es 和 Adj es 有关的 D	步骤7	DQ
步骤2	D 和 Adj D 之间的差异	步骤8	DQ 序列
步骤3	M 和 Y		
步骤4	T、V、3r+（2）/R（联系背景资料）	认知中介	
步骤5	D 分数（考察 Pure C、M−、Mnone）	前提（R、OBS、L）	
步骤6	混合反应	步骤1	XA% 和 WDA%
步骤7	色彩—阴影和阴影混合反应	步骤2	FQnone
		步骤3	X−%、FQ−的频数、S−的频数
情绪特征		步骤3a	同质性问题
步骤1	DEPI 和 CDI	步骤3b	反应的歪曲程度
步骤2	EB 和 Lambda	步骤4	常见反应
步骤3	EBPer	步骤5	FQ+的频数
步骤4	eb 的右边和与它有关的变量	步骤6	X+% 和 Xu%
步骤5	SumC'：WSumC		
步骤6	情绪比	概念化	
步骤7	理智化指数	步骤1	EB 和 Lambda
步骤8	色彩投射	步骤2	EBPer
步骤9	FC：CF+C	步骤3	a:p
步骤10	纯C	步骤4	HVI、OBS、MOR
步骤11	空白（S）反应	步骤5	eb 左值
步骤12	混合反应（Lambda 和 EB）	步骤6	Ma:Mp
步骤13	m 和 Y 混合反应	步骤7	理智化指数
步骤14	混合反应复杂性	步骤8	Sum6 和 WSum6
步骤15	色彩—阴影混合反应	步骤9	6个特殊分数的质量
步骤16	阴影混合反应	步骤10	M 的形状质量
		步骤11	M 反应的质量

（续上表）

自我知觉		人际知觉	
步骤 1	OBS 和 HVI		
步骤 2	镜像反应	步骤 1	CDI
步骤 3	自我中心指数	步骤 2	HVI
步骤 4	FD 和 V（联系背景）	步骤 3	a:p
步骤 5	An + Xy	步骤 4	食物反应
步骤 6	Sum MOR	步骤 5	Sum T
步骤 7	H：（H）+ Hd +（Hd）和考察人物内容编码	步骤 6	人物内容总和及纯 H 总和
步骤 8	寻找投射内容	步骤 7	GHR:PHR
		步骤 8	COP 与 AG 的频率和编码
步骤 8a	“－”反应	步骤 9	PER
步骤 8b	MOR 反应	步骤 10	孤独指数
步骤 8c	M 和人物内容反应	步骤 11	带有成对反应的 M 和 FM 的内容
步骤 8d	FM 和 m 反应		
步骤 8e	其他反应中的修饰		

所有列于表 2 的步骤都是初始假设形成的来源，尤其重要的是它们中没有一个是草率提出的，因为它们并非少见或虚假。变异或引人注目的发现是令人迷惑的，且常常导致假设的形成，因为它们通常代表着某些不同的信息。例如，单独的一个镜像反应、多重的纹理反应，或诸如“一部分正在腐烂的身体”这样的反应，都传递了重要的信息，且清楚地鼓励解释者形成假设。然而，这些发现中没有一个能预示某种确定的缺陷或不足。只有参照其他发现（包括非变异的或平常的），才能对它们的全部意义做出判断。对于一个完整的解释来说，非变异的发现与那些变异的发现是同样重要的，甚至是更重要的。

例如，考虑下面列出的一组与信息加工有关的数据。这些数据来自一份有 22 个反应的记录。看上去这些数据没有一个是明显变异或引人注目的。然而，当按照表 2 列出的步骤对这些数据进行检查时，就会发现这些数据确实能够提供这个人的一些重要信息，且能从中引出一些有用的假设。

一位 26 岁男性的信息加工变量

EB	=5:2.5	Zf	=12	Zd	= +0.5	DQ +	=7
L	=0.67	W:D:Dd	=7:13:2	PSV	=0	DQv/ +	=0
HVI	=阴性	W:M	=7:5			DQv	=0
OBS	=阴性						

部位和发展质量序列

I:	Wo. Do. Ddo	VI:	Do. D +
II:	D + . DSo	VII:	D + . Wo
III:	D + . Ddo	VIII:	W + . Do
IV:	Wo. Do. Do	IX:	Wo. D +
V:	Wo	X:	W + . Do. Do

对信息加工单元的解释要求一些前提条件，因为解释需要参照反应风格或反应定势（如果有必要的话）。也正是这个缘故，才将 EB、Lambda、HVI 和 OBS 等变量列于表中。该被试的 EB 是 5:2.5，左边的值大，可划归为观念型。他的 Lambda 是 0.67。这两项发现都不能表明他在信息加工活动中有什么与众不同的特征。同样，他的 OBS 和 HVI 都呈阴性，所以没有理由认为他是完美主义或在处理新信息时是过分保守的。

Zf 在预期范围内，表明他在努力组织输入信息方面与大多数成年人是一样的。W:D:Dd 为 7:13:2，这似乎显示他的信息加工方式是相当经济的。但部位序列资料显示，他对加工策略的选择并不同样是经济的。他的 7 个 W 反应中有 6 个是第一反应，7 个 W 反应中有 4 个是对那些需要相当努力才能给出 W 反应的图卡（VII、VIII、IX 和 X）所做出的。W:M 是 7:5，表明他的信息加工目标与对一个内向的人的预期是一致的。

Zd 分数为 +0.5 且没有 PSV 回答，表明他的扫描策略可能是有效的。DQ + 为 7 个，而且这 7 个反应分布在 7 个不同的图卡上，表明他的组织活动相对来说是复杂的，与大部分成年人的相似。

考察完这些数据后，不谨慎的解释者可能会给出这样一个简单的结论，即这个被试的信息加工过程“没有什么问题”，然后再在他的报告中对此进行逐一描述。然而，这个结论即便是正确的，那也是不恰当的，因为它忽略了一些有关该被试好品质的信息。他并没有过分关注复杂性，也没有过分逃避复杂性，此信息很重要。同样，他在组织活动中的努力与大多数人一样，而且其组织活动是经济的和复杂的，这当然应被视为一种重要的好品质。

此外，“没有什么问题”这种表述可能是不正确的！虽然这种说法有些理由，但在未考察其他两个认知单元（认知中介和概念化）前，是没有办法得到证实的。

例如，假定认知中介单元的数据显示：该被试的测验记录中有 6 个形状质量为“ - ”的反应，而且这 6 个反应中的 5 个，又分别是对图卡 I、IV、VIII、IX 和 X 的第一个反应。此外，这 5 个反应又都是 W 反应。有了这些发现，对源自 W:D:Dd 和 W:M 的假设，就需要重新评估和修改。

如果再假定，在他的 7 个 DQ + 反应中，有 4 个都包含了一个特殊分数 FABCOM。如果是这样的话，那有关他的组织活动是以相对复杂的形式进行的假设，就必须修改，或者放弃。

上面的例子是在说明对来自一个分数单元的发现进行概括的重要性。对所获得的发现进行概括，就是对已形成的假设进行组织，不仅关注涉及缺陷或不足的假设，也重视有关好品质的假设。虽说这个概括是由一组假设组成的，而且这些假设所反映的发现，又是来自该分数单元的所有数据，但这个概括依然应被视为是暂时或试探性的，因为来自其他分数单元的发现可导致对其做出修改。

当对一个分数单元进行工作时，解释者面对的挑战是：保证对所有数据的探查、搜寻是系统的、有条理的，努力避免对所获得的发现简单化。仅仅知道某人有这样或那样的特征是不够的。当对一个分数单元进行工作时，工作的目标就集中在对特征的概念化上。换句话说，它包括以下两个需要回答的问题：①这种特征在这个人身上具有什么特点？②这种特征在心理上与其他特征是如何关联或相互作用的？

五、分数单元搜寻的顺序

解释是从一个分数单元到另一个分数单元的不断推进，直到所有的数据都被使用。但是，对分数单元考察的顺序并非总是一成不变的。表3已经确定出12个关键变量，并按其重要性先后排序，这应该是考察分数单元最好的顺序。

事实上，关键变量的存在，确实能预测到2个或3个分数单元的数据，问题在于应如何组合才能最大限度地提供被试核心心理特征的相关信息。一般来说，对任何一个人进行描述时，这些特征都应给予强调。它们是人格结构中占支配地位的因素，对心理的组织有重要作用。它们对其他心理特征的组织也有重要的影响，通常能为个人心理功能指明方向。所以，哪个分数单元被作为检查的起点是非常重要的，因为这将决定最终形成的核心描述。

表3给出的是这12个关键变量和推荐使用的解释搜寻策略。它们是按照优先顺序排列的。第一个阳性关键变量，决定测验的解释顺序。（第一个关键变量是阳性的话，解释测验记录的顺序或规程就如表3中的那样，信息加工过程优先，然后是认知中介、概念化等，最后是人际知觉。）

表3　基于关键变量的解释搜寻策略

阳性变量	典型的分数单元搜寻顺序
PTI > 3	信息加工 > 认知中介 > 概念化 > 控制 > 情绪 > 自我知觉 > 人际知觉
DEPI > 5 和 CDI > 3	人际知觉 > 自我知觉 > 控制 > 情绪 > 信息加工 > 认知中介 > 概念化
DEPI > 5	情绪 > 控制 > 自我知觉 > 人际知觉 > 信息加工 > 认知中介 > 概念化
D < ADJ D	控制 > 情境压力 > （后面的搜寻按照第三关键变量所列出的顺序进行）
CDI > 3	控制 > 人际知觉 > 自我知觉 > 情绪 > 信息加工 > 认知中介 > 概念化
ADJ D 为负数	控制 > （后面的顺序按照第三关键变量所列出的进行）
Lambda > 0.99	信息加工 > 认知中介 > 概念化 > 控制 > 情绪 > 自我知觉 > 人际知觉
FR + RF > 0	自我知觉 > 人际知觉 > 控制（后面的按照第三关键变量所列出的顺序进行）
EB 为内向	概念化 > 信息加工 > 认知中介 > 控制 > 情绪 > 自我知觉 > 人际知觉
EB 为外向	情绪 > 自我知觉 > 人际知觉 > 控制 > 信息加工 > 认知中介 > 概念化
p > a + 1	概念化 > 信息加工 > 认知中介 > 控制 > 自我知觉 > 人际知觉 > 情绪
HVI 阳性	概念化 > 信息加工 > 认知中介 > 控制 > 自我知觉 > 人际知觉 > 情绪

12个关键变量代表两种特征。其中的6个变量（PTI > 3、DEPI > 5 和 CDI > 3、DEPI > 5、D < Adj D、CDI > 3、Adj D < 0）虽然也涉及人格结构，但更多涉及的是精神病理或潜在的心理组织崩溃。剩下的6个变量更多涉及基本的个人风格，它们是心理组织和功能的基石。

大部分搜寻顺序是很容易确定的，但在某些情况下，整个搜寻策略不能仅依据第一阳性关键变量来决定。当这种情况出现时，整个搜寻顺序的确立，也要依靠后一个关键变量或第三关键变量。每种搜寻策略都按照逻辑顺序排列，这样每一个新的发现就能与前面的发现巧妙地结合起来。

表3展示的搜寻顺序是依据经验和逻辑建立的。就经验而言，检查头两个或第三个分数单元，就可能获得最多的有关核心特征的信息。就逻辑而言，所设计的检查顺序，能将每个新的发现与那些已有的发现联系起来。

需要着重指出的是，这12项搜寻策略相互间不是孤立无关的。与认知活动有关的3个分数单元（信息加工、认知中介和概念化），因其内在的相关性，常在一起按先后顺序解释，尽管解释的顺序不完全相同。同样，自我知觉和人际知觉分数单元，也经常被先后解释，其原因同样是它们相互间的关联性。

六、作为起始点的第三变量

在某些测验记录中，可能没有一个关键变量是阳性的。此时，就需要从众多的第三变量的阳性发现中选择起始点。表4提供了一个第三变量序列表，在没有关键变量为阳性时，依据它决定解释搜寻起始点。

第三变量的预测作用不如关键变量强。它们确实能告诉我们，哪个分数单元能提供有关个人最有意义的信息，但它们不能预测下一个能够提供最多辅助信息的分数单元。

这样，表4列出的由第三变量构成的搜寻策略，可以作为开始解释时的一般规则。它们并非不可更改或必须遵循。只要存在某种不寻常的情况，需要不同的搜寻策略，解释者就可对此模式进行更改。

表4　基于第三变量的搜寻策略

阳性变量	典型的分数单元搜寻顺序
OBS 阳性	信息加工 > 认知中介 > 概念化 > 控制 > 情绪 > 自我知觉 > 人际知觉
DEPI = 5	情绪 > 控制 > 自我知觉 > 人际知觉 > 信息加工 > 认知中介 > 概念化
EA > 12	控制 > 概念化 > 信息加工 > 认知中介 > 情绪 > 自我知觉 > 人际知觉
M－ > 0 或 Mp > Ma 或 Sum6 > 5	概念化 > 认知中介 > 信息加工 > 控制 > 情绪 > 自我知觉 > 人际知觉
Sum Shad > FM + m 或 CF + C > FC + 1 或 Afr < 0.46	情绪 > 控制 > 自我知觉 > 人际知觉 > 概念化 > 认知中介 > 信息加工
X－% > 20% 或 Zd > +3.0 或 < －3.0	信息加工 > 认知中介 > 概念化 > 控制 > 情绪 > 自我知觉 > 人际知觉

（续上表）

阳性变量	典型的分数单元搜寻顺序
3r + （2）/R < 0.33	自我知觉 > 人际知觉 > 情绪 > 控制 > 信息加工 > 认知中介 > 概念化
MOR > 2 或 AG > 2	自我知觉 > 人际知觉 > 控制 > 概念化 > 信息加工 > 认知中介 > 情绪
T = 0 或 > 1	自我知觉 > 人际知觉 > 情绪 > 控制 > 信息加工 > 认知中介 > 概念化

七、对发现进行整合

罗夏测验的特征之一是其对某人的结论性描述来自于一般的和特殊的发现。这样，它就能够捕捉到个人的独特的东西。需要特别指出的是，不要忽略了将个人的独特性整合到解释中。这种情况有时也会发生，比如当数据非常少时。但在多数情况下，如果发生这种情况，主要是因为解释者不能对所有的发现进行整合，这样的话，解释便成了每个分数单元发现的简单罗列。

解释者应努力对数据中的发现进行概念化的整合，也就是说，将每个分数单元中的发现与其他分数单元的发现整合在一起，这样所形成的任何假设和结论便是基于现有的全部信息。

在将不断积累起来的假设和结论进行合理的整合时，要对个人的许多心理特征之间的关系进行周密的思考。但这并非易事，这也正是本章开始时，将对人和人格概念的理解作为解释者的重要前提条件之一的原因。

事实上，概念化的整合贯穿于整个解释过程。当解释者开始考察每一个分数单元的数据时，当解释者开始研究这些数据与人格特征或心理操作的关系时，概念化的整合也就开始了。随着分数单元中和分数单元间的发现不断积累，一个人格画面便逐渐显露出来，这就允许解释者对其人格在一个更为宽阔的架构中进行概念化，如反应风格、控制、防御策略、认知活动、自我意象和人际定向。

最后的描述需要对测验中的发现进行巧妙的整合，既包括正面的也包括负面的，从而在评估问题的框架中，逐渐形成对这个独特个体的完整描述。解释是个耗费时间的过程，但随着解释技巧的提高，为此投入的时间也会变少。事实上，只要解释者达到专家一半的水平，就可以在90分钟或更少的时间内，对大多数的罗夏测验结果做出完整和准确的解释。

接下来的几章将关注分数单元内的解释策略，并将从细节上对变量解释的顺序和解释的规则进行介绍。最后一章将介绍如何将源自各个分数单元的假设和结论整合为一个复杂的个人描述。

第二章　控制和压力耐受

就学习有关单元数据的解释原则而言，并没有一个固定的顺序，可以从任何一个分数单元开始。我们认为从控制和压力耐受这个单元开始比较合适，原因有二：首先，控制问题在大多数依据关键变量建立的搜寻策略中出现得早；其次，控制和资源的概念常常直接与其他心理特征的研究有关。当解释者努力地去理解一个人的情绪和思维的功能时，这两点就显得尤为重要。

一、控制的概念

除了在实验精神病理学领域，控制（control）的概念在心理学的系统研究中，一直都算不上什么主题。就那些研究的内容来看，绝大部分都集中于古典和操作的条件反射方面。这样，研究的发现也只是与精神分析的控制概念有间接的关系，而精神分析的控制概念是包括在自我功能和次级加工过程中的，或者包括在需求降低或平衡的人格理论中。

另一方面，曾经有很多关于情绪冲动的研究，说某人情绪冲动，这意味着他没有很好的控制力。不幸的是，“冲动”这个术语的使用经常是不严格的。一直以来，用于定义冲动行为的标准，有时也未能对受控制的和未受控制的冲动样行为（impulsive-like behaviors）做出区分。

例如，我们常把“易怒的脾气（temper tantrums）”或“激情犯罪（crimes of passion）”这两种行为归为“冲动行为”。激情犯罪可能存在很多种情况，在这些情况中都存在不稳定性（lability）。不稳定性是指这样一种情况，即当时情绪变得无法控制，并直接去行动。另一方面，大多数“易怒的脾气”不是情绪不稳定的产物。相反，大多数的“易怒的脾气”是受控制的行为，是儿童学来的用以影响其他重要人物行为的求助或祈求行为。

一般而言，也许有关控制的最好定义是：一种形成决定和实施有意行为以适应环境要求的能力。事实上，这是一个人保持有组织性和有指向性的能力，但也并非是二选一的。控制可以是多种多样的，同样也会随着情境变强或变弱。也许对此最好的说明，可以从对一个人思维和情绪各方面的考察中获得。

几乎所有人在表达高兴、热情、害怕、欣赏、挫折和愤怒等情绪时，如果出现表达过分强烈和/或非常戏剧化，而与当时的情境不适合时，他们就会感到难堪或不自在。这就是一种典型的短暂的失控制状态，由此导致不大适合或不大有效的反应。同样的，大部分人都会记得，他们曾经出现过这样的情况：情绪变得如此强烈以致完全失去理智，行为似乎完全失去控制了。

类似的，思维通常是有组织性和有方向性的，但几乎每个人都有过难以全神贯注或保持精力集中的经历。而且几乎每个人都会记得，在某个短暂的时刻，思维似乎是毫无规则、漫无目的的。这些就是思维控制减弱和缺乏指向的例子。事实上，在某些情况下，来自内部或外部的力量，甚至可使思维完全失去理性和/或不连贯。

多数控制的丧失是与需要（need）有关的，此时较强烈和控制较弱的情绪表达会带来一种释放或满足感。同样的，当集中精力的思考被打断时，思维开始随意游荡，就像在白日梦里一样，或者当思维变得不连贯时，便也是一种逃离，一种从非常严密的思维集中的压力或单调枯燥的工作中的逃离。当有关情绪和思维的控制丧失时，研究其为什么会丧失，对理解一个人的心理具有重要的意义。有时，控制的减弱或丧失在心理上是允许的。换句话说，一个人有足够的能力不让控制减弱或失去控制，但由于种种原因，他可能不会这样做。另一方面，有些人控制自己的能力是有限的，他们容易短时或长期地进入失控状态。对他们来说，这种对于情绪和思想控制的丧失可能会经常发生。事实上，他们是自身局限的受害者。

二、罗夏测验对控制能力的评估

当用罗夏测验来描述一个人的控制能力时，解释者必须恰当地使用判断，而且不能从单一的资料中形成假设或得出结论。控制单元的主要分数有：D、Adj D、EA、es、Adj es 和 CDI，其中的每一个都能提供重要的信息。但解释的要旨是：对来自任何一个重要分数的假设，都要在考虑上述多数或全部重要分数的前提下，才能予以确定。

例如，Adj D 是与在需求（demand）或压力情境（stress situations）下维持控制能力有关的最直接的罗夏测验变量，它的价值显然是非常重要的。但是，如果单独研究这个变量，那所能获得的有关控制能力的信息则是较少的，而且所获得的有关压力耐受方面的信息还可能是错误的。

通常，EA、EB 和/或 Adj es 在充实和拓展对控制和压力耐受（stress tolerance）特征的理解方面，具有关键性作用。另外，Lambda 或 CDI 对形成任何有关这些特征的假设都是至关重要的。

（一）概念设想

前面已经提到，控制能力与一个人使用可利用资源，形成和实施有意图的行为，以适应情境要求的个人能力有关。这其中主要的一个概念便是资源。这个概念是否等同于封闭的能力系统概念？答案是否定的。它与自我强度（ego strength）是否相同？其实也不相同，尽管它们之间有关系。

在选择和确定行动时，自我需要协调需求、价值和外部现实之间的关系，自我强度便是指协调这三者关系的心理操作（次级过程）的有效性。当自我强度不足或受损时，在选择行为时，自我便不能应对内心冲突和/或不能充分权衡外部现实，这样就可能出现适应不良或精神障碍。显然，自我强度与潜在的病理心理有直接的关系。

可利用资源这个概念，与潜在的病理心理没有关系或关系不大。这个概念指的是发育成熟的认知能力的集合，包括识别和使用情绪的方式。资源受限并不一定导致不良调节或病理心理。同样，资源充裕也并不一定协调良好或不出现病态情况。精神严重紊乱的人常常拥有丰富的可利用资源，许多资源比较受限的人反而能相当有效地适应环境。

智力与可利用资源有中等程度的相关。与普通智商和高智商的人相比，低智商的人可能拥有更少的可利用资源。但是，那些中等智力水平的人往往拥有与高智商的人相同、甚至更多的可利用资源。

资源与个体控制自身行为的能力有直接的关系。可利用资源越多，人们越容易形成指导行为，不论这些行为是否有效或适应。

第二个与控制有关的重要概念是刺激需求（stimulus demand）。在对控制进行概念化处理时，刺激需求是一个重要问题。因为从逻辑上来说，如果需求的水平超过了可用于适应需求的资源的水平，那么某种心理紊乱就会发生，其结果就是控制的减弱或丧失。个人的需求既可以源于内部，也可以生自外部，但它的冲击或影响总是内部性的，采用的又总是心理和/或情绪的活动形式，而且又非个人启动或必然受个人控制的。

这类心理活动通常不在注意的范围内。相反，这类心理活动是一种更加外围的过程（peripheral process），充当着一种刺激功能，就如同一个观念信号系统，去激发人们行动。在大部分时间里，它充当着预警的功能，但如果这类心理活动变得过强或变化异常时，就将成为一种破坏性的力量。

由需求引发的情绪活动也具有刺激的作用，它们可以被各种各样因素所激发，某些明显就是由需要（needs）引发的。另一些可能来自不能公开或不能完整表达而被抑制和内化的情绪。还有的是来自对自我意象或自尊的反思。

第三个理解可利用资源的重要概念是压力耐受，它直接与控制能力有关。事实上，压力耐受是控制能力的副产品。当控制能力增加时，耐受压力的能力也增加。相反的，当控制能力受限时，耐受压力的能力也将受限。这个问题将随着我们对控制分数单元的研究而变得清晰起来。

（二）考察聚焦的问题

如果第一阳性关键变量（CDI 是阳性，D < Adj D，或者 Adj D 是负值）提示被试存在控制方面的问题，解释顺序就首先从控制单元的考察开始。在对该单元内的分数进行检查前，头脑中要装着以下问题：①问题的根源和考察前假设的有效性；②控制问题是持久的或慢性的；③控制问题在多大程度上是由已有资源使用模式的瓦解造成的。

如果在解释搜寻顺序中，涉及控制的分数单元不是被首先检查的，那上述问题就不可能提出。如果在解释顺序中，首先考察的不是该分数单元，那接下去所进行的搜寻就不会有预见性。设计这些问题的目的是要确定是否存在某种涉及控制和/或压力耐受的异常特征。

按照常规，分数单元中所有变量的值都预期落在平均数的范围内。两个 D 分数的值应该是相等的，除了年幼儿童外，这个值通常是 0。EA、Adj es 和 es 的预期值也应该落在平均范围内，eb 中的变量也不应该出现异常的分数，CDI 的值应小于 4。

当观察值和预期值一致时，结论就相当简单：这个人的控制和压力耐受能力与大多数人的一样，他的可利用资源水平也与大多数人的相似。另一方面，当某些观察值与预期值不一致时，解释者的任务就变得比较复杂，因为在形成任何有意义的结论前，必须仔细地检查变量之间的种种联系。在解释的过程中，不论该分数单元是首先被提出的或稍迟被提出的，考察的顺序都是一样的。

下面是两个例子，控制单元的数据来自两个成年人。期望能通过这两个例子，展示在系统考察控制分数单元的过程中如何通过归纳和演绎推理，形成关于控制特征的解释假设。搜寻过程的每一步都呈现了这一点，除非数据与所涉及的问题无关。

案例 1

这是一位32岁的男性，因周期性的抑郁发作而接受门诊治疗。治疗前对他进行了心理评估。他完成了两年的大学课程，现在是一家超市的经理。他结婚已有6年，妻子31岁，做兼职秘书。他们有两个女儿，一个3岁，一个5岁。他患抑郁症差不多有两年了，每次发作通常持续1周或2周。转介他做评估的是精神科医师，他/她怀疑该患者有双相障碍。

案例 1　一位32岁男性的与控制有关的变量

EB	=4:7.0			EA	=11.0			D	=0	CDI	=3
eb	=6:5			es	=11	Adj es	=10	Adj D	=0	L	=0.72
FM	=4	m	=2	C'	=3	T	=1	V	=0	Y	=1

案例 2

这是一位28岁的男性，准备参加一项为期30天的药物滥用住院治疗项目，心理评估是治疗前的常规检查部分。他是一家航空公司的维修工，因工作被暂停而去看医生，他的精神科医生介绍他参加该治疗项目。他因工作时使用可卡因而被逮捕，后来被停了工作。按照他的劳动合同，在他的评估和治疗完成前，公司不会对他的工作做出决定。他是单身，完成了两年的技术学校的课程。他在这家航空公司工作已有6年，一贯受到好评。他承认偶尔使用药物已有几年了，最近两年使用得更加频繁。他将此归咎为一次抑郁发作，那是他在与已订婚的女友分手后出现的。

案例 2　一位28岁男性的与控制有关的变量

EB	=0:7.0			EA	=7.0			D	=−1	CDI	=3
eb	=6:4			es	=10	Adj es	=10	Adj D	=−1	L	=0.78
FM	=5	m	=1	C'	=2	T	=1	V	=0	Y	=1

这两位被试都表现出外向风格（extratensive），在与平均值进行比较时，需要使用外向风格的成年人常模。这是因为内向和外向风格被试的常模，在许多变量上是非常不同

的，如果将整个成年非病人样本的常模作为参照系，则这些变量的差异将不可能被发现。

三、解释程序

第一步主要关注 Adj D 和 CDI。我们在前面提到过，Adj D 能提供有关一个人控制力的信息。但即使 Adj D 在预期的范围内（0）或高出预期值，如果 CDI 是阳性的，那也要对 Adj D 的有效性提出质疑。

（一）步骤 1：Adj D 和 CDI

对 Adj D 和 CDI 的考察是为了获得一些有关控制和压力耐受能力的初步信息。

潜在发现 1：如果 Adj D 是 0，CDI 小于 4，则可推断此人的控制和压力耐受能力与其他大多数人的相似。如此则可进入步骤 2。

案例 1 的阳性发现：Adj D 是 0，CDI 是 3。因此，可以推测被试的控制能力与其他多数成人的一样。

潜在发现 2：如果 Adj D 的值是 0，而 CDI 的值是 4 或 5，提示这个人的人格组织没有预期的那样成熟。这种不成熟容易导致在面对日常生活的要求时出现问题。通常，这类问题出现在人际关系方面，当它出现时很容易就被归咎于控制方面的问题。

潜在发现 3：不论 CDI 值如何，如果 Adj D 值是在正的（+）范围内，则表示这个人对于压力的耐受比一般人要强，且很少出现控制方面的问题。Adj D 值在正的范围内并不表示被试有着更好的心理调节能力，它仅仅表示对行为有着更强的意识控制能力。如此则可继续步骤 2。

潜在发现 4：如果 Adj D 值是 -1，则可推测这个人长期处于刺激过载之中。不论 CDI 值如何，这种情况的后果就是他/她的控制力和应付压力的有效性比预期的要差。某些决定和行为不能被充分地思考和/或贯彻，有冲动的倾向。尽管这类人较易出现控制方面的问题或更容易在压力下崩溃，但在结构化的、确定的情境中这些是不太可能发生的。

通常，在熟悉的环境中，尤其在需求和期望都有规律且可预料的环境中，这些人都能充分地发挥他们的功能，除非存在严重的心理问题。当需求和期望超过其习惯的水平时，失控的危险就有可能出现。如此则可继续步骤 2。

案例 2 的阳性发现：Adj D 值是 -1，CDI 值是 3。因此，有理由推测这个人正处于某种超负荷状态，他的控制力很可能是不足的，特别是在那些结构化程度较低的情境中。

潜在发现 5：在不考虑 CDI 的情况下，如果 Adj D 值小于 -1，则可推测这个人非常容易失控，甚至在压力下崩溃。Adj D 值小于 -1 的人，通常有判断失误、情感混乱和/或无效行为的经历或病史。他们长期处于思想和/或情感的超负荷状态下，只有在那种高度结构化和日常化的情境中，才能保持较长时间的正常功能，才有某种控制感。

注意：就某些案例而言，他们的经历和病史显示，在学习或工作等需要付出相当努力的领域中，他们曾取得过较突出的成就。那些 Adj D 值在负的范围内的人，获得高水平成就的可能性非常小。因此，如果一个有过重大成就的人出现 Adj D 值为“-”，如果这个负的 Adj D 值是有效的，那就有理由推测，某种瓦解正在这个人身上进行着。以下继续步骤 2。

（二）步骤 2：EA

考察 EA 是为了评估 Adj D 的可靠性。前面已经提到过，EA 通常是这个单元的中心变量，因为它是可利用资源的未经加工的指标。当然，在高 Lambda 或在 EB 值异常的情况下（二者都将在步骤 3 中进行考察），这个结论也可能是错误的。因此，如果 Adj D 值等于 0，那 EA 值至少会落在平均范围内。如果 Adj D 是正值，那么 EA 值会比平均值高。如果真是这样的话，则反映出可利用资源是丰富的，但并不意味着心理调节就一定好，或心理组织一定是更有效的。资源如何被利用，这完全是另一个问题。

潜在发现 1：如果 EA 值在平均范围内，即成年人和青少年是 7~11，10~12 岁儿童是 6~10，10 岁以下儿童是 4~9，那么 Adj D 值就应该是 0。如果 Adj D 值是 0，则表明反映控制和压力耐受的变量是可靠和有效的。继续步骤 3。

案例 1 的阳性发现：EA 值等于 11，对成年人来说，落在了所期望范围的上限。这样的话，似乎没有理由怀疑或修改步骤 1 提出的假设。

潜在发现 2：如果 EA 值在平均范围内，而 Adj D 值在正的范围内，则是不正常的，这提示 Adj es 值比预期的要低。Adj es 提供关于内在刺激需求的信息，在对情境压力因素校正后，它的值比 es 大概低 1 个点数。典型的情况是：Adj es 落在正的范围，或落在 EA 减 2.5 范围内。因此，当 EA 值在平均范围，而 Adj D 值超过预期值时，则表明存在疑问，需要在步骤 4 中做进一步评估。步骤 4 主要是对 es 和 Adj es 的考察。继续步骤 3。

案例 1　一位 32 岁男性的与控制有关的变量

EB = 4:7.0		EA = 11.0		D = 0	CDI = 3
eb = 6:5		es = 11	Adj es = 10	Adj D = 0	L = 0.72
FM = 4	m = 2	C' = 3	T = 1	V = 0	Y = 1

案例 2　一位 28 岁男性的与控制有关的变量

EB = 0:7.0		EA = 7.0		D = -1	CDI = 3
eb = 6:4		es = 10	Adj es = 10	Adj D = -1	L = 0.78
FM = 5	m = 1	C' = 2	T = 1	V = 0	Y = 1

潜在发现3：如果EA值在平均范围内或之上，同时Adj D在负值范围，这便是不寻常的迹象，它预示着Adj es值会出乎意料的高。需要记住的是，Adj es值是在调整与情境相关的压力因素后计算出来的。因此，任何非预期的Adj es值的升高，都将在步骤4进行检查，而有关Adj D可靠性的结论也将推迟到那时才能得出。继续步骤3。

案例2的阳性发现：EA是7，Adj es是10，比成年人的预期值高一点。从步骤1得出的假设，可能在步骤4和5对Adj es进行考察时做出修改。

潜在发现4：如果EA值超过平均范围，同时Adj D是正值，这种情况是所期望的，可能表示控制和压力耐受分数是可信和有效的。继续步骤3。

潜在发现5：如果EA值超过平均范围，Adj D等于0，那Adj es值就一定会过分升高，这表示被试的控制力远比现在数值所标识的要强。这种可能性在步骤4中将被仔细评估。继续步骤3。

潜在发现6：如果EA值明显低于平均值（对成人来说就是低于6.5），表示可利用资源严重受限，此时出现Adj D为负也没什么可奇怪的。如果Adj D是0或更大，则可能是错误的，因为对于EA低的人来说（除了年幼的儿童），在复杂的社会中，他们很容易因日常的生活压力而出现慢性紊乱。他们的功能只有在结构化的、清楚无误的环境下，才能正常发挥适应作用。继续步骤3。

（三）步骤3：EB和Lambda

这个步骤从检查EB两边的值开始。正常情况下，两边的任何一个值都不会为0。如果其中一边为0，而另一边不为0，则表示EA是不可靠的。通常，这种情况表示存在异常的情绪问题，它可能是导致应激紊乱的一种易感素质，或是某种心理瓦解的结果。无论哪种情况，都会导致对Adj D有效性的严重质疑。

这个步骤也包括对Lambda的考察。Lambda表示纯F反应在整个反应中所占的比例。通常，纯F反应与以简单、经济的方式处理刺激的自然加工过程有关。它反映了对某区域的复杂性和/或模糊性采取忽略和只满足对该区域较为基本或较为明显的特征进行加工的策略，即便那些特征已经被加工处理过，但依然会如此。儿童使用这种策略比成年人更为频繁，但几乎所有人都会不时这样做。

对于任何年龄的人来说，这都是一种回避。因此，问题不在于它是否会发生，而在于它发生的频率。通常，Lambda小于1.0，如果它等于或者大于1.0，特别是在成年人大于1.2，7岁以上儿童大于1.3时，则表示存在一种基本回避模式，或是一种由测试引起的情境性防御反应。

没有一个好方法可以区分高Lambda是由情境性防御引发的，还是由特质性回避模式所导致的。一般来说，当高Lambda是由被试在测试时的情境性防御所引起，那被试的反应数（R）常小于17，EA常会等于或小于3.5，EB至少有一边的值会等于0。而当高Lambda（L >0.99）代表了一种回避方式时，则EA至少是4.0，或者如果EA小于4.0，那被试的反应数（R）则应该大于16。

如果Lambda大于0.99，EA小于4.0，而且还是出现在一个有情境性防御的短的测试记录中时，则解释者必须警惕EA可能是不可靠和/或无效的。因此，接下来就要考虑或怀疑Adj D的有效性。这样的分数组合提示，试图给出对控制能力的精确描述恐怕是徒劳或不可能的。

相反，如果Lambda等于或大于1.0，则反映的是一种回避风格，那它所表示的是这样一个事实：这个人已经形成了一种简单化的反应倾向，即只要有可能，他就会忽略刺激区域的复杂刺激，甚至否认刺激区域中复杂的和模糊的成分。

这种回避风格在某些情况下，是与控制能力有关的。如果运用得当，通过忽略或否认刺激的复杂性和模糊性，可实现对其回避，并达到一种间接的控制。这样的话，被这种复杂或模糊的情境所击垮的可能性就会降低。

另一方面，如果是因为刺激所固有的复杂性和模糊性导致使用回避方式不能奏效时，则可能会面临一个风险，即此时所面临的情境所提出的要求超出了控制的能力范围。这是因为对情境某些方面的回避倾向，与必须面对这些方面的现实发生了冲突。

潜在发现1：如果EB两边的值都大于0，Lambda小于1，相加得出的EA大于3.5或者Lambda大于0.99，EA大于6.0，那此时的EA可能是可信的，且根据Adj D值对控制力的推测可能是有效的。继续步骤4。

案例1　一位32岁男性的与控制有关的变量

EB	= 4:7.0			EA	=11.0			D	= 0	CDI	= 3
eb	= 6:5			es	=11	Adj es	=10	Adj D	= 0	L	= 0.72
FM	=4	m	=2	C'	=3	T	=1	V	=0	Y	=1

案例1的阳性发现：EB是4:7.0，Lambda是0.72。似乎没有任何理由对基于步骤1形成的假设提出质疑。

潜在发现2：如果EB两边的值都大于0，而由此计算得出的EA值小于4.0，此时如果Lambda值小于0.99，则这个EA可能是可靠的。然而，Adj D可能是错误的，所以需要在步骤4和5根据es和Adj es的数据对它进行仔细评估。继续步骤4。

潜在发现3：如果EB两边的值都大于0，EA大于3.5，但在成人小于6.5，或在儿童小于平均值，并且Lambda等于或大于1.0时，则EA值可能是可信的，不过Adj D可能是错误的。Adj D大于0是无效的，除非是Adj es很小的缘故。如果Adj D大于0，则关于控制能力的假设应该在步骤5对es仔细评估后进行修正。

潜在发现4：如果EB两边的值加起来得出EA小于4，Lambda大于或等于1，那这个EA就不应该被认为是可靠的，特别是当给出的反应数小于17个时。如果出现了这种情况，那从D、Adj D或者EA中得出的有关控制能力的假设都是不切实际的。这样的话，解释者应该放弃对控制做出恰当和准确评估和描述企图，并继续着手研究其他单元的数据。

潜在发现5：如果EB一边的M等于0，另一边的SumC大于3.5，不论Lambda如何，都有理由得出这样的结论：被试完全被情绪淹没。情绪泛滥（Emotional flooding）通常不是一个持续或特质样的过程。当一个人不能有效应对异常强烈的情绪时，这种情况就会发生。

这些强烈情绪是极具破坏性的，并导致一种不稳定的状态，从而使情绪变得更具挑衅性和不可抗拒。这种情况常导致在其他情况下不可能发生的行为。这些行为是情绪释放的一种形式，当它们发生后，某种心理重建就会紧随其后。

情绪泛滥对思维有强烈影响，特别是对思维活动中的延迟能力，而这种能力在决策活动中对维持充分注意是必须的。因此，在这种情况下，冲动性的思维或行为出现的可能性会显著增加。当这种情况存在时，Adj D 就不能作为控制能力的有效指标。因此，任何从 Adj D 或 EA 中得出的假设都应该丢弃，有关控制的数据考察也不能再继续进行。

根据上述推论，有理由得出这样的结论：被试当前的控制力是非常脆弱的。有时，D 分数可以作为当前控制力的一个大概指标，但仍可能具有误导性。除非 Lambda 小于 1.0 且 EA 大于5.0，否则 D 分数不具有任何解释价值。

不必在任何关于控制的讨论中详细阐述情绪泛滥的问题，因为在考察情绪单元时将会进行更为广泛和深入的讨论，或如果 D 分数小于 Adj D 分数的话，对其的讨论甚至会更早进行。

案例 2　一位 28 岁男性的与控制有关的变量

EB	=0:7.0			EA	=7.0			D	= −1	CDI	=3
eb	= 6:4			es	=10	Adj es	=10	Adj D	= −1	L	= 0.78
FM	=5	m	=1	C'	=2	T	=1	V	=0	Y	=1

案例 2 的阳性发现：EB 是 0:7.0。因为当前存在情绪泛滥，所以考虑这个 EA = 7.0 应该比他通常的要低。同样，Adj D 和 EA 也不能被作为推断其控制能力的基础，自然也就没有理由继续对控制相关变量进行考察。对这些发现总结一下：首先，不可能形成任何有关被试一般控制力的结论，原因是存在严重的情绪问题，使得能提供相关信息的数据变得模糊；其次，可以得出这样的结论，即他现在的控制力是脆弱的。事实上，当结合D 值等于 −1 和情绪泛滥的证据一起考虑时，有理由得出他正处于过载状态的结论，其原因是前面提到的情绪问题，其结果是非常容易冲动。

潜在发现 6：如果不考虑 Lambda 值如何，当 SumC 等于0 而 M 大于3 时，可推测被试正投入大量精力对情绪进行控制。通常，这需要更多的、超出一般的资源。这样就容易导致刺激过载，随之而来的便是精神崩溃或瓦解的可能性增加。

当存在这种情况时，Adj D 就不能作为一般控制力的有效指标。因此，从 AdjD 或 EA 得出的任何假设都必须抛弃。作为一个替代，假设被试目前的控制力是脆弱的也是合理的，D 分数或许可以作为当前控制力水平的一个大概指示，但它仍然可能具有误导性。除非 Lambda 小于 1.0 且 EA 大于 5.0，否则就不能认为 D 有任何解释价值。此时，对控制单元的考察应当停下。在考察情绪单元时，情绪压制的问题还会涉及。如果 D 分数小于 Adj D 的话，这个问题会更早提到。

（四）步骤4：Adj es

正像前面指出的那样，在某些情况下，Adj D 等于或大于0并非是EA值等于或大于均值的结果，而是Adj es异常低。相似的，Adj D值处在负的范围，可能是异常高的持续性需求导致的，而这种持续性需求的异常升高表明目前的心理复杂程度远比通常的要高，或提示存在一种与先前很不同的心理损害状态。

潜在发现1：如果Adj es值在预期范围内（通常介于5和9之间，12岁以下儿童稍低），且没有质疑EA可信度的发现。那么可以得出结论：Adj D是可靠的，可以作为控制和压力耐受的有效指标。继续步骤5。

案例1　一位32岁男性的与控制有关的变量

EB	= 4:7.0			EA	= 11.0			D	= 0	CDI	= 3
Eb	= 6:5			es	= 11	Adj es	= 10	Adj D	= 0	L	= 0.72
FM	= 4	m	= 2	C'	= 3	T	= 1	V	= 0	Y	= 1

案例1的阳性发现：对于一个成年人来说，Adj es等于10略高出了预期范围。这就提出一个疑问，即从Adj D产生的有关被试控制能力与大多数成年人一样的假设，是否过分保守或错误的。

潜在发现2：如果Adj es值大于预期值，且没有可以挑战EA可信度的重要发现，则Adj D反映的控制和压力耐受可能是保守的，甚至是被低估的。高的Adj es表示可能存在异常复杂的心理状态。这种可能性将会在步骤5中被仔细评估。继续步骤5。

潜在发现3：若Adj es值低于预期值，则Adj D可能高估被试的控制能力和压力耐受力。特别是当Adj D大于0时，情况更是如此。这种可能性将会在步骤5中被仔细评估。继续步骤5。

（五）步骤5：eb

步骤5涉及对eb的考察，也包括对组成Adj es的通常与压力无关的变量（FM、SumC'、SumT、SumV）的考察。其目的是对引发经常性需求的心理活动进行评估。这里的问题是，这些变量的异常是否影响了Adj es，而由此又导致了错误的Adj D。

潜在发现1：通常eb左边的值比右边的大。如果右边的值较大，且es值等于或大于4，则可假设该被试正处于痛苦之中，这可能对Adj D没有影响。但聪明的解释者在做出有关控制和压力耐受的结论时，会注意到这一点。

潜在发现2：如果FM大于5，表明被试可能存在比平时更加混乱和缺乏条理的思维。而这类思维活动又是由那些通常应该满足而未被满足的需要（need）引发的。这些与需求（demand）相关的需要（need）对更有意图的思维具有干扰性或侵犯性，常常影响注意力集中。

潜在发现3：如果FM小于2，表明需要状态（need states）并非按通常的方式被体验着，或需求状态比常人更容易见诸行动。

潜在发现4：SumC’的预期值是1或2。如果SumC’值大于2，则表明被试存在将那些原本倾向外化的情绪过分内化。这种心理过程会导致各种主观上的不适，包括焦虑、悲伤、紧张、忧虑，甚至还可能造成身体不适症状。

潜在发现5：如果SumV大于0，则表明被试正处在比常人更加强烈的对自身缺点或不足的自我反省状态中。这种内省常导致不适和自我否定，是抑郁情绪和自我破坏性思维的先兆。

在很多情况下，这是一种持续的自我贬低（self - degradation）形式。然而，有证据表明，有时在记录中出现的1个或以上的阴影维度反应，是由情境性内疚或愧疚引发的。如果记录中出现阴影维度反应，解释者就有必要仔细回顾最近的病史记录，以确定它们是情境性的或不是。如果病史记录支持这种可能性，解释者应该计算在没有阴影维度反应的情况下，Adj es的变化情况，以及由此导致的Adj D的改变。如果Adj D改变了，那有关控制的结论就应当包含多一个可选择的描述。

案例1　一位32岁男性的与控制有关的变量

EB = 4:7.0		EA = 11.0		D = 0	CDI = 3
eb = 6:5		es = 11	Adj es = 10	Adj D = 0	L = 0.72
FM = 4	m = 2	C’ = 3	T = 1	V = 0	Y = 1

案例1的阳性发现：记录中有3个C’，由此计算得到的Adj es要比平均值略高。在此，不需要研究被试内化情绪的倾向。因为该问题将在情绪单元的考察中仔细研究。此时的问题是C’的升高是否导致一个错误的Adj D。就此案例而言，这种情况似乎不大可能。如果C’反应值降低至1或2，Adj es值就是9或8，由此得出的Adj D依然是0。如果假定该被试没有C’反应，那Adj es值就是7，由此得出的Adj D是+1。不过这种假设太冒险，特别是考虑到每5个成年人中就有4个至少给出1个C’反应。

潜在发现6：如果SumT值大于1，表示存在情感丧失的体验。在很多情况下，这种体验可能与情境有关，不过通过仔细考查被试最近的经历就可加以识别。如果这种情况在被试的经历中得到证实，则Adj D可能具有误导性。换句话说，它可能反映了一种与情境相关的问题，诸如最近有重要的情绪客体的丧失。如果背景资料支持这个论点，那么解释者就应该计算在只有1个T的情况下，Adj es有何改变，以确定是否Adj D也发生了改变。如果Adj D值发生了改变，则应在有关控制的结论中将来自原初和校正的Adj D的假设包含在内。

如果背景资料中并没有这类丧失，则对其做出下述假设更要格外慎重：情绪丧失（或孤独感）起源于遥远的过去，它可能是人际交往中对亲密关系的需要过高所致。不需要对Adj es或Adj D进行重新计算。

四、对控制和压力耐受发现的总结

在某些案例中，涉及控制的发现，对整个人格描述的贡献不是很大，用一两句话就可以概括。通常情况是：Adj D 分数等于或大于 0，且与 D 分数没有差异（见下一章），CDI 不是阳性。比如，案例 1 是一位 32 岁的男性，他因周期性的抑郁发作而在接受门诊治疗前进行了评估。

案例 1 与控制有关的发现表明，对这个人的描述应该是："他没有明显的控制或压力耐受的问题。他似乎拥有与大多数成年人一样多的可利用资源（步骤 2），他的控制能力与大多数成年人的是一样的（步骤 1）。事实上，他体验到的刺激需求可能比预期高一点，但对他的控制能力没有任何明显影响。"

而在另一些案例中，这方面的发现可能更多地与某些评估问题有关，对其人格的描述和对涉及诊断、性格或治疗计划等问题的贡献更大。案例 2 是一个 28 岁的男性，在一家航空公司做维修工。他在被停职后，参加了一个药物滥用住院治疗项目。

有关发现表明：他正处于超负荷状态，他的控制和压力耐受能力相当有限，特别是在不熟悉和/或复杂的情境中更为突出（步骤 1）。也有证据提示他体验到的刺激需求，远远超过对一个成年人的预期（步骤 2）。然而，这两个发现可能具有某种误导性。这是因为其他数据表明他正受到强烈的情绪冲击（步骤 3）。这些情绪的程度如此强烈，具有相当的破坏性，对思维产生干扰，导致冲动行为。很明显，他现在的控制能力是非常脆弱的，但要对其在没有情绪冲击情况下的通常的控制能力做出推测是不现实的。10 ~ 14 天后的重测应该能对此问题给予澄清。

五、练　习

这部分涉及控制的数据来自三个案例。每个案例都有简要的病史介绍。在每个案例后，是一系列问题，这些问题为读者提供了一个可以对该单元的解释步骤进行练习的机会。每个案例的问题是不同的。下面列出了 D 分数的换算表，以便快速参照。本章最后列出的是三个案例的答案。

表 5　EA - es 和 D 分数的转换表

	EA - es	D
	+13.0 ~ +15.0	+5
	+10.5 ~ +12.5	+4
	+8.0 ~ +10.0	+3
	+5.5 ~ +7.5	+2

（续上表）

	EA－es	D
	+3.0～+5.0	+1
	−2.5～+2.5	0
	−3.0～−5.0	−1
	−5.5～−7.5	−2
	−8.0～−10.0	−3
	−10.5～−12.5	−4
	−13.0～−15.0	−5

案例 3

被试35岁，女性，结婚已11年。她有一个8岁的女儿和一个5岁的儿子。她的丈夫36岁，在一家制造企业做监管。19岁那年，她在一所两年制专科学校完成了1年的课程，之后便在一个中等水平的秘书位置上工作，直到8年后第一个孩子出生。从那以后她一直没去工作，现在最小的儿子要入学了，她开始考虑寻找工作。

案例 3 一位 35 岁女性的与控制有关的变量

EB ＝5:3.0	EA ＝8.0		D ＝ −1	CDI ＝2
eb ＝5:6	es ＝11	Adj es ＝9	Adj D ＝0	L ＝0.58
FM ＝4	m ＝1	C' ＝2	T ＝1	V ＝0	Y ＝3

1. 对这个案例来说，步骤 1 的哪些潜在发现是阳性的？
2. 对这个案例来说，步骤 2 的哪些潜在发现是阳性的？
3. 对这个案例来说，步骤 3 的哪些潜在发现是阳性的？
4. 对这个案例来说，步骤 4 的哪些潜在发现是阳性的？
5. 对这个案例来说，步骤 5 的哪些潜在发现是阳性的？
6. 解释者检查反应的编码对哪些变量特别重要？

案例 4

被试19岁，男性，未婚。他的父亲45岁，在一家汽车油漆店工作。他的母亲43岁，在一家干洗店工作。他的姐姐21岁，是护士。一年前他从高中毕业。他的大多数功课成绩中等，曾作为一个令人讨厌的巡边员在一个足球队干过两年。过去5个月，他在一家百货商店的仓库工作。最近他入伍了，正在接受基础训练。

案例4 一位19岁男性的与控制有关的变量

EB = 1:5.0		EA = 6.0		D = 0		CDI = 3
eb = 2:2		es = 4	Adj es = 3	Adj D = +1		L = 1.45
FM = 1	m = 1	C' = 0	T = 0	V = 0		Y = 2

1. 基于步骤1的发现，下面哪个假设最适合这个案例？
   (a) 他在人际方面有问题，由此影响到他的控制能力。
   (b) 他的控制能力和应对压力的能力比同龄人差。
   (c) 他的控制和压力耐受能力与大多数成年人的类似。
   (d) 他比大多数成年人更少出现控制问题。
2. 基于步骤2的发现，下面哪一条应增加到由步骤1的发现建立的假设中？
   (a) 这些问题通常出现在缺乏结构或很不确定的情境中。
   (b) 这可能是个误导，因为他的资源与大多数成年人的相比都显不足。
   (c) 这可能是个误导，因为他不能很好地处理复杂的情境。
   (d) 当他被人拒绝时，特别容易出现混乱。
3. 基于步骤3的发现，下面哪一项陈述是正确的？
   (a) EA可能是不可靠的。
   (b) 由于Lambda的缘故，必须对他的EA提出质疑。
   (c) Adj D分数是无效的。
   (d) 由于被试有太多的防御，所以EA是无效的。
4. 基于所有的发现，包括步骤4和5，下面哪一项概括性陈述是最恰当的？
   (a) 尽管他的资源相比于一个成年人的期望值更显不足，但他通过回避复杂性和迅速采取行动来解决体验到的需要，从而能基本保持适当的控制。
   (b) 一般而言，他的控制能力要比多数成年人的好。这是因为他倾向于回避复杂的情境。
   (c) 他很容易出现控制问题，因为他的资源远低于成年人的期望值。
   (d) 他的控制和压力耐受能力并非与大多数成年人的不同。

案例5

被试31岁，女性，经济学硕士，现在是一家通讯公司的中层干部。她结婚已有8年，10个月前离婚。3个月前她失去孩子监护权，法院判决她33岁的丈夫拥有6岁女儿的全部监护权。

案例5 一位29岁女性的与控制有关的变量

EB = 5:3.5		EA = 8.5		D = −1		CDI = 3
eb = 6:7		es = 13	Adj es = 12	Adj D = −1		L = 0.33
FM = 6	m = 0	C' = 2	T = 2	V = 1		Y = 2

1. 解释者检查反应的编码对哪些变量特别重要？
2. 在完成这个单元解释程序的步骤 1、2 和 3 后，哪个假设是最恰当的？
   （a）EA 似乎是可靠的，Adj D 可能是有效的。
   （b）EA 似乎是可靠的，但 Adj D 的有效性要在步骤 4 和 5 完成后才能确定。
   （c）有理由质疑 EA 的可靠性，这样下述对 Adj D 的确定就只能延至步骤 4 和 5 完成后。
   （d）EA 和 Adj D 都是靠不住的，这样就不可能从这些数据中得出有关控制的任何结论。
3. 对这个案例，步骤 5 的哪些阳性发现对 Adj D 最后的升高最重要？
   （a）1 和 5
   （b）2 和 5
   （c）1 和 6
   （d）2 和 6
   （e）5 和 6
4. 当所有解释步骤完成后，就这个案例而言，下面的哪个结论是最合适的？
   （a）由于她处于慢性的过载状态，所以，她的控制和耐受能力比普通人的要差。她倾向于冲动，有时做决策会不慎重。
   （b）通常情况下，她的控制和耐受能力与大多数成年人的类似。然而，目前由监护权引发的内疚和情绪丧失会导致一种情绪过载状态。结果她的控制能力变得更差了，并存在冲动性。
   （c）目前，她的控制和耐受能力要比一般人的差。事实上她正处于情绪过载状态中，导致某些决策不慎重，可能有冲动倾向。还不能确定这是一种长期稳定的特征，还是由监护权官司导致的近期问题。有些涉及情绪孤独和自我不满情绪的证据，可能是由监护权官司所引发的，也可能是一种长期稳定的特征。某些离婚前的行为信息，对决定她当前的不足是否反映了习惯性特征，可能是非常重要的。

案例 3、4 和 5 的答案要点

案例 3

1. Adj D 为 0 和 CDI 为 3。
2. EA 是 8 和 Adj D 是 0。
3. EB 是 5:3.0，Lambda 是 0.58。
4. Adj es 是 9，在正常范围内。
5. eb 的右值较大。
6. Y 为了保证 Adj es 是正确的。如果 Y 反应中的一个是 C'，那 Adj es 将高于平均值。如果两个 Y 反应都是 C'，则 Adj D 是 –1。

案例4

1. d Adj D 是+1。

2. b EA 只是6。如果你选择c，则忽略了步骤2的目的，过分受 Lambda 的影响。同样记住，一个人处理复杂情境的有效性与高 Lambda 没什么关系。

3. c 如果 Adj es 异常地低，那 EA 是6只能得出 Adj D 在正的范围内。

4. a EA 是6，且回避风格是控制的一种形式。此外，只有1个 FM，提示他可能会迅速采取行动来解决需要或需求问题。

案例5

1. C'、T、V 和 Y 这四个变量都是重要的。如果 C' 中的1个是 Y，那 Adj D 将是0。相反，如果 Y 中的任一个是 C'，那 Adj D 就是负的。T 和 V 非常重要，因为它们都可能是情境相关的。正是这两个变量的缘故，才需要参考病史并重新计算 Adj es。

2. b 来自 EB 的数据表明 EA 是可靠的，但因其处于平均范围（对中间型而言），而且 Adj D 是负值，故提示 Adj es 的值异常地高。这样，任何有关 Adj D 的结论，都要等计算完 Adj es 的构成变量后才能确定。

3. e 当发现1（存在忧伤情绪）和2（FM 升高）都是阳性时，不需要重新计算 Adj es。当发现5（V）或发现6（T）是阳性时，如果存在病史证据，那就需要重新计算 Adj es。

4. c 如果选择 b，将忽略这样的事实，即没有什么好的办法可区分 V 或 T 是代表情境的，还是代表更持久的情绪特征。c 的说法在这一点上是慎重的，并提到需要参考其他背景材料。

第三章　与情境相关的压力

大多数接受过罗夏测验的被试，尤其是那些在心理健康机构接受测试的被试，都可能已处于某种压力之下。通常，这种压力已经持续了一段时间，当你研究各个分数单元时，压力所导致的结果已经变得很明显了。在某些案例中，压力是从新近发生的某种特殊事件发展而来的。这些就是情境性压力（situational stresses）。

由情境导致的压力是从各种心理创伤，如挫折、失望、情绪丧失和决策冲突等发展而来的。通常情况下，这些刺激能导致心理痛苦，即使那些最善于调节情绪的人也不例外。如果情境性压力与慢性压力状态（chronic stress condition）相互重叠，那么这种新的体验将加重个体先前存在的不适，而且有时还会对个体的心理造成严重创伤。不论先前状态如何，情境性压力总会对心理功能的某些方面产生影响。

在大多数情况下，从仔细收集的背景资料中，便可探测到情境相关压力的存在。背景资料是基础，具有导向作用，可使对罗夏测验发现的解释沿着恰当的方向进行。然而，在某些情况下，背景资料可能非常晦涩、模糊、不完整或者难以获得，这样，解释任务就变得更加困难。不管背景资料如何，解释者的任务就是在罗夏测验的结果中，确定是否存在与情境因素有关的发现。这些发现常常与从其他分数单元中得出的某些结论关系密切。事实上，如果忽略了情境性压力的相关信息，那在解释其他分数单元时，由于测验的发现没有以包含情境性压力影响的适当的框架为参照，所以得出的结论可能是错误或有误导性的。

一、与情境性压力相关的罗夏测验变量

一般来说，在罗夏测验中，用D分数的差值表示情境相关压力，即D小于Adj D。如果两个D分数间存在差异，那就需要对与情境性压力有关或可能有关的变量进行系统的检查。前面已经提到，Adj D可以作为典型的或一般的控制能力的粗略指标。另一方面，D分数则是反映当前的控制和压力耐受能力的指标。当两个D分数的值不同时，便有理由提出这样的假设：存在某些情境因素，使得控制和压力耐受能力降低到一般水平之下。

这个单元的所有变量（D、Adj D、m、SumY、混合反应复杂性、色彩—阴影混合、SumT、SumV、纯C、M－、无形状的M）都可能与情境相关压力有关，但也与其他心理特征有关。按照解释顺序，它们也会在一个或多个单元中被研究。不过，这些解释顺序都没有将这些变量作为一个整体来研究。

例如，这组变量中的某些变量，是从与控制有关的单元中抽取出来的，所以在先前就已经被考察了一次。另一些则出现在情绪、概念化、自我知觉和人际知觉单元中。只是在

第三关键变量是阳性时（D < Adj D），才将它们作为一个整体来研究，因为这个发现意味着存在情境相关压力，可以假设该组变量能够提供有关情境性压力影响的重要信息。

（一）考察聚集的问题

考察的主要目标有三个：①确定D分数的差异是反映情境相关压力的，而非只是一个虚假的发现；②评估压力体验的程度，并尽可能准确地描述它们；③建立一个涉及情境经验的概念框架，从而对其他分数单元出现的反映某些心理特征的发现做出澄清。

本章所涉及的情境性压力变量的数据，来自三个成人的测验记录，即案例6、7、8。它们将被用来说明解释过程的每个步骤。在考察变量的每个步骤前，都会将该案例展示出来，除非这个案例与当前的解释主题无关。

案例6　一位24岁女性被试的情境性压力变量

EB =5:3.0		EA =8.0		D = -1 混合反应		
Eb =7:4		es =11	Adj es =10	Adj D =0		M. FC =1
						M. CF =1
FM =5	m =2	C' =2	T =1	V =0	Y = 1	FM. FT =1
						FM. FC' =1
Pure C =0	M－ =0	MQnone =0		Blends =5		m. CF =1

案例6

被试24岁，女性，在一家医疗机构做义工，每周两个晚上。她参加了一项研究，愿意作为对照组被试接受罗夏测验。她父母在世，她是家中两个孩子中较大的。她结婚2年，丈夫25岁，是一名计算机程序员。她毕业于一所2年制的专科学校，现在的职业是法律秘书，全职工作。在背景资料中，没有发现她近期有任何情境性压力。她的直系家族中没有精神病史。

案例7　一位29岁女性被试的情境性压力变量

EB =4:7.0		EA =11.0		D = -1 混合反应		
eb =6:8		es =14	Adj es =11	Adj D =0		M. CF =1
						M. FD =1
FM = 4	m =2	C' = 1	T =2	V = 2	Y = 3	FM. Fr. CF =1
		[3r+（2）/R] =0.48				FM. FT =1
						m. CF =1
						CF. YF =1
Pure C = 1	M－ = 0	MQnone =0		Blends = 7		FC. FC' = 1

案例 7

这是一位 29 岁的女性，最近陷入由丈夫提出的离婚诉讼中，其中涉及 5 岁儿子的监护权问题。她结婚已 7 年。她 18 岁高中毕业，21 岁成为注册护士，23 岁获护理学学士学位。在过去 5 年中，她一直为一组神经病学和神经外科学专科医生工作，作为该团队护士和辅助人员的领导。

她的儿子现在在幼儿园。在过去 4 年中，儿子一直在日间教育照顾中心。大约 6 个月前，她丈夫知道她与一位一起工作的医生（他与妻子离婚了）有私情，便要她从家中搬走。自从分居后，她自己住公寓。她的儿子平时与父亲和祖母住，周末与她住。这种安排是丈夫提出离婚后经双方律师同意的。

最近，她决定接受支持性心理治疗，因为离婚诉讼和监护权的争执（她丈夫要求完全监护权，而她要求共同监护权），让她感到有压力。

在监护权的问题上，她丈夫争论说每隔几天就强迫孩子换住的地方对孩子不公平。他还抱怨说她的“情感生活”问题依然还没有解决，她的全职工作也不适合长时间拥有“居住地”监护权。他们两人接受心理评估是由双方律师同意的，包括罗夏测验。

案例 8　一位 44 岁男性被试的情境性压力变量

EB =6 : 5.5		EA =11.5		D = −2	混合反应	
eb =8 : 9		es = 17	Adj es =14	Adj D = 0	M. CF. FC’	=1
					M. FD	=2
FM =5	m = 3	C’= 4	T =1　V = 2　Y = 2		M. CF	=1
			[3r+（2）/R] =0 .28		FM. FC’	=1
Pure C = 0	M − =1	MQnone =0		Blends =9	m. CF	=2
					FC. FY	= 1
					CF. FD	= 1

案例 8

被试男性，44 岁，过去 9 年都在一家广告/市场营销公司工作，职位是中层经理。22 岁大学毕业，毕业后进入一家大的电器公司做推销员工作。他认为自己应该在推销岗位上获得成功，但他不喜欢这份工作的压力。30 岁时，他转到市场营销部。他说，尽管他喜欢自己的工作，但晋升的机会有限，35 岁时才升到现在的职位。

他结婚 16 年，有 3 个女儿，分别为 7 岁、10 岁和 13 岁。他的妻子 43 岁，也是大学毕业。她没有外出工作，待在家里。他否认有任何婚姻问题。最近，他再次错过了晋升机会，为此他感到相当混乱和抑郁。他坚持认为自己在工作方面是相当成功的，只是受到了不公平对待。他认识到，在其他公司获得一个相同的职位是困难的，但也意识到，他对继续现在的工作没有多少动力。他做评估与决定接受心理治疗有关。

（二）有关 D 分数差异的基本假设

之前提到过，当 D 分数小于 Adj D 分数时，便有一个基本假设，构成了这组变量解释的框架。这个假设就是：被试正在体验着一种增加的刺激需求，而这种刺激需求的增加是由某种情境相关压力所导致的，这样的结果又使决策和/或行为的组织不如平时有序。

当 D 分数在负值范围时，就应当加入一个次级假设：被试目前正处在一种超负荷状态，由此更容易产生某种冲动行为。

（三）对分数的初步考察

在第一章就曾强调过，对编码提出质疑是明智的做法。在考察 D 分数时，这一点尤其重要。通常，由公式 EA - es 得出的值，只要差 1 个点，就会导致 D 分数处于一个较低的数值范围。例如，如果 EA 为 9，es 为 12，差值等于 3，D 分数则是 - 1。相反，如果差值等于 2，D 分数便是 0。类似的，如果 EA 为 10.5，es 为 15，差值等于 - 4.5，D 分数就等于 - 1；而如果 es 为 16，D 分数便等于 - 2。敏锐的解释者常对这“1 个点现象”非常警惕，他们会对那些含有 m、Y 和 C’ 等变量的反应的编码进行仔细检查，以确保输入的 es 和 Adj es 是准确的。

在研究与情境压力有关的这组变量时，对涉及 D 分数的资料进行质疑是非常重要的，特别是那些处于边界值的案例更需要系统的检查。按照正规要求，这便是解释顺序的第一步，要求将焦点对准这个问题：是否 D 分数间 1 个点的差别，就能有效预示情境性压力的存在？答案并非总是那么简单。

二、解释程序

（一）步骤 1：D、EA、es、Adj es 和背景资料

对 D 分数的核查，涉及对 EA - es 和 EA - Adj es 差的检查，要考虑假阳性发现存在的可能性。这里还需考虑的是，D 分数的差异是否仅仅由单独的一个反应编码所导致。

潜在发现 1：D 分数小于 Adj D 分数，且 es 和 Adj es 之间的差等于或大于 2。如果这个发现是阳性的，那两个 D 分数间的差值为假阳性的可能性就非常小。进行步骤 2。

案例 7 和 8 的阳性发现：*在这两个案例中，es 和 Adj es 之间的差都是 3。*

潜在发现 2：D 小于 Adj D，且 es 只比 Adj es 大 1 个点。换句话说，从 m 或 SumY 中只抽取 1 个，便可改变 es。由于 D 分数间的差异，是由 es 和 Adj es 间微小的差异造成的，所以，对基于 D 分数间差异的基本假设的质疑，主要如下：

关注那些形成 es 和 Adj es 差异的反应编码，即那些包含 m 和 Y 决定因子的反应。如果任何一个反应的编码出现错误，将会导致 es 和 Adj es 之间没有差异，这样，两个 D 分

数间的差异也就不存在了。如果这种情况出现，存在情境性压力的假设就是错误的，对涉及情境性压力的这组变量的考察便可停止。

潜在发现2a：如果决定因子 m 和 Y 的编码是正确的，那对假设的质疑就应该集中在最近的背景资料上，从中寻找任何可以导致情境性压力的环境事件。一般来说，对背景资料的回顾能够得出以下三个结果：

（1）背景资料很详细，且能确定被试最近经历的情境具有压力性。如果这种情况存在，那基本假设将得到加强和支持；如果此时的 D 分数又在负值范围，那有关具有潜在冲动行为的假设也是合理的。对该组变量的考察继续。进行步骤 2。

（2）背景资料非常简短或者很不准确，基本上不能提供最近有关压力感受的有用信息。如果情况是这样的话，基本假设和次级假设应该慎重保留，对该组变量的考察还要继续进行。有时，此单元中的其他变量，如 Sum T 和 Sum V，当它们超预期地升高时（Sum T >1 或 Sum V >0），也支持存在情境性压力的假设。如果不存在这样的情况，那解释者就必须决定是否在最终结论中包括基本假设。在大多数情况下，解释者可能决定在最后的结论中不包括这个基本假设。如果它被包括在内，那在表述上也应使用推测性的术语，如"可能正在体验或经历着"，而冲动性问题则不应提及。进行步骤 2。

（3）背景资料记录得很好，但却不包含有关情境性压力的信息。在这种情况下，解释者对有关情境性压力的基本假设应持保守态度，对有关冲动的次级假设更应如此。事实上，如果对该组变量中的其他数据进行快速浏览后没有发现 SumT 或 SumV 超出期望值，那做出的保守结论就更有依据了。有些解释者可能决定将两种假设都丢弃，停止对该组变量的研究，转入对另一个分数单元的考察。另一些解释者可能更看重数据，将此发现包括在最后的结论中。如果选用后面这种策略，则对假设的表述更应保守。

案例 6 的阳性发现：案例 6 的潜在发现 2 和 2a 是阳性的。D 分数比 Adj D 分数只少 1 个点，因为 EA 和 es 的差是 -3.0，正好超出界定 D 和 Adj D 相等的范围（±2.5）半个点。实际上，D 分数间的差异是由 2 个 m 反应的存在造成的。从 Adj es 中减去第 2 个 m，Adj D 就变成 0。如果 2 个 m 决定因子中的任意一个编码是错误的，那 D 分数间的差异就不存在了。如果 2 个 m 决定因子的编码是正确的，关注的焦点就要转到背景资料上。她是自愿成为一个研究计划的被试。在简短的背景资料中没有情境性压力的证据，在这组变量中，也没有与情境性压力假设一致的其他数据（SumT =1、SumV =0）存在。这很可能是一个假阳性的情况。解释者可能会放弃有关情境性压力的基本假设，转入下一个分数单元，或至少谨慎地保留这个假设，直到整个记录考察完毕。

（二）步骤 2：Adj D - D

考察 D 分数和 Adj D 分数的差值，将其作为衡量压力程度的初步指标。

案例 7　一位 29 岁女性被试的情境性压力变量

EB =4 : 7.0	EA =11.0		D =-1	混合反应
eb =6 : 8	es =14	Adj es =11	Adj D =0	M. CF =1
				M. FD =1
FM =4　m =2	C' =1　T =2　V =2　Y =3			FM. Fr. CF =1
	[3r+(2)/R] =0.48			FM. FT =1
				m. CF =1
				CF. YF =1
Pure C =1　M- =0	MQnone =0		Blends =7	FC. FC' =1

潜在发现 1：通常，差值为 1 个点时，表明情境性压力的影响是从轻度到中度。虽然，1 个点的 D 分数差值表示存在某种心理混乱，但并非一定缺乏组织性。步骤 3 到步骤 7 将对此问题做更详细的探讨。继续步骤 3。

案例 7 的阳性发现：Adj D 是 0，D 是 -1，可能存在某种混乱。

案例 8　一位 44 岁男性被试的情境性压力变量

EB =6 : 5.5	EA =11.5		D =-2	混合反应
eb =8 : 9	es =17	Adj es =14	Adj D =0	M. CF. FC' =1
				M. FD =2
FM =5　m =3	C' =4　T =1　V =2　Y =2			M. CF =1
	[3r+(2)/R] =0.28			FM. FC' =1
Pure C =0　M- =1	MQnone =0		Blends =9	m. CF =2
				FC. FY =1
				CF. FD =1

潜在发现 2：如果 D 分数比 Adj D 分数小且超过 1 个点的话，通常表示压力体验确实存在，其典型的影响是显著干扰某些习惯性思维和/或行为模式。步骤 3 到步骤 6 将对此问题做更详细的探索。继续步骤 3。

案例 8 的阳性发现：Adj D 分数是 0，D 分数是 -2。混乱可能是明显的，心理操作组织性的破坏也很有可能是存在的。

（三）步骤 3：m 和 SumY

情境性压力对思维和/或情绪有多种多样的影响。有时，这种影响对某些人比对另一些人更大。情境性压力对思维或情绪的影响，可由 m 和 SumY 的大小粗略地反映出来。因为当D小于Adj D时，这两个（m和SumY）之一或两者都会升高。这个步骤的目的是，确定这些变量的值是否能为理解被试当前心理状态提供一些有用的信息。

m变量与各种插入性或干扰性的观念或思维有关，而这些观念或思维并非个人注意的焦点。当这种观念或思维活动增多时，就会干扰注意集中，使判断变得困难。SumY变量与某些由无力做出反应或由无助感引发的情绪有关。当这些情绪增强时，常表现为担忧、焦虑或悲伤等，而且具有破坏性。

如果情境性压力对思维的影响比对情绪的大，或反过来对情绪的影响大于对思维的影响，那这个发现（m或SumY升高）不仅对理解压力的后果很重要，而且对制定干预策略也非常重要。

潜在发现1：如果m或SumY的任意一个不比另一个大三倍，则可推断情境性压力在心理上造成的影响多是弥漫性的，既影响思维也干扰情绪。如果两者中的任意一个显著升高（大于2），此时即使不比另一个大三倍，也能提供一些有关压力影响的线索。在描述某人时，这些影响是需要被提到的。进行步骤4。

案例7和8的阳性发现：案例7有2个m和3个Y反应，而案例8有3个m和2个Y决定因子。这样的话，不论哪个案例，都有理由假设压力的影响是弥漫性的。当然，在描述时，这种中等程度的升高是值得注意的。案例7的3个Y反应强烈提示存在无助感，而案例8有3个m反应，表明被试的注意力集中可能受到明显影响。

潜在发现2：如果m是SumY的3倍以上，表明压力对思维过程的影响更明显。因此，注意集中能力可能受到损害。进行步骤4。

潜在发现3：如果SumY是m的3倍以上，表明压力对情绪的影响更明显。此时，被试可能出现自己很难说明或无法解释的焦虑、紧张和/或不适等体验。继续步骤4。

（四）步骤4：Adj D、D、SumT和SumV

根据SumT和SumV的值再次对Adj D和D的差值进行考察。两个D分数都是以标准差为基础建立的标准分数，因此，它们之间的差值只能对情境性压力的影响提供粗略的估计。SumT和SumV作为辅助数据是非常重要的资源，根据它们的情况，依据D分数差值而建立的假设可能被加强或改进。

通常认为，纹理和阴影维度与某些稳定的、特质样的心理特征有关。鉴于这个原因，通常在es的调整中不包含它们。然而，在某些情况下，SumT或SumV反映的可能是情境性或状态性心理特征。因此，有必要检查SumT和SumV，以确定是否有哪一个大于预期值。如果有的话，就要回顾背景资料，以确定升高的分数是否反映某种情境性状态。

潜在发现1：如果SumT的值不大于1，SumV的值不大于0；或如果SumV大于0，而自我中心指数［3r+（2）/R］不大于0.32，那就不必重新考察D分数的差值。进行步骤5。

注意：15岁或以上者，自我中心指数划界值为0.33。下面的划界值适用于15岁以下的儿童：14岁为0.37，12岁和13岁为0.38，9岁、10岁和11岁为0.45，8岁为0.48，5岁、6岁和7岁为0.52。

案例 8　一位 44 岁男性被试的情境性压力变量

EB =6 : 5.5		EA =11.5				D = -2 混合反应					
eb =8 : 9		es = 17		Adj es =14		Adj D = 0		M. CF. FC'	=1		
								M. FD	=2		
FM =5	m = 3	C' = 4	T =1	V = 2	Y = 2			M. CF	=1		
		［3r+（2）/R］=0.28						FM. FC'	=1		
Pure C = 0	M－ =1	MQnone =0				Blends =9		m. CF	=2		
								FC. FY	=1		
								CF. FD	=1		

案例 8 的阳性发现：SumT 的值是 1。SumV 的值是 2，而自我中心指数小于 0.33。因此不需要重新考察 D 分数的差值。

潜在发现 2：如果 SumT 大于 1 或 SumV 大于 0 和自我中心指数［3r+（2）/R］等于或大于 0.33（儿童按年龄调整），则 D 分数可能具有误导性。不论上述哪种情况，都可能要重新考察 D 分数。是否需要这样做，视背景资料而定。

例如，如果 SumT 等于或大于 2，则表示被试正在经历的某些情境性压力很可能与近期的情感丧失有关。这个很容易由背景资料证实。如果回顾背景资料，确实未发现近期有明显的情感丧失，则依据 SumT 对 D 分数差值进行的考察就可以停止了。

同样，如果一个测验记录中出现一个或多个 SumV 且自我中心指数等于或大于 0.33，表明某些情境性压力可能与近期产生的愧疚或悔恨有关。这个假设需要得到背景资料的支持。如果背景资料中没有关于愧疚或悔恨的相当清楚的证据，基于 SumV 对 D 分数差值进行的考察就无需进行。

如果背景资料支持 SumT 提示的近期有情绪丧失的假设，或者背景资料中存在与 SumV 提示的与愧疚或悔恨相吻合的近期事件，那就应该重新考察 D 分数的差值。

具体做法是：重新检查公式 EA－Adj es，先从 Adj es 中减去变量（T 和 V）超预期的部分，再计算 Adj D，然后看其值是否还会增加。如前文提到的，SumT 的预期值是 1，SumV 的预期值是 0。

例如，如果在重新考察 D 分数差值的记录中有 2 个纹理反应和 0 个阴影维度反应，那就应该在 Adj es 的计算中，减去多出的 1 个 T，然后再计算 Adj D。同样，如果在重新检查 D 分数差值的记录时发现有 3 个纹理反应和 2 个阴影维度反应，那就应该在 Adj es 的计算中，减去多出的 4 个点（2 个 T 和 2 个 V）。

案例 7　一位 29 岁女性被试的情境性压力变量

EB =4 : 7.0	EA =11.0		D = -1 混合反应		
eb =6 : 8	es =14	Adj es =11	Adj D =0	M. CF	=1
				M. FD	=1

（续上表）

FM = 4	m = 2	C' = 1	T = 2	V = 2	Y = 3		FM. Fr. CF = 1
			[3r + (2) / R] = 0.48				FM. FT = 1
							m. CF = 1
							CF. YF = 1
Pure C = 1	M − = 0	MQnone = 0				Blends = 7	FC. FC' = 1

在大部分案例中，从 Adj es 中减去 1 或 2 个点不会改变 Adj D。而在有些案例中，D 分数差值可能会增大，这时从步骤 2 得出的假设就应当更改。如何更改，主要取决于背景资料是否支持假设：如果涉及的是 SumT，则要看背景资料中是否有近期情感丧失经历；如果涉及的是 SumV，则要看背景资料中是否有愧疚或悔恨的证据。

如果这个问题在背景资料中得到证实，那就应当用一种能清晰反映 D 分数差值升高的方式，对假设给予重新描述。另一方面，如果背景资料对此问题提供的证据比较模糊，则对步骤 2 假设的描述，只需使用更具推测性的语句做补充即可。

案例 7 的阳性发现：在她的测验记录中，SumT 是 2，SumV 是 2，而自我中心指数是 0.48。背景资料提示，上述发现超出预期范围可能有情境基础。她的婚姻正处于破裂之中，与儿子的来往受到限制，与医生的关系似乎也不明了，这些都是其情感丧失的证据。她因一段秘密的私情断送了自己的婚姻并面临失去儿子的危险，这些都提示她可能存在愧疚或悔恨的情绪。这样，需要重新考察 D 分数间 1 个点的差值，具体就是从 Adj es 中减去 3 个点（11 −3）。如果重新检查是合乎逻辑的，那 Adj D 的分数将是 +1，如此 D 分数间的差值就是 2。背景资料中情绪丧失和/或愧疚或悔恨的证据是有力的，但也并非一定清楚无误。这样，步骤 2 依据来自 1 个点的差值的假设应当保留，但需要补充。最好是这样描述："这些发现（来自步骤 2 的发现）提示她正经历着情境性压力，由此可导致某种心理混乱。这种混乱可能与情感丧失和/或对婚姻破裂的悔恨有关（来自步骤 3 的补充）。如果这是真的，混乱有时可能是严重的，可导致某种组织性的破坏，特别是在复杂和/或不熟悉的情境中更容易发生。"

（五）步骤 5：D 分数

在研究刺激超负荷和冲动的问题时，需要考察 D 分数，如果有必要的话，需要将附带的数据纯 C、M − 和无形状的 M 结合起来一起考察。

潜在发现 1：如果 D 分数等于或大于 0，则情境性压力的影响可能是适度的。但是，D 小于 Adj D 则支持基本假设：①存在着某种情境压力，②压力耐受能力低于平常水平，而且其控制力可能不如平常那样强。没有证据支持次级假设，即控制力丧失导致冲动，可能是因 D 分数等于或者大于 0。

当 D 分数等于或大于 0 时，纯 C 反应的出现并非反映冲动性。相反，它表示在某些情况下，可利用资源没有被用来调控情绪。这个问题将在有关情绪的单元做详细讨论。类似的，当 D 分数等于或大于 0 时，出现 M − 或无形状的 M 反应，也并非表示存在情境性的思维失控。这可能涉及更为持久性的思维问题，此问题将在后面的概念化单元中讨论。进行步骤 6。

案例 7　一位 29 岁女性被试的情境性压力变量

EB =4：7.0	EA =11.0	D = -1	混合反应
eb =6：8	es =14　Adj es =11	Adj D =0	M. CF =1
			M. FD =1
FM =4　m =2	C' = 1　T =2　V = 2　Y = 3		FM. Fr. CF =1
	[3r+（2）/R] =0.48		FM. FT =1
			m. CF =1
			CF. YF =1
Pure C = 1　M - = 0	MQnone =0	Blends = 7	FC. FC' = 1

案例 8　一位 44 岁男性被试的情境性压力变量

EB =6：5.5	EA =11.5	D = -2	混合反应
eb =8：9	es = 17　Adj es =14	Adj D = 0	M. CF. FC' =1
			M. FD =2
FM =5　m = 3	C' = 4　T =1　V = 2　Y = 2		M. CF =1
	[3r+（2）/R] =0.28		FM. FC' =1
Pure C = 0　M - =1	MQnone =0	Blends =9	m. CF =2
			FC. FY = 1
			CF. FD = 1

潜在发现 2：如果 D 分数为负，则表明存在超负荷的状态。在这种情况下，个体体验到更多的内在需求，远远超过她/他能轻松或有效应对的范围。其结果是，控制力在减弱，决定或行为不能被仔细思考和执行，存在冲动倾向。

如果这个发现是阳性的，则出现纯 C、M - 或无形状 M 反应就非常重要。当 D 分数是负值时，出现 1 个或多个纯 C 反应，表明其在情绪表达方面可能存在冲动性。同样，当 D 分数是负值时，出现 M - 或无形状 M，表示过载可能导致了思维控制的破坏。

潜在发现 2a：如果 D 为 -1，可预期他们在熟悉的环境中，其功能依然是可以保持完整的，特别是在那种结构清晰和较明确的环境中。另一方面，当环境变得复杂和不明确时，出现组织性破坏（崩溃）和冲动性思维或行为的可能性便会增加。当 EA 降到预期值以下时，这种可能性就特别显著。

如果记录中出现纯 C，且 D 分数等于 -1，表明很可能存在情绪冲动，而且通常在控制不良的行为中表现出来。当 D 分数等于 -1，如果出现 M - 或无形状 M，则可提出试探性假设：情境性压力可能使被试判断不清或导致某种怪异思维。这个假设将在概念化单元的考察中被仔细评估。进行步骤 6。

案例 7 的阳性发现： D 分数是 -1，提示她在结构化或熟悉的环境中可保持功能正常，但在复杂的或模糊的情境中，其功能的有效性便会降低。当这种情况发生时，她就容易出现冲动性思维和/或行为。她的记录中有 1 个纯 C，没有 M - 和 Mnone。这表明，如果有冲动发生，很有可能是发作性的情绪不稳定，表现为对情绪控制的丧失，行为受情绪驱使，而不论其有效性如何。

潜在发现 2b：如果 D 分数小于 -1，则有理由推断此人在控制方面非常容易出现问题。不管 EA 如何，出现心理崩溃（心理组织性瓦解）的可能性确实存在，且这种人非常易产生冲动性思维和/或行为。除了在一些结构化或熟悉的环境中，他们的功能通常是不适当或缺乏有效性的。当 D 分数更小时，如等于 -3 或 -4 时，这类问题将会以几何级数增加。进行步骤 5。

案例 8 的阳性发现： D 分数是 -2，表明存在严重的超载和持续性控制问题。因为他倾向于冲动，所以他的整体功能通常不是连贯一致的，他的某些决定常不经大脑思考，也不能被有效执行。没有纯 C，也没有无形状 M，但有一个 M -，表明当冲动发生时，他可能出现思维控制困难，当考察涉及概念化单元的数据时，可能需要对此做进一步的研究。

（六）步骤 6：m 和 Y 构成的混合反应

混合反应为评估心理的复杂性提供了一个粗略的指标。情境性压力的存在导致刺激需求升高，心理的复杂性是否随刺激需求的升高而显著增加？这便是要在本步骤中确定的。这个过程需要两个步骤，其中包含一些简单的计算。

第一步，统计测验记录中仅由 m 和 Y 变量构成的混合反应的数量。通常这类混合反应由两个变量构成，例如 M. FY、m. CF 和 CF. YF，但有时也可由三个变量混合而成，并可在一个反应中同时包含 m 和 Y，例如 M. m. YF 或 m. CF. YF。

第二步，计算由 m 和/或 Y 变量构成的混合反应在全部混合反应中所占的百分比。

潜在发现 1： 如果由 m 和/或 Y 变量构成的混合反应大于 0，而且在全部混合反应中所占的比例小于 20%，则可假设由情境性压力所导致的心理复杂性的增加是很微弱的。继续步骤 7。

潜在发现 2： 如果由 m 和/或 Y 变量构成的混合反应在全部混合反应中所占的比例在 20% 到 30% 之间，则可考虑由情境性压力所导致的心理复杂性的增加达到了中等程度。

如果 D 分数在负的范围内，则这个中等程度增加就显得特别重要，因为在过载的情况下，心理复杂性的升高将使冲动行为的可能性增加。继续步骤 7。

案例 7　一位 29 岁女性被试的情境性压力变量

EB	=4 : 7.0	EA	=11.0			D	= -1	混合反应
eb	=6 : 8	es	=14	Adj es	=11	Adj D	=0	M. CF　=1

（续上表）

				M. FD =1
FM =4	m =2	C'=1 T=2 V=2 Y=3		FM. Fr. CF =1
		[3r+（2）/R] =0.48		FM. FT =1
				m. CF =1
				CF. YF =1
Pure C =1	M− =0	MQnone =0	Blends =7	FC. FC' =1

案例 8 一位 44 岁男性被试的情境性压力变量

EB =6∶5.5		EA =11.5	D =−2	混合反应
eb =8∶9		es =17 Adj es =14	Adj D =0	M. CF. FC' =1
				M. FD =2
FM =5	m =3	C'=4 T=1 V=2 Y=2		M. CF =1
		[3r+（2）/R] =0.28		FM. FC' =1
Pure C =0	M− =1	MQnone =0	Blends =9	m. CF =2
				FC. FY =1
				CF. FD =1

案例 7 的阳性发现：测验记录中有 7 个混合反应，其中的 2 个是由 m 和 Y 构成的（m. CF 和 CF. YF）。它们在所有混合反应中所占的比例为 29%。因此，应该考虑，她的心理复杂性因情境性压力而升高，达到了中等程度，由此导致其发生冲动行为的可能性增加。

潜在发现 3：如果由 m 和/或 Y 构成的混合反应，在全部混合反应中所占的比例超过 30%，则可假设，作为情境性压力结果的心理复杂性明显增加了。这一点非常重要，因为心理复杂性显著升高，可使一个人更容易出现心理组织性破坏。对那些 D 分数为负的个人来说，这种情况更加不利，因为随着冲动行为可能性的增加，心理组织瓦解的可能性也在增加。继续步骤 7。

案例 8 的阳性发现：该记录包含 9 个混合反应，其中的 3 个与情境相关（2 个 m. CF 和 1 个 FC. FY）。它们占全部混合反应的 1/3，这意味着他的心理复杂性比平常增加了许多。额外增加的心理复杂性将增加心理崩溃和冲动行为发生的可能性。

（七）步骤 7：色彩—阴影混合反应

那些有关某人被情绪困扰的信息，对理解他/她的心理是非常重要的。色彩—阴影混合反应，即混合反应中包含了一个色彩决定因子和一个非色彩或阴影决定因子，例如

FC. FY、CF. FC'、M^a. FC. FV，可以提供情绪困扰或矛盾情绪的信息。

很多人都会不时受到情绪的困扰，所以，在一份记录中出现 1 个色彩—阴影混合反应并非异常。然而，在一份记录中，出现 1 个以上的色彩—阴影混合反应，则是不寻常的。当情境性压力存在时，确定该压力体验是否引发或增加情绪混乱是非常重要的任务。要做出这样的判断，需经过两个步骤：

第一，解释者应该研究所有的混合反应，看是否存在仅由色彩决定因子和纹理或阴影维度或非色彩决定因子联合形成的色彩—阴影混合反应，例如 CF. C'F、FM^a. FC. FT、FC. FV。这类色彩—阴影混合反应表明可能已经存在情绪混乱或矛盾情绪。

第二，解释者应该检查混合反应，确定是否存在仅由色彩决定因子和 Y 决定因子联合构成的色彩—阴影混合反应，例如 M^p. FC. FY、m^a. CF. YF、FC. YF。这类色彩—阴影混合反应表明可能存在情境性情绪混乱。

潜在发现 1：如果混合反应中不包含由色彩决定因子和 T、V 或 C' 决定因子联合形成的色彩—阴影混合反应，却包括了 1 个由色彩决定因子和 Y 决定因子联合构成的色彩—阴影混合反应，那便可以假设情境性压力可能导致了一定程度的情绪混乱。进入到解释顺序的下一个分数单元。

潜在发现 2：如果混合反应中包含至少 1 个由色彩决定因子和 T、V 或 C' 决定因子联合形成的色彩—阴影混合反应，而且也包含了 1 个由色彩决定因子和 Y 决定因子联合形成的色彩—阴影混合反应，那就可以假设情境性压力使先前已经存在的情绪混乱更加严重。进入到解释顺序的下一个分数单元。

案例 7　一位 29 岁女性被试的情境性压力变量

EB =4：7.0		EA =11.0				D = −1	混合反应
eb =6：8		es =14		Adj es =11		Adj D =0	M. CF =1
							M. FD =1
FM =4	m =2	C' = 1	T =2	V = 2	Y = 3		FM. Fr. CF =1
		[3r+(2)/R] =0.48					FM. FT =1
							m. CF =1
							CF. YF =1
Pure C = 1	M− = 0	MQnone =0				Blends = 7	FC. FC' = 1

案例 8　一位 44 岁男性被试的情境性压力变量

EB =6：5.5		EA =11.5				D = −2	混合反应
eb =8：9		es = 17		Adj es =14		Adj D = 0	M. CF. FC' =1
							M. FD =2
FM =5	m = 3	C' = 4	T =1	V = 2	Y = 2		M. CF =1
		[3r+(2)/R] =0.28					FM. FC' =1

（续上表）

Pure C	=0	M−	=1	MQnone	=0	Blends	=9	m. CF	=2
								FC. FY	=1
								CF. FD	=1

案例7和8的阳性发现：案例7有2个色彩—阴影混合反应（CF. YF、FC. FC'）。第一个是与情境相关的，提示压力加重了她的情绪混乱。案例8也有2个色彩—阴影混合反应（M. CF. FC'、FC. FY）。第二个是与情境相关的。尽管案例8的发现与案例7的相似，表示情绪困扰在加重，但案例8的情况更严重，因为他的D分数是−2。换句话说，情绪困扰明显增加了其发生心理崩溃和冲动行为的可能性。

潜在发现3：如果色彩—阴影混合反应中不包含由色彩决定因子和T、V或C'决定因子联合形成的混合反应，而包含不止一个由色彩决定因子和Y决定因子联合形成的色彩—阴影混合反应，则可推测由情境性压力引发的情绪混乱相当严重。如果D分数是负值，这种加重的情绪混乱会大大增加心理的组织性瓦解（心理崩溃）和冲动行为的可能性。

潜在发现4：如果混合反应中，至少包含1个由色彩决定因子和T、V或C'决定因子联合形成的混合反应，并且也包含1个以上的由色彩决定因子和Y决定因子联合形成的色彩—阴影混合反应，则可以推断，情境性压力使先前已经存在的情绪混乱变得非常严重。在不考虑D分数的情况下，这种额外增加的情绪混乱，更容易导致心理的组织性瓦解。若D分数是负值，则这种严重的情绪混乱将使冲动行为发生的可能性显著增加。

三、对情境相关压力的总结

一般而言，存在情境性压力的发现是与控制和压力耐受问题相联系的。然而，在某些情况下，这些发现可能是模糊或不太明确的。此时，解释者在进行描述时，应当考虑如何才能更好地叙述问题。

比如，当Adj D分数等于0，D分数等于−1时，背景资料中没有提到有情境性压力的经历，且D分数的差异只是由es和Adj es之间1个点的差别造成的。在这种情况下，要提出或做出有关情境性压力存在的假设或结论就要特别谨慎。应该注意到，那些经历某种不强烈的、轻度情境性压力的人，出现控制和压力耐受能力的降低是轻微和不明显的，所以，他们的控制和压力耐受能力与多数人的是相似的。

其他情况则不同，被试的数据是比较确定的，通常所给出的有关被试的描述或结论都是比较准确的。案例7就是一个很好的例子。该被试29岁，女性，因离婚和监护权的问题而苦恼。可将她测验记录中的发现概括如下："通常，她的控制和压力耐受能力与大多数人的相似，但因近来的情境性压力而有所下降（步骤2）。其结果是出现某种心理混乱和冲动的可能性增加（步骤2和4）。她似乎对其所处情境感到有些无助（步骤3），也感到孤独，可能还有因婚姻破裂而产生的愧疚或悔恨（步骤4）。她可能在结构清晰或熟悉的情境中应对得当，但在结构复杂或模糊的情境中则可能很难有效应对。实际上，她很容易被情绪击垮，而且一旦被情绪击垮，不论其行为是否有效，都倾向于受情绪驱使或支配（步骤5）。情境性压力的另一个影响是令其心理复杂性有中等程度的提高，以及被持续的情绪所困扰（步骤6和7）。

案例8是一位44岁的销售经理，对他的描述如下："通常，他的控制和压力耐受能力与大多数成年人的相似，但因情境性压力的缘故，已经降低了很多。这种下降导致他的心理操作受损和发生冲动的可能性增大（步骤2）。虽然这种损害是较为广泛的，会对他的情绪和思维都产生影响（步骤3），但某些数据显示，压力对他的决策的影响更明显，令其更容易出现判断错误（步骤5）。情境性压力也导致他的心理复杂性变得比平常更高（步骤6），且有理由推测它使已经存在的情绪混乱变得更为严重。这将增加其心理崩溃和冲动发生的可能性（步骤7）"。

四、练　习

这个部分包括两个涉及情境性压力的案例。每一个案例都提供了背景资料。像前面的章节一样，在每个案例后列出一系列问题，这些问题都与该组数据考察的各个步骤有关。最后列出参考答案。

案例9

被试是一位22岁的女性。她在一家小银行的信贷部工作，是部门经理的行政助理。她21岁时毕业于一所规模较大的州立大学，所学专业是经济学，获学士学位。毕业一年后，她谋得现在的职位。她有一个弟弟，18岁，是大一新生，现就读于一所规模较小的文科学院。

她的父亲49岁，是一家零售商店的经理。他曾酗酒，现在戒酒已经6年了，常去参加匿名戒酒会的活动。他的酗酒问题在35—38岁时最严重。那时，他与妻子分居了3年。在他们分居时，被试9岁，与母亲住一起，周末父亲来看他们。后来，父亲答应戒酒，并参加了一个酒依赖康复项目，最终夫妻俩又和好了。她的母亲46岁，是一家大公司秘书部的经理。

在她的成长经历中，没有特别显著的严重疾病或损伤的记录。她的身高和体重在正常范围内，身高1.63米，体重55.34公斤。初潮是在13岁，没有月经周期方面的问题。17岁高中毕业，平均成绩是B，当年秋季入大学。她大学的平均成绩在B和C之间。

她是一个女子篮球队的成员，从高中起便经常与异性约会。她第一次性经验是在17岁，对象就是那个经常与她约会的男孩。大学期间常与男青年约会，约会者不止一个，且有性关系。大四时与一个同学订婚，他比她大1岁，最后一个学期他们同居了。最近，他刚完成研究生一年级课程。她说她期望大学毕业后马上结婚，但后来两人决定将婚期延后，至少要等他完成研究生第一年的课程。

大约5个月前，她怀孕了。她说想要这个孩子，但在未婚夫的劝说下同意流产，当时怀孕刚好7周。从那之后不久，她未婚夫告诉她，他喜欢上另一个女人，并决定终止他们的婚约。

她来做心理评估与要求做治疗有关。她说她对关系破裂依然感到抑郁。她还说自己睡眠困难，对工作没有兴趣，与任何朋友谈论自己的不幸时都感到很难堪。

案例9　一位22岁女性被试的情境性压力变量

EB =4:7.0		EA =11.0		D =0	混合反应	
eb =4:9		es = 13	Adj es = 8	Adj D = +1	M.FV	= 1
					M.CF	= 2
FM =1	m = 3	C' = 2　T =2　V = 1　Y = 4			m.CF	=1
		[3r+（2）/R] =0.21			m.YF	=1
					FC.CF'	=1
Pure C = 1	M− =0	MQnone =0		Blends =8	FT.FY	= 1
					C.Y	= 1

1. 下列基于步骤2和3发现的假设，哪项最适合被试？
   （a）压力对她的影响相当大，明显干扰了她惯常的思维和行为模式。
   （b）压力对她的影响可能达到中等程度，然而，某些破坏有时可能很严重，以致引起超预期的严重的心理崩溃（组织性瓦解）。
   （c）压力的影响，涉及情感丧失或孤独，并达到中等程度。虽说对心理操作的破坏不时发生，但不大可能出现明显的组织性瓦解。
   （d）虽说压力的影响只达到中等程度，但有时会变得相当严重，因为它包括了情感丧失和内疚感。
2. 下列基于步骤4的假设，哪项是最合适的？
   （a）目前的情境性压力明显降低了她对其他压力的耐受能力，因此，她很容易出现冲动。
   （b）她的控制力明显降低，所以很容易冲动，而且最有可能出现在情绪的表达方面。
   （c）压力的影响达到中等程度，但有时会很严重，因为它涉及情感丧失和内疚感。
   （d）她的控制力依然是足够强的，但强烈的内疚感有时会导致情绪冲动。
3. 对这个案例来说，步骤3的哪项可能发现是阳性的？
4. 下列基于步骤6的发现建立起来的假设，哪项是最合适的？
   （a）情境性压力非常明显地增加了她的心理复杂性，由此损害了她的判断。
   （b）情境性压力导致她的心理复杂性明显增加，这样，她有时会比平常更容易出现组织性缺乏，表现出心理混乱的问题。
   （c）情境性压力导致她心理复杂性适度升高，由此增加发生冲动的可能性。

(d) 此时，她的心理复杂性没有增加，与平常差不多。

5. 下列基于步骤 7 的发现建立起来的假设，哪项是最合适的?

(a) 情境性压力似乎导致了明显的情绪混乱，从而使她容易冲动。

(b) 情境性压力似乎使她先前已存在的情绪混乱变得更严重。

(c) 可能是情境性压力使她对近期发生的情感丧失感到非常矛盾。

(d) 情境性压力对情绪混乱的影响是轻微的。

案例 10

被试为男性，29 岁。他们夫妻俩接受律师的建议去看家庭治疗师，家庭治疗师同意给他们做婚姻治疗，治疗前他们被转介来做评估。在第二次分居后，他们又和好了，之后他便同意接受治疗。他们结婚 6 年了，有一个 3 岁的女儿。

第一次分居差不多发生在 2 年前，当时他们因家庭花费而发生激烈争吵，争吵中他打了妻子。他说他当时喝酒了但没醉，他妻子也这样认为。他说他只是因她说了些什么而发脾气，并不是要伤害她。即便如此，她还是收拾了自己的东西，带着孩子回娘家住了。他主要是通过岳父做工作，道了几次歉，两周后妻子就同意和好了。

第二次分居大约发生在这次评估的 6 周前，同样是因身体虐待而引起的。从表面上看，争吵是因如何管教女儿引起的，慢慢就争吵得越来越厉害，直至发生暴力。她承认在争吵中骂了他，他说他是因为她骂他才动手的。她大声地尖叫，引起邻居对他们争吵的注意。一个邻居报了警，当警察到来时，他妻子满脸满嘴都是血，衣服也被撕破了。他当时就被逮捕，但第二天妻子又不控告他了（之后她又搬离了家），所以他被关了一晚就释放了。

差不多 3 周前，他妻子联系一个律师，打算提起离婚诉讼，但经过长时间讨论后，她同意考虑进行婚姻治疗，如果她丈夫有意愿“改变”的话。

被试承认自己是“急性子”，在别的情况下也难控制情绪。他 18 岁高中毕业，之后就入大学，开始时主修工程学，但第二年改为主修商业管理。到第三年末，他的成绩都在及格边缘，所以决定退学，寻找工作。他在一家规模较小的汽车公司谋到了一份办公室经理的职位，在过去的 5 年里，他都在这个位置上工作。他承认他每天都喝几杯啤酒，但否认滥用酒精。他否认使用过其他药物，但承认有过吸大麻的经历，那是在大学一年级时。

转介的治疗师希望了解，他更适合个别治疗还是婚姻治疗，希望得到有关被试人格的全面而综合的描述，特别是情绪控制和将来虐待妻子可能性方面的描述。

案例 10　一位 29 岁男性被试的情境性压力变量

EB =2:8.0		EA =10.0		D = −1 混合反应			
eb =9:5		es = 14	Adj es = 11	Adj D = 0		FM. FC	=1
						FM. CF	=1
FM =5	m = 4	C’= 2	T =1	V = 1	Y = 1	FM. FD	=1
						FM. FC’	=1
		[3r+ (2) / R] = 0.37				m. C	=1

（续上表）

Pure C	= 2	M –	= 0	MQnone	= 0	Blends	= 7	m. CF	= 1
								C. Y	= 1

1. 下面基于步骤 2 和 4 的发现所提出的假设，哪项最适合被试？
   (a) 他所体验到的情境性压力对他的思维和行为极具破坏性。
   (b) 他所体验到的情境性压力可能包括了一种愧疚或悔恨的情绪，对其思维和行为少有破坏性。
   (c) 他所经验的情境性压力可能比预期的更具破坏性，因为它包含了一种强烈的情感丧失。
   (d) 尽管他体验到某种情境性压力，但对他思维和行为的影响可能是非常轻的。
2. 下面基于步骤 5 的假设，哪项是最适合被试的？
   (a) 他似乎有冲动倾向，因为他处于过载状态，如果冲动发生了，很可能出现在情绪表达方面。
   (b) 尽管他的控制力比平常弱，但没有证据表明他有冲动倾向。
   (c) 他似乎有冲动倾向，因为处于过载状态，如果冲动发生的话，它可能包括思维控制丧失。
   (d) 尽管他可能出现冲动，但对压力的耐受能力依然是适当的，也不可能失去控制，除非他的自我意象受到严重挑战。
3. 基于步骤 3 的哪项假设最适合被试？
   (a) 他非常容易感到紧张或焦虑。
   (b) 他可能有明显的孤独感。
   (c) 他可能不时受到内疚或自责的冲击。
   (d) 他的注意和集中能力可能常常受到损害。
4. 基于步骤 6 的哪项假设最适合被试？
   (a) 作为情境性压力的结果，他的心理复杂性大幅增加，因此非常容易出现心理崩溃。
   (b) 他更容易出现心理崩溃，因为他的心理复杂性升高到了中等程度，而这种升高是面对情境性压力的结果。
   (c) 由于情境性压力的缘故，他的心理复杂性有所升高，但还没有升高到出现心理崩溃的程度。
   (d) 作为情境性压力的结果，他的心理复杂性有所升高，但他耐受额外压力的能力并没有受到它的影响。
5. 基于步骤 7，下面哪项假设是最适合被试的？
   (a) 他对由情境性压力导致的情绪，可能预先就存在一种矛盾的心态。
   (b) 没有证据表明他被情绪所困扰。
   (c) 可能是情境性压力导致了某种情绪困扰。
   (d) 似乎是情境性压力导致了非常严重的情绪混乱。

案例9和10的答案要点

案例9

1. c　D分数之间的差是1，提示有中等程度的影响。D分数是0，Adj D是+1，所以出现明显的心理崩溃是不可能的。

2. c　尽管D分数比Adj D分数小，表明控制力有某种程度的降低，但D分数不在负的范围。

3. 1　m是3，SumY是4。

4. b　8个混合反应中有4个是由m或Y变量构成的。

5. b　第一个色彩—阴影混合反应（FC. FC'），表明预先就存在情绪困扰，第二个色彩—阴影混合反应（C. Y）提示情绪困扰由情境性压力引起。

案例10

1. b　D分数之间的差是1。有一个阴影维度反应，自我中心指数超过0.32。

2. a　D分数在负的范围内，有2个纯C反应。

3. d　m是4，Y是1。

4. a　7个混合反应中的3个是由m或Y构成的。

5. c　没有出现提示预先存在情绪混乱的色彩—阴影混合反应，然而，却有1个（C. Y）与情境相关。

第四章 情 绪

人的情绪常常是复杂且难以理解的。情绪往往渗透在大多数心理活动中。它们与思维纠缠在一起，影响判断、决策和各种行为。情绪对定势和态度的产生有重要作用，在大多数反应风格的形成中扮演重要的角色。它们是非常有价值和有用的东西，但也可能成为拖累之物。某些情绪是非常精密细致的，有些则非常强烈。有时，它们很容易受控制和引导；有时，它们对行为的形成或执行所施加的影响却很难控制。

尽管罗夏测验中有大量的变量与情绪有关，但它们与情绪的关系，远比我们在使用一个研究个人心理的测验中所期望的更为间接。因此，必须对由测验分数得出的推论性假设进行小心的整合。解释的目的是尽可能确定情绪在个人心理的组织和功能方面所扮演的角色。对不同的人，情绪所扮演的角色是非常不同的，在尝试将情绪这种非常复杂的心理特征综合在一起并给出有意义的描述时，涉及的问题非常多。

一、与情绪有关的罗夏测验变量

情绪分数单元所包括的变量涵盖所有涉及色彩、非色彩和阴影决定因子的变量。空白反应、色彩投射和混合反应的频数在这个分数单元中也占有一席之地。就像其他分数单元一样，大部分的假设都是依据导出变量（derived variables）的数值推论得出的，而这些变量在单独考虑时，可能有价值也可能没有。比如说，当单独研究情绪比（Afr）时，通常都可以形成一个基本的假设，但在考虑该单元的其他发现时，这个基本假设往往被扩展或精细化。

某些导出变量在单独考察时完全不重要，只是在将其与其他变量直接联系起来考察时，重要性才显露出来。通常，这些变量是以某种比率的形式加以评价的。比如，在对WSumC单独考察时，它是没有解释用处的，但当计算比率EB或SumC': WSumC时，它就变得至关重要了。另外一种情况是，单个变量如S、CP和纯C的频率，其本身就是形成某个重要的解释性假设的基石。

某些与情绪有关的变量也出现在别的分数单元中，不过在那里，它们有不同的解释。例如，在第三章中提到过，当评估情境相关压力单元时，T、纯C和混合反应的数量和种类是被联系起来考虑的。在那个单元中，它们被用来辨别情境性压力的作用。而在研究情绪时，这相同的资料则被用于解释广泛的情绪功能。

考察焦聚的问题

在考察前，头脑中要带着以下几个主要的问题：①在做决策和实施这些决策时，情绪是核心要素吗？或者在应对问题或做决策时，情绪是不是次要的或不重要的因素？②是否存在负性情绪出现频率异常的证据？③他/她通常在多大程度上愿意处理情绪刺激？或者是否有证据表明他/她对情绪的防御是异常的？④情绪能很容易和有效地控制吗？⑤情绪导致对环境的不寻常定势吗？⑥他/她常被情绪所困扰吗？

以下是三份关于情绪变量的罗夏测验记录——案例11、12、13，我们将使用这些案例来展示解释程序中的考察步骤。

案例11

这是一位30岁的男性，与32岁的妻子一同去进行婚姻咨询，初始访谈后便被转介来做评估。评估是治疗前的常规部分。在他们分居后，他们的朋友建议他们去见婚姻咨询师。他们结婚差不多有7年了。

被试兄妹两人，他是哥哥。妹妹22岁，本科毕业，最近刚结婚。他的父亲59岁，是保险推销员。母亲59岁，是一家干洗店的合伙人。他的直系家庭中没有精神病史。被试报告的成长经历也没有问题。在高中时，他的成绩大致是中上等，擅长田径（跳高和撑杆跳）。他说他约会过很多女孩，第一次性经验是在16岁。他18岁高中毕业，之后进入一所州立大学，打算主修商学，但后来发现商学"很乏味"。大学第二年，他的成绩处于及格边缘，这年年底他离开了学校。一个月后，他受雇于一家航空公司做门卫。工作的第一年就认识了他的妻子，一名航空公司服务员。恋爱差不多一年后结婚。

按照他妻子的说法，他们结婚的第一、二年都很"美好"，但在失去晋升机会后，他变得对上司不满。他常过度饮酒，持续抱怨自己受到了不公平对待。她说他开始发脾气，而且越来越频繁，远非过去可比，"常常因一些以前都不会烦扰的小事而发脾气。"在几次对乘客粗鲁无礼和与上司吵架后，他被航空公司辞退了。后来被一家出租车行雇佣，做助理经理。他妻子说，在那之后"情况变得好些"，尽管他对妻子在他被解雇后依然没有离开航空公司耿耿于怀。大约一年前，他在另一个城市的一家租车商行得到一个经理的位置。这样的话，他妻子就必须花很多时间乘机往返于家庭和航空公司。她说他又旧题重谈，让她另找份工作，为此两人常常争吵。她说因为她拒绝换工作，所以他常常生气，最近开始指责她与别的男人关系暧昧（她否认）。

他认为她不讲道理，不考虑实际情况，只为自己着想。他承认她挣的钱比他多，但又说她可以在另一家航空公司（离家近）谋得一个好职位，也可以找家旅游公司的工作做，挣的钱也不比现在少。他承认对此很生气，但也认为是合理的。他说他并没有真的发脾气，并指出"我只是在她如此不现实时，抽打她一两下以示提醒"。他说是她决定分居的，但他也同意，"过去几个月，我们的婚姻确实不好"。他说自己已经因此而变得抑郁了，但又指出，"抑郁从来都没有阻碍我去工作"。转介者想知道：①被试有无精神病性紊乱的证据？②被试所说的抑郁到底有多严重？③被试的现实检验及防御是怎样的？④被试有严重的情绪问题吗？⑤被试有改变和/或妥协的动机吗？

案例11 30岁男性被试的情绪相关变量

EB	=2:7.5			EBPer	=3.8	混合反应	
eb	=5:7	L	=0.22	FC:CF+C	=1:6	M.C.FD	=1
DEPI	=4	CDI	=2	Pure C	=2	FM.FD.FY	=1
						m.CF.C'F	=1
C'=3	T=2			SumC':SumC	=3:7.5	M.CF	=1
V=0	Y=2			Afr	=0.72	FM.FT	=1
						FM.FC'	=1
Intellect	=1	CP	=0	S	=6（S to I、II、III=3）	FM.YF	=1
Blends:R	=7:19			Col－Shad Bl	=1		
m+y Bl	=1			Shading Bl	=0		

案例12

这是一位27岁的女性，由精神科医生转介来做评估。她看精神科医生是由她的内科医生转介的。她抱怨她非常紧张，没有能力去工作，胃口不好、失眠以及很容易分心。她看上去比较苗条，身高1.68米，显得一本正经，也很整洁。施测者觉得她似乎想让自己看上去比较严肃或一丝不苟。她配合评估，但很不耐烦地指出，她不相信测验（她在20岁生日后不久开始接受治疗，每周2次，差不多进行了14个月）。“我在大学三年级时，出过一次严重的车祸。我的朋友留下了很严重的伤疤，我撞上挡风玻璃，伤了头。此后，我的神经质就成了灾难。我想治疗能帮助我，但治疗一段时间后，我就不喜欢了。治疗使我的生活更困难，并影响上学，于是为了完成学业、找工作，我结束了治疗。可能开始治疗就是一个错误。”

她透露，大概在她停止治疗时，她怀孕了。她希望与那个男人结婚，但怀孕2个月后两人便分手了。她与那个男人在一起生活了大约8个月，“我只是不想让他再围在我身边”。在她21岁时，她生下了一个女孩，并让别人收养了，“我花了很长时间思考抚养她的问题，但那可能是太愚蠢了”。生孩子后不久，她找到一份工作，为一家杂志社做文字编辑。她在那个岗位上工作，至今已有6年了（晋升了2次）。她硕士专业是英语，“我能从别人的作品中很容易就发现瑕疵，但我自己不写，我对我的工作很擅长”。

她与一个同龄男人住在一起，差不多有14个月了，但在3个月前分开了，“那只是又一次的分开，我从来也不知道我们俩的今天或明天会怎样。他是一个艺术家，非常易怒，与他生活在一起非常艰难。”她不认为与男朋友的问题和她的紧张有关。“我知道，与他生活在一起就是盛衰沉浮，还会有什么别的？我不知道。我有很多朋友。几个月前我在乡下买了一个很好的度假地方。我有很好的工作，我还要什么？”她有几次暗示自己的紧张可能与她过去遭遇的车祸有关，她向施测者询问有关潜在的神经科的问题（神经心理评估都是阴性）。她的转介者想知道：①诊断的结果；②紧张的原因；③抑郁的证据；④治疗的动机；⑤目前的心理资源，包括接受领悟导向治疗的能力和对其的开放性；⑥长期和短期干预计划。

案例 12 27 岁女性被试的情绪相关变量

EB	=7:2.5			EBPer	=2.8	混合反应	
eb	=2:8	L	=0.29	FC:CF+C	=3:1	M.CF.FD	=1
DEPI	=6	CDI	=3	Pure C	=2	M.FC	=1
						M.FY	=1
C'=4	T=0			SumC':SumC	=4:2.5	M.FV	=1
V=2	Y=2			Afr	=0.29	FV.FY	=1
Intellect	=5	CP	=0	S	=3（S to I、II、III=2）		
Blends:R	=5:18			Col-Shad Bl	=0		
m+y Bl	=2			Shading Bl	=1		

案例 13

被试是一位 34 岁的单身男性，他来做评估与复职有关。他在一家大型石油进出口公司的电信部门工作，是负责计算机维护的总监。停职前，他在那个位置上已经干了 18 个月。5 个月前他被停职，因为在工作中的行为非常不理性，包括对下属威胁使用暴力。他的离奇行为被确定为由可卡因毒性所致。后来他住院了，2 天后被转到精神科的药物滥用病房接受治疗。他在那个病房待了 28 天，之后就去看精神科门诊（一周一次）和做团体治疗（一周一次）。他的治疗师和精神科医生都签字同意他恢复工作。他的领导也愿意恢复他的工作（按照劳动合同条款），但对他是否适合总监这个职位存有疑问。

他兄弟姐妹共 4 个，排行第三，大姐 40 岁，二姐 38 岁，弟弟 30 岁。父亲 60 岁，是出租车司机；母亲 59 岁，在洗衣店工作。被试 18 岁高中毕业，同年带着专攻电器工程专业的意愿进入一所技术学院。21 岁时获得学士学位，然后作为电器制造的承包人工作了两年。两年后，在现在的雇主那里得到一个计算机操作员的职位。之后的若干年里，他定期晋升。他在家里一直住到 26 岁。之后自己租了房子，一直单独生活着。

他说自己首次使用药物是在高中，但又说直到最近两年才全面陷入药物滥用中。他认为规律地使用可卡因，只是一种缓解压力和度过烦闷的夜晚工作时光的便利方法。他说总监的角色就是例行公事、按常规行事。他觉得公司打算通过让他接受比现在职位低且工资也低的位置，来逼迫他辞职。

他说自己有若干个女朋友，并经常约会，最近考虑结婚。他觉得最近的毒瘾发作，是因为他糟糕的判断。后来他接受的治疗，帮助他变得“头脑有条理”。现在，他想继续自己的生活。他的上司描述说这项工作有相当大的压力，需要良好的判断。这项工作需要确保用于追踪复杂的进货和出货的网络系统的硬件与软件处于高水平维护状态。负责维护这项工作的共有 4 个人，在总监的直接领导下工作。他们强调良好判断在决策中的重要性，以及在平和的人际关系中的必要性。

对评估提出的要求：①是否有潜在的精神病的证据？②在不受药物的影响下，他是否在控制情绪方面有困难？③他有良好的判断能力吗？④在总监的位置上，他能与其他人恰当地相处吗？⑤再发生药物滥用的可能性如何？

案例 13 34 岁男性被试的情绪相关变量

EB	=4:5.5			EBPer	=N/A	混合反应	
eb	=3:6	L	=1.18	FC: CF+C	=2:4	M.CF	=1
DEPI	=5	CDI	=4	Pure C	=1	FM.FT	=1
						M.FC'	=1
C'=3		T=1		SumC':SumC	=3:5.5	CF.YF	=1
V=0		Y=2		Afr	=0.44		
Intellect	=2	CP	=0	S	=2（S to I、II、III=1）		
Blends:R	=4:24			Col-Shad Bl	=1		
M+y Bl	=1			Shading Bl	=0		

二、解释程序

解释从考察抑郁指数（DEPI）和应对缺陷指数（CDI）开始。事实上，DEPI 和 CDI 并非是直接与情绪有关的、依经验而建立的情绪单元的一部分。这两个指数，并未明确地归入情绪单元，其原因是：它们均是由情绪、认知、自我知觉和人际知觉等不同变量混合而成的。

DEPI 包括 14 个变量，对照标准检查每一个变量，最后可得出 DEPI 的分数，范围从 0~7。14 个变量中，有 5 个直接与情绪有关（SumV>0、Col-Shad Blends>0、S>2、Sum Shad>Sum FM+m 以及 SumC'>2）。另有 6 个与认知特征有关［FD>2、自我中心指数>0.44（根据年龄校正）和 Fr+rF=0，自我中心指数<0.33（根据年龄校正）、Afr<0.46（根据年龄校正）、MOR>2、理智化指数（2AB+Art+Ay）>4］。剩下的 3 个变量中，有 2 个涉及人际关系（COP<2 和孤独指数>0.24），而第三个变量（Blends<4）与心理复杂性有关。

CDI 由 11 个变量组成，分数范围在 0~5 之间。11 个变量中，有 6 个主要与人际知觉或行为有关（Cop<2、AG<2、p>a+1、纯 H<2、孤独指数>0.24、Fd>0）。另外 5 个变量中，有 3 个与情绪有关（WSumC<2.5、Afr<0.46 和 SumT>1），剩下的 2 个（EA<6.0 和 Adj D<0）与资源和控制有关。

尽管这两个指数是由不同的变量混合而成，但在有情绪问题时，必须对两者进行考察。当 DEPI 或 DEPI 和 CDI 二者都是阳性时，就形成一个框架，情绪单元的资料就要在此框架中进行评价。

（一）步骤1：DEPI 和 CDI

如果 DEPI 为阳性，即为5、6 或者7，CDI 不为阳性（小于4）时，应把两个假设中的一个作为基础，在这个基础之上研究其他有关情绪的发现。相反，如果 DEPI 值等于5、6 或7，CDI 值是阳性（4 或5）时，则应以两个不同假设中的任一个为基础，对涉及情绪的发现进行考察。

潜在发现1：如果 DEPI 等于6 或7，CDI 小于4 时，则有理由推断被试存在严重和潜在的无助情绪。一般情况下，一个人的 DEPI 为6 或7 时，常会有忧虑和/或抑郁的主诉，行为功能不良的主诉也比较多。当涉及诊断和治疗问题时，这个发现应被仔细评估。

案例12　27 岁女性被试的情绪相关变量

EB	=7:5.0			EBPer	=2.8	混合反应	
eb	=2:8	L	=0.29	FC:CF+C	=3:1	M.CF.FD	=1
DEPI	=6	CDI	=3	Pure C	=2	M.FC	=1
						M.FY	=1
C' =4	T =0			SumC':SumC	=4:2.5	M.FV	=1
V =2	Y =2			Afr	=0.29	FV.FY	=1
Intellect	=5	CP	=0	S	=3（S to Ⅰ、Ⅱ、Ⅲ=2）		
Blends:R	=5:18			Col-Shad Bl	=0		
m+y Bl	=2			Shading Bl	=1		

案例12 的阳性发现：DEPI 是6，尽管她没有特别抱怨有抑郁，她表现的症状是紧张、心烦意乱、失眠和胃口不好。所有这些特征，在抑郁症病人中都是常见的。这样的话，她很可能存在严重的情绪问题，并因此形成一个核心，其他表现或抱怨都由此发展而来。

潜在发现2：如果 DEPI 等于5，CDI 小于4，表示在被试的人格组织中存在一种频繁体验到情绪紊乱的潜在性。DEPI 等于5 的人，常抱怨反复体验到抑郁、闷闷不乐、紧张或焦虑，但也有许多人没有报告有周期性的负性情绪发作。即便没有负性情绪体验，解释者也不应随意将阳性的 DEPI 发现作为不重要的东西而丢弃掉。它确实反映存在潜在的情绪紊乱倾向，在考察情绪分数单元时一定要对其进行仔细研究。

潜在发现3：如果 DEPI 等于6 或7，CDI 等于4 或5，则被试可能存在情绪紊乱。然而，该情绪问题通常继发于一个更为广泛的问题，即建立和维系有效和有益的人际关系存在困难。事实上，DEPI 反映的可能是一种对情绪问题的轻微夸大。这是因为在 DEPI 和 CDI 中，都包括2 个与人际行为有关的变量（COP<2 和孤独指数>0.24）。因此，一个阳性的 CDI 总会使 DEPI 的分数增加一个点。对 DEPI 不应忽视，但也不必将其解释为存在一种慢性持久的情绪问题。

那些两个指数都为阳性的人，他们可能难于应对社交环境，因为他们与别人的关系通常是肤浅、空洞和无益的。所以，对他们来说，出现失望、忧伤甚至绝望都是很常见的。这些情绪混乱的表现，与慢性抑郁病人的很相似。然而，这些人在心理上与典型的心境障碍（classic affective disorder）是不同的，因为其情绪更容易随着支持系统的变强或变弱而发生改变。对这些人的治疗计划和目标，与对那些心境障碍（major affective disorder）病人的非常不同。社会适应性应当是首要的治疗目标，而抗抑郁药物的使用要慎重。

潜在发现4：如果DEPI为5，且CDI为4或5，此时对DEPI的解释就要慎重。其原因是当DEPI和CDI都为阳性时，解释就要考虑它们之间的关系。因此，与其解释为人格组织中存在一种明显的情绪紊乱倾向，不如解释为存在社会适应困难而导致的情绪问题。

案例13　34岁男性被试的情绪相关变量

EB	=4:5.0			EBPer	=N/A	混合反应	
eb	=3:6	L	=1.18	FC:CF+C	=2:4	M.CF	=1
DEPI	=5	CDI	=4	Pure C	=1	FM.FT	=1
						M.FC'	=1
C'=3	T=1			SumC':SumC	=3:5.0	CF.YF	=1
V=0	Y=2			Afr	=0.44		
Intellect	=2	CP	=0	S	=2（S to I、II、III=1）		
Blends:R	=4:24			Col-Shad Bl	=1		
M+y Bl	=1			Shading Bl	=0		

案例13的阳性发现：DEPI是5，CDI是4，提示被试有一种倾向，即因社会适应困难而出现情绪问题。他没有报告有抑郁或忧虑，这并不奇怪，但导致他住院的毒品滥用和冲动发作是不能轻视的。它们可能更多地提示被试有情绪困扰或情绪紊乱，而非他愿意承认的情境问题，即恢复工作。

（二）步骤2：EB和Lambda

EB提供有关情绪与个人心理特征关系的信息。特别当EB的数据表明存在一种明确的应对风格时，就显得更为重要。当EA小于或等于10，EB某一边的值比另一边多2点或更多时；或当EA大于10，EB某一边的值比另一边大于2点时，则可以确定存在一种特别的应对风格。如果EB左边的值较大，则表明是内向风格（introversive style）；如果右边的值较大，则表明是外向风格（extratensive style）；如果两边的值无明显差异，则表明没有鲜明的风格特征，归为中间型风格（ambitent style）。

内向风格的人喜欢在决策前进行彻底的思考。他们在思考时喜欢将情绪搁置在一边，倾向在没有充分考虑各种选择前，不采取行动。外向风格的人是更加直觉的，他们在做决策时倾向于更直接地利用感觉或情绪，并将其与思维融合起来。在做决策或解决问题时，他们似乎更愿意对各种各样的方法进行实际的尝试。这两种风格类型在成年人和年长的青少年中比较常见。没有理由说两种风格哪一种更好。它们就是两种很不同的用以应对日常需要的心理模式，且皆可被有效地使用。

另一方面，中间型的人在做决策或解决问题时，不像内向或外向风格的人那样，具有一种稳定和一致的倾向。相反，他们是相当不一致的，且情绪所扮演的角色也是变化不定的。中间型的人比起内向或外向风格的人，显得没有那么高效率，但这并非一定意味着这种类型的人具有适应不良的倾向。

虽然对 EB 的解释看起来非常直截了当，但有两点非常重要，解释者对此必须注意。

第一，如果存在高 Lambda 回避风格（avoidant style）的话，对 EB 的解释就变得较为复杂。回避风格取代内向或外向风格的某些特征。这是因为回避风格具有一种明显的简单化倾向，即通过忽略或否定刺激事件的某些方面，以使刺激的复杂性和模糊性降低。这可能包含情绪体验，有内部的也有外部的。因此，在考察 EB 以确定是否存在不同应对风格，或应对风格是否已被更为普遍的回避风格所改造时，都应同时考虑 Lambda。

第二，在假设 EB 可确定某种应对风格存在之前，解释者必须考虑两个例外，并将其作为一般原则来对待。这两个例外都涉及测验记录中 EB 一边为 0 的情况。这两个例外都影响对数据解释的有效性。

例外 1：第一个例外涉及 EA 小于 4.0 的测验记录。许多这类记录的 EB 要么左边是 0，要么右边为 0，如 0:2.0、0:3.5、2:0、3:0；但也有左右两边都大于 0 的情况，如 2:1、1:2.5。

潜在发现 1：如果符合例外 1 的标准，那就表明 EB 太小，以至于不能保证应对风格区分的有效性。因此，在考虑情绪特征时，就不考虑使用 EB 来区别内向、外向和中间型风格。通常，这些记录中的 Lambda 常大于 0.99，表明存在一种回避风格。在前面的第二章中有对回避风格的描述，对其更深入的讨论将在本章后继续。进行步骤 4。

例外 2：第二个例外涉及 EB 左值等于 0，而右值大于 3.5 的记录，如 0:4.0、0:6.5 等；以及右值等于 0，而左值大于等于 3 的记录，如 3:0、5:0 等。这样的比值似乎反映的是内向风格或外向风格，但因存在异常的情绪状态，这种判定很可能是错误的。所以，在遇到这种情况时，不能轻易假定 EB 所显示的应对风格是持久存在的。

潜在发现 2：当符合例外 2 的标准，且 EB 的左值为 0 时，则表明被试正经受情绪的冲击或被情绪所淹没。如果注意到这个情况，解释者很可能就不会做出存在某种应对风格的假设，而是利用 EB 数据把描述的焦点集中在此人当前的情绪状态上。在这种情况下，非常强烈的情绪会显著地干扰思维，特别是对决策过程中所必需的注意和集中精力的破坏。这种情绪的强度极具破坏性，从而导致冲动性思维和/或行为的产生。

一般而言，情绪冲击或泛滥（emotion flooding）是一种短暂的状态，它产生后会维持一段时间，在这期间个体不能有效地应对异常强大的情绪。当存在情绪泛滥时，对所有涉及情绪的资料都必须慎重处理，必须结合其他资料进行解释。与情绪相关变量的资料，可以作为被试当前情绪状态的信息来源。然而，区分暂时特征和特质特征通常是非常困难的。进行步骤 4。

潜在发现3：当符合例外2的标准，且EB的右值为0，表明情绪受到严重约束或抑制。如果解释者注意到这种情况，则不太可能给出任何有关不同应对风格的假设，反而会利用来自EB的数据将关注焦点放在对个人当前情绪状态的描述上。这是一种不寻常的情况，在这种情况下，个体投入相当多的能量以确保情绪被严密地隐蔽和控制起来。这种极端的约束和抑制与人的本性背道而驰，因此几乎不可能长时间维持。这被比作是在情绪上屏住了呼吸。人们很难将所有的情绪表达都约束或抑制，哪怕只是很短时间。即使很短时间的约束和限制，人们也会感到很不舒适。

如果情绪约束或抑制持续的时间较长，某种形式的释放或移置就必定会发生。如果蓄意的释放或移置不能发生，那被试就可能被不断增强的情绪所击垮，进而陷入一种不稳定的状态。不稳定是指个人几乎所有的心理功能均被情绪所支配的一种情况。它迫使个体做出决策，驱使个人实施以释放为目的的行为且不考虑现实情况。如果发现存在严重的情绪约束或抑制，那对所有情绪变量资料的解释必须慎重，必须综合考虑。前面已经提到，与情绪变量相关的资料，能够提供个人当前情绪状态的信息，但常常很难将暂时特征和特质特征区分开来。进行步骤4。

如果不符合例外1和2的情况，则可依据EB和Lambda给出相应的解释性假设。具体内容从潜在发现4开始一一列出。

潜在发现4：如果EB显示存在外向风格，且Lambda小于1.0，一般可以推测被试在解决问题或决策时，倾向于将情绪和思维混合起来。这种人倾向于使用情绪，容易受情绪的影响，他们通常喜欢通过尝试—错误行为来验证假设和推测。对外向向风格的人来说，一方面，尝试—错误行为是一种常规模式，他们对问题解决中出现的错误更能容忍和更少担忧；另一方面，持续失败对他们的情绪影响比对非外向风格的个体更强。这种风格的人也更容易开放地表达自己的情绪，较少关注情绪表达的调节或控制。进行步骤3。

案例11　30岁男性被试的情绪相关变量

EB	=2:7.5			EBPer	=3.8	混合反应	
eb	=5:7	L	=0.22	FC:CF+C	=1:6	M.C.FD	=1
DEPI	=4	CDI	=2	Pure C	=2	FM.FD.FY	=1
						m.CF.C'F	=1
C'=3	T=2			SumC':SumC	=3:7.5	M.CF	=1
V=0	Y=2			Afr	=0.72	FM.FT	=1
						FM.FC'	=1
Intellect	=1	CP	=0	S	=6（S to I、II、III=3）	FM.YF	=1
Blends:R	=7:19			Col-Shad Bl	=1		
m+y Bl	=1			Shading Bl	=0		

案例11的阳性发现：EB是2:7.5，Lambda是0.22。被试为外向风格，表明情绪在他的思维过程中常常扮演重要的角色，被试经常使用尝试—错误模式进行决策。他倾向于公

开表达自己的情绪，通常不会太关注对情绪表达的严格控制。

潜在发现5：如果 EB 表示存在外向风格，且 Lambda 大于 0.99，则表明存在一种回避—外向风格（avoidant - extratensive style）。有理由推断，这类人通常比其他人更倾向于使用情绪和受情绪影响，他们喜欢使用尝试—错误的模式来验证假设和推测。然而，由于回避风格的存在，使得其对复杂情绪体验的区分非常不充分。这样，当他们在决策过程中将情绪和思维混在一起时，情绪提供的影响要么过强，要么不足，或总是与情境的需要不匹配。不论是哪种情况，其行为的有效性都会降低。

例如，前文已经提到，外向风格的人常习惯性地使用尝试—错误行为模式，通常他们对解决问题中出现的错误有更大的容忍和更小的担忧。当同时存在回避风格时，这种容忍和缺乏担忧可能会过分，从而对决策不积极，结果是无效行为持久延续。同样，外向风格的人更倾向于开放地表达自己的情绪，较少关心对这种表达的调节或控制。所以，当存在回避—外向风格时，由于忽视复杂性和保持事情简单状态的倾向，会使这种公开表达和不关注表达控制的倾向变得更为突出。也就是说，回避—外向风格的人常会忽视对情绪表达的控制，有时看上去像具有冲动性，但实际上并非如此。进行步骤 3。

潜在发现6：如果 EB 表明存在内向风格，且 Lambda 小于 1.0，则可推断这类人在解决问题和决策时，常喜欢将情绪保持在一个更加次要的位置。无论何时，只要有可能，他们回避使用尝试—错误方式，在形成判断的过程中，更多依赖于内部的评价而不是外部反馈。相对于非内向风格的人，他们对解决问题过程中出现的错误较不能容忍，正因为如此，他们在做决策时比其他人更为谨慎。他们愿意公开地表达情绪，但也比较关注对表达的调节或控制。进行步骤 3。

案例 12　27 岁女性被试的情绪相关变量

EB	=7:2.5			EBPer	=2.8	混合反应	
eb	=2:8	L	=0.29	FC:CF+C	=3:1	M.CF.FD	=1
DEPI	=6	CDI	=3	Pure C	=2	M.FC	=1
						M.FY	=1
C'=4	T=0			SumC':SumC	=4:2.5	M.FV	=1
V=2	Y=2			Afr	=0.29	FV.FY	=1
Intellect	=5	CP	=0	S	=3（S to I、II、III=2）		
Blends:R	=5:18			Col-Shad Bl	=0		
m+y Bl	=2			Shading Bl	=1		

案例 12 的阳性发现：EB 是 7:2.5，Lambda 是 0.29，这表明被试是内向风格的。她是一个观念型或思维型的人，在决策时喜欢将情绪搁置在一边。通常，她在解决问题中回避使用尝试—错误模式。尽管她愿意表达自己的情绪，但通常她很关注对情绪表达进行充分

的控制。

潜在发现7：如果EB显示是内向风格，且Lambda大于0.99，则表示存在一种回避—内向风格。可以推断这类被试常会在解决问题或决策时将情绪搁置在外围。然而，回避风格的存在会降低这种思维导向的整体有效性。例如，在做决策时，内向风格的人通常回避使用尝试—错误模式，更多依赖内部的评价而不是外部的反馈。要将问题思考透彻，需要耐心和理性，这很容易与保持事情简单和非复杂化的倾向形成冲突。

如果冲突发生，回避风格的人常会不顾内向倾向，而选择更加简单化、更加不彻底的思维形式。这就增加了错误判断的可能性。同样，内向风格的人在决策时比别人更谨慎。而回避—内向风格的人，可能常会为了更简单的解决方案而牺牲谨慎的作风，也包括那些相关的情绪。例如，内向风格的人倾向于关注对情绪表达的调节，努力选择表达情绪的途径。回避—内向风格的人有时发现这种努力太复杂，反而会对情绪表达控制过度，或干脆完全逃避表达。

潜在发现8：如果EB既不表示内向风格，也不表示外向风格，且Lambda小于1.0，则被定义为中间型。中间型指那种在解决问题或决策过程中，没有稳定一致方式的人。在这种倾向的被试身上，情绪对思维、解决问题和决策的影响是不一致的：第一种情况，这类被试的思维受情绪强烈地影响，有点像外向风格；第二种情况虽然与第一种情况相似，但此时情绪可能会被搁置在一边，只起次要作用，看上去更像内向风格。

不幸的是，由于情绪的使用缺乏一致性，常导致中间型的这类人变得很混乱。因此，在决策时，情绪对思维要么过分影响，要么使决策时投入的思考不够。这种一致性的缺乏也导致情绪表达方式不稳定。在某些情境下，情绪表达被严格调控着；在类似的情境下，情绪表达由于控制不佳而变得非常强烈。进行步骤4。

潜在发现9：如果EB既不表示内向风格，也不表示外向风格，且Lambda大于0.99，则被定义为回避—中间型（avoidant - ambiten）。回避型的主导倾向是一种简单化的倾向，但因为没有次级的内向或外向倾向，所以，就不会像回避—外向或回避—内向风格那样表现出一致性的模式。相反，回避倾向的影响更为普遍，通常这种倾向的使用是与个人将环境认知为复杂或模糊的程度有关。因此，其情绪调节不良、限制过度、思维不精确或不完善的发生频率，要比没有回避风格的中间型更高。

一般而言，这在儿童中是一种普遍的特征。他们是不一致的，他们确实不善于处理复杂或模糊的事情。幸好，环境对他们相当宽容，不太计较他们所犯的情绪和思维的错误。然而，随着年龄的增长，那种宽容便开始慢慢减少。因此，具有回避—中间型倾向、年龄稍大的青少年或成年人，就更容易出现适应方面的问题，因为回避复杂性和情绪处理方式不一致的特征，很少能让一个人在复杂的环境中产生持久的、适应的和有效的行为。进行步骤4。

案例 13　34 岁男性被试的情绪相关变量

EB	=4:5.0			EBPer	=N/A	混合反应	
eb	=3:6	L	=1.18	FC:CF+C	=2:4	M.CF	=1
DEPI	=5	CDI	=4	Pure C	=1	FM.FT	=1
						M.FC'	=1
C'=3		T=1		SumC':SumC	=3:5.0	CF.YF	=1
V=0		Y=2		Afr	=0.44		
Intellect	=2	CP	=0	S	=2（S to I、II、III=1）		
Blends:R	=4:24			Col-Shad Bl	=1		
M+y Bl	=1			Shading Bl	=0		

案例 13 的阳性发现：EB 是 4:5.0，Lambda 是 1.18，表明被试是回避—中间型的人。他有一个明显的特征，就是通过忽视或否认事物的存在，使事物的复杂性和模糊性简单化。遗憾的是，在他解决问题或决策时，这种方式的使用又是非常不一致的。这种一致性的缺乏也可能影响到他处理情绪的方式，也就是说，被试有时对情绪的控制是过度的，有时又是失控的。

（三）步骤 3：EBPer

如果 EB 表示存在内向或外向风格（如案例 11 和 12），且不包括 Lambda 大于 0.99 的情况（回避—内向和回避—外向），则 EBPer 应被重新检查，以确定在解决问题或决策时，该风格是否普遍、深刻。检查的结果可让我们对被试的优势风格做出粗略的估计。这个结果并非是对风格普遍性的线性估计，但可用到分类预测模型中（是或否）。普遍风格（Pervasive style）的存在并非一定是不利的，但它反映被试处理问题和决策的灵活性较小。

潜在发现 1：如果被试是外向风格的，且 EBPer 小于 2.5，此时可以假设：被试在应对情境时，绝大多数时间都倾向将情绪和思维混合在一起。不过，他们在使用外向风格时也具有一定的灵活性。将情绪放置一边，让观念模式的运作更清晰，这样的情况也是有的。进行步骤 4。

潜在发现 2：如果被试是外向风格的，EBPer 为 2.5 或更高，则可以推测，该被试只有很少的决策不受明显的情绪影响。被试对外向风格的使用缺乏灵活性，如此就构成了一种阻碍，因为在某些情境，那种延迟和慎思的策略可能比直觉式的尝试—错误策略更为有效。具有普遍的外向风格的人，通常对情绪表达的调控较少关注。进行步骤 4。

案例 11 30 岁男性被试的情绪相关变量

EB	=2:7.5			EBPer	=3.8	混合反应	
eb	=5:7	L	=0.22	FC:CF + C	=1:6	M. C. FD	=1
DEPI	=4	CDI	=2	Pure C	=2	FM. FD. FY	=1
						m. CF. C'F	=1
C' =3	T =2			SumC':SumC	=3:7.5	M. CF	=1
V =0	Y =2			Afr	=0.72	FM. FT	=1
						FM. FC'	=1
Intellect	=1	CP	=0	S	=6 (S to I、II、III =3)	FM. YF	=1
Blends:R	=7:19			Col - Shad Bl	=1		
m + y Bl	=1			Shading Bl	=0		

案例 11 的阳性发现：EB 是 2:7.5，EBPer 是 3.8，表明他有一种普遍的外向风格。他的思维可能非常容易受情绪的影响。在进行决策或解决问题时，即便延迟和事先充分考虑多种方案可能对此情境的处理更有效，但他依然倾向于使用直觉式的尝试—错误模式。这类人表达情绪比其他人更自由，更少谨慎。

潜在发现 3：如果这个人是内向风格的，且 EBPer 小于 2.5，则可假设：虽然在决策过程中，他/她使用的是典型的思辨模式，包括使用延迟和将情绪搁置一边，但也常常允许将情绪更直接地与思维融合，并对决策的形成产生明显的作用。

潜在发现 4：如果这个人是内向风格的，且 EBPer 为 2.5 或更高，则有理由推断：在多数情况下，他/她在形成决策的过程中，情绪所起的作用很有限。他/她的大部分情绪表达，很可能是被严格控制的。在解决问题或形成决策的过程中，他/她回避使用更为直觉式的尝试—错误方法，即使这种方法可能更有效。进行步骤 4。

案例 12 27 岁女性被试的情绪相关变量

EB	=7:2.5			EBPer	=2.8	混合反应	
eb	=2:8	L	=0.29	FC:CF + C	=3:1	M. CF. FD	=1
DEPI	=6	CDI	=3	Pure C	=2	M. FC	=1
						M. FY	=1
C' =4	T =0			SumC':SumC	=4:2.5	M. FV	=1
				Afr	=0.29	FV. FY	=1
V =2	Y =2						
Intellect	=5	CP	=0	S	=3 (S to I、II、III =2)		
Blends:R	=5:18			Col - Shad Bl	=0		
m + y Bl	=2			Shading Bl	=1		

案例 12 的阳性发现：EB 是 7∶2.5，EBPer 值是 2.8，表明她有普遍而深刻的内向风格。她在决策和解决问题过程中使用的基本策略是延迟的，一直延迟到所有的可能性都被考虑过为止。在决策时，她偏好将情绪尽可能地与思维隔开。在解决问题过程中，她回避使用尝试—错误方法，即使这种方法更适用于眼前的情况，但她也会不为所动。通常，她会努力严密地调控自己的情绪表达。

（四）步骤 4：eb 右边的值

这个步骤包括对 eb 右边的值以及与之相关的变量进行考察，以确定是否正在发生某些异乎寻常的忧伤体验。一般来说，eb 右边值的范围为 2 ~ 5，且小于左边的值。

如果 eb 右值较高，常表明被试存在忧伤或其他不适情绪。这种解释可能的例外是 eb 左边的值小于 2。在这种情况下，应仔细研究与 eb 右值有关的变量，以确定是否有其他异常的不适存在。在第二和第三章提到过，即使 eb 左值较大，那些值也是很重要的。因其任何一个或全部，都可能表明被试存在一些意想不到的负性情绪体验。

潜在发现 1：如果 eb 左值大于右值，且 SumT 不大于 1，SumC' 不大于 2，SumV 不大于 0，且 SumY 不大于 2，则无理由形成特殊假设。进行步骤 5。

潜在发现 2：如果 eb 左值大于右值，而 SumT 大于 1，或 SumC' 大于 2，或 SumV 大于 0，或 SumY 大于 2，则可以形成存在不适体验的假设，此假设聚焦在与不适有关的变量上。正如第二和第三章提到的，Y 变量与情境性压力有关，一般与没能力解决压力而导致的无助情绪有关。同样的，T 和 V 变量也与情境性压力有关，但它们也与更为持久的负性情绪有关。

如果 SumT 升高（超过 1），且近期没有情绪丧失的证据，则可能表明存在一种长期的孤独感或情感缺乏（emotional neediness）。如果 SumV 升高（大于 0），且没有理由将其归因于一种内疚或悔恨感，则表明存在一种令人不安或负性的情绪，它产生于持久的自责和自我贬低的倾向。

如果 SumC' 升高（大于 2），表明存在烦恼或负性情绪，它是因对情绪释放和情绪影响实施过度压制的倾向所导致的。事实上，C' 与那些在心理上忍着不表达和内化的情绪（internalizing feeling）有关，这些情绪最好能被释放。进行步骤 5。

潜在发现 3：如果 eb 右值大于左值，且左值大于等于 3，或右值大于等于 4，而左值小于 3，由此可以推断此人正处于某种痛苦之中。痛苦可以通过多种形式表现出来，可以直接表现为抑郁或焦虑，或更可能间接地表现为异常的紧张、忧虑或各种各样的身体不适，如失眠、嗜睡等。如果这些情况确实存在，那每个构成 eb 右值的变量都应当依据潜在发现 2 中所描述的关系进行评估，以确定痛苦的来源并形成与它有关的合适的假设。进行步骤 5。

案例 11　30 岁男性被试的情绪相关变量

EB	=2:7.5			EBPer	=3.8	混合反应	
eb	=5:7	L	=0.22	FC:CF+C	=1:6	M. C. FD	=1
DEPI	=4	CDI	=2	Pure C	=2	FM. FD. FY	=1
						m. CF. C'F	=1
C' =3	T =2			SumC':SumC	=3:7.5	M. CF	=1
V =0	Y =2			Afr	=0.72	FM. FT	=1
						FM. FC'	=1
Intellect	=1	CP	=0	S	=6（S to Ⅰ、Ⅱ、Ⅲ =3）	FM. YF	=1
Blends:R	=7:19			Col－Shad Bl	=1		
m+y Bl	=1			Shading Bl	=0		

案例 12　27 岁女性被试的情绪相关变量

EB	=7:2.5			EBPer	=2.8	混合反应	
eb	=2:8	L	=0.29	FC:CF+C	=3:1	M. CF. FD	=1
DEPI	=6	CDI	=3	Pure C	=2	M. FC	=1
						M. FY	=1
C' =4	T =0			SumC':SumC	=4:2.5	M. FV	=1
V =2	Y =2			Afr	=0.29	FV. FY	=1
Intellect	=5	CP	=0	S	=3（S to Ⅰ、Ⅱ、Ⅲ =2）		
Blends:R	=5:18			Col－Shad Bl	=0		
m+y Bl	=2			Shading Bl	=1		

案例 13　34 岁男性被试的情绪相关变量

EB	=4:5.0			EBPer	=N/A	混合反应	
eb	=3:6	L	=1.18	FC:CF+C	=2:4	M. CF	=1
DEPI	=5	CDI	=4	Pure C	=1	FM. FT	=1
						M. FC'	=1
C' =3	T =1			SumC':SumC	=3:5.0	CF. YF	=1
V =0	Y =2			Afr	=0.44		
Intellect	=2	CP	=0	S	=2（S to Ⅰ、Ⅱ、Ⅲ =1）		
Blends:R	=4:24			Col－Shad Bl	=1		
M+y Bl	=1			Shading Bl	=0		

案例 11、12、13 的阳性发现： 在这 3 个案例中，eb 的右值都较高。案例 11 是 5∶7，案例 12 是 2∶8，案例 13 是 3∶6。因此，有理由假设这 3 个案例的被试都体验到某种痛苦情绪。就他们目前的情况看，这并不令人吃惊。案例 11 的婚姻目前非常糟糕，处于分居状态。案例 12 的被试主诉有紧张、注意涣散、失眠、胃口不好。另外，其罗夏测验的 DEPI 是6。案例 13 的被试正处在毒品依赖的康复治疗中，而且 DEPI（5）和 CDI（4）都是阳性。这样的话，要考虑的问题是，与他们各自情形有关的痛苦情绪究竟是怎样的情绪。

案例 11 的 SumT（2）升高，可能与最近分居而引发的情绪丧失有关。他也有 SumC'（3）的升高，提示他将需要释放的情绪抑制和内化了。非常有趣的是，他具有普遍而深刻的外向风格，通常对严格抑制或掩盖情绪很不在意。目前他抑制情绪的倾向，可能与这样的事实有关，即他承认有情绪问题，而且意识到情绪问题源自于婚姻问题。换句话说，他的痛苦似乎直接与婚姻问题有关。

案例 12 的被试则非常不同。她的 SumV（2）和 SumC'（4）明显升高。阴影维度反应可能与她同男朋友的起伏不定的关系有关，当然，更可能与她持久稳定的内省性自我贬低有关。V 的升高可能与 5 年前抛弃女儿给别人收养这件事有某种关系，也可能有更广泛的基础。大量的 C' 反应可能反映一种长期的抑制或压制情绪表达的心理习惯。她是典型的内向风格，通常对自己的情绪总是保持严格的抑制。很显然，她的抑制过分了，其代价便是明显的不适。

案例 13 的被试只是 SumC'（3）显著升高。就像案例 11 和 12，这种情况表示，可能存在由情绪表达抑制所致的情绪紊乱。主要的问题是：这种情况是近期用来处理情绪的一种策略？以及这种情绪紊乱到底是怎样的一种负性情绪。他是一个回避—中间型的人，倾向于简单化或忽视复杂性。这种风格有时可增强对情绪的抑制。此外，他的 CDI 是阳性。如果他意识到存在某种阻碍社交的倾向，那就会产生出一种抑制或压制情绪的倾向，以此作为回避其社交不当的一种方法。

（五）步骤 5：SumC'∶WSumC

这个比率涉及情绪的压制或抑制。色彩反应（FC、CF、C）与情绪释放有一定关系，与释放的控制和调节的程度有关。前文提到过，非色彩反应的三种形式（FC'、C'F、C'）与愤怒和不满的情绪有关，这些愤怒和不满的情绪是由情绪的抑制和内化导致的。人都会抑制或内化情绪，但有些人更为频繁，有时会过度抑制。过度抑制的原因是多种多样的。

有些人倾向于抑制情绪，是因为他们不相信自己控制情绪的能力。另一些人这样做，则是因为他们被某种情绪所困扰，宁愿选择回避它们。有时，某些人对他们的情绪感到尴尬，甚至有罪恶感，觉得与别人分享或公开表达这些情绪是很不安全的。

不管什么原因，当情绪的表达受到过度抑制时，对个人来说，其结果就是痛苦，有时还会成为不堪承受的负担。当这种方式成为一种特质性特征时，由此而来的情绪内化，就会成为一种造成各种身体不适，如头痛、胃或肠道问题和血压不稳等的易感因素，当然也会成为明显情绪紊乱，如紧张、焦虑和抑郁发生的重要原因。

潜在发现： 不管一个人是内向、外向还是中间型的，或是否存在回避风格，WSumC

都应大于或至少等于 SumC'。如果是这样的话，如案例 11 和 13，则不能形成解释性的假设。然而，如果 SumC' 大于 WSumC，则可推测，此人与大多数人相比，对情绪的释放有更多的抑制，因此比一般人有更多的烦恼情绪。

案例 12　27 岁女性被试的情绪相关变量

EB	=7:2.5			EBPer	=2.8	混合反应	
eb	=2:8	L	=0.29	FC:CF+C	=3:1	M.CF.FD	=1
DEPI	=6	CDI	=3	Pure C	=2	M.FC	=1
						M.FY	=1
C' =4	T =0			SumC':SumC	=4:2.5	M.FV	=1
V =2	Y =2			Afr	=0.29	FV.FY	=1
Intellect	=5	CP	=0	S	=3（S to I、II、III =2）		
Blends:R	=5:18			Col – Shad Bl	=0		
m + y Bl	=2			Shading Bl	=1		

案例 12 的阳性发现：此案例的 SumC':WSumC 是 4:2.5，表明她比大多数人更倾向于抑制情绪的表达，这样的话，她可能会感受到明显的、由压制导致的烦恼情绪。对于一个 DEPI 呈阳性且没有抑郁主诉的人来说，这并不奇怪。

（六）步骤 6：情绪比

情绪比（Afr）与个人体验情绪刺激的兴趣，或沉浸在情绪刺激之中的喜好有关。在内向、外向、中间型和那些 Lambda 很高的回避风格的被试中，Afr 的平均值范围差异很大。表 6 显示了可供 7 个组解释的"平均值"。

外向风格的 Afr 常大于 0.70，而内向风格的常小于 0.65，当然，在不同 EB 风格的被试之间，Afr 分数的分布存在很多重叠。同样，在 14 岁以下的儿童中，Afr 的平均值范围也存在很大差异。

回避风格的 Afr 一般要比与其相应的 EB 风格的平均值要低，但这并不一定表示他们努力避免情绪刺激。将回避风格的低 Afr 解释为一种回避复杂性的倾向则太简单了，除非另有证据表明存在情绪抑制或严重的情绪紊乱。

表 6　7 个组的情绪比（Afr）平均值范围

组　别	平均值范围
外向风格成年人和 14 岁及以上青少年	0.60 ~ 0.89
内向风格成年人和 14 岁及以上青少年	0.53 ~ 0.78
中间型成年人和 14 岁及以上青少年	0.53 ~ 0.83

(续上表)

组　别	平均值范围
回避风格成年人和 14 岁及以上青少年	0.45～0.65
5 岁和 6 岁的儿童	0.57～1.05
7 岁至 9 岁的儿童	0.55～0.92
10 岁至 13 岁的儿童	0.53～0.83

潜在发现 1：如果 Afr 在平均值范围内，则解释较为简单。也就是说，这个人与其他大多数有相同应对风格的人（或相同年龄的儿童）一样，愿意处理情绪刺激和卷入到情绪刺激中。一般来说，这并不是一个重要的发现，但如果被试存在持续的情绪调节或抑制问题，则可能表明他/她缺乏对那些问题的意识。通常，当处理情绪刺激时，需要有些反应或交流。这样的话，那些有控制问题的人，常会发现回避情绪刺激更加有益，从而减少对它们的需求（参照步骤 9 和 10）。进行步骤 7。

案例 11　30 岁男性被试的情绪相关变量

EB	=2:7.5			EBPer	=3.8	混合反应	
eb	=5:7	L	=0.22	FC:CF+C	=1:6	M.C.FD	=1
DEPI	=4	CDI	=2	Pure C	=2	FM.FD.FY	=1
						m.CF.C'F	=1
C'=3	T=2			SumC':SumC	=3:7.5	M.CF	=1
V=0	Y=2			Afr	=0.72	FM.FT	=1
						FM.FC'	=1
Intellect	=1	CP	=0	S	=6（S to I、II、III=3）	FM.YF	=1
Blends:R	=7:19			Col-Shad Bl	=1		
m+y Bl	=1			Shading Bl	=0		

案例 11 的阳性发现：Afr 是 0.72，在平均值范围内，表明他与大多数外向风格的成年人一样，愿意或有兴趣处理情绪刺激。

潜在发现 2：如果 Afr 在平均值之上，表明这个人容易被情绪刺激所吸引，且明显对情绪交流感兴趣。这种情况在外向风格中更常见，但并非唯其独有。不应将此视为一种缺陷，它只是反映了被试对情绪有较浓厚的兴趣。这样的人更容易被情绪激发起兴趣，或被情绪所充实。如果存在抑制和/或调节问题，它就可能会变成一种缺点，因为搜寻情绪刺激的倾向，很可能会增加对情绪交流的期望或要求（参照步骤 9 和 10）。进行步骤 7。

潜在发现 3：如果 Afr 低于平均值且大于 0.43，表明此人对情绪刺激兴趣不大，或不太愿意处理情绪刺激。这种情况在那些回避风格的人中很常见，表明他们偏爱限制复杂性。同样在内向风格中也常见，但也并非唯其独有。不必视其为一种缺陷，它可能只是反映了一种不愿过多卷入情绪刺激的偏好。如果另有证据表明存在调节或抑制方面的问题，那么此发现可能表示他/她对这些问题有某种觉察或意识，以及对可能使这些问题加剧的情境有一种回避（参照步骤9和10）。进行步骤7。

案例13　34岁男性被试的情绪相关变量

EB	=4:5.0			EBPer	=N/A	混合反应	
eb	=3:6	L	=1.18	FC:CF+C	=2:4	M.CF	=1
DEPI	=5	CDI	=4	Pure C	=1	FM.FT	=1
						M.FC'	=1
C'=3	T=1			SumC':SumC	=3:5.0	CF.YF	=1
V=0	Y=2			Afr	=0.44		
Intellect	=2	CP	=0	S	=2（S to I、II、III=1）		
Blends:R	=4:24			Col-Shad Bl	=1		
M+y Bl	=1			Shading Bl	=0		

案例13的阳性发现：Afr为0.44，因为他是回避—中间型的人（L=1.18；EB=4:5.0），所以，这个值也算合适。在某种程度上，这可能表示他有回避复杂性的倾向，但也有证据表明他正面临着某些严重的情绪问题（DEPI=5、SumC'=3、eb=3:6）。这样看来，他的回避风格可能在面对情绪刺激时加重了。

潜在发现4：如果Afr降至0.44以下，表明被试具有明显的回避情绪刺激的倾向。具有这种倾向的人，通常在处理情绪问题时会感到非常不舒服。这样，他们就很不情愿参加社交活动，甚至将自己孤立起来。一般而言，当此阳性结果存在时，还会有其他显示存在明显情绪受限（参照步骤5）或情绪防御的证据（参照步骤7和8）。这种情况如果出现在儿童或青少年中，那就更重要了，因为它表示儿童或青少年对有助于他们发展的日常交流过分小心翼翼或过多回避。进行步骤7。

案例12　27岁女性被试的情绪相关变量

EB	=7:2.5			EBPer	=2.8	混合反应	
eb	=2:8	L	=0.29	FC:CF+C	=3:1	M.CF.FD	=1
DEPI	=6	CDI	=3	Pure C	=2	M.FC	=1
						M.FY	=1
C'=4	T=0			SumC':SumC	=4:2.5	M.FV	=1
V=2	Y=2			Afr	=0.29	FV.FY	=1

（续上表）

Intellect	=5	CP	=0	S	=3（S to Ⅰ、Ⅱ、Ⅲ=2）
Blends:R	=5:18			Col - Shad Bl	=0
m+y Bl	=2			Shading Bl	=1

案例 12 的阳性发现： Afr 是 0.29，非常低，表明她是那种不惜一切代价回避情绪的人。案例 12 的 DEPI（6）和来自第四、五步骤的阳性发现，表明她有明显的情绪困扰和情绪表达的抑制或约束，这样看来 Afr 呈阳性也非预料之外。

（七）步骤 7：理智化指数

理智化指数（Intellectualization Index）为 2AB + Art + Ay 之和，它提供有关使用理智化的信息。理智化是一个过程，通过这个过程，情绪状态或经验在观念上而不是在情绪水平上得以处理，从而使其影响降低或抵消。事实上，这是一个假性理智过程，它隐藏或否定了情绪的存在，结果降低了直接和/或现实处理情绪的可能性。

理智化是一种常见的防御策略，大多数人在面对想要回避的情绪性情境时，常会使用它。因此，问题不在于是否使用理智化，而在于是否过度使用。理智化指数小于 4 时，无任何解释的价值。案例 11 和 13 就是这种情况。

潜在发现 1： 理智化指数在 4～6 之间，表明此人比大多数人更倾向于在理智水平上处理情绪。虽然这个过程降低或抵消了情绪的影响，但它却是一种否认，导致对真实和对情境影响的歪曲。进行步骤 8。

案例 12　27 岁女性被试的情绪相关变量

EB	=7:2.5			EBPer	=2.8	混合反应	
eb	=2:8	L	=0.29	FC:CF+C	=3:1	M.CF.FD	=1
DEPI	=6	CDI	=3	Pure C	=0	M.FC	=1
						M.FY	=1
C'=4	T=0			SumC':SumC	=4:2.5	M.FV	=1
V=2	Y=2			Afr	=0.29	FV.FY	=1
Intellect	=5	CP	=0	S	=3（S to Ⅰ、Ⅱ、Ⅲ=2）		
Blends:R	=5:18			Col - Shad Bl	=0		
m+y Bl	=2			Shading Bl	=1		

案例 12 的阳性发现： 理智化指数是 5，表明被试比大多数人更倾向于使用理智化，将此作为抵消或消除某些不愿面对的情绪影响的方法。

潜在发现 2： 如果理智化指数大于 6，表明被试在具有较强情绪压力的情境中，将理智化作为一种主要的防御策略使用。这种人在强烈情绪的冲击下，更容易出现混乱，因为随着情绪刺激强度的增加，这种策略的有效性将会降低。进行步骤8。

（八）步骤8：色彩投射

色彩投射（CP）非常罕见，其预期值总是0，案例11、12和13都是如此。即使只有一个CP出现，也有很重要的解释意义。它表明被试在使用一种非同寻常的否认来对抗不愉快的情绪。

潜在发现：如果CP大于0，表明此人经常通过将一种不恰当的正性情绪或情绪价值带入到情境中，以否认烦恼或不愉快情绪或情绪刺激的存在。这是一种类癔症样处理方式（hysteroid like process），一种无视或违背现实的处理方式。

一般来说，使用这种防御形式的人，对自己适当地处理负性情绪的能力深感不安，也常常在调节情绪表达方面存在问题。因此，他们倾向于歪曲事实以回避处理环境中感知到的或预期到的令人不快的事件。

这种防御形式，通常都是显而易见的。使用这种防御形式的人，常常被评价为情感肤浅。进行步骤9。

（九）步骤9：FC: CF + C 比率

FC: CF + C和纯C提供有关情绪释放或表达调节方面的信息。FC反应表示情绪体验（经验）的控制或调节良好；CF反应表示对情绪释放的抑制较弱；纯C反应表示情绪的释放明显缺乏约束或抑制。有必要说明的是，单独研究CF和C，其可靠性要比将CF + C作为一个整体进行研究明显要低。大多数成年非病人给出的FC反应要比CF + C多，或至少一样。另一方面，儿童给出的CF和C反应通常比FC多。

潜在发现1：如果FC反应至少比CF + C多1个，或是CF + C的2倍，且纯C反应等于0，则可以推断被试对情绪释放的控制或调节与大部分成年人相同。对于15岁以下的儿童而言，这种情况则是非预期的，表明在处理情绪表达的过程中，使用了比一般儿童更严厉的控制。进行步骤11。

潜在发现2：如果FC比CF + C大2倍，但小于3倍，且纯C为0，表明被试对情绪释放的控制比一般人更严厉。在15岁以下的儿童中，这种情况是极不常见的。进行步骤11。

潜在发现3：如果FC是CF + C的3倍或以上，且纯C为0，则可推断，与大多数人相比，此人对情绪表达有过分的控制。这种情况通常表示被试对强烈情绪的表达感到恐惧或疑虑，提示有情绪抑制的可能性。进行步骤11。

案例12　27岁女性被试的情绪相关变量

EB	=7:2.5			EBPer	=2.8	混合反应	
eb	=2:8	L	=0.29	FC:CF + C	=3:1	M.CF.FD	=1
DEPI	=6	CDI	=3	Pure C	=2	M.FC	=1

（续上表）

						M. FY	=1
C' =4	T =0			SumC': SumC	=4:2. 5	M. FV	=1
V =2	Y =2			Afr	=0. 29	FV. FY	=1
Intellect	=5	CP	=0	S	=3（S to Ⅰ、Ⅱ、Ⅲ =2）		
Blends: R	=5:18			Col – Shad Bl	=0		
m + y Bl	=2			Shading Bl	=1		

案例 12 的阳性发现：FC: CF + C = 3:1，没有纯 C 反应。我们知道她是典型的内向风格，偏好使用理智化，有明显的抑制情绪表达的倾向。因此，在她给出的色彩反应中，大多数都是以形状为主的。这似乎证明了一种假设，即她不能坦然面对自己的情绪，害怕情绪变得过分强烈，为此总是努力确保情绪表达在其掌控之中。

潜在发现 4：如果 FC 至少比 CF + C 大 1 个点，或者是 CF + C 的两倍，且纯 C 为 1 的话，则可以假设：在多数情况下，此人在调节情绪释放方面与其他成年人是一样的。然而，在某些情况下，他对情绪的释放不能像多数人一样控制良好，并会出现调节失误。这种情况在 15 岁以下的儿童中很少见。继续进行步骤 10。

潜在发现 5：如果 FC 比 CF + C 大两倍，且纯 C 大于或等于 1。这意味着，在大多数情况下，情绪表达是受到严格调节的，不过这种严格的调节很容易失败。这样的人通常都有情绪冲突，这种冲突有时可导致严格调节失败。继续进行步骤 10。

潜在发现 6：如果在一个成年人的记录中，FC 比 CF + C 至少多 1 个点，或是 CF + C 的两倍，且纯 C 大于 1，则表明尽管这个人在努力地调节着自己的情绪释放，但潜在的、严重的调节失误却屡屡发生。在一个成年人的测验记录中，这种情况并不常见，所以需要结合控制方面的问题通盘考虑。在儿童或青少年的记录中，这种情况并非少见，因为他们还在学习如何恰当地调节情绪的释放。继续进行步骤 10。

潜在发现 7：如果 CF + C 等于 FC 或超过 FC 2 个点，且纯 C 是 0 或 1，则表示在情绪释放方面，被试所进行的调节不像多数成年人的那么严格。与一般人相比，他的情绪表达更加明显和强烈。对于成年人来说，这并不一定是个负面的发现，尤其是对那些没有控制问题的人来说更是如此。然而，对有人际或现实检验问题和/或情绪紊乱的人来说，它就是一个明显的不利因素。这些情况中的任何一种，都可使情绪表达的程度与情境不相适应。尽管这种情况在多数青少年和儿童中是普遍存在的，但对内向风格的人来说，不论在何种年龄段都很少见。如果有纯 C 反应就继续进行步骤 10，如果纯 C 是 0 就进行步骤 11。

案例 13 34 岁男性被试的情绪相关变量

EB	=4:5.0			EBPer	=N/A	混合反应	
eb	=3:6	L	=1.18	FC:CF+C	=2:4	M.CF	=1
DEPI	=5	CDI	=4	Pure C	=1	FM.FT	=1
						M.FC'	=1
C'=3	T=1			SumC':SumC	=3:5.0	CF.YF	=1
V=0	Y=2			Afr	=0.44		
Intellect	=2	CP	=0	S	=2（S to I、II、III=1）		
Blends:R	=4:24			Col-Shad Bl	=1		
M+y Bl	=1			Shading Bl	=0		

案例 13 的阳性发现： FC:CF+C=2:4，有 1 个纯 C 反应。他是一个回避—中间型的人，似乎有人际关系和情绪问题（DEPI=5、CDI=4、eb=3:6）。他的情绪表达可能经常与情境不相适宜。他为其长时间滥用毒品声辩时，显得有些漫不经心。也没有任何迹象表明他对自己的情绪表达困难是有意识的。这种情况可能是评估背景（寻求恢复工作）的缘故，也可能与其对情绪和情绪表达调节的理解非常肤浅、幼稚有关。Afr（0.44）低于平均值，提示他意识到的情绪控制问题比他愿意承认的多。他的转介者提出一个问题，即他是否有非毒品影响的情绪控制问题。这项发现清楚表明他有这方面问题。

潜在发现 8： 如果在一个成年人的记录中，出现 CF+C 等于 FC，或比 FC 多 2 点，且纯 C 大于 1，则表明存在一些潜在的、严重的调节问题。这种人的情绪表达常常是过分强烈的，给人一种冲动的印象。这种问题可能是由控制困难导致的，然而，也可能反映了心理组织的不成熟。对于不成熟的心理组织来说，情绪调节被认为是不重要的。这个发现在儿童中非常普遍，它表示情绪充沛、调节少。这也经常表现在年轻人的行为中。然而，这个发现在内向风格的人中，不论年龄大小，都非常罕见。对于一个内向风格的人来说，如果这个发现是阳性的，那就有理由假设：观念方式（ideational style）的有效性和完整性遭到破坏，并常常受其他心理操作干扰而出现“短路”。继续进行步骤 10。

潜在发现 9： 如果 CF+C 比 FC 大 3 个点或以上，且纯 C 为 0，则表明此人对情绪的调节比其他人弱。这类成年人因情绪表达强烈常引起人们的注意。这并非一定是个问题，不太克制的情绪表达到底是多些好还是少些好？这要视社会环境的接受性而定。但是，如果存在现实检验问题和/或情绪紊乱，那可能会出现很多控制不好和与情境不协调的情绪表达。这种情况在年龄较小的青少年和儿童中较为常见。进行步骤 11。

案例 11　30 岁男性被试的情绪相关变量

EB	=2:7.5			EBPer	=3.8	混合反应	
eb	=5:7	L	=0.22	FC:CF+C	=1:6	M.C.FD	=1
DEPI	=4	CDI	=2	Pure C	=2	FM.FD.FY	=1
						m.CF.C'F	=1
C'=3	T=2			SumC':SumC	=3:7.5	M.CF	=1
V=0	Y=2			Afr	=0.72	FM.FT	=1
						FM.FC'	=1
Intellect	=1	CP	=0	S	=6（S to I、II、III=3）	FM.YF	=1
Blends:R	=7:19			Col-Shad Bl	=1		
m+y Bl	=1			Shading Bl	=0		

潜在发现 10：如果 CF+C 比 FC 大 3 个点或以上，且纯 C 大于等于 1，则表明情绪调节非常松懈。这种情况在年幼的儿童中是常见的。但在成年人中，这非常少见。这类人常被视为是冲动的或至少是过度情绪化和/或不成熟的。

对于一个有现实检验困难或情绪紊乱的人来说，如果这个发现是阳性的，那情绪调节失败通常会导致社会适应不良。对于一个内向风格的人来说，如果这个发现是阳性的，则表明他/她的思维方式的功能和/或有效性存在严重的问题。进行步骤 10。

案例 11 的阳性发现：FC:CF+C=1:6，且有 2 个纯 C 反应。他是典型的外向风格，似乎有某种痛苦情绪（eb=5:7），但迄今还没有心境障碍的证据（DEPI=4，CDI=2，Afr=0.72）。很难避免下这样的结论，即他对自己情绪表达的控制是非常不在意或非常不关注的，有时情绪可能会过分强烈甚至不稳定。这种假设与他妻子提供的某些病历材料是一致的。与前面提到的 Afr 一同考虑，则可能的结论是：他可能对自己这方面的问题没有多少意识，所以，情绪调节是主要的干预目标。

（十）步骤 10：纯 C 反应

与那些更有节制性的反应相比，纯 C 反应的不成熟性或原始性达到了什么程度？要想对此做出主观评估，就必须对测验记录中的纯 C 反应进行仔细考察。纯 C 反应的复杂性变化很大，从简单贫乏到复杂高深。有些纯 C 反应包含更多的理智特征，表明有更强的控制力，远超过编码所提示的水平。比如，内容为抽象艺术或装饰的反应，常常就是这类具有理智特征的反应。

另一些纯 C 反应的原始特征比较显眼，如溅落的血、火、肌肉或器官组织等。当纯 C 反应包含更多理智成分时，表明调节的失败是轻微和短暂的。更为原始的纯 C 反应代表对控制的忽视和漠不关心，这在那些经常出现调节失败并导致适应不良的人中很常见。

潜在发现：如果所有的纯 C 反应都有防御和/或假性理智的特征，那在评估是否存在严重的调节问题时，可以像对待 CF 一样对待纯 C。相反，如果任何一个纯 C 反应有着更原始的性质，则表示存在严重的缺陷，但年幼儿童除外。这种反应可能表示：如果发生了调节失误，由其引发的行为很可能是不恰当或适应不良的。进行步骤 11。

1. 案例 11 的反应

图卡Ⅲ："这看上去像两个家伙正在撕开被他们杀死的某种动物，周围有许多血。（询问）这里是它的头和腿，他们正在撕这尸体（D7）。（E：你说周围有许多血？）是，所有后面红色的，在它后面这些红的，我猜他们正在杀它。"

图卡 X："看上去像某人将很多颜料涂洒在什么东西上，好像他们正在试着画什么抽象的东西，我想，有许多现代艺术家就做这样的事。（询问）对我来说，它看上去就像许多颜料，但我猜，对画它的人来说，可能有某种意义。它真得像某人在那里涂洒了许多不同的颜料，粉的、黄的和蓝的，所有那些。"

在这两个反应中，颜色的使用相当自由，几乎是随意的。被试有机会以一种更有效或更克制的方式将色彩组织起来，特别是在第二个反应中，但这种情况没有发生。这样的话，最后形成的反应都是非常简单的，两个反应与步骤 9 提到的调节问题得到相互印证。

2. 案例 13 的反应

图卡 IX："橘黄色可能是火。（询问）我不知道为什么我想到火，它是橘黄色的，而火也是橘黄色的，这人人都知道。"

这是一个非常具体的、有点防御性的反应，儿童比成年人多见。这支持由步骤 9 的资料所产生的假设，即他可能常常以与情境不适应的方式来表达他的情绪。

（十一）步骤 11：空白反应

大多数人都会给出至少 1 个空白反应（S），给出 2 个也并非不常见。通常，给出的 S 出现在图卡Ⅰ或图卡Ⅱ。一般来说，将图形和背景颠倒，或将图形和背景整合起来，都被认为是代表一种个人的独特感。然而，如果 S 反应的数目过多，则要考虑可能存在逆反、抗拒，甚至愤怒。如果 S 反应超过 2 个，那 S 反应出现的先后顺序就很重要。这是因为有些人以相反态度或定势处理测验。因此，区分哪些发现与情境关系更密切，哪些发现与特质联系更密切，就显得很重要。

潜在发现 1：如果 S 为 0 ~ 2，如案例 13（S = 2），此时就没有意义。进行步骤 12。

潜在发现 2：如果 S 等于 3，且所有的 S 反应都出现在前两张图卡上，则表明被试很可能还没做好进行测验的准备，对情境的要求做出抵抗性反应。这可能反映出某种不寻常的对抗，如果这种对抗是与情境相关的，则更要慎重。进行步骤 12。

潜在发现 3：如果 S 等于 4 或 5，且全部的 S 回答都出现在前三张图卡上，表明被试被测验情境激怒了。这很可能反映了被试在面对不喜欢的挑战时，表现出一种过度对抗的倾向，但也可能反映的是一种更加持久的对抗权威的倾向。进行步骤 12。

案例 12　27 岁女性被试的情绪相关变量

EB	=7:2.5			EBPer	=2.8	混合反应	
eb	=2:8	L	=0.29	FC:CF+C	=3:1	M.CF.FD	=1
DEPI	=6	CDI	=3	Pure C	=2	M.FC	=1
						M.FY	=1
C'=4	T=0			SumC':SumC	=4:2.5	M.FV	=1
V=2	Y=2			Afr	=0.29	FV.FY	=1
Intellect	=5	CP	=0	S	=3（S to I、II、III=2）		
Blends:R	=5:18			Col-Shad Bl	=0		
m+y Bl	=2			Shading Bl	=1		

潜在发现 4：如果 S 等于 3，且其中至少有 1 个 S 出现在图卡 III 之后，表明被试比多数人更倾向于对环境表现出抗拒或对抗。这不一定就是一种缺陷，但它对亲密的社会关系的形成具有危害。进行步骤 12。

案例 12 的阳性发现：有 3 个 S 反应，且至少有 1 个出现在图卡 II 之后。这意味着她可能对环境有一种拒绝或对抗的倾向，这种倾向对她建立、维持和谐和感恩的社会关系具有阻碍作用。这个发现特别重要，因为前面的发现表明她有许多情绪问题。

潜在发现 5：如果 S 为 4 或更大，且至少其中有一个 S 出现在图卡 III 之后，表明被试存在相当强的愤怒情绪。通常，这种愤怒情绪具有普遍性，明显影响其对环境的态度。这是一种特质样的特征，对个体的心理机能有影响。它总是对个人形成决策和应对行为产生一定的影响。对具有这种特质的某些人来说，这种愤怒习惯性地以一种直接和明显的方式在行为中表现出来。对另一些人来说，愤怒情绪的表现较为不明显且不直接。如果某个人的心理组织具有情绪约束这种重要特征，那他/她可能只会将其在心里“闷烧”。不管这种愤怒情绪是如何被处理的，具有这种特征的人常常很难与别人维持深刻和/或有意义的关系，因为他们对日常的妥协很难接受，而通常这种妥协又是社交所要求的。如果被试在情绪控制和/或调节方面存在问题，那在他/她强烈的情绪释放中，可能包含一种高对抗性的成分。进行步骤 12。

案例 11 30 岁男性被试的情绪相关变量

EB	=2:7.5			EBPer	=3.8	混合反应	
eb	=5:7	L	=0.22	FC:CF+C	=1:6	M.C.FD	=1
DEPI	=4	CDI	=2	Pure C	=2	FM.FD.FY	=1
						m.CF.C'F	=1
C'=3		T=2		SumC':SumC	=3:7.5	M.CF	=1
V=0		Y=2		Afr	=0.72	FM.FT	=1
						FM.FC'	=1
						FM.YF	=1
Intellect	=1	CP	=0	S	=6 (S to I、II、III=3)		
Blends:R	=7:19			Col-Shad Bl	=1		
m+y Bl	=1			Shading Bl	=0		

案例 11 的阳性发现：在该被试的记录中有 6 个 S 反应，有一半出现在图卡 III 之后。他是一个非常愤怒的人，这个发现并不奇怪，因为他在工作和婚姻中都表现出突出的愤怒和/或攻击特点。他是一个典型的外向风格的人，有明确的情绪控制问题。如此，这个发现相当重要，在治疗计划中要考虑到这个问题。

（十二）步骤 12：混合反应、EB 和 Lambda

在罗夏测验记录中，可利用混合反应的数目或比例，对被试当前的心理复杂性做出初步的评估。当试图理解一个人的心理，特别是理解他/她的情绪特征时，这个信息很重要。虽说每个人都是复杂的，但有些人比另一些人更复杂。任何人的心理复杂性都不是静态的。相反，心理复杂性是在某个水平线上下变动的，而这个水平线对每个人来说都是独特的。

例如，智商高的人常比那些智商中等或稍低的人的心理复杂性更高。然而，不论在什么时候，这种情况都可能会颠倒过来，这取决于个人内心的压力感受、未满足的需要和未解决的冲突等。当压力、需要和冲突适度或最小时，心理复杂性会降低到一定程度；但当压力、需要和冲突增加时，心理复杂性水平也会升高。

在解释记录中混合反应出现的频率和比例时，首要的问题是它们与我们对此人的预期是否一致。在后面的步骤中，这个发现将与被试当前的情况结合起来进行考虑。

大多数的混合反应至少会包含一个与情绪相关的决定因子（色彩、非色彩或阴影）。因此，大多数的混合反应都与情绪有直接关系，但即使某个混合反应不包含与情绪相关的决定因子，它的存在对情绪的研究也是非常重要的，因为心理复杂性本身常影响情绪体验或表现的方式。混合反应的预期值因 EB 风格和 Lambda 的不同而不同。当 Lambda 不大于 0.99 时，内向风格相比于外向风格或中间型给出的混合反应要少。一般来说，内向风格的反应中约 20% 是混合反应，如果混合反应的比例超过总反应（R）的 25%（平均范围是 13% ~26%）则算有点不寻常；外向风格给出的反应中约 25% 是混合反应，混合反应的比例达到总反应（R）的33%（平均范围是19% ~33%）也并非不常见；中间型给出的混合反应，其平均值也是25%，但超过35%（平均范围是16% ~36%）也并不稀奇。

如果Lambda为1.0或更大，预期混合反应的比例会降低。回避风格的被试，通常给出的混合反应要低于全部反应的15%，即便给出的混合反应低于10%，也并非是异常的（平均范围是8% ~14%）。这似乎与回避风格最小化心理复杂性的倾向是一致的。

潜在发现1：如果混合反应的比例，在EB或Lambda所界定的那种风格的平均范围内，则可以推断其心理复杂程度与其他风格类似的人没什么不同。进行步骤13。

潜在发现2：如果混合反应的比例低于EB或Lambda所标识风格的平均水平，表明被试的心理复杂性比通常预期的要低。这种情况在那些心理组织不成熟或心理贫乏的人中最常见。这种人在面对复杂的情绪情境时，常会出现行为问题。进行步骤13。

案例11　30岁男性被试的情绪相关变量

EB	=2:7.5			EBPer	=3.8	混合反应	
eb	=5:7	L	=0.22	FC:CF+C	=1:6	M.C.FD	=1
DEPI	=4	CDI	=2	Pure C	=2	FM.FD.FY	=1
						m.CF.C'F	=1
C'=3	T=2			SumC':SumC	=3:7.5	M.CF	=1
V=0	Y=2			Afr	=0.72	FM.FT	=1
						FM.FC'	=1
						FM.YF	=1
Intellect	=1	CP	=0	S	=6（S to I、II、III=3）		
Blends:R	=7:19			Col-Shad Bl	=1		
m+y Bl	=1			Shading Bl	=0		

案例12　27岁女性被试的情绪相关变量

EB	=7:2.5			EBPer	=2.8	混合反应	
eb	=2:8	L	=0.29	FC:CF+C	=3:1	M.CF.FD	=1
DEPI	=6	CDI	=3	Pure C	=2	M.FC	=1
						M.FY	=1
C'=4	T=0			SumC':SumC	=4:2.5	M.FV	=1
V=2	Y=2			Afr	=0.29	FV.FY	=1
Intellect	=5	CP	=0	S	=3（S to I、II、III=2）		
Blends:R	=5:18			Col-Shad Bl	=0		
m+y Bl	=2			Shading Bl	=1		

案例 13 34 岁男性被试的情绪相关变量

EB	=4:5.0			EBPer	=N/A	混合反应	
eb	=3:6	L	=1.18	FC:CF+C	=2:4	M.CF	=1
DEPI	=5	CDI	=4	Pure C	=1	FM.FT	=1
						M.FC'	=1
C'=3	T=1			SumC':SumC	=3:5.0	CF.YF	=1
V=0	Y=2			Afr	=0.44		
Intellect	=2	CP	=0	S	=2（S to I、II、III=1）		
Blends:R	=4:24			Col-Shad Bl	=1		
M+y Bl	=1			Shading Bl	=0		

潜在发现3：如果混合反应的比例高于EB或Lambda所标识的风格的平均水平，表明被试的心理复杂性比预期的高。因为大多数混合反应都包含1个或以上的与情绪相关的变量，所以，经常会发现非预期的心理复杂性有情绪基础。如果应对各种情绪经验的资源充裕，出现非预期的心理复杂性也未必是一个问题。如果资源较为有限，或存在控制调节方面的问题，心理复杂性的升高可增加情绪对行为一致性或稳定性的不利影响。进行步骤13。

案例11、12和13的阳性发现：在这三个案例中，混合反应的比例比预期的稍高。案例11是外向风格，混合反应有7个，约占总反应（19个）的37%。案例12是内向风格，混合反应是5个，约占总反应（18个）的28%。案例13是回避风格的，混合反应为4个，约占总反应（24个）的17%。这三个发现既不引人注目，也不出乎意料。案例11和12可能是病人，案例13面对与情境相关的工作压力。在压力下，其心理复杂性会比平常高。所以，要确定较高的心理复杂性是否导致了严重的问题，依然是要慎重的，需要更细致的研究。

（十三）步骤13：与情境性压力相关的混合反应

步骤12的发现提供了有关当前心理复杂性的信息，然而，重要的是确定当前水平是通常具有的，还是因情境因素显著升高的。如第三章中所阐述的，要对此确定，就要对只包含m和/或Y混合反应的数目进行考察，如FC.FY、m.CF。在大多数记录中，如案例11和13，出现1个这样的混合反应是很普遍的，无需重新考察步骤12中的发现。但是，如果出现的数目大于1，那就可能很有意义了。

潜在发现：如果只包含m或Y的混合反应超过1个，则从中减去所有的由m或Y构成的混合反应，仅保留1个，然后重新计算混合反应在总反应（R）中的比例。如果重新计算的结果落在与步骤12不同的范围（依风格界定），那从步骤12得来的有关心理复杂性的结论就应该修改。在修改中应当明确指出，心理复杂性的升高是由情境相关压力导致的，并可预期在那些情境性因素不存在时，心理复杂性便会降低。进行步骤 14。

案例 12 的阳性发现：正像在步骤 12 中看到的，18 个反应中有 5 个混合反应（约占 28%）。5 个混合反应中有两个是由 Y 变量构成的（M. FY、FV. FY），从中只保留 1 个，减去其他剩余的，然后再计算。结果显示混合反应的比例为 22%（4/18）。这个比例落在内向风格的平均范围之内。有关她的心理复杂性的任何描述都应该包括这一点：情境性因素使她的心理复杂性比平常升高了。有趣的是这个女人正在努力抑制自己的情绪。这额外的心理复杂性是由与无助感有关的情绪经验（Y）导致的。很明显，在她尝试处理这些不快的情绪时，情境性因素增加了其痛苦情绪的水平，甚至给她带来较大的负担。

（十四）步骤 14：异常的复杂性

异常的心理复杂性并不总能通过步骤 12 和 13 中的发现得到全面完整的反映。在某些情况下，一个心理复杂性超过预期水平的被试，其混合反应的比例可能等于或低于平均水平。在另一些情况下，混合反应的比例可能比预期的更高，但却依然不能反映心理复杂性的程度。一般来说，这些案例可根据极度复杂的混合反应的存在来加以判断。

大约 3/4 的混合反应只包含 2 个决定因子，约 1/4 的有 3 个决定因子，包含 3 个以上决定因子的混合反应非常罕见。因此，如果包含 3 个决定因子的混合反应不超过 1/4，或包含 3 个以上决定因子的混合反应为 0，则这个步骤的发现就没有意义。案例 12 和 13 就是如此：案例 12 的 5 个混合反应中只有 1 个包含 3 个决定因子，案例 13 的 4 个混合反应都只包含 2 个决定因子。

潜在发现：如果 1/4 以上的混合反应包含 3 个决定因子，或有 1 个或以上的混合反应中包含了 4 个或以上的决定因子，则步骤 12 中得出的结论应当被修改。在修改中应指出，被试的心理机能有时会变得过度复杂。这种额外的心理复杂性几乎总是由情绪经验所导致的。即便这并非一定是一种不足或缺陷，但却很容易导致心理机能不良，特别是当资源有限或存在情绪控制和/或调节困难时。进行步骤 15。

案例 11 的阳性发现：7 个混合反应中的 2 个包含了 3 个决定因子。这样的话，步骤 12 的发现表明他的心理复杂性水平只是比平均高了一点，考虑到他的婚姻问题，这点升高也不奇怪。但此项发现表明他的心理机能有时会变得非常复杂。因为他是一个易怒的、具有普遍外向风格的人，在调节情绪表达方面有明显困难，所以，可认为其心理复杂性的这一特征对他来说是一种缺陷。

（十五）步骤 15：色彩—阴影混合反应

色彩—阴影混合反应被定义为一种既包含色彩决定因子（FC、CF、C），又包含非色彩决定因子（FC'、C'F、C'）或阴影决定因子（Y，T 或 V）的混合反应。它们常表示存在变化不定、混乱，甚至是矛盾的情绪。

色彩—阴影混合反应，在外向风格和中间型的被试中，出现频率要比内向或回避风格的高。这并不意味着当考虑应对风格时，解释就有明显的不同，而只表明风格类型和出现频率对与此发现有关的假设形成具有重要作用。

潜在发现 1：当外向风格或中间型被试的记录中出现 1 个由 C'、T 或 V 构成的色彩—阴影混合反应时，可以假设被试有时会很不稳定，可能正被情绪或情绪性情境所困扰。这个发现不一定就是负面的，特别是对那些外向风格的人来说更是如此，他们要比其他类型的人更多卷入或参与到情绪中。对于外向风格的人来说，偶尔出现情绪不稳定是常见的，也不会让他们太苦恼，因为他们在处理自己的情绪方面比其他人更得心应手。

案例 11 的阳性发现：他的色彩—阴影混合反应只有 1 个（m. CF. C'F），表明他有时情绪不稳定。通常，这个发现并不是很重要，因为他是一个外向风格的人。然而，前面已经提到他有许多情绪问题，因此，在总结时对此进行考虑是必要的。

潜在发现 2：如果在内向或回避风格被试的记录中出现 1 个由 C'、T 或 V 构成的色彩—阴影混合反应，或在外向风格或中间型被试的记录中出现 1 个以上的色彩—阴影混合反应，则可提出假设：这种人常被情绪或情绪性情境所困扰。这样的人体验到的情绪通常比别人更强烈，有时甚至难以关上通往情绪性情境的大门。如果内向或回避风格的人出现这样的情况，则产生的影响可能是具有破坏性的，因为这种类型的人不太习惯这种经验，并在解决问题方面有更多的困难。

潜在发现 3：如果记录中有 1 个或更多由 Y 变量构成的色彩—阴影混合反应，则不管何种风格，都可推断被试存在情绪不稳定或情绪困扰，并可推断是由情境相关事件导致的。这种混乱的存在，对内向或回避风格的破坏性，要比对外向风格或中间型的更大。如果潜在发现 1 或 2 的其中之一是阳性，那这个发现可作为前面假设的补充。进行步骤 16。

案例 13 的阳性发现：这个记录包含了 1 个色彩—阴影混合反应（CF. YF），表明存在情绪混乱，而且是由情境性因素导致的。考虑到他的病史和正在面对的与情境相关的工作困难，出现这样的结果不足为奇。

（十六）步骤 16：阴影混合反应

阴影混合反应，如 FT. FC'、FV. FY 等，都是特别少见的，也是绝对不期望看到的。它反映被试存在非常痛苦的情绪。

潜在发现：如果被试给出 1 个或更多的阴影混合反应，表明存在非常痛苦的情绪。通常，推测这种负性情绪的来源是不切实际的，但有时编码能够提供一些与负性情绪来源有关的线索。但不论如何，都可以得出这样的结论：这种非常强烈的烦恼对被试几乎所有的心理机能都能造成破坏性影响。它不仅在此人的情绪中占据主导地位，也会对其思维造成广泛的影响。因为痛苦的存在，注意力常受到影响，判断也变的非常摇摆不定。

案例12的阳性发现：有1个阴影混合反应（FV. FY）。似乎有情境性的成分（FY），这令其长期稳定的自责或贬低自己的倾向更加恶化。重要的是要注意到这个混合反应是记录中两个V反应中的一个，表明她的消极性知觉作为一种优势特征是相当强的。在这个案例中，有两件过去的事件与痛苦的情绪有关系：一件是放弃抚养非婚生的孩子；另一件是最近才结束的持续了14个月的热烈的恋爱关系。

三、对情绪发现的总结

（一）案例11的总结

这个30岁的男人和妻子最近分居了，目前正在接受婚姻治疗。他说他对他们的情况感到愤怒是有理由的，并为此而变得抑郁。转介者的两个问题是：他是否有明显的情绪问题，以及他所讲的抑郁有多严重。对来自这个分数单元的发现进行总结，回答上述问题就相对容易了。

情绪在这个男人的大多数心理活动中都扮演了非常重要的角色。他是一个倾向于公开表达自己情绪的人。情绪对他的思维有相当的影响，通常会引导他在决策中更多地使用直觉性的尝试—错误模式，即便在那种不适合使用此模式的情境中也是如此（步骤2和3）。

没有明确的证据表明他患了抑郁症（DEPI呈阴性），然而，这并不是说可以排除他患抑郁症的可能性。这只表明他没有那么多被诊断为某种情绪障碍的患者所具有的常见特征。另一方面，他似乎感到痛苦（步骤4）。某些痛苦似乎与他经历的情感丧失有关，因为他分居了。但有些痛苦似乎与他想释放却被抑制的情绪有关（步骤4）。

后者特别有意思，因为他通常是倾向于公开表达情绪的人（步骤2），也没有证据表明他处理自己情绪的方式是过分约束的，或他对情绪性情境是回避的（步骤5和6）。这样的话，目前抑制情绪表达的倾向，可能与他承认自己脾气坏和意识到坏脾气导致了婚姻问题有关。这是一个重要的发现，因为其他证据表明他通常是非常不在意或不关心如何控制自己的情绪表达，有时情绪表达是非常强烈的，甚至是反复无常的（步骤9和10）。

他是一个非常易怒的人（步骤11），有时他的心理复杂性变得比平常更高（步骤12和14）。后者可能与他最近的分居有关。不考虑其原因，愤怒和增加的心理复杂性混合在一起，可导致他对情绪的控制或调节更加漠视。如此便可得出这样的结论：愤怒和情绪控制这两个特征是他的主要缺陷，应当作为干预的主要目标。

（二）案例12的总结

这是一个27岁的女性，主诉紧张、心烦意乱、工作困难、胃口不好和失眠。转介者提出的问题是：她紧张的原因和有无患抑郁症的证据。

尽管她没有特别说到抑郁，但有证据支持这样的假设，即她有一种严重、潜在和失能性的情绪问题，可能存在抑郁。似乎这就是问题的核心，她此刻的抱怨是由此演化而来的（步骤 1）。她是一个观念型的人，喜欢在决策时将自己的情绪搁置在一边。她喜欢延迟决策，直到对所有明显的可能性都思考后为止。她避免在问题解决中使用尝试—错误模式，即便这种模式对某些情境明显适合她也会如此。通常，她倾向于将情绪释放保持在严格的控制之下（步骤 2 和 3）。

很明显，她是相当痛苦的（步骤 4）。她似乎陷入一种内省性的自我贬低之中，且已有相当长的时间。这导致了她的痛苦，而且这种痛苦又因她对自己情绪表达显著的抑制而加重。她对自己情绪表达的抑制远比多数人的要强。这会导致她对自己产生一种持续的不满（步骤 4 和 5）。很明显，她很害怕处理情绪问题，她努力回避情绪问题，并为此而不惜代价（步骤 6）。

当她面对情绪问题时，她常尝试使用理智化来抵消它的作用，处理情绪问题更多是在理智水平而非情绪水平（步骤 7）。由于她对情绪问题感到不安以及非常害怕自己的情绪变得过分强烈，所以她努力运作以确保自己的情绪表达处于严密的调节中（步骤 9）。她可能对环境有一点消极或对抗的态度，这就掩盖或阻碍了她建立和维持和睦、感恩的社会关系（步骤 11）。

她的心理机能复杂性比预期的稍高，特别是对一个如此严密控制自己情绪的人来说。这额外增加的心理复杂性，似乎与情境因素而非稳定持久因素的关系更为密切。很有可能是由当下的、她无法对抗的无助感而引发的。这增加的心理复杂性也在她处理自己不愿面对的情绪问题时为她带来更多的负担（步骤 13）。似乎存在某种形式的与情境相关的压力，令其长期稳定的自责或贬低自己的倾向更加严重。她被一种令其痛苦的优势特征所占据，即她以一种极端消极的方式感知自己（步骤 16）。

（三）案例 13 的总结

此案例中的被试 34 岁，男性，因药物滥用而接受治疗，已近 5 个月，目前正在寻求复职。转介者提出的问题是：他的情绪控制问题在未受药物滥用影响时是否就已经存在了。

测验的结果显示他常有情绪问题，主要的原因是社会适应困难（步骤 1）。他没有报告说有抑郁或苦恼，不过这并不奇怪，因为他正在努力尝试呈现出一个适应良好的形象。

他有一种非常突出的特征，即通过忽视或否认使复杂性和模糊性简单化，但他解决问题或决策的模式并非很稳定一致。这种稳定一致性的缺乏可能影响了他使用情绪的方式。有时，他的思维受情绪的影响很严重，他的决策更多是直觉性的；另一些时候，即便情境是相似的，他也会将情绪放在一边，尝试使用更加观念化的方式形成决策或判断。这种不一致也表现在情绪的表达方式上。有时，他的情绪表达是严格控制的，但在相同的情况下，也会表现为全然不受控制。这种摇摆有时使他处理情绪问题的方式与情境很不适宜（步骤 2）。

他似乎正在体验着某种痛苦的情绪，尽管他没有报告。考虑到他目前的处境和正在接受评估的环境，他对此不提也不足为奇。他的某些痛苦情绪似乎是与尝试抑制或压制情绪的表达有关。如果他对自己的社会适应不良行为或倾向有某种意识的话，对情绪表达的抑制反映的可能是避免不适当社会行为的一种尝试（步骤 4）。

这种看法，即他可能对自己社交不当和偶尔的情绪控制问题有某种意识，是得到下述事实支持的：他只要有可能便回避或忽略情绪性情境。这种回避可能是他回避复杂性倾向的一部分，但也可能与他对现有情绪问题的理解有关。不过后一个假设的提出确实有些太大胆了（步骤6）。

当他确实要表达情绪时，通常是过分强烈的，有时又与情境不相适宜。在为自己长时间的药物滥用辩护时，他显得有些漫不经心。此外，没有迹象表明他对情绪表达困难有任何意识。这两种情况可用以下两种方式来解释：可能只是与他想展现一个好的形象有关，或他对自己人际和情绪问题相当无知（步骤9和10）。

与那些明显回避复杂性的人相比，他似乎更复杂些。他现在的复杂性水平，可能与他正在经历评估的压力有关。（步骤13）

四、练　习

案例14

这是一位33岁的女性。最近，她依照保健医生的建议去看心理医生，后者又转介她来做评估。她说她情绪低落、注意力不集中且对自己的工作及未来打不起精神。

她在一家大型制造业公司的销售部工作，至今已有8年了。她晋升过两次，在目前的职位上也差不多待了2年。她只有个哥哥。哥哥现在39岁，已经结婚并有两个孩子。她父母都是64岁，都在工作。父亲是土木工程师，母亲在教务管理部门做秘书。她说她与父母来往不十分密切，通常一年回家看他们一次，平时有简短的电话联系。她有7年没有见哥哥了。

她的成长经历没有什么特别的。18岁高中毕业，成绩在班里排到前25%。她考入一所规模较大的大学，得到部分州立奖学金的支持，主修经济学。22岁时获学士学位。毕业后，她在一家汽车销售公司做业务经理，25岁时离开那个职位，然后便来到现在工作的公司。她说她一贯喜欢自己的工作，喜欢与工作有关的旅行，但最近这种兴趣下降了。她说："我变得心烦意乱，有时敷衍客户，在不该发脾气时发脾气。这是一项要求非常高的工作，我不再喜欢旅行了，这工作是件麻烦的事，我遇到很多挫折。"

她讲了很多自己的社会经历。在高中时开始约会，第一次性经验是在16岁。在大学阶段约会非常频繁，"……没有哪个是稳定的，只是许多不同的家伙。"她说偶然会与旅途中遇到的男人短暂地相处一阵，但是"我真的不喜欢一夜情"。她说有两段关系持续超过四个月。第一段是在23岁，持续了一年，"我们正好有不同的兴趣"。第二段是在29岁，持续了差不多两年。她说她很想与他生活在一起，相信他们或许会结婚，但绝不对此承诺。"事情只是没有发生。我们没有共同兴趣，我们开始吵架，只为一点小事就吵，但却积累起来了。最后，我知道我不能再与他生活在一起了，我们就不再见面了。"她说从那段关系结束后，她的约会变少了，她将原因归结为："似乎更难遇到人了，总是担心被传染疱疹或艾滋病。我不时还会交往，但不是很多。"

她承认在大学时尝试过不同的药物，但从那之后，只是偶尔抽点大麻。她说在大学时喜欢喝啤酒和红酒，毕业后就很少喝酒，通常只在社交场合喝。她还说她的体重变化很大。大约18个月前，她开始大吃大喝，在一个月内体重增加了16公斤。在那之后不久，她开始严格节食，最后体重下降了18公斤。最近，她的体重稍微超重，但她并不觉得有什么可担忧的。

她不确定目前的抑郁主要是由什么原因引起的。她说她对自己的投资有担忧，那些投资还没有好的回报。她觉得自己一定有什么问题，因为她没有亲密的朋友。她开始相信她可能选错了职业，相信如果是做别的工作，现在的成就会更大，但她不知道那工作是什么。

转介者的问题：①她的抑郁有多严重？②她有情绪控制方面的问题？③有关特殊治疗计划的建议。

案例14 33岁女性被试的情绪相关变量

EB	=4:7.5			EBPer	=1.9	混合反应	
eb	=6:7	L	=0.12	FC:CF+C	=4:5	M.C	=1
DEPI	=5	CDI	=2	Pure C	=1	M.CF	=1
						FM.FT.FD	=1
C'=2	T=3			SumC':SumC	=2:7.5	FM.FC	=1
V=1	Y=1			Afr	=0.68	FM.FT	=1
						FM.FC'	=1
Intellect	=2	CP	=0	S	=3（S to I、II、III=1）	FM.YF	=1
Blends:R	=8:20			Col-Shad Bl	=1	CF.C'F	=1
m+y Bl	=1			Shading Bl	=0		

1. 下面有关她抑郁的陈述哪一项是最恰当的？
   (a) 她现在可能非常抑郁，不过其抑郁是慢性持久的，还是反应性的，对此不好推断。
   (b) 她是那种经常被包括抑郁在内的情绪所困扰的人。
   (c) 她似乎患了心境障碍。
   (d) 尽管有发现指出她存在某种痛苦情绪，但没有证据表明她现在有抑郁情绪。
2. 根据步骤2和3，下面哪一项陈述是最恰当的？
   (a) 她是一个非常理性的人，在考虑决策或行为时，总是将情绪保持在控制良好的状态。
   (b) 她是那种倾向于使用自己情绪和受自己情绪影响的人，在做决策时，她倾向于使用尝试—错误的方法来检验决策。
   (c) 她倾向于将事情过分简单化，结果她经常受到情绪的过分影响。
   (d) 她的情绪总是与思维绞在一起，当她在解决问题或做决策时，情绪对她的影响是相当明显的，即便是在那种更适合使用理性或观念方式的情境中，情况也是如此。

3. 根据步骤 4，下面哪一项陈述是最恰当的？
   (a) 有理由相信，她的痛苦情绪是由某种情境性压力引起的。
   (b) 有发现提示，她有一种明显内化和束缚且非公开表达情绪的倾向，她目前的大量痛苦情绪便是由此产生。
   (c) 有发现提示，她是一个非常孤独的人，倾向于自责和贬低自己。她的痛苦情绪主要是由此所致。
   (d) 有发现似乎能表明她最近经历了严重的情感丧失。
4. 根据步骤 5、6、7 和 8，下面哪一项陈述是最恰当的？
   (a) 她似乎害怕直接处理情绪问题，企图回避情绪问题。
   (b) 她是那种在较为理智的水平上处理情绪问题并使其中性化的人。
   (c) 她同大多数人一样愿意处理情绪刺激。
   (d) 她倾向于在不愉快的情境中表现出虚假的正性情绪，以此来否认负性情绪的存在。
5. 根据步骤 9 的发现，下面哪个假设是最恰当的？
   (a) 她在表达自己的情绪时，比大多数成年人显得更强烈或明显一些。
   (b) 她有某种潜在的严重的情绪表达方式问题。
   (c) 她身边的人认为她是一个非常冲动或不成熟的人。
   (d) 有发现提示，她对自己情绪的控制比大多数成年人更在意。
6. 根据步骤 11，下面哪一项陈述是最恰当的？
   (a) 她内心充满了愤怒，这对她有关社会关系的决策具有重要影响。
   (b) 她对环境有一些消极或对抗性的态度，这种态度可能会妨碍她建立令人满意的关系。
   (c) 她对世界的态度是非常消极的，这种态度常常引发冲动行为。
   (d) 没有证据表明她对周围环境有强烈的消极情绪或愤怒。
7. 根据步骤 12、13 和 14 的发现，下面哪个假设是最恰当的？
   (a) 她的心理机能比预期的要复杂，但这一点对她来说并非什么不利因素。
   (b) 她心理机能的复杂性远比应有的要高，这很容易导致情绪控制出现重大问题。
   (c) 情境因素使情绪功能的复杂性大大超出了通常的水平。
   (d) 她的心理机能与大多数成年人的相比，复杂程度并不高。

案例 15

这是一个 22 岁的单身男人，高中毕业，目前受雇于一家建筑公司，做砌砖工。对他的评估是例行常规，因为他被指控酒驾和过失杀人。在一次足球比赛结束后，他与朋友参加了一个聚会，回家时他开的皮卡车失控了。他的车冲过路中间的隔离带，撞上一辆迎面开来的小车，导致小车的司机和乘客死亡。尽管他没有受伤，但坐在他皮卡车后面的两人受了重伤。虽然他之前没有酒驾的记录，但在过去两年中，他有两次超速驾驶的记录。

他声称是皮卡车的转向装置出了问题，结果导致他驾驶失控。尽管事故两小时后的抽血检查显示其酒精浓度超标（0.1），但他依然争辩说自己在事故发生时没有酒醉。他承认在足球比赛后喝了“一两杯啤酒”，在聚会上也喝了一两杯啤酒和一两小杯威士忌。

他是家中的老大，父亲49岁，是木匠，母亲48岁，是家庭主妇。高中毕业后，他就在这家公司工作，被认为是一个有责任心的员工。他说他有几个关系密切的朋友，与他们定期聚会。他每个月为穷人建房义务工作3～5小时。他对事故表示强烈的悔过，并暗示他受到了不公平的控告。

转介者提出的问题：①他是否有情绪控制问题？②他表达的悔过是否真诚？

案例15 22岁男性的情绪相关变量

EB	=4:0			EBPer	=4.0	混合反应	
eb	=4:5	L	=1.44	FC:CF+C	=0:0	M.FC'	=1
DEPI	=3	CDI	=3	Pure C	=0	M.FY	=1
						FM.FY	=1
C'=2	T=0			SumC':SumC	=2:0	FM.FV	=1
V=1	Y=2			Afr	=0.79		
Intellect	=3	CP	=0	S	=5（S to I、II、III=3）		
Blends:R	=4:22			Col-Shad Bl	=0		
m+y Bl	=2			Shading Bl	=0		

1. 根据步骤2和3，下面哪一项陈述是最恰当的？
   (a) 他是一个观念型的人，喜欢将情绪置于严格的控制之下，喜欢延迟决策，喜欢在对显而易见的选择方案考虑之后再做决策。
   (b) 他是那种只要有可能就回避处理复杂性或模糊性的人。
   (c) 他的决策习惯可能是非常不一致的。
   (d) 情绪对他决策的影响远远超出了他愿意承认的范围。
2. 根据步骤2、3和4的发现，下面哪个假设是最恰当的？
   (a) 目前，他正体验着某种痛苦情绪，并正在努力隐藏和控制任何向外表现的情绪。
   (b) 他因无助而感到一些轻微的痛苦，并正在努力隐藏或掩盖这些情绪。
   (c) 他倾向于否认任何痛苦情绪，试图使用理智化来处理他的情绪问题。
   (d) 尽管他可能感受到某些不舒服，但他隐藏其情绪不让他人知道已有很长时间了。
3. 下面的哪项陈述是不正确的？
   (a) 他的大部分心理机能很容易被情绪所掌控。
   (b) 他的心理复杂性升高了，其原因就是目前所面对的情境。

（c）他是个非常孤独的人，感到很无助。

（d）他倾向于将指向环境的愤怒埋藏在心里。

4. 下面哪项陈述得到本案例数据的支持？

（a）他的抑郁发作可能比大多数人都频繁。

（b）他常常陷入情绪的困扰之中。

（c）他的决策方式不是很灵活。

（d）有理由对他是否有内疚感或悔过感产生怀疑。

5. 下面哪个假设得到本案例数据的支持？

（a）由于他不喜欢情绪刺激，所以，目前他对情绪的抑制是他的典型特征。

（b）他现在对情绪的约束是不正常的，因为他通常与大多数人一样是愿意处理情绪刺激的。

（c）他目前对情绪的约束直接与其强烈的愤怒情绪有关。

（d）他目前对情绪的抑制并不奇怪，因为他通常就喜欢回避任何复杂或模糊的情绪。

案例 14 和 15 的答案要点

案例 14

1. b　DEPI 值是 5。

2. b　EB 是 4:7.5，EBPer 是 1.9。她是外向风格的人，但并非是普遍外向的。

3. c　eb 是 6:7，右边包括 3 个纹理反应和 1 个阴影维度反应。背景资料中没有任何情感丧失的事件。

4. c　Afr 在平均范围内，SumC' 值也在平均范围内，理智化指数没有升高，也没有 CP 反应。

5. a　FC: CF + C 是 4:5，没有纯 C 反应（见发现 7）。

6. b　S 是 3。

7. a　她的反应 40% 是混合反应，只有 1 个反应与情境性因素有关。然而，她似乎又有相当多的资源（EA 是 11.5，es 是 13）

案例 15

1. b　Lambda 是 1.44。任何一个答案都可能是正确的，但没有数据可用来判断它们的有效性。

2. a　eb 是 4:5，EB 是 4:0。存在严重的情绪约束，但不知道这种情况持续了多久。他的痛苦情绪包括无助感，但也包括某些与自我贬低有关的负性情绪。

3. c　测验记录中没有纹理反应。

4. d　没有阴影维度反应。

5. b　Afr 是 0.79。

第五章 信息加工

与信息加工有关的变量构成一个分数单元，它是三个包含认知活动的分数单元之一。有时，把这三个单元合在一起，称为“认知三联体（Cognitive Triad）”。这三个单元分别是：①信息加工（information processing），指信息输入时所必需的加工；②认知中介（cognitive mediation），指对已输入信息进行转换或识别的认知操作；③概念化（ideation），指输入信息转换或识别后的思维加工，这个过程使已经转换的信息概念化。

研究表明，这三个分数单元是相对独立的。实验心理学的研究发现，这三个操作过程中的每一个都与知觉—认知过程中的一个相对独立的环节有关。当然，我们都很清楚，每个操作环节的结果，都会对另外两个环节的操作产生非常直接的影响。因此，可以把它们设想为一个功能集合或功能链，反映的是一个连续过程，是所有有意识和/或有意义行为的基础。这个过程可以简单地描述如下：

输入——→转换——→概念化
（加工）（中介）（概念化）

事实上，将其描述为一个“环”可能更合适，因为在很多情况下，事先形成的概念体系影响信息输入加工的策略。同样，对输入信息的转换或识别方式，很容易影响输入信息的概念化。由于这三种功能之间存在相互关系，所以在研究它们时要一并进行，但在解释时，最好是先分别进行，然后再将产生于每一个功能的假设整合起来。

对测验记录进行解释时，除非对信息的概念化至关重要，否则都应从“认知三联体”的信息输入加工分数单元开始，然后是认知中介，最后是概念化。这个顺序是最合适的，因为它一开始就聚焦于信息输入的策略和操作。

信息加工包括对一个刺激区域进行扫描，以及在短时记忆中形成这个区域或其部分的形象（images）。很多因素如动机、简约性或经济性、成就需要、自我防御和定势（preestablished sets）或先入为主的态度（preconceived attitudes）等，都能在特定情境中影响信息输入加工的策略。虽然如此，大多数人还是形成了一般性的加工习惯，这种习惯在最新异的信息输入时便会显现出来。这样的话，当面对 10 张模糊或半模糊的墨迹图时，被试给出的一系列反应将提供某些信息，从这些信息中便可推断出被试的动机、品质和加工努力的典型方式等。

例如，某些被试对每张图卡都给出 W 反应，尽管形成 W 反应所需的加工努力在不同的墨迹图之间差异很大。如果刺激区域比较杂乱无序，图卡 III、IX 和 X，形成 W 反应就需要更多的扫描；如果刺激区域比较有条理或规律，图卡 I、IV 和 V，形成 W 反应所需的扫描要比形成 D 反应还要少。因此，保守或缺乏活力的被试，只对有规律或完整的墨迹图给出 W 反应，对不完整或杂乱无章的墨迹图则给出较简单的 D 反应。与此相似的是，有些被试频繁地将墨迹图在头脑中形成的图像拆开打乱，然后将各部分整合起来形成复杂的反应（DQ+）；而另一些则只给出包含一个物体的较为简单的反应，甚至给出一些完全不顾刺激区域形状特征的反应（DQv）。前者要求对刺激区域进行仔细和重复的扫描，后者的扫描则是漫不经心和简单的。

无论使用哪种信息输入加工方式，都能对图像的转换和/或概念化方式产生影响。这就是为什么在三个认知单元都被解释之后，解释者仍需对依据每个认知单元建立起的假设进行重复检查的原因之一。在进行这种反复不断的核查时，不需要考虑认知单元的处理顺序，因为来自任何一个单元的发现，常常会为另两个单元的发现给予更多的澄清。

一、与信息输入加工相关的罗夏测验变量

尽管信息输入加工单元的所有变量间都密切关联，但似乎还是可以将其分为两个部分。第一个部分由 Zf、W: D: Dd、W: M 和部位编码序列组成，提供有关输入加工的动机或努力程度的信息。第二个部分由 DQ、Zd、PSV 及发展质量编码序列组成，提供有关输入加工质量和效率的信息。

考察聚焦的问题

对这两部分资料的解释，主要集中于三个问题：①在与解决问题或形成决策有关的输入加工中，努力的情况如何？②输入加工的质量、效率和一致性是否在预期之中？③是否存在明显的输入加工问题？如果有的话，它们对个人整体效率的影响又如何？这些一般性问题并非总是容易回答的，因为来自罗夏测验有关输入加工的信息，其广泛性和深刻性远比期望的要低。这可能是由测验的性质造成的，但也可能是由主题模糊不清及罗夏测验对这个主题的研究明显不足所致。尽管这方面的发现有局限性，但仍然是非常重要的，不能随意解释。

案例 16、17 和 18 用于具体说明信息输入加工单元的解释原则、程序和方法。

案例 16

被试是一位 31 岁的离婚男子。他进行了神经和神经心理方面的检查，没有发现明显异常，然后接受罗夏测验检查。他诉说有不安感觉，注意集中困难，容易分心和疲劳。他向初级保健医生报告了自己的症状，医生对他进行了身体检查，结果都是阴性，然后就转介他进行神经学评估。

他是一所州立大学物理系的副教授。他说他很喜欢自己的工作，并认为 7 年前妻子离他而去的主要原因是自己对工作太投入了。他 22 岁入研究所，之后不久认识了她，3 年后他们结了婚。他说妻子慢慢地对做全职太太感到不快，对他将大量时间投入教学和研究而反感。离婚是他妻子提出的，他也没有提出异议。

评估前的 2 个月，他们办完离婚手续。他承认在分居后的头几个月，偶尔感到抑郁，

但否认最近有抑郁。他说在过去的4个月，他不时与几位女性约会，但很快又指出，她们只是“朋友”，又说他不是很确定将来是否应该再婚。

他说注意集中困难影响他的写作和研究，并担心这种影响会不利于他的学术前程。使用罗夏测验的目的是确定他是否有抑郁，以及是否存在输入加工或认知中介方面的异常。

案例16 31岁男性被试的信息输入加工相关变量

EB	=7:3.0	Zf	=15	Zd	= +4.5	DQ +	=11
L	=0.5	W:D:Dd	=8:11:5	PSV	=0	DQv/ +	=0
HVI	=阴性	W:M	=8:7			DQv	=0
OBS	=阳性						

部位和发展质量序列

Ⅰ:	Wo. W +. Ddo	Ⅵ:	Do. D +
Ⅱ:	D +. DS +	Ⅶ:	D +. Wo
Ⅲ:	W +. Ddo	Ⅷ:	W +. Do. DdSo
Ⅳ:	W +. Do. Do	Ⅸ:	Wo. D +
Ⅴ:	Wo	Ⅹ:	D +. Ddo. Ddo. D +

案例17

这是一位19岁的女性被试，对她进行评估是例行公事，因为她违反了假释条例，按规定需要向法庭提出评估建议。三个月前，她与男朋友因贩卖毒品而被捕，对此她没有向她的假释官报告。在17岁时，她因相同的罪被判缓刑3年。她从14岁起就开始触犯法律，当时她离家出走，后来在另一个州被找到。15岁时，她偷了母亲的车，并打算将其卖给一个二手车经销商。16岁时，她因偷窃她兼职的快餐店的钱而被起诉（后来继父做了赔偿，起诉被撤销了）。她否认最近的控告，声称她对交易一无所知，“我只是在交易时恰好在那里”。

她12岁时，父母离婚，之后与母亲生活在一起。3年后，母亲再婚。她有个哥哥，22岁，现在是一所州立大学的高年级学生。她说她一贯就与母亲相处得不好，离婚时她想与父亲住在一起。她说她的问题开始于家庭破裂，“我的麻烦就是我想过自己的生活”。

虽然她说自己更喜欢独立生活，但却一直住在家里。她高中的学习成绩在及格边缘，但她还是在18岁时毕业了。在假释期间，她有去找工作，但又抱怨说“没人会给我一份正经工作”。她说她经常抑郁，经常想到自杀。转介她来评估的假释部门希望了解：她有何可取之处？抑郁的严重程度、转变的动机、治疗的可能性以及是否有严重的精神障碍。

案例17　19岁女性被试的信息输入加工相关变量

EB	=2∶5.5	Zf	=8	Zd	=−4.5	DQ+	=4
L	=1.22	W∶D∶Dd	=6∶12∶2	PSV	=1	DQv/+	=0
HVI	=阴性	W∶M	=6∶2			DQv	=3
OBS	=阴性						

部位和发展质量序列

Ⅰ:	Wo. Do	Ⅵ:	Wo. Do
Ⅱ:	Do. DS+	Ⅶ:	W+
Ⅲ:	D+. Do	Ⅷ:	Do. Dv
Ⅳ:	W+. Do	Ⅸ:	Do. DdSv
Ⅴ:	Wo. Wo	Ⅹ:	Do. Dv. DdSo

案例18

这是一位28岁的男性被试，警长发现他时，他衣衫褴褛、神志不清，遂将其送到县精神病院的急诊病房。他没有衬衣，也没穿鞋（室外气温约40度）。他的钱包里有身份证（ID），但他不知自己是谁。大约有18个小时他一直迷糊不清。第二天晚上，他父母和哥哥赶来，那时，他才开始“清醒”。之后就被转到一家私立精神病院。当他恢复个人判断后，被医生描述是安静和合作的，虽然其行为有些超然。住院的第二天，实验室检查发现他血液中毒品的浓度很高，之后他承认自己是严重的毒品滥用者。住院的第十天他完成了心理评估。

他是兄弟四人中的老二。他的哥哥31岁，是一位景观设计师，结婚已6年了。大弟弟26岁，在一家兽医学校读书。小弟弟21岁，是大学高年级的学生。他父亲63岁，是建筑师。他的母亲58岁，大学学历，刚结婚时短暂地工作过一段时间，之后就再没工作过，到现在已有33年。病人做建筑承包商已有4年，专门从事住宅和小型公寓承建。他大学毕业后，获得英国语言文学学士学位，然后为其父亲工作了2年。后来，他父亲给他资金，让他开办公司，公司勉强维持（父亲和哥哥说他不努力）。直系亲属中没有人有精神病史。

家里知道他滥用毒品，但不知其程度严重。他说他15岁就开始使用毒品，大学期间使用得很厉害。他说在过去3年，他用过许多不同的毒品，但最喜好的是可卡因。两年前，他与一个30岁的女人订了婚，不久就发现她与许多男人鬼混，之后就中断了关系。最近，他与一个20岁的从大学退学的学生订了婚，打算马上结婚。现在，他对结婚这件事迷惑不解，因为给她打电话后，也没见她来医院看他（她现在住在他的公寓里）。

他不承认自己有严重问题，认为只要毒排完了就能出院。他父母和一些医务人员提到一些更为严重的问题，比如他的孤独已经有相当长的时间了。根据他哥哥的说法，他对生意不管不顾，常常以一种非常偏执的方式谈及生意伙伴，说他们打算毁了他。韦氏智力量表测得他的总智商是113，言语智商119，操作智商107。转介对评估提出的主要问题包括：他的发作是否与精神分裂症有关或是否由毒品引发的？他是否有抑郁？如何治疗？应付他要求出院的最好办法是什么?

案例 18 28 岁男性被试的信息输入加工相关变量

EB	=5:6.5	Zf	=12	Zd	=+4.0	DQ+	=7
L	=0.5	W:D:Dd	=8:3:7	PSV	=0	DQv/+	=1
HVI	=阴性	W:M	=8:5			DQv	=2
OBS	=阴性						

部位和发展质量序列

Ⅰ:	Ddo. DdSo. Wv. DdSv/+	Ⅵ:	Dd+. Do
Ⅱ:	Ddo. Dd+	Ⅶ:	WS+
Ⅲ:	Do. WS+	Ⅷ:	Dd+
Ⅳ:	Wo	Ⅸ:	W+
Ⅴ:	Wo. Wo	Ⅹ:	Wv. D+

二、解释程序

(一) 前提条件(EB、Lambda、OBS、HVI)

有时,对信息输入加工的数据形成解释,必须参照反应风格或定势(response styles or sets)。这样,EB 和 Lambda 的值,以及 OBS 或 HVI 是否阳性,就成了形成假设的必要前提条件,从而确保解释能在一个恰当的框架内形成。内向、外向、回避、强迫或高警觉风格(hypervigilant style)就是解释形成的背景框架。这些变量的含义不会改变,但在考察某些变量时,参考风格或风格组合的信息可使形成的解释性假设和结论更加精确。

例如,W:M 与动机有关,但在没有 EB 参照的情况下,就不能对其做出精确的解释。这是因为内向风格的人相对外向风格的人来说,给出的 M 反应更多,但两组被试通常倾向于给出相同数量的 W 反应。类似的情况是,当有证据表明存在回避风格(Lambda > 0.99)时,就要提出这样的问题,即在输入加工的努力中,是否存在经济和/或简单化的倾向。大多数回避风格的人在处理新异的信息时,表现得较为保守,常常对信息的加工没有其他人那样全面、彻底。这不一定是有害的,但如果回避风格非常突出,就会对加工操作的质量或效率造成负面影响。

同样,如果 OBS 或 HVI 为阳性,对输入加工的努力和质量的期望就会不同。如果 OBS 为阳性,表明存在明显的完美主义和注重细节的倾向。对于这样的人来说,其加工操作是非常谨慎的,因为他们对精确性的要求很高。如果这种倾向很过分的话,就会产生反面作用,导致出现加工问题,由此对中介和/或概念化过程造成影响。

如果 HVI 为阳性,则表示被试处于一种高度的警觉状态。这样的人充满戒心,对环境不信任。他们通常对新信息的加工非常关注，常常投入相当多的努力，以确保对刺激区域中的所有特征都进行仔细的检查。在很多情况下，这种高警觉性导致其在加工过程中投入较多的努力，如果达到病态程度的话，这种过度警觉一般都会包含一种对细节异常关注的倾向。在这种情况下，通常会出现忽视刺激区域的整体性问题。如果这种忽视发生了，加工活动常常就会变得混乱和无效，并导致中介过程出现错误。

一旦前提条件检查完成，解释程序的第一个步骤就涉及加工过程中努力投入的问题。Zf 和 W: D: Dd 可提供有关努力的基本信息。然而，从这两个分数中得出的假设是试验性的，只有将其与步骤 3（部位序列分析）的结果整合后，这个假设才具有意义。随后，解释的焦点将转到动机、效率和质量方面，此时要对 W: M、Zd、PSV 和发展质量进行考察。

（二）步骤 1：Zf

计算获得 Z 分数的反应的频率，就是 Zf，可对加工的努力程度提供粗略的估计。因为只有三类反应可以获得 Z 分数，因此估计是粗略的。这三类反应是：①有特殊形状或有形状要求的 W 反应；②墨迹图的不同部分被视为不同的物体并在反应中被整合在一起；③反应中使用了空白区域，并将其与其他在反应中使用的区域整合在一起。

如前所述，某些 W 反应的形成比 D 反应还容易。由于存在简单的 W 反应，因此，在一份记录中出现 4 ~ 5 个 W 反应是在预期之中的。将墨迹图拆分为不同的独立物体并以一种有意义的方式将它们再整合起来，这需要更多扫描，可能还需要在短时记忆中创造出更加精确的形象。类似的是，在反应中对空白区域的整合要比形成简单的 W 反应需要更复杂的加工努力。因此，当 Zf 的预期范围被确定下来，当对 Zf 的考察与输入加工单元的其他变量一起考察时，Zf 作为努力的指标就更有意义。

潜在发现 1：如果 Lambda 小于 1.0，不管被试是中间型还是外向风格，或内向风格，Zf 的期望值在 9 ~ 13 之间。该期望值适用于儿童和成年人。如果 Zf 落在这个范围内，则可以推测，被试在信息加工中投入的努力与大部分人的类似；如果 Zf 大于预期值，表明在墨迹图的加工中投入的努力比通常的更多；如果 Zf 低于预期值，则表示加工活动是较为保守或不积极的。进行步骤 2。

案例 16 和 18 的阳性发现：两个人的 Lambda 都小于 1.0。案例 16 是外向风格，Zf 是 15，比预期值高，但也不足为怪，因为他是强迫型。强迫型的人是完美主义者，除非陷入组织瓦解状态，通常他们总是努力给出 W 或 DQ + 反应。案例 18 是中间型的人，Zf 是 12，在期望范围内。这样，尽管他最近出现过混乱状态，但依然持续地在加工过程中投入相当多的努力。

潜在发现 2：如果 Lambda 大于或等于 1.0，表明被试是回避风格，Zf 的期望值范围在 6 ~10 之间。对于回避风格的人来说，因为他们倾向于简约或回避复杂事物，因此预期值较低。这并不意味着加工的努力不够。它只反映了与回避风格相一致的谨慎或保守的倾向。如果 Zf 大于预期值，则表明被试付出了比预期更多的努力，这就引发了一个“为什么发生”的问题。如果 Zf 小于预期值，可能表明回避风格的影响很明显，投入到加工中的努力受到限制，结果可能出现适应问题。进行步骤2。

案例17的阳性发现：这个女性是回避—外向风格，Zf是8，尽管这个值对她这种外向风格的人来说比预期的要低，但对回避风格的人来说，这个值处于平均水平。这提示她在接纳新信息时是谨慎和经济的，信息加工甚至是懈怠的。

（三）步骤2：W: D: Dd

这个比可以从策略和经济性角度反映加工的努力情况。有必要强调一下，并非投入的努力越多，加工就越好。它仅表示被试投入了更多的努力去实施他/她认为的最适合眼前任务的加工策略。例如，虽然对某些图卡（I、IV、V）形成W反应很容易，但对另一些图卡（II、VI、VII、VIII）来说，则需要更多的扫描和努力。至少对图卡III、IX、X来说，形成W反应就需要投入相当多的努力。这样的话，如果被试对每张图卡都给出W反应，表示他/她付出的努力足以让我们赞叹，但这并非经济的，也不能保证这些反应就比使用其他策略的会“更好”。

对D反应来说，情况正好相反。每张图卡的D区域都是很容易区分的，除了图卡V。因此，更经济的做法就是给出D反应，如果被试觉得必须给出多个反应，加工的倾向就会自然而然地表现为经济性的。

从反应的部位分布来看，几乎所有的成年人和9岁以上的儿童，给出的D反应都要比W反应多。除了D反应比大多数的W反应要求较少的加工努力外，还有另一个导致反应D多于反应W的原因，即就所有图卡而言，与墨迹图的形状特征一致的潜在的W反应数，要比与形状合适的潜在的D反应数少。

另一方面，几乎所有的Dd反应都是在大量的扫描完成后才形成的。一般来说，Dd反应要求在加工方面付出更多的努力。唯一的例外是那些将图形和背景完全颠倒并只使用空白区域而形成的Dd反应。

这样的话，在考察W: D: Dd时，预期D反应的频数比W反应多1.3～1.6倍，Dd反应的频数不超过3个。不论EB的类型如何，也不论Lambda怎样，W: D: Dd的比值都是如此。唯一的例外是10岁以下的儿童。他们一般给出的W反应至少与D反应相等，有时会多过D反应。他们给出的W反应通常是Wv，这是因为年幼儿童对任务不在意，对墨迹图的复杂性不关心。那些对测验情境不理解或感到害怕的年幼儿童倾向于给出更多的Dd反应。

潜在发现1：当W: D: Dd中的三个变量落在预期范围内（1: 1.3～1.6: Dd <4），则可以假设加工中投入的努力和使用的策略与大多数人的类似。但要记住，这个假设只是试验性的，需要在步骤3的部位序列考察中得以确认。部位序列的考察将对步骤1和2所提出的有关努力或动机的假设进行澄清。

潜在发现2：当W: D: Dd中的三个变量有一个与预期值不符，表明加工中投入的努力和/或使用的策略有异常。存在若干的可能性，因为下面的任何假设都可能是成立的，所以对资料必须进行仔细的检查。所有的检查结束后进行步骤3。

潜在发现2a. 如果W: D: Dd中W反应所占比例超出预期范围，且Dd不大于3，表明被试在信息加工中投入了比预期更多的努力。如果 W 大于 8，这个假设的基础就更牢固。如果 W 反应所占比例大于期望值，但 Dd 反应超过 3，则这个发现应参考 2c 提到的情况再行考虑。

案例 16　31 岁男性被试的信息输入加工相关变量

EB	=7:3.0	Zf	15	Zd	= +4.5	DQ +	=11
L	=0.5	W:D:Dd	=8:11:5	PSV	=0	DQv/ +	=0
HVI	=阴性	W:M	=8:7			DQv	=0
OBS	=阳性						

部位和发展质量序列

Ⅰ:	Wo. W +. Ddo	Ⅵ:	Do. D +
Ⅱ:	D +. DS +	Ⅶ:	D +. Wo
Ⅲ:	W +. Ddo	Ⅷ:	W +. Do. DdSo
Ⅳ:	W +. Do. Do	Ⅸ:	Wo. D +
Ⅴ:	Wo	Ⅹ:	D +. Ddo. Ddo. D +

案例 17　19 岁女性被试的信息输入加工相关变量

EB	=2:5.5	Zf	=8	Zd	= -4.5	DQ +	=4
L	=1.22	W:D:Dd	=6:12:2	PSV	=1	DQv/ +	=0
HVI	=阴性	W:M	=6:2			DQv	=3
OBS	=阴性						

部位和发展质量序列

Ⅰ:	Wo. Do	Ⅵ:	Wo. Do
Ⅱ:	Do. DS +	Ⅶ:	W +
Ⅲ:	D +. Do	Ⅷ:	Do. Dv
Ⅳ:	W +. Do	Ⅸ:	Do. DdSv
Ⅴ:	Wo. Wo	Ⅹ:	Do. Dv. DdSo

案例 18　28 岁男性被试的信息输入加工相关变量

EB	=5:6.5	Zf	=12	Zd	= +4.0	DQ +	=7
L	=0.5	W D:Dd	=8:3:7	PSV	=0	DQv/ +	=1
HVI	=阴性	W：M	=8:5			DQv	=2
OBS	=阴性						

部位和发展质量序列

Ⅰ:	Ddo. DdSo. Wv. DdSv/ +	Ⅵ:	Dd +. Do

（续上表）

Ⅱ：	Ddo. Dd +	Ⅶ：	WS +
Ⅲ：	Do. WS +	Ⅷ：	Dd +
Ⅳ：	Wo	Ⅸ：	W +
Ⅴ：	Wo. Wo	Ⅹ：	Wv. D +

潜在发现2b. 如果W∶D∶Dd显示D反应的比例大于预期值，表明被试的加工努力是非常经济的。当D反应的比例是W的2倍或以上，且Dd小于4时，该结论就更加可靠。如果Dd反应数大于3，依据高比例D反应提出的经济性假设就可能没那么可靠，需要参考2c中提到的情况再行考察。

案例17的阳性发现（2b）：W∶D∶Dd是6∶12∶2，提示存在一种非常保守和经济的加工形式。因为她是回避风格的人，所以，这样的加工形式并不奇怪。

潜在发现2c. 前文已提到，Dd反应并不反映加工的经济性。通常，Dd反应只是在大量的扫描和储存在短期记忆中的图像被重新建构后形成的。当Dd反应大于3时，表示存在一种非典型的加工，其特点是更多的扫描和聚焦于墨迹图的微小或少见特征。此时，对W∶D∶Dd的解释应置于Dd反应多于预期的背景中进行。2a和2b中指出的有关W和D关系的一般原则依然适用，但要根据Dd反应的发现进行适当修改。

例如，当W所占比例大于D时，有关更多努力投入的假设，将因较高的Dd反应数而得到加强。不过，有关这个发现的原因就变得至关重要。相似的是，当D反应的比例较大时，有关加工特别经济的假设，也会因对Dd反应的具体解释而加强。以下三种解释都有可能：

（1）可能存在强迫性的完美主义倾向，这种倾向导致被试对刺激区域的细节给予不必要的过分专注。这样的人，特别是当OBS为阳性时，给出的W反应通常不会多于D反应。这是因为他们常常对自己的决策能力感到不满或不安，以及发现自己处理复杂性低的、容易控制的刺激区域更为容易。

（2）这样的被试是非常谨慎或缺乏信任感的，总是努力避免与任何模糊的事物发生关系。选择或创造精确细致的Dd区域，便是达到这个目的的一种方法。在那些回避风格的被试中，或在那些HVI为阳性的被试中，使用这种方法并不少见。

（3）可能存在对抗性倾向（negativistic set），具有这种偏好的被试会过分使用空白区域。虽然某些对空白区域的反应被编码为WS或DS，但是过多使用空白区域通常也包括对DdS部位的使用，会导致Dd的升高。这种异常的加工策略并非是哪类人群所特有的，但在有明显情绪紊乱的被试中则较为常见。

案例16的阳性发现：W∶D∶Dd是8∶11∶5。他具有强迫的特征，对细节过分关注，所以，出现5个Dd反应并不奇怪。特别要指出的是，W∶D为1∶1.4，这个比例在期望的范围内。这个发现支持这样的假设，即给出较多Dd反应是一种详尽、保守和精确的加工策略。

案例 18 的阳性发现：W∶D∶Dd 是 8∶3∶7，与预期不相符，表示加工方式非常不一般，具有过分努力的特征。不考虑努力的问题，超出预期的大量的 Dd 反应和过少的 D 反应，提示加工过程相当混乱。在步骤 3 中，有两个重要问题需要注意：第一，Dd 反应的出现是否有固定模式，即总是出现在一张图卡的第一个或最后一个反应。如果是这样的话，那高频率的 Dd 反应可能是一种有组织和系统的努力的结果。第二，是否多数的 Dd 反应都包括了空白区域。如果是这样的话，杂乱的加工过程可能主要与愤怒和对抗有关。不论哪种情况，都反映存在相当严重的心理混乱。

（四）步骤 3：部位序列

对部位序列（Location Sequence）的考察有两个目的：一个是了解 W 反应出现在哪张图卡上。这个信息对评估步骤 1 和 2 提出的假设非常重要。另一个是研究加工中投入的努力和使用的策略在整个测验过程中是否保持适度的一致。这提供了另一种了解被试加工习惯的途径。

W 反应的序列，常为步骤 1 和 2 的假设提供支持，但有时也会拒绝或修改假设，特别是当步骤 1 和 2 的假设不一致时。

例如，结构化表显示 Zf 为 10，W∶D∶Dd 为 9∶11∶1。Zf 提示努力程度处于平均水平，而 W∶D∶Dd 则表示投入的努力比预期的多，因为 W 的比例较高。如果 W 反应的序列是：对图卡 I、IV、V 和 VII，每张给了 2 个 W 反应，第九个 W 反应给了图卡 VI。老练的解释者会得出这样的结论，即 W∶D 为 9∶11 有误导性，因为 9 个 W 反应中有 6 个是在较易形成 W 反应的图卡上出现的（I、IV、V），剩下的 3 个是在中等难度的图卡上形成的。换句话说，依据 Zf 提出的假设更为合适。

如果在一个记录中出现与此相同的 Zf 和 W∶D∶Dd，而 W 反应的部位序列不同：对图卡 I、II、IV、V、VII、VIII 和 X 每张给出 1 个 W 反应，对图卡 IX 给出 2 个 W 反应。这是个令人印象深刻的序列，表示在加工中投入的努力非常多。在这种情况下，有误导性的是 Zf，而来自 W∶D∶Dd 的有关努力的假设是正确的。

在某些情况下，Zf 和 W∶D∶Dd 可能都具有欺骗性，此时只能通过对部位序列的分析检查才能澄清。这可能是主试的缘故，令被试在测验时没有完全准备好，导致其出现情境性的谨慎和小心。在这种情况下，被试一般会在前 4 张或前 5 张图卡上只给出非常简单的 D 或 Dd 反应。当然，其中出现 S 反应也并非少见。一旦被试适应了测验环境，就可能在最后的 5 张图卡上给出 4 或 5 个 W 反应。

比如，Zf 低至 6 或 7，W∶D∶Dd 是 5∶10∶3，这两个分数都表明投入的努力是过度经济性和漫不经心的。实际的情况是，在被试适应任务后，努力就变得相当充分。

如前文所述，考察部位序列的第二个目的是确定加工方式的一致性。在这里，W 反应的分布尤为重要。前后一致的被试，其多数的 W 反应通常出现在最初或最后的反应中；不一致的被试，给出的 W 反应更为分散。当记录中 Dd 反应的数目超过预期时，对 Dd 反应的一致性的预期与 W 的情况是类似的。多数情况下，Dd 反应不会是第一个反应。事实上，多数的 Dd 反应出现在一张图卡反应序列的最后。

只要图卡上的序列模式发生明显改变，特别是W和Dd出现明显改变，便可推断，被试在解决问题或形成决策中的加工努力和策略，通常是没有规律的。在儿童的记录中，这种情况并非少见；在青少年或成年人的记录中，出现不一致表示加工习惯缺乏效率。尽管这可能不是一个严重的问题，但加工习惯的不一致可导致错误输入增加或加工质量下降，而不论其付出的努力有多少。

潜在发现1：如果来自步骤1和2的有关加工努力的假设是一致的，W反应的序列也应该是支持那些假设的。如果步骤1和2的假设是一致的，但反应序列的发现对哪一个都不支持，则两者都应修改。与之相似，如果部位选择序列，特别是W和Dd，在大部分记录上看起来相当一致，则可假定加工的努力和习惯是规则和可预测的。如果部位选择序列明显不一致，则有关加工努力和策略的假设应当被修改，且指出努力和/或策略是无规律的。

案例16　31岁男性被试的信息输入加工相关变量

EB	=7:3.0	Zf	=15	Zd	= +4.5	DQ +	=11
L	=0.5	W:D:Dd	=8:11:5	PSV	=0	DQv/ +	=0
HVI	=阴性	W:M	=8:7			DQv	=0
OBS	=阳性						

部位和发展质量序列

Ⅰ:	Wo. W + . Ddo	Ⅵ:	Do. D +
Ⅱ:	D + . DS +	Ⅶ:	D + . Wo
Ⅲ:	W + . Ddo	Ⅷ:	W + . Do. DdSo
Ⅳ:	W + . Do. Do	Ⅸ:	Wo. D +
Ⅴ:	Wo	Ⅹ:	D + . Ddo. Ddo. D +

案例17　19岁女性被试的信息输入加工相关变量

EB	=2:5.5	Zf	=8	Zd	= −4.5	DQ +	=4
L	=1.22	W:D:Dd	=6:12:2	PSV	=1	DQv/ +	=0
HVI	=阴性	W:M	=6:2			DQv	=3
OBS	=阴性						

部位和发展质量序列

Ⅰ:	Wo. . Do	Ⅵ:	Wo. Do
Ⅱ:	Do. DS +	Ⅶ:	W +
Ⅲ:	D + . Do	Ⅷ:	Do. Dv
Ⅳ:	W + . Do	Ⅸ:	Do. DdSv
Ⅴ:	Wo. Wo	Ⅹ:	Do. Dv. DdSo

潜在发现2：如果步骤1和2的假设不一致，则W反应序列可以提供足够的资料对两

个假设做出更为精准的判断。如潜在发现1提到，在整个记录中，部位选择序列具有相当的一致性，特别是W和Dd选择更是如此。如果是一致的，则可以推断被试的加工习惯是规则和可预测的。然而，如果部位选择序列明显不一致，则有关加工努力和策略的假设应当被修改，且指出努力和/或策略是无规律的。

案例18　28岁男性被试的信息输入加工相关变量

EB	=5:6.5	Zf	=12	Zd	= +4.0	DQ +	=7
L	=0.5	W:D:Dd	=8:3:7	PSV	=0	DQv/ +	=1
HVI	=阴性	W:M	=8:5			DQv	=2
OBS	=阴性						

部位和发展质量序列

Ⅰ:	Ddo. DdSo. Wv. DdSv/ +	Ⅵ:	Dd + . Do
Ⅱ:	Ddo. Dd +	Ⅶ:	WS +
Ⅲ:	Do. WS +	Ⅷ:	Dd +
Ⅳ:	Wo	Ⅸ:	W +
Ⅴ:	Wo. Wo	Ⅹ:	Wv. D +

案例16的发现：尽管他的8个W反应中，有4个是对图卡Ⅰ、IV和V做出的（对这些图卡容易给出W反应），但另有4个是对其他图卡做出的，对这些图卡给出W反应需要很多努力（III、VII、VIII和IX）。来自步骤1和2的发现表明，他的加工努力是很适当的，尽管他有时比预期的更保守，因为Dd反应的频率比预期的高。W的部位序列支持这个假设。另外，整个部位序列也是相当一致的。8个W反应中的6个都是第一个反应，5个Dd反应中的3个是最后一个反应，剩余的2个是对图卡X的第二和第三个反应。总的来说，努力是非常恰当的，加工策略也是相当一致的。

案例17的发现：在她的6个W反应中，有4个是对图卡Ⅰ、IV和V做出的，剩下的2个是对图卡VI和VII做出的。这清楚地显示出一种非常经济的加工策略，与步骤1和2的有关经济性和谨慎的假设完全一致。此外，她的W反应都是第一个反应，2个对图卡IX和X的Dd反应都是最后一个。一般而言，她是那种对新信息的加工不十分努力的人，是那种比较普通的、倾向于经济性加工的人。这种模式与她的回避风格很一致。

案例18的发现：步骤1和2的发现表明他似乎在加工上投入了太多的努力，但也提示他的加工习惯可能是缺乏规律的，也许还有些混乱。8个W反应中的3个指向需更多努力的图卡（III、IX、X），剩下5个中的4个指向图卡Ⅰ、IV和V。此外，W反应的序列是相当分散的，5个是第一反应，2个是第二反应，其他的是第三反应。类似的模式在Dd中也存在。7个中的4个是第一反应，2个是第二反应，其他的是第四反应。需要特别指出的是，Dd反应中的5个，是指向第一和第二张图卡的。这可能表示，开始做测验时他还没有准备好，出现了某种情境性功能失调。然而，在对图卡IV和V只给出W反应后，他对图卡VI给出的第一个反应是Dd，而且将Dd作为对图卡Ⅷ的唯一反应。这些发现不支持无效和缺乏规律的加工是由情境导致的观点。相反，这样的分数组合支持如下假设：尽管在新信息加工中他投入了相当多的努力，但他的加工策略是无规律的，也可能是无效的，似乎存在某种明显的心理紊乱。

（五）步骤4：W:M

W:M有时被称为期望比（aspirational ratio）。这是因为给出大量的W反应，表明投入的努力远比完成任务所必需的要多，而M反应与推理、较高形式的概念化和概念化聚焦的方向有关。这样的话，可以把M反应的频率，视为可用于成就活动中的各种能力的粗略指标。

W:M提供的有关加工努力的直接信息比Zf或W:D:Dd要少，它似乎与个人的成就取向有更广泛的关系。虽然如此，但是如果能合理地使用，它还是能帮助评估加工努力，有时还能对那种过度努力或过度保守的深入理解提供帮助。解释的基本原理基于这样的前提，即加工的努力应与可利用的资源相一致。

当W和M的比例失衡时，即所给出的W反应的数量比M反应的数量过多或过少时，这个比例就有解释的价值或意义。W:M的比例是否失衡，必须参照EB进行判断。这是因为内向风格的人通常比外向风格的人给出更多的M反应，中间型的人给出的M反应也常常多于外向风格的人，但少于内向风格的人。同时，三组被试通常都给出大致相同数目的W反应。

潜在发现1：在考虑EB风格的情况下，W反应所占的比例大于M反应。具体的比率是：内向型为1.5:1，中间型为2:1，外向型为3:1。当W:M超过上述比率，可以确定W反应过高。

如果这个结果是阳性的，表明被试正努力尝试完成超出自己能力范围的任务。如果在日常行为中有这种倾向，完不成任务的可能性会增加，这些失败常导致挫折体验。如果DQ的分布显示DQ+反应出现的频率较低，则进一步支持了这个假设。

有必要指出的是，虽然这对成年人和年龄大的青少年来说是一个重要的发现，但对儿童和年龄小的青少年则不足为奇。大多数5~6岁的儿童，其W:M都在5:1和8:1之间，甚至更大的比例也并非少见。相似的，9、10和11岁儿童的W:M通常为4:1或更大，12、13和14岁儿童为3:1。众所周知，年青人都爱高估自己的能力，为自己设下过高的目标。幸运的是，他们也常赋予那些目标较少的价值，所以通常都能以一种较轻松的方式来应对失败，因此，各种各样的挫折对其的影响都是比较短暂的。进行步骤5。

案例16、17和18的发现：在案例16和17中，W:M并非不适当。案例16是内向风格，W:M是8:7，差不多是1.1:1。对一个内向风格的人来说，这个比例落在期望的范围内。案例17是回避—外向风格，W:M是6:2，也就是3:1。对外向风格的人来说，这个比例处于期望范围的上端。她是回避型的人，回避型与W:M没什么关系。案例18是中间型，W:M是8:5，差不多是1.6:1。这三个案例的W:M是适当的，但此发现并不意味着这三个人都有“平均”的成就取向。不可能有这种情况。这只意味着在他们各自的测验记录中，W:M 没有解释的意义。

潜在发现2：依据 EB 类型，如果在外向风格或中间型被试中，W:M 为 1.2:1 或更低；在内向风格中为 0.75:1，则表示 W 反应的比例明显低于 M 反应。

当这个结果为阳性时，表明被试在确定成就目标时非常谨慎、过度保守或消极退缩。可借助 Zf 对“谨慎、保守”和“消极退缩”进行区别。如果 Zf 等于平均值，特别是当它高于平均值时，表明被试在设立成就目标时是谨慎和保守的。如果 Zf 低于平均值，被试在设立成就目标时，很可能是过度节约和消极退缩的。回避风格的被试常表现出这种特点。进行步骤5。

（六）步骤5：Zd

Zd 值是一个差值分，表示测验记录中 Z 分数的实际总和（ZSum）与基于有组织的反应频率（Zf）估计的 Z 分数的总和（Zest）的一致程度。Zd 反映加工操作中扫描活动的效率。有时，它也能鉴别那些对有效加工有着强烈动机的人。预期的 Zd 值在 +3.0 和 -3.0 之间。

潜在发现1：如果 Zd 值落在平均范围内，则可推断被试扫描的效率与大多数人的相似。进行步骤6。

潜在发现2：当 Zd 值小于 -3.0 时，表示扫描活动是低组合性的。换句话说，被试的扫描是草率和随意的，常常忽略刺激区域中的重要特征或线索。这种情况在 10 岁以下的儿童中是较为常见的，通常不会引起关注，除非该儿童有严重的问题。然而，在年龄较大的儿童和成人中，这可能就是一个严重缺陷（liability），因为低组合性可导致对当前线索进行错误转换，从而形成低效率的行为模式。这种低组合性的扫描活动，一般通过强调延迟和彻底扫描的认知重构，便可以比较容易地纠正过来。进行步骤6。

案例17　19岁女性被试的信息输入加工相关变量

EB	=2:5.5	Zf	=8	Zd	= -4.5	DQ +	=4
L	=1.22	W:D:Dd	=6:12:2	PSV	=1	DQv/ +	=0
HVI	=阴性	W:M	=6:2			DQv	=3
OBS	=阴性						

部位和发展质量序列

Ⅰ：	Wo. Do	Ⅵ：	Wo. Do
Ⅱ：	Do. DS +	Ⅶ：	W +
Ⅲ：	D +. Do	Ⅷ：	Do. Dv
Ⅳ：	W +. Do	Ⅸ：	Do. DdSv
Ⅴ：	Wo. Wo	Ⅹ：	Do. Dv. DdSo

案例17的阳性发现：这个女人的 Zd 值是 -4.5，远低于期望范围的下限。她具有非组合性的特征。她的扫描明显是草率、无效和疏忽的。这也许是回避风格的一个特点，但

无论如何，这对她来说都是一个严重的缺陷，使得她很容易忽略环境中的那些对她的决策和行为有重要意义的线索。

潜在发现3：如果Zd大于+3.0，通常表明存在一种过度组合。过度组合是一种持久的特质样特征，表现为在扫描活动中投入更多的努力和精力。具有过度组合特征的被试，明显地要避免粗心大意，这促使他们投入更多的努力，远超过扫描某个情境特征所必需的。由于过度组合需要付出额外的努力，效率自然会低一些，不过也有其价值，因为彻底的扫描常常能确保所有的刺激线索都被输入。但在心理组织性瓦解的情况下，这种扫描模式就可能成为不利因素，因为此时这种特征可能会被放大，导致在决策时个体犹豫不决。进行步骤6。

案例16　31岁男性被试的信息输入加工相关变量

EB	=7:3.0	Zf	=15	Zd	=+4.5	DQ+	=11
L	=0.5	W:D:Dd	=8:11:5	PSV	=0	DQv/+	=0
HVI	=阴性	W:M	=8:7			DQv	=0
OBS	=阳性						

部位和发展质量序列

Ⅰ:	Wo. W+. Ddo	Ⅵ:	Do. D+
Ⅱ:	D+. DS+	Ⅶ:	D+. Wo
Ⅲ:	W+. Ddo	Ⅷ:	W+. Do. DdSo
Ⅳ:	W+. Do. Do	Ⅸ:	Wo. D+
Ⅴ:	Wo	Ⅹ:	D+. Ddo. Ddo. D+

案例18　28岁男性被试的信息输入加工相关变量

EB	=5:6.5	Zf	=12	Zd	=+4.0	DQ+	=7
L	=0.5	W:D:Dd	=8:3:7	PSV	=0	DQv/+	=1
HVI	=阴性	W:M	=8:5			DQv	=2
OBS	=阴性						

部位和发展质量序列

Ⅰ:	Ddo. DdSo. Wv. DdSv/+	Ⅵ:	Dd+. Do
Ⅱ:	Ddo. Dd+	Ⅶ:	WS+
Ⅲ:	Do. WS+	Ⅷ:	Dd+
Ⅳ:	Wo	Ⅸ:	W+
Ⅴ:	Wo. Wo	Ⅹ:	Wv. D+

案例16和18的阳性发现：案例16的Zd是+4.5，与其强迫特征是一致的，表明他

的扫描活动是相当彻底的。考虑到他的加工方式是谨慎和保守的，所以，这个发现也并不出乎预料。案例 18 也是一个具有过度组合特征的人，他的 Zd 是 +4.0。在扫描刺激区域中，他投入了大量的精力，不过对他而言，这个发现要比案例 16 更让人感到意外。这是因为他的加工努力已经被描述为缺乏规律，甚至是混乱的。这可能是一个很好的例子，用以说明过度组合如何成为一种严重缺陷而非优点，并因其产生的不确定性和犹豫不决而导致混乱的加工努力。

（七）步骤 6：持续言语

不考虑 Zd 的值，持续言语（PSV）反应的存在可能表明在加工效率方面存在一些问题。有三种反应可编码为 PSV：卡内持续、内容持续和刻板重复。其中，最常见的是卡内持续。这种编码是针对这样的反应，即它与前面出现的反应几乎都一样。部位编码相同，发展质量（DQ）相同，决定因子、形状质量和内容编码也相同，如果有 Z 分数的话，Z 分数也相同。

内容持续指那些内容与前面反应内容相同的反应。内容持续与信息加工无关，而与偏执有关。当被试一遍遍地报告相同的内容时，其反应便会被编码为刻板重复。刻板重复在持续言语中最少见，常出现在简短、过分简单或无效的测验记录中。具有这类测验记录的被试，很可能不适合使用罗夏测验，因为他们有严重的认知/神经障碍。

潜在发现 1：PSV 值为 1，而且是一个卡内持续，表示被试有时在注意转移方面有些困难，由此可导致加工活动的效率降低。进行步骤 7。

案例 17 的阳性发现：在这个记录中，有一个 PSV，而且是一个卡内持续，是对图卡 V 的第二个反应（第一个反应是蝙蝠，编码为 Wo Fo A P 1.0）。这表明她有时注意转移有困难以及加工的效率不高。这个发现与来自 Zd 的假设是一致的。

潜在发现 2：如果卡内持续大于 1，可能意味着存在明显的注意转移问题。通常，这种情况仅出现在年幼儿童的记录中，但在有严重心理混乱或神经相关障碍的患者中也会出现。如果这个发现是阳性的，要进行更仔细、范围更广的评估，甚至超出罗夏测验的认知功能评估。进行步骤 7。

（八）步骤 7：DQ 分布

DQ 分布涉及信息加工的质量，但也与认知中介和概念化有关。因此，当涉及输入加工时，对 DQ 的解释必须仔细思考。这是因为输入加工只是聚焦于输入操作（扫描和创造一个心理图像），而反应的 DQ 编码是认知活动整个过程的最终产物。

在评估信息加工时，对 DQ 解释的逻辑基础是“定形的”反应，这种反应只有在加工活动的质量足够好时才能形成。所谓“定形”反应指的是相当精确的反应，即有形状要求或对形状有详细描述的反应，以及在某些情况下，可能还包括对刺激区域的综合。DQ + 和 DQo 反应是定形反应，而 DQv 和 DQv/ + 则不是，即便后者确实也包含了对刺激区域的综合。

从连续谱的角度对四种 DQ 编码进行考虑确实有很多好处。如下式所示，从最复杂的认知活动形式到最简单的认知活动形式一字排开：

DQ +　　　　DQo　　　　DQv/ +　　　　DQv

在这个连续谱中，左端的 DQ + 反应代表分析和综合的最高形式。大部分人都会给出一些这类反应，但在那些受教育良好和/或心理复杂性高的人中出现的频率更高。在连续谱的另一端是 DQv 反应，所包含的分析非常少，不包含综合，反映的是不成熟的认知活动形式。这种认知活动是具体的、印象性的，可能代表了一种模糊不清和不适当的加工形式。它们最常出现在儿童、智力低下或神经受到损害的被试中。

DQo 略偏向连续谱中点的左边。这是出现频率最高的反应，代表一种不牺牲质量而又经济的认知活动。它反映的是一种保守的但又忠实于事实的认知功能形式，基本上包含了对整个刺激区域或其部分的明确界定。DQv/ + 大致处在连续谱中点和右端之间的位置。它是四种 DQ 类型中最少出现的。如果它出现在年幼儿童的记录中，很可能是一个积极的信号，表明其朝向更高的认知水平。然而，在青少年和成年人的记录中，DQv/ + 反应是不被期望出现的，因为它表示被试企图进行综合，不过所做的综合是有缺陷的，其原因可能是加工有缺陷。

有必要强调，定形反应（DQ + 和 DQo）并非就等于效率或有效调节，包括加工在内的认知操作是非常复杂和深奥的，但其最终产物（反应或行为）可能并不是基于事实或以适应性调节为导向的。事实上，如果没有非常精细的认知操作，很多严重的症状和不适应行为就不可能发展出来。

预期范围和预期值：在成年人和青少年中，DQ + 和 DQv 的预期范围因 EB 类型不同而有变化。内向风格的人比中间型或外向风格的人给出更多的 DQ + 反应。这是因为内向风格的人给出较多的人类运动反应（M），而 M 反应要比其他反应包含更多的综合。外向风格的人比中间型或内向风格的人给出更多的 DQv 反应。这种差异主要是因为外向风格的人对色彩特征做出较多反应，因此就更有可能给出包含色彩的模糊反应，而这些反应对形状没有要求，如血液、火、植物和油漆等。

有趣的是，回避风格的存在与否，对这些编码的范围没有明显的影响。通常，回避与非回避风格的人给出同样多的 DQ + 反应，与其他大多数人一样给出同样少的 DQv 反应。很明显，回避风格不影响加工的质量，即使它可能会影响加工的努力。

另一方面，由 Zd 反映的加工效率，确实与 DQv 和 DQv/ + 反应有关。具有低组合特征的被试，通常给出的这类反应是过度组合被试的两倍，但这种差别也并非总是如此。某些处于精神混乱的过度组合者，常给出超过预期的高频率的 DQv 和 DQv/ + 反应。当这种情况发生时，表明精神混乱对加工的质量有影响。

在成年人和青少年中，中间型和外向风格 DQ + 的预期范围是 5 ~ 8，内向风格的期望值在 7 ~ 10 之间。在 12 岁以下的儿童中，DQ + 的期望值在 5 ~ 8 之间，EB 类型对此没有影响。在成年人和青少年中，内向风格和中间型 DQv 的期望值为 0 或 1，外向风格为 1 或

2。儿童经常出现较高频率的 DQv 反应。事实上，10 岁以下儿童出现 4 个 DQv 反应也比较常见。DQv/+反应在成年人和儿童中都不常见，成年人和年龄较大儿童的期望值为 0，但对于 10 岁以下的儿童来说，出现 1 个也并非不常见。

潜在发现 1：如果 DQ+落在预期范围内，且对内向风格和中间型来说，DQv 与 DQv/+之和不大于 1，对外向风格来说不大于 2，则可以推断输入加工的质量够好。进行步骤 8。

潜在发现 2：如果 DQ+落在预期范围内，DQv 和 DQv/+之和在内向风格或中间型中大于 1，在外向风格中大于 2，可推断加工质量是适当的，但有时加工活动会明显停滞在简单和不太成熟的水平上。这在儿童中是常见的，但在青少年和成年人中则比较少见。复杂程度低的加工常常是效率不高的输入转换和低效率调节的预兆。进行步骤 8。

案例 18　28 岁男性被试的信息输入加工相关变量

EB	=5:6.5	Zf	=12	Zd	=+4.0	DQ+	=7
L	=0.5	W:D:Dd	=8:3:7	PSV	=0	DQv/+	=1
HVI	=阴性	W:M	=8:5			DQv	=2
OBS	=阴性						

部位和发展质量序列

Ⅰ:	Ddo. DdSo. Wv. DdSv/+	Ⅵ:	Dd+. Do
Ⅱ:	Ddo. Dd+	Ⅶ:	WS+
Ⅲ:	Do. WS+	Ⅷ:	Dd+
Ⅳ:	Wo	Ⅸ:	W+
Ⅴ:	Wo. Wo	Ⅹ:	Wv. D+

案例 18 的阳性发现：这是一个中间型的人，他的记录中有 7 个 DQ+，落在期望的范围内。然而，DQv 和 DQv/+反应合起来是 3 个，超出期望范围，提示他的加工质量有时是相当不稳定的。这似乎与他加工习惯的其他发现是一致的。尽管他在收集新信息时投入相当多的努力，尽管他的扫描通常都是相当彻底的，但他的加工并非很规律，有时甚至是混乱的。这样，他的加工努力的质量常常徘徊在非常简单的水平上，对中介和概念化过程造成明显的影响。

案例 16　31 岁男性被试的信息输入加工相关变量

EB	=7:3.0	Zf	=15	Zd	=+4.5	DQ+	=11
L	=0.5	W:D:Dd	=8:11:5	PSV	=0	DQv/+	=0
HVI	=阴性	W:M	=8:7			DQv	=0
OBS	=阳性						

部位和发展质量序列

Ⅰ:	Wo. W+. Ddo	Ⅵ:	Do. D+

（续上表）

Ⅱ：	D+. DS+	Ⅶ：	D+. Wo
Ⅲ：	W+. Ddo	Ⅷ：	W+. Do. DdSo
Ⅳ：	W+. Do. Do	Ⅸ：	Wo. D+
Ⅴ：	Wo	Ⅹ：	D+. Ddo. Ddo. D+

案例17　19岁女性被试的信息输入加工相关变量

EB	=2:5.5	Zf	=8	Zd	=-4.5	DQ+	=4
L	=1.22	W:D:Dd	=6:12:2	PSV	=1	DQv/+	=0
HVI	=阴性	W:M	=6:2			DQv	=3
OBS	=阴性						

部位和发展质量序列

Ⅰ：	Wo. Do	Ⅵ：	Wo. Do
Ⅱ：	Do. DS+	Ⅶ：	W+
Ⅲ：	D+. Do	Ⅷ：	Do. Dv
Ⅳ：	W+. Do	Ⅸ：	Do. DdSv
Ⅴ：	Wo. Wo	Ⅹ：	Do. Dv. DdSo

潜在发现3：如果DQ+超过预期范围，且DQv/+和DQv之和在内向风格或中间型中不大于1，在外向风格中不大于2，则可以推断加工的质量是非常好的，而且是相当复杂的。虽然这样的情况在受过良好教育的被试中比较常见，但也并非一定等同于高效率认识或有效的调节模式。它仅表示输入加工的质量较高。进行步骤8。

案例16的阳性发现：他有11个DQ+反应，这对一个内向风格的人来说，超出了预期范围。他没有DQv或DQv/+反应，提示他的大部分加工质量都是非常高的。他是一个具有强迫倾向的人，有良好的教育背景，其他涉及加工习惯的发现也与此一致，所以，有这样的结果也不足为奇。

潜在发现4：如果DQ+在预期范围之上，DQv/+和DQv之和在内向风格和中间型中大于1，在外向风格中大于2，则可以推断加工质量通常是非常好的，而且是相当复杂的。然而，它也表明，加工的质量有时会变得很成问题，加工的形式变得不够成熟。这种情况除了在处于某种明显心理混乱的被试中最为常见外，在其他人群中是很少见的。通常，像这样的加工问题也容易导致中介和概念化过程出现问题。进行步骤8。

潜在发现5：如果DQ+在预期范围之下，且DQv和DQv/+之和在内向风格和中间型中不超过1，在外向风格中不超过2，则表明加工质量尚好，但比一般情况更为保守和经济。在回避风格被试中，这种情况并不少见。表明回避风格在指导个人的心理活动中处于支配地位。进行步骤8。

潜在发现6：如果DQ+落在预期范围以下，且DQv和DQv/+之和在内向风格或中间型中大于1，在外向风格中大于2，则表明加工的质量常常是不适当的，特别是在复杂情境中。进行步骤8。

案例17的阳性发现：这是一个回避—外向风格的人，只有4个QD+，DQv是3个。前面已形成的结论指出，她的加工努力是相当保守的，在扫描新的刺激区域时通常是草率和/或容易忽略的。本发现表明，她的经济性和简单化取向，对其加工质量造成严重的冲击，令其付出昂贵的代价，即整体效率的下降。这种简单化的加工方式所导致的最终结果便是降低输入转化的效率，以及增加与社会要求或期望不一致行为的可能性。

（九）步骤8：DQ序列

与部位序列一样，DQ序列也可为了解加工努力的质量提供有用的信息。比如，W反应在某些图卡中容易形成，而在另一些图卡中则不易形成。DQ+反应的形成也有类似的情况，不过与W反应正好相反。

一般来说，刺激区域越是杂乱无序，就越能创造出DQ+反应。DQ+反应最可能出现在图卡II、III、VII、VIII和X上，较少出现在图卡I、IV、V、VI和IX上。说得极端些，DQ+反应最容易出现在图卡III上，最少出现在图卡V上。DQv反应则有些不一致，但在有彩色特征的图卡上出现的比例最高，特别是在图卡III、VIII和X上。

很明显，那些墨迹图被用于给出DQ+和DQv反应的信息，有助于澄清加工质量的假设。相似的，这两种反应在一张图卡中出现的顺序，有时也是很有用的。例如，加工质量非常好的被试，倾向于对一张图卡首先给出DQ+反应。这不表示他们的加工就必定更为有效，而仅表示他们更习惯在高质量水平上进行加工。

另一方面，当DQ+反应大体上都出现在一张图卡的最后，表明被试在加工任务中坚持对刺激进行彻底的扫描或组织。很显然，这是一种值得赞扬的特征，但也表明在通常情况下，该被试在加工新信息时，可能不太习惯去努力争取高质量。

有时，所有或大部分的DQ+反应都涉及空白区域的整合。虽然这可能反映了好的质量，但也表示在对环境持负面或敌对态度时较高质量的加工更容易出现。

除10岁以下的儿童外，DQv反应通常不会作为第一反应出现。当DQv作为第一反应出现，特别是作为第一反应出现的DQv不止一个时，有两种可能的解释：其一是存在某种认知冲动，在较好的意象还没形成或复查前，便仓促形成决策。其二是在短时记忆中创造和/或维持意象有困难。这样的人常在维持注意集中方面有问题。

在对DQ序列的检查中，大多数情况是DQv反应出现在一张图卡的中间或最后。通常，在被试感到困惑、不满和受挫，或受到记忆中的意象威胁时，或因任务而有所顾忌时，这种情况就容易发生。这时，他/她就会努力去改变那个意象。在遇到这种情况时，有些人仅转动一下图卡就可以形成一个新的意象。显然，这种加工策略是一种比给出DQv

反应更为复杂的处理情境的方法。DQv 牺牲了先前的加工努力，它要求对已储存的意象进行某种模糊的重构，这样对轮廓就不再强调了。

对 DQv 出现在中间或最后的另一种解释是，可能被试在短时记忆中维持意象有困难。这是不常见的，一般也不会成为原因，除非被试有明显的认知或神经上的缺陷。如果存在这样的缺陷，DQv 反应的数目会很多，且在整个测验记录中存在紊乱的证据。

潜在发现：通过补充和/或澄清前面的发现，DQ 序列的信息将会与另外一些有关加工努力、效率和质量的发现巧妙地整合起来。有时，DQ 序列的信息可能与其他发现不一致或相反，如果是这样的话，前面形成的假设就应当被修改。

案例 16 的阳性发现：11 个 DQ + 反应中有 6 个是第一反应，有 5 个是来自墨迹图相对凌乱的图卡（II、III、VII、VIII 和 X），剩下的 5 个中，有 4 个来自墨迹图较为完整的图卡。除了图卡 V 外，他对每一张图卡至少给出 1 个 DQ + 反应。没有 DQv 和 DQv/ + 反应。可以说这是一个高质量的操作，肯定了有关加工活动的其他发现。

案例 17 的阳性发现：4 个 DQ + 反应中的 3 个是对凌乱图卡给出的，而且这 3 个反应都是第一反应。她有 3 个 DQv 反应，它们来自最后的三张图卡，且都不是第一反应。她是一个回避—外向风格的人，倾向于在思考和决策时卷入情绪，但同时又倾向回避复杂性。DQv 反应可能是由回避特征引发的。总的来说，她的加工活动是随意的，质量属中等偏下，有时甚至是不成熟的。如果给予干预的话，在治疗的早期应聚焦于整合不足和过分简单化的加工倾向。

案例 18 的阳性发现：他有 7 个 DQ + 反应，其中只有 2 个是来自前 5 张图卡的，而且都是第二反应。相反，在剩下的 5 个中，有 4 个是指向图卡 VI 至 IX 的，且都是第一反应。第五个 DQ + 反应是指向图卡 X 的，是第二反应。有 2 个 DQv 反应，一个指向图卡 X，是第一反应；另一个指向图卡 I，是第三反应。有 1 个 DQv/ +，指向图卡 I。这种没有规律的序列模式，似乎表明他的加工质量在测验开始时就不是很好，且这种情况并没有随着他对任务的熟悉而明显改善。而且，他的 7 个 DQ + 中有 3 个是 Dd 反应，他对图卡 X 的第一反应是 DQv，这些证据清楚地支持早先的结论，即他的加工过程是凌乱的，甚至是混乱不堪的，尽管他在任务中投入了很多精力。这种模式提示存在某种认知紊乱，由此考虑这种紊乱是否有神经学基础，比如是否存在中毒的情况，或者是否存在精神分裂症或严重致残性的情绪障碍，后者的认知紊乱是一种更为持久的紊乱。

三、有关信息加工的总结

为了保存信息，在例行的解释完成之后，应当将有关加工过程的发现进行总结。通常，总结是很简洁的。这主要是因为其所代表的仅是知觉—认知过程的输入方面。当与

“认知三联体”的另外两部分（中介和概念化）的总结整合形成范围更广的总结，就会显现出更大的意义。下面是本章使用的三个案例的总结：

（一）案例16的总结

他（31岁物理副教授）有些强迫特征（必备条件），倾向完美主义和关注细节。在加工信息时，他投入了相当多的努力，对每个新的刺激区域都进行扫描，而且是前后一致的（步骤1—5）。总的来说，他的加工质量是相当好的（步骤7和8）。

（二）案例17的总结

她（19岁违反假释条例者）是那种努力回避模糊或复杂性的人（必备条件）。所以，她在面对新的信息时表现得非常保守。她的加工方式倾向过分谨慎和迟疑，而且更加不成熟（步骤1—3）。在对新刺激扫描时，她的策略是草率和疏忽大意的。这样，她常常忽视那些对决策和行为具有非常重要价值的线索（步骤5）。事实上，她对事物简单化的取向，是以她的整体效率降低为代价的，并导致出现与社会需要或期望不一致的行为。

（三）案例18的总结

他（28岁建筑承包商）似乎在加工新信息方面投入了相当多的努力（步骤1、2和5），但他的加工习惯是不规律的，有时是混乱的（步骤2、3、7和8）。这样的话，加工的质量有时会停滞在非常简单的水平上。事实上，他处理新信息的方式如此混乱，表明可能存在某种神经性损害或一种更加慢性的认知障碍。

四、练　习

案例19

这是一个14岁的男孩，在一家私立学校读书，由学校的两位咨询师转介来接受评估。他们对两个问题比较关注：①他的学习成绩波动非常大，从优秀到不及格；②他有明显的回避有组织的社会情境或从中抽离的倾向。

他因在公立学校差点没通过6年级的考试及经常与11岁的弟弟打架而被父母送去住校，现在已经有2年了。与此同时，他母亲因酒精依赖开始接受治疗。他个子很高，身材也苗条，非常和善，容易与那些看上去很聪明的人相处。他的WISC－R言语智商是149，操作智商是120，总智商是139。

他父亲39岁，是个律师。他的母亲38岁，是家庭主妇，有艺术史学位，但没出去工作。她的酒精依赖大约是从30岁开始的，过去3年加重了。最近，她每周看一次精神科医生，每周参加两次戒酒无名会的活动。父亲说母亲戒酒差不多有8个月了。

被试说他通常周末回家，暑假至少在家住3周。他声称对住校安排是满意的，“因为它给我时间让我做自己喜欢做的”。他说他的大部分时间都花在学习电脑上。他喜欢电脑游戏，自己还设计了一些游戏。他说自己在班里的成绩起伏不定与授课的质量直接有关

（“如果老师讲的东西很简单，就会变得无聊，我便开始做白日梦”）。他说他的数学和科学成绩通常都很好，最近又喜欢上了法语。

他说在公立学校差点考不过是因为他讨厌老师，老师也讨厌他。他说他愿意花更多时间待在家里，而且也知道与弟弟频繁的争执和对母亲“弱点”的不喜欢给他带来了麻烦。他说他不喜欢他的同学（“他们对我而言似乎太不成熟了”）。他说他偶尔去跳舞，曾经遇到过一个女孩，并对她很有兴趣。他否认滥用药物或酒精。转介者的要求：第一，制订一份以减少孤独和增加成绩稳定性为目的的干预计划；第二，就其与家人的半分离状态提些建议。

案例19　14岁男性被试的信息加工相关变量

EB	=8:1.5	Zf	=13	Zd	=+4.5	DQ+	=8
L	=0.38	W:D:Dd	=12:3:1	PSV	=0	DQv/+	=0
HVI	=阳性	W:M	=12:8			DQv	=0
OBS	=阴性						

部位和发展质量序列

Ⅰ：	WSo. WSo	Ⅵ：	Dd+. Wo
Ⅱ：	W+	Ⅶ：	W+
Ⅲ：	W+. Do	Ⅷ：	W+
Ⅳ：	W+. Do	Ⅸ：	Wo
Ⅴ：	Wo. Wo	Ⅹ：	W+. D+

1. 根据步骤1、2和3的发现，下面的哪项假设对他的加工努力做了最好的描述？
   （a）他投入到新信息加工中的努力与大多数同龄儿童的相同。
   （b）他似乎比大多数同龄儿童在加工新信息时投入的努力更多。
   （c）在加工新信息时，他常忽略细节，这导致他投入的努力远比其应投入的要多。
   （d）在加工新信息时，他过分关注细节，这导致他投入的努力远比其应投入的要多。
2. 下面的哪一项能最好地解释步骤1、2和3建立起来的有关努力的推断？
   （a）他非常聪明。
   （b）他是内向风格的人。
   （c）他的Lambda非常低。
   （d）他是高警觉的。
3. 根据步骤4的发现，下面的哪项假设是最恰当的？
   （a）尽管他设定了许多目标，但均未超出他的能力范围。
   （b）他努力追求的目标超出了他的能力范围。
   （c）在加工新信息时，他设定的目标相当保守。

（d）他忽略细节与追求容易实现的目标的特征是一致的。

4. 下面哪项假设最好地描述了步骤 5 和 6 的发现?

（a）他对新的刺激区域的扫描通常是草率的，可能还有些随意。

（b）他对新的刺激区域的扫描与大多数同龄人一样有效率。

（c）在扫描新的刺激区域时，他投入的努力超出了所必需的，因为他很害怕丢掉重要的细节。

（d）他对新的刺激区域的扫描非常没有规律，尽管他对此任务投入了大量的精力。

5. 下面的哪项假设对其加工质量的描述是最恰当的?

（a）他的加工质量，就其内向风格而言，是很适当的。

（b）他的加工质量，低于对内向风格的预期。

（c）他的加工质量，超过对内向风格青少年的预期。

（d）他的加工质量变化很大，远远超过了对其同龄儿童的预期。

案例 20

这是一个 34 岁的男性，对其评估是为了配合法院的离婚和孩子抚养权的裁决。他是兄妹三人中的老二。他有一个哥哥，37 岁；一个妹妹 27 岁。两人都结婚了。他的父亲 60 岁，是州鱼类和野生动物署的检查员。他的母亲 58 岁，是家庭主妇。

18 岁时，他高中毕业，然后进入一所州立大学，主修林业，完成了 2 年的课程。虽然他的成绩高于平均成绩，但他还是决定退学，之后到一家林业服务部门工作。他现在是造林部门的领导。

他 25 岁结婚。他的妻子是注册护士，22 岁。在结婚的最初 3 年，他们住在公寓。那时，他、父亲和哥哥正在设计和建造一所房子。在房子快要建成时，他妻子怀孕了，后来生下一个女孩。这是他们唯一的孩子，现在 6 岁。

他说孩子出生 1 年后，他就与妻子因兴趣不同而经常争吵。他妻子重新开始工作，并对拓展她的社交关系有兴趣。他说他与妻子的朋友在一起时常常觉得不自在，并开始找借口回避参与她的社交活动。

他否认曾对妻子有身体虐待，但承认自己有暴力倾向，特别是在他们分开前不久更突出。在那时，他坚信妻子与其工作医院的一位住院医师有风流韵事。他觉得他们的婚姻已没有意义，因为“我们生活在完全不同的世界，各自有完全不同的兴趣。如果她找到什么人，那就随她去，我只是不想让她再左右我女儿。”他争辩说她的工作和社交兴趣“将使她更多在外面而不是家里”。

在漫长的吵闹后，他们分开了，至今已有 16 个月。她断言在那时他打过她两次。争吵的内容不是很清楚，但与他拒绝参与她的社交聚会和她要求将女儿送入私立学校有关。

最近，他住在哥哥的农场，他自愿将他们的房子出让给妻子。按照法院初步的意见，他妻子拥有孩子的监护权，而他有周末探望的权利。他寻求对孩子的联合监护权。

主审法官要求对其养育能力做出评估，也希望提供有关他人格优缺点的信息。

案例 20 34 岁男性被试的信息加工相关变量

EB	=4:3.0	Zf	=11	Zd	= -1.5	DQ +	=6
L	=0.99	W:D:Dd	=8:11:2	PSV	=0	DQv/ +	=0
HVI	=阴性	W:M	=8:4			DQv	=0
OBS	=阴性						

部位和发展质量序列

Ⅰ:	Wo. WSo	Ⅵ:	Wo. Ddo
Ⅱ:	D +. Do	Ⅶ:	W +
Ⅲ:	D +. Do	Ⅷ:	W +. DSo
Ⅳ:	W +. Do. Do	Ⅸ:	Wo. D +
Ⅴ:	Ddo. Wo	Ⅹ:	Do. Do. Do

1. 根据步骤 1、2 和 3 的发现，下面哪项假设对其加工努力的描述是最好的?
   (a) 他对新信息的加工，一般是非常保守的。
   (b) 通常，他比大多数成年人在加工新信息时投入的努力更多。
   (c) 在加工新的信息时，他投入的努力与大多数成年人的是一样的。
   (d) 他的加工努力经常是很不规律的，这导致他投入的努力远超过一个成年人应该投入的。
2. 下面哪项陈述最好地描述了他的信息加工意愿?
   (a) 在加工新信息时，他设定的目标倾向超过其能力范围。
   (b) 在加工新信息时，他的目标设定是非常经济的。
   (c) 在加工新信息时，他设定的加工目标与其能力是一致的。
   (d) 在加工新信息时，他的目标设定过于保守。
3. 下面哪项假设对他在加工新信息时的扫描和加工效率做了最好的描述?
   (a) 在加工新信息时，他经常是漫不经心的，而且还有些随意。
   (b) 在扫描时，他投入的努力大大超出了所必需的。通常，他十分关注细节。
   (c) 他扫描和加工的效率很不一致，常常是无效的，因为有时他在维持意象方面有困难。
   (d) 他扫描和加工的效率与大多数成年人的是一样的。
4. 下面的哪项假设对他加工质量的描述是最好的?
   (a) 他的加工质量比大多数人的要低。
   (b) 他的加工质量是很好的，但有时因为过分关注细节而导致出错。
   (c) 他的加工质量比中间型成年人的要高。
   (d) 他的加工质量落在中间型成年人的期望范围内。

案例 19 和 20 的答案要点

案例 19

1. b　Zf 是 13，这个数值只是处于期望范围的上缘，所以不能给出“投入努力很大”的假设。然而，这个假设可能具有误导性，原因有三：第一，测验记录只有 16 个反应，Zf 是 13，表示在 R 中所占比例很大；第二，W∶D∶Dd 是 12∶3∶1，W 反应的比例非常大，表明努力程度是相当大的；第三，部位序列显示他对 10 张图卡的每一张至少都给出了一个 W 反应，表明努力是远超预期的。

2. d　高警觉的人非常注重对一个区域内的所有特征都进行仔细检查和组织。这通常会激发出良好的加工努力，除非有病理性问题存在。

3. a　W∶M 是 12∶8，约分后是 1.5∶1。这个比例在内向风格的期望范围内。

4. c　Zd 是 +4.5，表明他具有过分组合的特征。

5. a　DQ + 是 8 个，在内向风格的期望范围内。

案例 20

1. c　Z 反应的频率和 W∶D∶Dd 的比例都在期望范围内，对 10 张图卡给出了 7 个 W 反应。

2. c　W∶M 约分后是 2∶1，对于一个中间型的人来说，这个比例落在了期望范围内。

3. d　Zd 是 -1.5，基本上与 0 没有区别，没有持续言语反应。

4. d　他有 6 个 DQ + 反应，对中间型的人来说，在期望范围内，且分布在 6 张图卡上。

第六章　认知中介

认知中介是“认知三联体”中的第二个分数单元。由于该阶段的加工聚焦于形成心理图像或形象的输入活动，所以，这个分数单元的数据与图像如何识别或转换有关。该加工过程要求在已储存的图像和个人记忆中可利用的事物名称之间进行某种协调，从而能够对“这可能是什么”的问题做出回答。

这个分数单元的变量涉及一个宽泛的问题，即个人做出的辨认（反应）与墨迹图刺激特征的符合程度。这是一个关系到现实检验的问题。所以，对反应的解释就不能只关注反应是否与所使用的刺激区域相符合。相反，解释需要寻求更多的有关中介活动特征的精确信息，尤其要注意常见、少见或不正确转换的程度，也要注重不正确转化所发生的情境。

解释的准确性在很大程度上依赖解释者对反应过程的理解。特别重要的是，理解反应过程与形状质量编码之间的关系，以及这些编码与该分数单元其他变量之间的关系。

一、反应过程与认知中介

在回答“这可能是什么”这个问题时，便启动了反应的形成过程，其中所包含的心理过程，与某人给你看一张椅子照片，并要求回答同样的问题是类似的。

罗夏测验的指导语非常简单，其中隐含着要求被试在给出的反应与形成反应所使用的墨迹图区域的外周特征（distal properties）之间进行调整，以达到相互一致。墨迹图的外周特征才是构成刺激区域的真正要素。在面对墨迹图时，完成调整、达到一致这项任务还是比较复杂的，因为墨迹图没有一张椅子照片所具有的清晰的外周特征。

比如，椅子有四条腿，有座，有靠背。当然还有一些其他特征，如坐垫和扶手，但椅子腿、座和靠背是最重要的外周特征，由此将其与其他物体如桌子或凳子区分开来。

（一）关键的外周细节

关键细节（critical bits）是一个刺激区域中最具影响力的外周特征。实际上，关键细节成了一种限定物体辨认范围和有助于特殊辨认的参数。比如，大多数人很容易将棒球和橘子区分开，尽管它们都是圆的，而且大小也差不多。之所以容易区分，是因为二者都有关键的外周特征，而这些关键特征对它们各自来说都是恒定不变的。橘子有粗糙的表面和鲜明的色彩，棒球有接缝和白颜色。

尽管墨迹图的外周特征没有橘子或棒球的外周特征那样清晰和独特，但每个墨迹图仍包含一些关键性的外周细节。墨迹图并非完全是模糊不清的。事实上，某些墨迹图区域的模糊性是很轻微的。罗夏有意识地按照任意形状的想法去设计每张图卡。他不是简单地将颜料或墨汁滴到纸上，然后对折挤压，形成对称、符合意图的图形。他开始时是这样做的，但在形成模糊图形后，便开始仔细勾画墨迹图的细节。他的目标是确保每张墨迹图都包含清晰的关键性的外周细节。这些关键性的细节不仅可以限制反应的可能范围，也能促进对墨迹图或不同墨迹区域给出特殊种类的反应。他的研究目的一开始就是寻找一种能区分不同人的方法，主要是区分精神分裂症的方法，后者具有严重的知觉问题。常见反应（P）就最能体现他的这一意图。

（二）常见反应（P）

常见反应指那些在每三份测验记录中至少出现 1 次的反应，当然这个标准是非常保守的。事实上，大多数常见反应出现的频率更高。例如，90% 以上的被试，将图卡Ⅷ的 D1 区域视为某种四条腿的动物，因为该部位的轮廓与那些四条腿动物的高度一致且比其他部位的轮廓更为清晰。这样的话，大多数人对这个区域给出的都是“动物”反应，尽管该部位是粉红色的，与大多数动物的颜色不同。

同样，差不多有 85% 的被试，将图卡Ⅰ和Ⅴ视为一种有翅膀的东西，通常是蝙蝠或蝴蝶。此外，超过 80% 的被试，将图卡Ⅲ的 D9 部位看成是人的形状。事实上，在用以区分 P 反应的 7 500 份常模样本中，13 个常见反应中只有 2 个在常模中所占的比例低于 50%：一个是对图卡Ⅸ的 D3 区域给出人物或拟人反应，在 7 500 份记录中只占 39%；另一个是对图卡Ⅱ的 D1 区域给出动物头或完整动物反应，在常模样本中只占 35%。

（三）竞争性关键细节

有时，由于存在竞争性的关键外周特征，一个墨迹图区域可被识别（转化）成多种对象。图卡Ⅴ就是一个很好的例子。如前所述，在接受测验的人中（包括病人和非病人），大约有 85% 的被试将其识别成蝙蝠或蝴蝶，而且每种反应的比例差不多相同。大约 44% 的被试给出蝴蝶反应，41% 的被试给出蝙蝠反应。为什么有些人将此墨迹图识别为蝙蝠，而另一些人将其识别为蝴蝶？这种差异不能归因于性别、年龄、心理异常类型、心理异常严重程度或基本的反应风格（内向与外向风格）。

有关这个问题的研究表明，这种差异似乎与被试对图卡Ⅴ刺激区域的三个关键性外周细节给予的权重有关。该墨迹图的灰—黑色是其中一个关键性外周特征。这个特征与蝴蝶反应有些不符。当将这种灰—黑色改成粉红色，反应的频率就发生了改变，虽说没有预期的那么大。大约有 55% 的人给出蝴蝶反应，30% 的人给出蝙蝠反应。该区域的其他两个特征是轮廓，它们对选择蝙蝠或蝴蝶的影响更大。第一个是墨迹图边上的凸起 D10，它似乎与蝙蝠或蝴蝶反应都不符，但这种看法显然是错误的。如果将 D10 从该墨迹图中去掉，给出蝴蝶反应的大约占 70%，给出蝙蝠反应的只有 15%。很明显，D10 是阻止蝴蝶反应或促进蝙蝠反应形成的关键性部位。另一个关键的部位是该墨迹图上面的 Dd34。如果将 Dd34 去掉，给出蝙蝠反应的大约是 70%，给出蝴蝶反应的少于 15%。自然，Dd34 对给出蝴蝶反应的人来说，是一个重要的外周特征。

（四）外周特征的影响作用

外周特征的影响作用随其在被试视域中位置的改变而改变。例如，如果将图卡Ⅶ正着看，差不多有65%的被试将D2区域看成是人，25%的被试将其看成是动物，通常是兔子。相反，如果将其斜着看，D2就很少被看成是人，倒是有50%的被试将其识别为狗。在墨迹图中，轮廓可能是最重要的关键外周特征，但色彩和阴影在设定反应界限时也扮演非常重要的角色。例如，如果将图卡Ⅰ改成亮蓝色，而不是灰—黑色，给出蝙蝠反应的可能性就基本上被排除了。如果将图卡Ⅵ中的阴影去除，改成一致的灰色，对D1区域的常见反应——动物毛皮——的频率就会显著下降。

有时，尽管墨迹图的外周特征在反应中没有特别清楚地被提到，但依然会对反应的形成有影响。例如，如果对图卡Ⅱ的部位D1给出常见反应——动物，那在这些反应中，85%包含运动决定因子（FM）。将动物看作是在游戏（COP）的占其中的30%；将其视为攻击反应的差不多占40%，多是打架（AG）或伤害（MOR）反应。当给出合作反应（COP）时，在每5个反应中，清楚地提到墨迹图红色区域（通常是D3）的有2个。当给出AG或MOR反应时，在每5个反应中，清楚地提到红色区域（D2或D3）的有3个。

如果将D2和D3从该墨迹图中去掉，或将其颜色改成灰—黑色，动物运动反应出现的频率依然保持不变，AG和MOR的比例则降至5%以下，COP的比例则升至近70%。很明显，图卡Ⅱ红色区域的存在对AG反应的形成有相当大的贡献，尽管这些反应中的40%并没有清楚地提到这些红色区域。

（五）形状质量表

《形状质量表》是判定FQ编码正确与否的基础，它从另一个角度为我们展示了墨迹图外周特征对反应形成的影响作用。《形状质量表》1993年修订版，由9 500份测验记录构成，总共有209 480个反应。9 500份测验记录有3 200份来自非病人成年人（69 769个反应），3 500份来自非精神分裂症门诊病人（81 107个反应），2 800份来自非精神分裂症住院病人（58 604个反应）。《形状质量表》包含5 018个项目，每一个项目按照形状质量划分为普通（o）、不常见（u）或歪曲（－）三个等级。在《形状质量表》中，属于W区域的反应项目有1 051个，属于D区域的反应项目有2 820个，属于Dd区域的反应项目有1 147个。

对W或D区域的反应项目来说，形状质量为普通（o）的标准是：在9 500份记录中，反应项目的出现频率至少为2%（190），所涉及的形状必须是确定存在的且与所报告项目的形状相当吻合。对Dd区域的反应项目来说，形状质量为普通（o）的标准是：在9 500份记录中，至少有50份记录使用了该部位，以及使用该部位给出反应的被试，至少有2/3报告了该反应项目。表中的5 018个项目中，有1 011个被划分为形状质量为普通（o）的反应（占21%），其中有865个是W或D反应。

形状质量为不常见（u）的划分标准是：在9 500份记录中，该项目被报告的频率少于2%，且至少需要三个独立编码者给出完全一致的判断，认为该项目能很容易和很快地看出来，而且与使用部位的轮廓是吻合的。形状质量表中有2 176个项目被划分为“u”，其中1 611 个是W和D反应。形状质量为歪曲（－）的反应项目，是指那些在9 500份记录中至少出现4 次的反应，总共有 1 831 个（36%），其中有 1 395 个是针对 W 和 D 区域的。

用以划分形状质量为普通（o）反应的2%的标准似乎有些宽松，但实际情况并非如此。事实上，只有很少被划分为普通（o）且针对W和D区域的反应项目，在9 500份记录中出现的频率是2%。如同前面已经谈到的，有几个常见反应（P）在记录中出现的频率超过1/3。另外有33 个针对 W 或 D 的反应项目，在 9 500 份记录中出现的频率为16% ~25%。差不多有157 个反应项目出现的频率为11% ~15%。大多数被划分为普通（o）的反应项目，其出现频率为6% ~10%，这类反应项目共603 个。只有59 个反应项目的出现频率为2% ~5%。

很明显，尽管普通（o）和不常见（u）反应的划分都涉及恰当使用墨迹图的形状，但编码为不常见（u）的反应项目是普通（o）的两倍。当然，有经验的施测者都知道，表中所列出的划分为不常见（u）的反应项目远比实际可能出现的要少。然而，作为反映普通（o）反应比例的X+%，在这9 500份记录中，其平均值是0.64（非病人是0.74，门诊病人是0.64，住院病人是0.52）。换句话说，在此样本中的209 480 个反应中，有134 067 个反应包含了《形状质量表》中列出的1 011 个反应项目。相反，该样本的Xu%的平均值只有0.17（非病人是0.15，门诊病人是0.17，住院病人是0.20）。这表示有35 616个反应与墨迹图形状是明显吻合的。不过，因其出现频率不够而没有被列在《形状质量表》的普通（o）系列中。

事实上，这些数据具有误导性，因为209 480 个反应的85%（178 582）是针对W或D区域的。前面已谈到，《形状质量表》列出的针对W和D且被划分为普通（o）的反应项目只有865 个。在9 500份记录中，只计算针对W和D的普通（o）反应比例，得到的X+%是0.66，表示在178 582 个W和D反应中，每3 个中就有2 个包括了1 个或以上属于865 个反应项目的反应。

表7 显示了10 张图卡中针对10 个W和82 个D区域的普通（o）反应项目数。如前所述，865 个W和D的反应项目并非均匀分布在10 张墨迹图上。图卡Ⅴ形状质量为普通（o）反应的项目数最少，图卡Ⅵ、Ⅸ和Ⅹ的最多。

表7　W和D反应的形状质量为普通（o）反应的项目在图卡和部位上的分布

图卡	W	D1	D2	D3	D4	D5	D6	D7	D8	D9	D10	D11	D12	D13	D14	D15	总计
Ⅰ	44	11	14	7	12	–	–	8	–	–	–	–	–	–	–	–	96
Ⅱ	11	10	12	12	10	16	4	–	–	–	–	–	–	–	–	–	75
Ⅲ	3	11	21	9	–	5	–	10	3	10	–	–	–	–	–	–	72
Ⅳ	30	12	8	4	11	10	5	10	–	–	–	–	–	–	–	–	90
Ⅴ	17	4	–	–	6	–	4	5	–	8	2	–	–	–	–	–	46
Ⅵ	18	13	15	18	17	12	6	–	11	–	–	–	7	–	–	–	117
Ⅶ	18	8	14	3	8	2	9	6	3	4	5	–	–	–	–	–	80

（续上表）

图卡	W	D1	D2	D3	D4	D5	D6	D7	D8	D9	D10	D11	D12	D13	D14	D15	总计
Ⅷ	20	1*	4	6	5	8	8	3	2	–	–	–	–	–	–	–	57
Ⅸ	24	10	16	22	5	8	10	–	10	5	–	3	3	–	–	–	116
Ⅹ	13	6	5	8	4	4	7	9	10	11	8	9	8	2	8	4	116

注意：*号代表这个反应项目代表一大类动物，包括的物种超过12个。

某些区域形状质量为普通（o）反应项目的频率，能很好地显示关键外周细节的影响力。例如，一半以上的D区域（48/82）所具有的普通（o）反应项目少于9个；差不多1/3的D区域（28/82）的普通（o）反应项目少于6个。当一个区域的普通（o）反应频率比较低时，表明该刺激区域的特征之间的关联性非常差。这样，转化为与其外周特征一致的反应项目的数量就受到限制。

（六）反应是一种决策

通常，当一个人扫描一张墨迹图或其部分时，他/她可能会产生若干个反应。其原因是墨迹图的外周特征，包含关键细节，允许或激励他/她产生多重转换。例如，大部分的人，在第一眼看到图卡Ⅰ时，就能很快辨认出这可能是一只蝙蝠，一只鸟，或一只蝴蝶。不过，很少有人会将这三种转化在其反应中都给出，甚至给出两个都是很少见的。也有这样的情况：某些人可能对上述三个可能的反应都拒绝选择，而是给出其他反应，如面具、女人或其他等。这是在将两个可能的反应进行比较的认知中介过程中完成的。许多可能的反应通过这种成对的比较而被放弃，另一些则因审查制度的缘故而被丢弃。

给出的反应是决策过程的产物，而此过程受许多因素影响。观念定势（ideational sets）、反应风格、个人需要、正性或负性情绪、社会需要等，都在决策过程中扮演重要角色。在解释认知中介的数据时，关注的不是给出的反应是由什么导致的，而是被试对外部现实（墨迹图明显的外周特征）认可的程度，以及对抗他/她自己心理方面影响的程度。将反应划分为特殊的类别——常见反应（P）、普通反应（o）、不常见反应（u）和歪曲反应（–），由此构成一个连续谱。这样做的目的直接与上面提到的问题有关，并为建构解释提供基本构件。

二、与认知中介有关的罗夏测验变量

认知中介单元包括：六个变量的数据（XA%、WDA%、X–%、P、X+%、Xu%）、涉及S的歪曲反应（–）的频率、所有反应的形状质量分布（+、o、u、–、无）、W和D反应的形状质量分布以及歪曲反应（–）的顺序和特征。当出现歪曲反应（–）时，应当对其同质性的反应和歪曲水平进行考察。

考察聚焦的问题

对该分数单元数据的解释要关注以下几个问题：①认知中介活动所产生的行为（反应），在多大程度上与情境是相适应的，或现实的？②中介活动产生的行为（反应），在多大程度上与情境是不相适宜的，或不现实的？③中介功能失调是以何种可识别的形式表现出来的？④有中介过程严重受损的证据吗？⑤在那些被期待或认可的行为很容易被辨认的情境中，常规行为（反应）出现的可能性有多大？⑥对输入信息进行常规转换的总体趋向是怎样的？⑦对输入信息的转换更多是个人化的，还是常规性的？

案例 16、17 和 18 的数据，在先前是用于展示输入加工过程的解释的，现在将用于展现中介过程的解释原则。

案例 16　31 岁男性被试的认知中介变量

					歪曲和无形状特征		
R	=24	L	=0.50	OBS=阳性			
FQx+	=5	XA%	=0.92		Ⅶ	15	Wo FC' - Xy 2.5 PER
FQxo	=13	WDA%	=0.95		Ⅹ	22	Ddo34 FY - An MOR
FQxu	=4	X-%	=0.08				
FQx-	=2	S-	=0				
FQxnone	=0						
(W+D	=19)	P	=8				
WD+	=5	X+%	=0.75				
WDo	=11	Xu%	=0.17				
WDu	=2						
WD-	=1						
WDnone	=0						

案例 17　19 岁女性被试的认知中介变量

					歪曲和无形状特征		
R	=20	L	=1.22	OBS=阴性			
FQx+	=0	XA%	=0.75		Ⅲ	6	Do7 F - An MOR
FQxo	=11	WDA%	=0.83		Ⅷ	15	Dv2 C Hd, An PHR
FQxu	=4	X-%	=0.15		Ⅸ	17	DdSv29 F - Ad
FQx-	=3	S-	=2		Ⅹ	19	Dv9 C Bl
FQxnone	=2				Ⅹ	20	DdSo22 CF - Hd PHR
(W+D	=18)	P	=4				
WD+	=0	X+%	=0.55				
WDo	=11	Xu%	=0.20				
WDu	=4						
WD-	=1						
WDnone	=2						

案例 18 28 岁男性被试的认知中介变量

R =18	L =0.50	OBS=阴性	歪曲和无形状特征			
FQx+ =0	XA% =0.39		I	2	DdSo99 F-(Hd) 3.5 PHR
FQxo =3	WDA% =0.45		II	5	Ddo99 Mp- Hd MOR PHR
FQxu =4	X-% =0.56		II	6	Dd+99 Ma.mp-2 Hd 5.5 AG PHR
FQx- =10	S- =3		III	7	Do7 FC'- An MOR
FQxnone =1			III	8	WS+1 FC'.C-2 Ad, Art 5.5 AB, INC
(W+D =11)	P =1		V	10	Wo1 F-A 1.0 MOR
WD+ =0	X+% =0.17		VI	12	Dd+99 Ma-Hd, Sx 2.5 DV PHR
WDo =3	Xu% =0.22		VII	14	WS+ F-Fd 4.0 MOR
WDu =2			VIII	15	Dd+99 Ma.mp.CF-(H), Na, Ay 3.0 PHR
WD- =5			X	17	Wv C Art PER
WDnone =1			X	18	D+2 Ma.C-H, Na 4.5 ALOG PHR

案例 16

这是一位 31 岁的物理学副教授，他感到不安、注意集中困难、容易分心和萎靡不振。

案例 17

这是一位 19 岁的女性，因为违反假释条例而来接受评估。转介者希望了解其可取之处、抑郁的严重程度、改变的动机和治疗的可能性。

案例 18

这是一位 28 岁的男性住院病人，有很长的吸毒史。转介者想了解：他的发作是否与精神分裂症有关或由毒品引发？他是否有抑郁？应付他要求出院的最好办法是什么？

三、解释程序

对中介过程数据的解释并不难，但也不是随意或一成不变的。遗憾的是，有些解释者只对结构化表中的常见反应（P）的数量和百分比做一浏览，便形成解释假设。这当然是一种很有诱惑的策略，可能会得到一些有效的假设，但如果对数据的考察就此结束，则有关中介过程的有效信息就会被忽略，有关中介过程的假设就会变得缺乏特异性。数据频率、分数序列的信息和不恰当反应，对深入理解个人的中介活动是非常重要的，因为它们是与现实检验问题紧密相连的。

解释包括六个基本步骤，如果在测验记录中出现歪曲反应（-），则可扩大到八个。前三个步骤聚焦于恰当与不恰当反应和中介功能失调的程度，如果出现中介功能失调，说明现实检验有损伤。最后四个步骤关注产生适当转换（反应）的程度，即给出的反应更多是惯常或常见的反应，还是不常见或个人化的反应。

（一）前提条件（R、OBS、Lambda）

主试应时刻注意反应数（R），这在考察中介过程时尤为重要。其原因部分是某些中介数据是用R的比例来表示的，而一个反应对百分率的影响，在短的和长的测验记录中是不同的，前者远大于后者。比如说，在一份有15个反应的记录中，有3个歪曲反应（-），计算得出的X-%是0.2；而同样是3个歪曲反应，在一份有24个反应的记录中，计算得出的X-%就是0.13。从表面上看，当然是数值越高（0.2），给出的负面解释越多，数值越低（0.13），负面解释越少。然而，这种差异通常是毫无根据和具有误导性的。即便数据是非比率形式，R有时也可导致一个假设所依据的标准发生改变。比如说，一份有15个反应的记录中出现7个常见反应（P），另一份有24个反应的记录中也有7个常见反应（P），虽说后一份测验记录的常见反应（P）也是在预期范围内的，但前一份更符合期待。

第二个前提条件是OBS。OBS为阳性，表示存在明显的完美主义倾向和对细节的异常关注。这种人在转换刺激时会十分谨慎，因为他们对转换是否正确，或是否符合惯例太看重了。这种类型的人，其中介操作是非常谨小慎微和力求精确的。通常，他们的XA%、WDA%和X+%比平均值要高。如果测验记录中的发现与此期望不一致，则表示强迫特征产生了反作用，正以某种方式干扰中介过程。

第三个前提条件是Lambda，它为研究歪曲反应（-）的同质性提供准则。同时，当X+%和Xu%与中介决策活动中的恪守常规的问题有冲突时，它也为此数据的解释提供标准。

（二）步骤1：XA%和WDA%

恰当使用形状的信息是解释认知中介过程的基础。XA%和WDA%这两个变量对此提供了直接信息，它们涉及中介活动所产生的行为（反应）在多大程度上与情境是相适宜的。为何使用两个变量？原因是它们中的任何一个都不能提供足够全面的、恰当使用形状的信息，通常是将其一并考虑。XA%指在测验记录中，所有“形状拟合良好”的反应在全部反应中所占的比例［（+）+（o）+（u）］/R。WDA%则只限于计算W和D区域的反应［W和D区域的形状质量为（+）、（o）与（u）之和/W和D区域的所有反应］。

这两个变量的预期值都比较大且大致相等，但通常WDA%会大些。这是因为WDA%代表的是对明显的墨迹图区域做出的反应，而这些区域包含了最独特的外周特征。因此，大多数被试的XA%都比WDA%低，但也有相反情况。解释性假设将根据每个变量的值及两个变量的差值来确定。

案例16 31岁男性被试的认知中介变量

R	=24	L	=0.50	OBS=阳性	歪曲和无形状特征
FQx+	=5	XA%	=0.92		Ⅶ 15 Wo FC'- Xy 2.5 PER
FQxo	=13	WDA%	=0.95		X 22 Ddo34 FY- An MOR
FQxu	=4	X-%	=0.08		
FQx-	=2	S-	=0		
FQxnone	=0				
(W+D	=19)	P	=8		
WD+	=5	X+%	=0.75		
WDo	=11	Xu%	=0.17		
WDu	=2				
WD-	=1				
WDnone	=0				

潜在发现1：如果XA%在0.78和0.90之间，且WDA%等于或大于XA%，则表明中介加工与情境是相适宜的。换句话说，即通常的现实检验所必需的基本要素是完好的。进行步骤2。

潜在发现2：如果XA%大于0.90且WDA%等于或大于XA%，说明被试为了确保中介加工与情境相适合做了特别的努力。对具有强迫特征的被试来说，这个发现是常见的，切莫将此自动等同于强迫症。它只意味着被试的中介活动受到一种准确转换情境的倾向的明显影响。进行步骤2。

案例16的阳性发现：这份测验记录的XA%是0.92，WDA%是0.95，比对大多数人的期望值要高一些。但这也不奇怪，因为他具有强迫特征。这提示他对新刺激输入的转换是谨慎小心的，可能有些完美主义，因为他要确保对情境转换的准确性。

潜在发现3：XA%等于或大于0.78，WDA%小于0.75。这种情况非常少见，可能是计算有误。如果计算没问题，则测验记录可能是简短的（反应等于或少于16个），同时出现奇怪的组合，即有大量的Dd反应，其中大多数的形状质量编码是FQo或FQu，以及W和D区域的形状质量为“-”或无形状的反应所占比例较大。这种情况可能反映一种加工问题，但在那些试图假装有严重混乱的被试中也可以看到。进行步骤2。

潜在发现4：当XA%在0.70和0.77之间，且WDA%等于或大于0.80，表明中介转换在通常的情境中是适宜的，但在其他情境中就可能变得不太适宜。这种中介功能（或现实检验）的失调，可能由多种因素引起。通常来说，情绪性或观念性的干扰会导致这种情况发生，但有时加工过程的问题也会导致错误识别。对无形状和歪曲反应特征的考察，通常可以获得相关要素的信息。进行步骤2。

案例 17　19 岁女性被试的认知中介变量

R	=20	L	=1.22	OBS=阴性		歪曲和无形状特征
FQx+	=0	XA%	=0.75		Ⅲ	6　Do7 F－ An MOR
FQxo	=11	WDA%	=0.83		Ⅷ	15　Dv2 C Hd, An PHR
FQxu	=4	X－%	=0.15		Ⅸ	17　DdSv29 F－ Ad
FQx－	=3	S－	=2		Ⅹ	19　Dv9 C Bl
FQxnone	=2				Ⅹ	20　DdSo22 CF－ Hd PHR
(W+D	=18)	P	=4			
WD+	=0	X+%	=0.55			
WDo	=11	Xu%	=0.20			
WDu	=4					
WD－	=1					
WDnone	=2					

案例 17 的阳性发现：这份记录有 20 个反应，XA% 是 0.75，WDA% 是 0.83。XA% 只是稍微低于预期值，这很令人欣慰。两个变量间的差是 8 个点，这也是适当的。这样可以假设她的认知中介活动在多数情境下都是合适的，但在某些情况下，可能有少许功能不佳。特殊的功能问题将在步骤 2 和 3 中讨论。

潜在发现 5：如果 XA% 低于 0.70，WDA% 等于或大于 0.80，表示在那些引导恰当转换的线索不明显的情境中，中介过程（现实检验）容易出现明显的问题。这两个变量间的差异，通常是由许多包含某种错误识别的 Dd 反应引起的。正如前一章提到的，Dd 反应并不反映信息加工过程的经济性。相反，它们包含对已储存图像的某种再生成。这种再生成可能与防御有关，也可能与对细节过分关注有关，或与对抗性态度有关。对无形状和歪曲反应（－）特征的考察，有助于澄清干扰中介操作的原因。进行步骤 2。

潜在发现 6：当 XA% 为 0.70～0.77，WDA% 为 0.75～0.79，表示中介调节有轻微的功能失调。当 XA% 低于 0.70，WDA% 为 0.75～0.79，表示有较严重的功能失调。主要的关注点应该是 WDA% 以及低于预期值的原因。大量形状质量为歪曲（－）的 Dd 反应和/或无形状反应，可导致 XA% 低于期望值，但它们通常不会显著地影响 WDA%。这是因为 W 和 D 区域拥有最独特的外周特征，而基于这些特征的转换不易发生歪曲。

因此，如果 WDA% 低于 0.80，表示在 5 个 W 和 D 区域的反应中，就有 1 个或以上的反应对明显的特征有歪曲或忽视。这反映存在现实检验的问题。情绪和/或观念性干扰，通常也会导致这类问题出现。对 W 和 D 区域的无形状和歪曲反应进行考察，有助于了解中介过程的损害。进行步骤 2。

潜在发现 7：当 XA% 小于 0.70，WDA% 小于 0.75，表示中介过程有严重的损害。有两个因素对理解中介过程损害的严重程度非常重要。第一个是 WDA%，当其降至 0.65～

0.74时，表示损害比较严重，现实检验明显受到影响；当其小于0.65时，表示中介功能严重受损，现实检验严重损害。如果存在精神病特征，上述两种情况也是类似的，不过，在没有对其他中介过程的数据进行考察前，下这样的结论还为时过早。

第二个是XA%与WDA%的差值，表示现实检验的损害对日常功能的影响情况。当两个变量的差值等于或大于0.10时，表示在中介操作线索不明显的情境中，功能失调非常明显。当差值小于0.10时，表示中介功能的损害是全面的，也就是说，不管外周线索如何，都会出现功能障碍。

案例18　28岁男性被试的认知中介变量

R	=18	L	=0.50	OBS=阴性		歪曲和无形状特征
FQx+	=0	XA%	=0.39	Ⅰ	2	DdSo99 F－(Hd) 3.5 PHR
FQxo	=3	WDA%	=0.45	Ⅱ	5	Ddo99 Mp－Hd MOR PHR
FQxu	=4	X－%	=0.56	Ⅱ	6	Dd+99 Ma.mp－2 Hd 5.5 AG PHR
FQx－	=10	S－	=3	Ⅲ	7	Do7 FC'－An MOR
FQxnone	=1			Ⅲ	8	WS+1 FC'.C－2 Ad, Art 5.5 AB, INC
(W+D	=11)	P	=1	Ⅴ	10	Wo1 F－A 1.0 MOR
WD+	=0	X+%	=0.17	Ⅵ	12	Dd+99 Ma－Hd, Sx 2.5 DV PHR
WDo	=3	Xu%	=0.22	Ⅶ	14	WS+F－Fd 4.0 MOR
WDu	=2			Ⅷ	15	Dd+99 Ma.mp.CF－(H), Na, Ay 3.0 PHR
WD－	=5			Ⅹ	17	Wv C Art PER
WDnone	=1			Ⅹ	18	D+2 Ma.C－H, Na 4.5 ALOG PHR

举例来说，在一份有24个反应的记录中，XA%为0.58，其中包含18个W和D反应，6个Dd反应；FQ的分布是：o = 10、u = 4、－ = 9、无形状 = 1。如果在这6个Dd反应中，3个是"u"、3个是"－"，那18个W和D反应中，就有10个"o"反应和1个"u"反应。这样，WDA%（11/18）是0.61，由此可合理地推断，被试的现实检验损伤是全面的，明显出现在日常行为中。相反，如果6个Dd反应中，有1个"u"反应和5个歪曲反应，那18个W和D反应的形状质量分布便是："o"反应10个，"u"反应3个。如此WDA%（13/18）就是0.72。两个变量间的差值是0.14，表示中介过程的损伤在线索不明确的情境中最为明显。进行步骤2。

案例18的阳性发现：这个测验记录有18个反应，XA%是0.39，WDA%是0.45，两个都低于期望值。两变量之间的差值只有0.06，表明损害是全面的。WDA%非常低，让人很不安，因为它表明中介活动的功能异常随时都会出现，而不论转换的线索明确与否。提示存在急性的、致残性的精神病性过程。

（三）步骤2：FQxnone

虽然对无形状反应的特殊解释性假设，是在情绪和/或概念化分数单元考虑的，但如果其出现频率很高的话，就要对源自步骤1（特别是潜在发现4、5、6或7）的假设进行某种修改。无形状反应表示在中介操作活动中，轮廓被忽略掉了，取而代之的是某种内部刺激。一般来说，轮廓是墨迹图最突出的外周特征，很少有人会在区域的转换时忽视它。如果忽视它，表示中介过程存在缺陷。大多数的无形状反应都涉及色彩的使用（纯C），但也有些涉及非彩色或阴影特征（C'、T或Y）。在这类无形状反应中有两类与强烈的情绪有关。也会出现涉及人类运动的无形状反应（MQnone），不过，这种情况很罕见，它表示思维活动没有得到很好的控制。

在大多数的测验记录中，无形状反应出现的频率是0或1，这对许多涉及中介过程比率的计算影响很小。然而，如果无形状反应出现频率较高，就会与某些中介数据的解释有关，如XA%和WDA%，特别是WDA%，因为大多数的无形状反应是给予W或D区域的。比如，如果在一份有18个反应的记录中，有14个W和D反应，其中4个是无形状反应，那么WDA%就不会超过0.79，即便剩下的10个W和D反应的形状质量都是+或普通的。

潜在发现：如果无形状反应是2个或以上，那么来自步骤1的假设就应该被修改，要指出中介活动的有效性有时会受到观念定势的影响（如果是无形状人类运动），或受到强烈情绪的影响（如果给出的是其他类型的无形状反应）。如果有歪曲反应（–）则进行步骤3，如果没有就进行步骤4。

案例17的阳性发现：这个记录有20个反应，包含2个纯C反应，且都是针对墨迹图的D区域。尽管WDA%是0.83，但这个发现提示，在强烈的情绪不能很好地得到调节时，即便与中介有关的线索明显，她的中介操作也会发生问题。

（四）步骤3：X–%、FQx–、FQxS–和FQ–的Dd反应

XA%和WDA%表示反应的恰当程度，本步骤考察的变量和其两个次级部分（3a和3b）聚焦于那些不恰当的、歪曲的反应。歪曲反应表示墨迹图特征的转换与其外周特征是不一致的，在几乎每一份记录中都有这种情况发生。许多歪曲反应发生在Dd和/或S区域，通常，与W或D区域的歪曲反应相比，这算两害相权取其轻。

歪曲反应由许多因素造成。有些源自错误的加工过程，不过在大多数情况下，加工过程是没问题的，刺激特征的错误识别是由情绪因素、观念定势和/或偏见（preoccupations）造成的。不论原因如何，歪曲反应表示某种个人方面的因素，导致了对刺激区域的忽略，并使个人内部的东西投射到反应上，以取代刺激区域。歪曲反应代表了一种对现实的忽视或歪曲。歪曲反应常常在部位、决定因子或内容上有某种同质性，反过来就可以为理解中介功能失调的来源提供帮助。

很明显，如果歪曲反应出现的频率很高，通常表示有严重的认知功能失调，这种失调

可能与严重的心理或神经异常有关。在这一考察步骤中，首先研究记录中歪曲反应的比例（X－%），然后再到歪曲反应的实际数目（FQx－），形状质量为"－"的S反应的数目，以及歪曲反应的部位分布。这一步骤的第一部分（3a）是对歪曲反应的序列、决定因子或内容的同质性进行搜寻，第二部分（3b）是对歪曲反应反映出的功能失调的严重程度做出评估。

潜在发现1：理想的X－%应小于0.15，歪曲反应为1～3个。如果是这样的话，可推断中介功能失调发生的概率并不比大多数人的多。应该对S－反应出现的频率进行考察，以确定抗拒或愤怒情绪是否明显对此偶然事件有影响。进行步骤3a。

案例16　31岁男性被试的认知中介变量

R	=24	L	=0.50	OBS＝阳性	歪曲和无形状特征
FQx＋	=5	XA%	=0.92		Ⅶ　15　Wo FC'－ Xy 2.5 PER
FQxo	=13	WDA%	=0.95		X　22　Ddo34 FY－ An MOR
FQxu	= 4	X－%	=0.08		
FQx－	= 2	S－	=0		
FQxnone	= 0				
（W＋D	=19）	P	= 8		
WD＋	= 5	X＋%	=0.75		
WDo	=11	Xu%	=0.17		
WDu	= 2				
WD－	= 1				
WDnone	= 0				

案例16的阳性发现：这个记录只包含2个形状质量为"－"的反应，一个是W反应，另一个是Dd反应。二者都不包含空白区域。X－%是0.08，表示没有理由对其中介过程的有效性提出质疑。当然，两个形状质量为"－"的反应将在步骤3a和3b中进行考察，以确定功能异常的原因和程度。

案例17　19岁女性被试的认知中介变量

R	=20	L	=1.22	OBS＝阴性	歪曲和无形状特征
FQx＋	=0	XA%	=0.75		Ⅲ　6　Do7 F－ An MOR
FQxo	=11	WDA%	=0.83		Ⅷ　15　Dv2 C Hd，An PHR
FQxu	= 4	X－%	=0.15		Ⅸ　17　DdSv29 F－ Ad
FQx－	= 3	S－	=2		X　19　Dv9 C Bl
FQxnone	= 2				X　20　DdSo22 CF－ Hd PHR
（W＋D	=18）	P	= 4		

（续上表）

WD +	= 0	X + %	= 0.55
WDo	= 11	Xu%	= 0.20
WDu	= 4		
WD −	= 1		
WDnone	= 2		

潜在发现 2：如果 X − % 在 0.15 和 0.20 之间，就值得注意，这表明中介过程有中等程度的损害。R 和歪曲反应的频率对理解这个问题非常重要。在一份平均长度的测验记录中，如有 3 或 4 个歪曲反应，则 X − % 一般会在 0.15 和 0.20 之间，功能障碍的原因通常也会随着对反应同质性问题的考察而清晰起来。另一方面，如果在一份长度较短的测验记录中出现 3 个歪曲反应，那就比较令人担心了，因为这表示即便你小心谨慎地完成了测验，中介的功能失调还是出现了。在大多数简短的测验记录中，Dd 和 S 反应是不出现的。这样，歪曲反应可能会出现在 W 或 D 区域。当这种情况出现在一份有 14 ~ 16 个反应的记录中，且其 X − % 为 0.15 ~ 0.20 时，解释者对其功能失调就不能不警惕。实际上，它可能比 X − % 所反映的问题更加严重。相反，如果 S − 的频率等于或接近 FQx −，则功能失调可能直接与被试的情绪特征有关。进行步骤 3a。

案例 17 的阳性发现：被试有 20 个反应，X − % 是 0.15，有 3 个形状质量为“ − ”的反应。这表明中介加工的损害只是偶然出现。在 3 个形状质量为“ − ”的反应中，有两个是 DdS 反应，提示功能不良最可能是由负面情绪导致的。这个发现与步骤 2 中有关两个纯 C 反应的假设是相呼应的。她的中介活动通常能做出恰当的识别，但其某些转换明显受到紧张和/或负性情绪的影响。

潜在发现 3：如果 X − % 在 0.21 和 0.25 之间，则表示认知中介功能失调很严重。R、歪曲反应的频率和 S − 反应的频率，对这一发现的理解非常重要。比如说，如果测验记录中的反应是 14 ~ 16 个，而其中有 3 或 4 个 W 或 D 区域的歪曲反应，则表示中介功能的失调是非常普遍和严重的。

另一种极端情况是，在一份平均长度的测验记录中，至少一半的歪曲反应是针对 Dd 区域和/或包括 S 区域。这种情况表示中介功能失调并非弥漫性的，而是与加工过程或情绪中的特殊问题有关。事实上，如果 S − 反应是歪曲反应的一半或更多时，问题就可能是由负面情绪导致的，与情绪有关的数据有助于此问题的澄清。不管功能失调是否普遍，损害的程度不能轻视，存在的中介问题应当被重视。

案例 18 28 岁男性被试的认知中介变量

R	=18	L	=0.50	OBS=阴性		歪曲和无形状特征
FQx+	=0	XA%	=0.39	Ⅰ	2	DdSo99 F－(Hd) 3.5 PHR
FQxo	=3	WDA%	=0.45	Ⅱ	5	Ddo99 Mp－Hd MOR PHR
FQxu	=4	X－%	=0.56	Ⅱ	6	Dd+99 Ma. mp－2 Hd 5.5 AG PHR
FQx－	=10	S－	=3	Ⅲ	7	Do7 FC'－An MOR
FQxnone	=1			Ⅲ	8	WS+1 FC'. C－2 Ad, Art 5.5 AB, INC
(W+D	=11)	P	=1	Ⅴ	10	Wo1 F－A 1.0 MOR
WD+	=0	X+%	=0.17	Ⅵ	12	Dd+99 Ma－Hd, Sx 2.5 DV PHR
WDo	=3	Xu%	=0.22	Ⅶ	14	WS+ F－Fd 4.0 MOR
WDu	=2			Ⅷ	15	Dd+99 Ma. mp. CF－(H), Na, Ay 3.0 PHR
WD－	=5			Ⅹ	17	Wv C Art PER
WDnone	=1			Ⅹ	18	D+2 Ma. C－H, Na 4.5 ALOG PHR

潜在发现4：当X－%大于0.25，特别是等于或大于0.30时，则表示被试存在严重的中介功能损害。每4个反应中，就有1个或以上是歪曲反应。有可能在歪曲反应中发现某种同质性。然而，功能失调的范围非常广泛。如果这个发现是阳性的，则表示被试存在严重的能力缺陷，因为恰当的现实检验所必需的基本要素受到严重损害。

案例 18 的发现：这个测验记录有18个反应，X－%是0.56，有10个形状质量为"－"的反应，它们遍及10张图卡中的8张。10个歪曲反应中有5个是Dd反应，但这个比例还远不足将功能不良的原因归咎于输入加工过程的问题。类似的情况是，10个歪曲反应中有3个涉及空白区域，不过这对寻找原因也并非很有吸引力。一般而言，这项发现表明被试存在非常严重的现实检验能力的损害，这种损害可能是广泛和缺损性的。

潜在发现5：有时，X－%会大于0.70，在不考虑S－或Dd频数的情况下，这很可能表示被试在夸大症状或在装病。如果X－%大于0.70是有效的，那就表示测验对被试来说是非常难的。实际上，有如此严重损害的人通常是不可能完成测验的。通常，根据被试近期的行为，就能很容易确定他是否存在急性精神病状态。如果病史或背景资料不能提供清晰一致的精神病状态的证据，那么被试装病的可能性就很大。进行步骤3a。

1. 步骤3a：同质性问题

通常，中介功能失调的征兆是相当特殊的。步骤3的第一部分是对S和Dd频数的探究，其反映的只是这些征兆的一个方面。当然，导致歪曲反应的原因多种多样，包括观念定势、过分关注和情绪。步骤3的第二部分所考察的范围超出了基本的发现，试图探究可能与功能失调有关的共同因素。步骤3a中的潜在发现并非是相互独立或排斥的。因此，在进行解释时，每种可能都应该考虑到。

潜在发现1：有时，所有的歪曲反应都出现在前2张或前3张图卡中。如果这种情况发生了，则表示功能失调可能是对测验情境的一种反应，也就是被试不理解任务的性质并且为此感到紧张，或者被试带着一种对抗性态度接受测验。如果是后者，歪曲反应通常会包含空白区域（S）。不管是哪种情况，功能失调都是短暂的。

因此，如果X－%代表的是测验的属性，则有可能对被试在熟悉情境中的功能失调倾向有所高估。测验情境的信息、被试对测验的准备情况和接受评估的原因，都可以为暂时性的功能失调做出澄清。被试在面对不熟悉或不情愿的情境时，同样的功能失调是否以一种习惯性模式出现？背景资料或病史可为此判断提供帮助。

案例16　31岁男性被试的认知中介变量

R	=24	L	=0.50	OBS＝阳性		歪曲和无形状特征		
FQx＋	=5	XA%	=0.92		Ⅶ	15	Wo FC'－ Xy 2.5 PER	
FQxo	=13	WDA%	=0.95		Ⅹ	22	Ddo34 FY－ An MOR	
FQxu	=4	X－%	=0.08					
FQx－	=2	S－	=0					
FQxnone	=0							
（W＋D	=19）	P	=8					
WD＋	=5	X＋%	=0.75					
WDo	=11	Xu%	=0.17					
WDu	=2							
WD－	=1							
WDnone	=0							

案例17　19岁女性被试的认知中介变量

R	=20	L	=1.22	OBS＝阴性		歪曲和无形状特征		
FQx＋	=0	XA%	=0.75		Ⅲ	6	Do7 F－ An MOR	
FQxo	=11	WDA%	=0.83		Ⅷ	15	Dv2 C Hd，An PHR	
FQxu	=4	X－%	=0.15		Ⅸ	17	DdSv29 F－ Ad	
FQx－	=3	S－	=2		Ⅹ	19	Dv9 C Bl	
FQxnone	=2				Ⅹ	20	DdSo22 CF－ Hd PHR	
（W＋D	=18）	P	=4					
WD＋	=0	X＋%	=0.55					
WDo	=11	Xu%	=0.20					
WDu	=4							
WD－	=1							
WDnone	=2							

潜在发现2：如前所述，如果有大量的歪曲反应都包含S，则功能失调可能是由与抗拒或愤怒有关的情绪问题造成的。其他情绪也会影响中介过程。如果全部或几乎所有的歪曲反应都是对彩色墨迹图做出的，差不多就可以确定，中介过程受到某种情绪的干扰。同样，如果情绪干扰（除了对抗或愤怒外）是中介功能失调的主要原因，歪曲反应的决定因子通常会表现出某种独特的同质性，即多数会包含色彩和/或非色彩以及阴影决定因子。

案例16的发现：测验记录中有两个形状质量为"－"的反应，一个是弥漫阴影反应（FY），另一个是非色彩反应（FC'），表明被试正陷入烦恼情绪的困境中。

案例17的发现：测验记录中有三个形状质量为"－"的反应，都涉及墨迹图的彩色区域。这个发现与早前的发现是一致的，即3个歪曲反应中有2个涉及空白区域，有2个是纯C反应。这样的分数组合，清楚地表明她明显受到情绪的影响，并常常导致中介加工出现问题。

案例18　28岁男性被试的认知中介变量

R	=18	L	=0.50	OBS=阴性		歪曲和无形状特征
FQx+	=0	XA%	=0.39	Ⅰ	2	DdSo99 F－（Hd）3.5 PHR
FQxo	=3	WDA%	=0.45	Ⅱ	5	Ddo99 Mp－Hd MOR PHR
FQxu	=4	X－%	=0.56	Ⅱ	6	Dd+99 Ma.mp－2 Hd 5.5 AG PHR
FQx－	=10	S－	=3	Ⅲ	7	Do7 FC'－An MOR
FQxnone	=1			Ⅲ	8	WS+1 FC'.C－2 Ad，Art 5.5 AB，INC
（W+D	=11）	P	=1	Ⅴ	10	Wo1 F－A 1.0 MOR
WD+	=0	X+%	=0.17	Ⅵ	12	Dd+99 Ma－Hd，Sx 2.5 DV PHR
WDo	=3	Xu%	=0.22	Ⅶ	14	WS+F－Fd 4.0 MOR
WDu	=2			Ⅷ	15	Dd+99 Ma.mp.CF－（H），Na，Ay 3.0 PHR
WD－	=5			Ⅹ	17	Wv C Art PER
WDnone	=1			Ⅹ	18	D+2 Ma.C－H，Na 4.5 ALOG PHR

潜在发现3：有时，歪曲反应聚集不少运动决定因子（M、FM、m），这种情况均与思维有关。如果大部分的歪曲反应都含有运动决定因子，表明存在某种奇怪的思维，由此导致对现实的歪曲。虽然思维特征将在"认知三联体"的第三个分数单元（概念化）中被仔细研究，但在此处比较一下M－反应与歪曲的FM和m反应是非常重要的。这是因为M－反映的是指向性或控制性思维。

有时，在测验记录中，因暂时或偶尔的逻辑错误，导致出现1个M－反应。但如果在一份测验记录中出现2个或更多的M－，特别是如果它们在歪曲反应中占较大比例，则表示存在一种混乱的思维，正在影响着中介过程。相反，FM－和m－所代表的是一些外围的、较少意志主导的观念活动。如果大多数歪曲反应都是FM或m反应，则表示由需求和/或压力引发的外围（非中心）的心理活动正在干扰着中介活动，这种干扰可能通过影响注意集中和侵入逻辑思维而实现。

案例 18 的发现：在全部 18 个反应中，有 10 个反应的形状质量为“-”，其中包括 5 个运动反应且都是人类运动反应（M）。这表明严重的思维问题正在影响着中介过程。歪曲反应中有 6 个包含与情绪有关的成分（S，非色彩和色彩）。整体上给出的是一种认知混乱的情形，类似在精神病状态下出现的认知混乱。

潜在发现 4：在偶然情况下，大多数或全部歪曲反应的决定因子由镜像或形状维度决定因子构成。如果此发现是阳性的，表明对认知中介的干扰可能与自我意象（self-image）的问题有关。

潜在发现 5：如果歪曲反应（FQ-）超过 3 个，且所有或几乎所有的都是纯形状反应（Pure F），此时 Lambda 就变得非常重要。如果 L 超过 0.99，表示被试是回避风格的人，歪曲反应的同质性表明回避风格已失去其有效性并被歪曲现实取代。另一方面，如果 Lambda 小于 1.0，有相同的纯形状的歪曲反应，代表一种对现实更为有意识的防御性歪曲。歪曲反应常常出现在 Dd 区域，但即使涉及 W 和 D 区域，它们依然代表着一种策略——通过对现实的强行歪曲，以回避与显而易见的现实情境的对抗。

潜在发现 6：如果歪曲反应在内容上具有同质性，表明中介的功能失调是由某种过分关注引起的。多数情况下，过分关注的性质可通过内容范畴反映出来。但在某些情况下，只有在自我知觉单元的考察中，这种过分关注才能被澄清。

案例 16 的发现：前面已注意到，他的 2 个歪曲反应包含灰—黑和阴影决定因子（FC' 和 FY），而且这两个反应的内容都涉及内脏（An 和 Xy）。这种特征强烈地表明，其不常出现的中介功能失调，是由某种对身体的关注引发的，同时也会引发负性情绪。

案例 18 的发现：在他的 10 个形状质量为“-”的反应中，有一些同质性内容。其中的 6 个有某种形式的人物内容，表明他的认知混乱可能是由对人的异常专注导致的。

潜在发现 7：如果歪曲反应（FQx-）超过 3 个，且所有或几乎所有的歪曲反应都是对图卡的第一个反应，表明被试的中介活动是懒惰或草率的。这可能是由信息加工过程的问题导致的，但也可能是由冲动性的中介过程导致的。特别是对图卡随后的反应都是恰当的，中介活动具有冲动性就愈加肯定。另一方面，如果所有或几乎所有的歪曲反应都是对图卡的最后一个反应，那么就有两种可能性：第一种可能性更为常见，当对被试反应的特征或内容进行考察时，就会发现那些反应对被试具有特别意义，可能有相当的启发性；第二种是被试因种种原因而倾向于夸大混乱的特征，尤其是当所有的歪曲反应都是最后一个时。进行步骤 3b。

2. **步骤 3b：歪曲反应的水平**

并非所有的歪曲反应对现实的歪曲程度都是相同的。绝大多数歪曲反应都包含一些与刺激区域特征相吻合的特征。部位是相当精确的，即使反应被编码为歪曲反应，它的某些构成部分也是相当容易辨认的。对图卡Ⅱ、Ⅲ和Ⅹ给出面孔反应，对图卡Ⅱ、Ⅲ和Ⅷ给出解剖反应，对图卡Ⅳ和Ⅴ给出螃蟹反应，对图卡Ⅶ给出破碎的饼干反应，这些都是歪曲反应的例子，反映中等程度的歪曲。更为严重的歪曲反应，就其多数而言，依然具有好的形状吻合，之所以被编码为歪曲反应，是因为添加了重要且很不适当的成分，从而破坏了反应。例如，对图卡Ⅲ给出的反应是："两个男人（D9）打一个女人（D7）的头"。将 D9 辨认为人物是恰当的，事实上，这就是一个常见反应（P）。但将 D7 视为人头则是明显的歪曲。

在极端情况下，歪曲反应显示出对刺激区域全然的忽视。它们的部位通常是很难确定的，即使是最通情达理的主试也很难看到反应中的物体或其重要的部分，甚至发现那简直就是不可能的。例如，对图卡Ⅰ的整体给出这样的反应："一群矿工在地球中心挖洞"。对图卡Ⅳ的中间部分给出的反应是："小妖精的脸"。对图卡Ⅹ的整体给出的反应是："一群火烈鸟在空中飞翔"。这类歪曲反应表示存在严重的中介功能障碍。它们反映出的与现实的明显分离，通常只出现在某种精神病性的活动中。因此，检查每一个歪曲反应以确定反应对刺激区域特征的歪曲程度是非常重要的。

检查反应不是要研究投射到材料上的内容。对功能失调严重程度的评估，不应受到反应编码中的任何特殊分数的影响。关注的焦点是与现实分离的严重程度。

潜在发现：如果在歪曲反应中出现严重的歪曲，那么基于步骤 3 和 3a 的假设就应修改为：有时，与中介过程有关的认知操作存在严重损害，类似于精神病状态中的情况。只要有一个歪曲程度严重的歪曲反应，就表明可能存在与期望和/或与情境要求严重背离的行为。如果出现大量的程度严重的歪曲反应，则说明中介活动常常是混乱不堪的，不可避免地导致无效和/或不恰当行为产生。进行步骤 4。

案例 16 的发现：有两个形状质量为"–"的反应：

图卡Ⅶ（W）"整体看上去像 X 光片，可能是骨盆。"（询问）"正好是那种形状，而且它是黑色的，像 X 光片。"

图卡Ⅹ（Dd34）"这个部分像颅骨。"（询问）"我是说它有那种形状，像是在阳光下，某些颜色褪色了。"

这两个反应都不存在严重歪曲。

案例 17 的发现：有 3 个形状质量为"–"的反应：

图卡Ⅲ（D7）"这个可能是胸腔。"（询问）"它让我想起胸腔，看它的形状，像是被撞坏了，因为看上去是扁的，不再是圆的了。"

图卡Ⅸ（DdS29）"这小的白的部分，看上去像某种昆虫的头。"（询问）"我喜欢那种，对我来说它就像某种昆虫，像昆虫的头，它是尖的，像某些昆虫的头。"

图卡Ⅹ（DdS22）"这像一个吸毒人的脸，黄色的眼睛，粉色的脸颊。"（询问）"所有的颜色让它看起来很古怪，像是某个人给他们涂抹上奇奇怪怪的颜色，或者他们吃了大量的药，眼睛是黄的，面颊闪烁着粉色。”

这些反应中没有一个表现出有严重的歪曲。

案例 18 的发现：这个测验记录包含 10 个形状质量为“ - ”的反应：

图卡Ⅰ（DdS99）“如果你绕着这些白色部分画个圈，它可能是杰克灯。”（询问）“哦，现在不像了，你要像这样看（画圈），就像一个南瓜，有眼睛和嘴，其他的忽略不看。”

图卡Ⅱ［Dd99（D3 的内部）］“下面的这个是一张悲伤的脸，无论如何眼睛是悲伤的。”（询问）“就在这里（描画），像是在皱眉，事实上，你知道的，是那种戏剧的面具，这是一个悲伤的，看两边下垂得多么厉害。”

图卡Ⅱ［Dd99（D2 和周围的点）］“这上面的像两个人在相互吐口水，看口水在他们之间飞来飞去。”（询问）“只是人的头，没有身体，这里和这里。看鼻子和嘴巴，看，这里是口水，在他们之间。”

图卡Ⅲ（D7）“这阴森恐怖的像肺，或像癌症什么东西。”（询问）“就是这里，真的像是生病的，如果你抽太多烟的话，你的肺就会变得像那样黑，像是癌症或其他什么肺病。看，一个在这，一个在这，这个像组织之间的连接。”

图卡Ⅲ（WS）“这样看，它看上去完全像黑寡妇蜘蛛，因为这是它肚子上的沙漏，这里是手臂和头，不是真的东西，而像它的抽象的艺术画。”（询问）“不是整个，只是头和身体的部分，还有手臂和沙漏，这外面的两个红色的斑点，这里，代表它在幼崽出生后杀死了它的配偶。其余的是白色的，真的情况应该是黑的，那就是为什么它看上去像艺术家画的抽象的东西。”

图卡Ⅴ（W）“像是撕开的什么东西，某种动物，可能是兔子。”（询问）“两边是相同的，中间的被砍掉了。这些可能是腿和爪子，这上面的是耳朵，正像被什么东西或被切肉机切成两半。”

图卡Ⅵ（Dd99）“这一定是，每个人都会说像性交，但我不认为，它不完全像，可能有点像，我只是不认为……不完全像。”（询问）“哦，耶，我不知道这个，这里有阴道（用手勾勒 D12 区域），还有这里是阴茎（D12），我猜像是在性交。”

图卡Ⅶ（WS）“像是碎了的小甜饼，那种中间有个孔的小甜饼，像是白色的雏菊样的，非常好，掺了牛奶。”（询问）“对，如果你将这些碎块拼合在一起，就成了圆的，中间有个孔，可能是什么人掰了一块，啊，阳光奶油甜饼，这是留下的孔和碎块。”

图卡Ⅷ［Dd99（倒转的 D2 + D5 的中间 + D3 的两边）］“这样看，一个人正在拉另一个人，可能是上帝在拉他的儿子，把他拉回天堂，周围是五颜六色的阳光在四处照射。”（询问）“只有一个儿子，上帝只有一个儿子，看这里，手臂伸出，阳光在他的头上。上面这里，看，这是四射的阳光，这里是上帝（用手勾画 D2 的部分），看，这是手臂，下面这里是儿子，他的腿是分开的，好像被往上拉（勾画），你必须使用一些想象，你明白吗?”

图卡Ⅹ（D2 和 D6）“我看到一个姑娘正在水池上跳直体后空翻，像是跳水比赛，因为那就是她们做直体后空翻的时候。”（询问）“这真的很蠢，你知道，好，最后一张，是吧？这里是她或他，男女都可以，但，但她一定是女的，女孩在做直体后空翻，她们背部的形态优美很适合做这个，看，就在这里，是伸出的手臂，身体向后翻（勾画），也不能很好地看到脸，这下面蓝色的是水，水是蓝色的，你明白。”

第二个和第九个反应的形状质量是“-”，前者将图卡Ⅱ的D3区域的内部视为一张脸，后者在图卡Ⅷ看到“上帝”。这些都是不可能看到的，是极端歪曲的。对图卡Ⅵ中间部位的性反应和对图卡Ⅹ的“跳水”反应也是很难看出来的，表示有非常严重的歪曲。歪曲反应的这种组合，正好为步骤3的假设提供了充分证据，即存在严重的损伤，可能处于精神病状态，如此才导致明显的现实检验能力损坏及非常无效或不恰当的行为。

（五）步骤4：常见反应

常见反应（P）指那些使用墨迹图最明显外周特征的反应。它出现的频率可提供这样的信息：在那种与期望或可接受行为有关的线索很容易辨别的情境下，个人给出普通或常规反应的可能性。从逻辑上说，可假定每个接受测验的人，在面对大多数或全部墨迹图时，都会采用这种比较容易的方式来反应。不过这种情况很少发生，可能是因为每张墨迹图的关键性外周特征差异很大。多数人会给出6、7或8个常见反应。很少有人给出9个，出现10个或更多则极为罕见，即便在一个较长的测验记录中也是如此。

潜在发现1：如果R为17～28，成年人和青少年的常见反应一般为5～7个，12岁以下儿童为4～7个。如果R少于17个，不论年龄如何，常见反应均为4～6个。如果R反应多于28个，不论年龄如何，常见反应均为6～9个。如果常见反应在预期范围内，说明在反应的线索明显时，被试可能会给出所期望或可接受的反应。即使在加工过程中存在某种问题，在简单和/或有明确界定的情境中，出现非常见反应的可能性也是非常小的。进行步骤5。

潜在发现2：如果常见反应的数量超过预期水平，可能提示被试对通俗性或正确性有强烈的关注。这类人可能对与社会期望或认可行为有关的线索特别关注。对具有强迫风格的人来说，这种情况并非少见，如果强迫风格不存在，所反映的也是一种非常明显的完美主义倾向。这不应该被视为一种缺陷，但却可能存在一个问题，即是否对社会认可过分关注。这一发现应在步骤6有关XA%和X+%的考察框架中做进一步的评估。进行步骤5。

案例16 31岁男性被试的认知中介变量

					歪曲和无形状特征		
R	=24	L	=0.50	OBS=阳性			
FQx+	=5	XA%	=0.92		Ⅶ	15	Wo FC'- Xy 2.5 PER
FQxo	=13	WDA%	=0.95		Ⅹ	22	Ddo34 FY- An MOR
FQxu	=4	X-%	=0.08				
FQx-	=2	S-	=0				

（续上表）

FQxnone	= 0		
（W + D	= 19）	P	= 8
WD +	= 5	X + %	= 0.75
WDo	= 11	Xu%	= 0.17
WDu	= 2		
WD −	= 1		
WDnone	= 0		

案例 16 的发现：有 8 个常见反应（P），比预期的稍多。但也不足为奇，因为他具有强迫特征。具有强迫特征的人，如果不是处于混乱状态，通常给出的常见反应比平均值要高，因为他们对正确性很关注。考虑到这些情况，这个发现仅表示此人通常会以可接受的或恰当的行为行事，如果这类行为的线索明显的话。当然，还存在另一个问题，即他对正确性的执著是否牺牲了他的个性。

潜在发现 3：如果常见反应数低于平均水平，表示给出反应的通俗性更少，个性化更多，哪怕在简单和/或明确界定的环境中也是如此。这也未必是缺陷，不过需要指出的是，被试是否有一种对社会规矩或习俗漠视的倾向。这个问题将在步骤 6 做进一步探究。进行步骤 5。

案例 17　19 岁女性被试的认知中介变量

					歪曲和无形状特征		
R	= 20	L	= 1.22	OBS = 阴性	歪曲和无形状特征		
FQx +	= 0	XA%	= 0.75		Ⅲ	6	Do7 F − An MOR
FQxo	= 11	WDA%	= 0.83		Ⅷ	15	Dv2 C Hd，An PHR
FQxu	= 4	X − %	= 0.15		Ⅸ	17	DdSv29 F − Ad
FQx −	= 3	S −	= 2		Ⅹ	19	Dv9 C Bl
FQxnone	= 2				Ⅹ	20	DdSo22 CF − Hd PHR
（W + D	= 18）	P	= 4				
WD +	= 0	X + %	= 0.55				
WDo	= 11	Xu%	= 0.20				
WDu	= 4						
WD −	= 1						
WDnone	= 2						

案例18　28岁男性被试的认知中介变量

R	=18	L	=0.50	OBS=阴性			歪曲和无形状特征
FQx+	=0	XA%	=0.39		I	2	DdSo99 F－ (Hd) 3.5 PHR
FQxo	=3	WDA%	=0.45		Ⅱ	5	Ddo99 Mp－ Hd MOR PHR
FQxu	=4	X－%	=0.56		Ⅱ	6	Dd+99 Ma.mp－ 2 Hd 5.5 AG PHR
FQx－	=10	S－	=3		Ⅲ	7	Do7 FC'－ An MOR
FQxnone	=1				Ⅲ	8	WS+1 FC'.C－ 2 Ad, Art 5.5 AB, INC
(W+D	=11)	P	=1		V	10	Wo1 F－ A 1.0 MOR
WD+	=0	X+%	=0.17		Ⅵ	12	Dd+99 Ma－ Hd, Sx 2.5 DV PHR
WDo	=3	Xu%	=0.22		Ⅶ	14	WS+ F－ Fd 4.0 MOR
WDu	=2				Ⅷ	15	Dd+99 Ma.mp.CF－ (H), Na, Ay 3.0 PHR
WD－	=5				X	17	Wv C Art PER
WDnone	=1				X	18	D+2 Ma.C－ H, Na 4.5 ALOG PHR

案例17和18的发现：案例17总共有20个反应，其中有4个常见反应（P），比平均数稍低。她是回避风格（L=1.22），所以，预期大多数简单或明显的常见反应（P）对她应该有所吸引，但实际情况并非如此。这可能是由她草率和忽视性的输入加工过程所致，此问题在前一章提到过。不过，这也可能反映的是她对社会习俗或惯例更有意识的忽视或认同困难。这个问题应在解释的进程中仔细予以澄清。

案例18共有18个反应，其中只有1个常见反应（P）。常见反应（P）显著缺乏，表明即使恰当行为的线索非常明显，其行为也不会是常规的。常见反应（P）的频率如此之低，表明对社会习俗或常规全然不顾，或存在更严重的中介过程问题。很明显，对这个案例来说，后者即中介问题已经被确定。

（六）步骤5：FQ+

许多成年人或年龄较大的青少年，尤其是非常聪明或受过良好教育的，所给出的FQx+反应也不多（1~3个）。此编码只针对形状质量为普通（o）的被“过度精细化”的反应，因为被试在反应中对知觉对象的描述，使用了更多的形状特征，并远远超出了通常或必需的。该编码反映了一种要求精确的倾向，如果以低频率出现，表明被试已经全身心投入到测验的任务中。可以设想，FQ+极少出现在回避风格被试的测验记录中。

潜在发现1：如果FQ+为0，则不能得出肯定的结论，但如果被试受过良好教育或确实比一般人聪明，那就要重新考察形状质量编码。因为缺乏FQ+反应，表明被试的中介过程更为散漫，更具防御性，甚至存在损伤。进行步骤6。

案例17和18的发现：这两个测验记录都没有FQ+。对于案例17而言，这并不奇怪，因为她是回避风格的人。对案例18来说，应该觉得有些意外，因为他是大学毕业生。不过我们已经知道，他的中介过程有严重损害，他可能处于精神病状态。

潜在发现2：如果FQ+在1~3之间，说明被试对刺激输入的中介调节是精确的，可能对测验的动机也是良好的。进行步骤6。

潜在发现3：如果FQ+大于3，说明被试对精确性或正确性非常偏好。这当然不应该被视为一种缺陷，但却表明被试在决策时表现得过分谨慎小心。如果此发现是阳性，且又有强迫风格，则表明中介过程具有完美主义倾向。进行步骤6。

案例16的阳性发现：有5个FQ+反应，占其全部反应（24个）的1/5。这个比例相当大，与其强迫特征是一致的，表明他在决策时，非常谨慎小心，追求万无一失。这种倾向会变得对他不利，因为对常规性或正确性如此执著将牺牲掉他的个性。这种可能性应当在解释进程中加以澄清。

（七）步骤6：X+%和Xu%

此步骤将在常规和更加个人化的中介决策框架中，对一组适当反应进行考察。X+%指测验记录中“o”反应的比例。它们是测验记录中最常出现的反应，被用来构成《形状质量表》。这类反应必须是使用墨迹图区域中非常明显的外周特征，而这些外周特征相当具有影响力，不仅吸引注意力，而且将转换的范围限定在与区域特征相吻合的范围内。当从某一墨迹图区域可能的一系列反应中，选出的是形状质量为普通的反应，表明其中介决策具有大众化或常规化的特征。

Xu%代表记录中形状质量为“u”的反应的比例。它们是非常重要的，因为尽管它们与墨迹图的特征是相吻合的，但出现的频率却不高。几乎每份测验记录都有形状质量为u的反应，但对它们的解释则有挑战性。很明显，它们比较个人化，较少常规化。许多可能包括投射成分，但这在考察中介过程中不是问题。问题是这些反应在测验记录中出现的频率，是否反映一种忽视常规或惯例的倾向。

某些“u”反应是某个“o”反应的变异体，是用一种不同寻常的方式描述的。有时，它们只是代表被试更为谨慎，或更具防御性。如图卡Ⅱ的D3区域，如果被描述为“蝴蝶”，则编码为“o”；如果被描述为“有翅膀的昆虫”，则编码为“u”。这就会引起争论，因为蝴蝶是带翅膀的昆虫。以此推论，这两者都应编码为“o”。不过，这样做就忽略了一个事实，那就是“昆虫”的转换是非常规或非典型的。这似乎不合逻辑，但事实并非如此。要记住o反应的定义，它是以出现频率界定的，即在9 500份测验记录中，至少要出现190次。事实上，“蝴蝶”这个反应出现在963份记录中，而“带翅膀的昆虫”的反应只出现在37份记录中。这并非是不恰当的反应，它只是以一种更为一般化、更为谨慎小心或防御的方式，对外周特征进行转换，而非以常见的方式进行转换。

大多数的“u”反应不能简单地概括为“o”反应的谨慎或防御性的变异体。相反，有许多是更具原创性或独创性的。例如，对图卡Ⅳ的整体给出“u”反应“稻草人”（D1为柱或杆），这个反应与常见反应（P）人或人形样的东西一样容易看出，甚至比其他对整体（W）的“o”反应，如“杆子上的靴子”、“徽章”、“地形图”更容易看出。然而，它在9 500份测验记录中，只出现43次。毫无疑问，这是个比较有创造性的反应。它可能具有特殊的自我意象意义，但在这里不是我们关注的对象。重要的是，这个意象是以一种恰当却少见的方式转换的。

通常，在一个记录中，有一半甚至至3/4的反应被编码为“o”，但有“u”反应出现也是正常的，尤其是当R反应超过17个时。“u”反应出现的比率变化很大，但总是比歪曲反应出现的频率高。Xu%一般为0.15～0.25，当超过0.25时，就要考虑是否存在过度个人化和/或故意忽视惯常或社会期望的行为倾向。

案例16 31岁男性被试的认知中介变量

R	=24	L	=0.50	OBS＝阳性	歪曲和无形状特征			
FQx +	=5	XA%	=0.92		Ⅶ	15	Wo FC’ - Xy 2.5 PER	
FQxo	=13	WDA%	=0.95		X	22	Ddo34 FY - An MOR	
FQxu	= 4	X - %	=0.08					
FQx -	= 2	S -	=0					
FQxnone	= 0							
（W + D	=19）	P	= 8					
WD +	= 5	X + %	=0.75					
WDo	=11	Xu%	=0.17					
WDu	= 2							
WD -	= 1							
WDnone	= 0							

潜在发现1：如果X+%在0.70和0.85之间，Xu%在0.10和0.20之间，表明被试倾向于根据社会要求或期望行事。如果Xu%低于0.10，表示某种中介功能失调偶尔会干扰这种倾向。

案例16的阳性发现：X+%是0.75，Xu%是0.17。考虑到他有许多XA%和超过平均值的常见反应，此发现并不是非预期的。由此可见，此人具有一种务必使其行为符合惯例或被接受的倾向。

潜在发现2：当X+%超过0.85，不管Xu%是多少，都表示被试非常遵守常规。当然，这并非就是一种缺陷，可能表示被试对社会的认可很在意，结果牺牲了自己的个性。X+%升高也可能表示存在一种明显的强迫和/或完美主义倾向。

案例 17　19 岁女性被试的认知中介变量

R	=20	L	=1.22	OBS = 阴性	歪曲和无形状特征			
FQx +	=0	XA%	=0.75		Ⅲ	6	Do7 F − An MOR	
FQxo	=11	WDA%	=0.83		Ⅷ	15	Dv2 C Hd，An PHR	
FQxu	= 4	X − %	=0.15		Ⅸ	17	DdSv29 F − Ad	
FQx −	= 3	S −	=2		Ⅹ	19	Dv9 C Bl	
FQxnone	= 2				Ⅹ	20	DdSo22 CF − Hd PHR	
(W + D	=18)	P	= 4					
WD +	= 0	X + %	=0.55					
WDo	=11	Xu%	=0.20					
WDu	= 4							
WD −	= 1							
WDnone	= 2							

潜在发现 3：如果 X + % 在 0.55 和 0.69 之间，Xu% 等于或大于 0.20 时，表明被试在中介决策中比大多数人更倾向于忽略社会要求和期望。有时，这可能是由与环境和/或价值系统冲突导致的，因为它们与社会通常认可的很不同。

无论原因如何，该发现都表明被试的行为更少常规化或更加个人化，但这并不意味着这些行为是不可接受的或反社会的。它只是反映了对个人化的重视超过了大多数的人。对回避风格（L > 0.99）来说，如果这个发现是阳性的，则表明被试存在社会疏远或社会防御。也就是说，他们倾向于把回避常规或惯例，作为与知觉到的具有威胁、苛求和非给予性的环境保持距离的一种方式。

案例 17 的发现：X + % 是 0.55，Xu% 是 0.20，与大多数相比，她的行为更少常规化迴避风格的存在表明她的非常规化行业倾向可能与社交疏离或社交防御有关，这个假设与她的背景资料是一致的。

案例 18　28 岁男性被试的认知中介变量

R	=18	L	=0.50	OBS = 阴性	歪曲和无形状特征		
FQx +	= 0	XA%	=0.39		Ⅰ	2	DdSo99 F − (Hd) 3.5 PHR
FQxo	= 3	WDA%	=0.45		Ⅱ	5	Ddo99 Mp − Hd MOR PHR
FQxu	= 4	X − %	=0.56		Ⅱ	6	Dd + 99 Ma. mp − 2 Hd 5.5 AG PHR
FQx −	=10	S −	=3		Ⅲ	7	Do7 FC' − An MOR
FQxnone	= 1				Ⅲ	8	WS + 1 FC'. C − 2 Ad，Art 5.5 AB，INC
(W + D	=11)	P	= 1		Ⅴ	10	Wo1 F − A 1.0 MOR
WD +	= 0	X + %	=0.17		Ⅵ	12	Dd + 99 Ma − Hd，Sx 2.5 DV PHR

（续上表）

WDo	= 3	Xu%	= 0.22	Ⅶ	14	WS + F - Fd 4.0 MOR
WDu	= 2			Ⅷ	15	Dd +99 Ma. mp. CF - (H), Na, Ay 3.0 PHR
WD -	= 5			X	17	Wv C Art PER
WDnone	= 1			X	18	D + 2 Ma. C - H, Na 4.5 ALOG PHR

潜在发现4：当X + %小于0.55时，X - %就成为解释的重要参考。如果X - %大于0.20，表明非典型或不适当的行为显著超过预期。这种非常规化的行为倾向，极有可能由中介功能失调和现实检验问题引起。解释应该强调这个方面，避免提及任何明显的个人化倾向。

另一方面，当X - %小于或等于0.20时，一般Xu%至少为0.25，通常会大于0.30 。当X - %是0.15时，Xu%可能大于或等于0.30。这两种情况都强烈表明存在许多非常规化的中介决策。它们反映的并非现实检验问题，因为它们对情境来说是恰当的，尽管是少见的。相反，它们反映的是个人受社会要求和期望的影响不大。这不一定就是一种缺陷，但却表明有许多行为的形成，忽视或回避了社会惯例。非常规化行为的有效性，很大程度上依赖于它们是怎样形成的和其发生环境对个人化的灵活性或变通性。

案例18的阳性发现：X - %是0.56，前面的考察已经指出被试存在严重的中介过程损害，如此便不可能在一个有意义的背景中解释X + %是0.17和Xu%是0.22。很显然，他的许多行为反映的是严重的对社会习俗的不理不睬，但将此归咎于追求个性化的倾向也是有疑问的。

四、认知中介的总结

现将认知中介过程的发现总结如下，以便将其与另外两个认知单元的材料进行整合。下面列出对本章三个案例的总结。

（一）案例16的总结

他（31岁的物理学副教授）对新输入信息的转换是谨慎小心的，可能还有些完美主义倾向（步骤1）。他对身体有某种担忧，对此也感到无助，这导致其偶尔出现中介功能失调（步骤3a），但总的来说，没有证据表明存在明显的损害（步骤3）。他对是否正确很看重（步骤4），决策前总是再三确认，以保证其决定是可接受的（步骤5、6）。

（二）案例17的总结

她（19岁的违反假释条例者）的中介过程在大多数情况下似乎都是适当的（步骤1），不过在受到紧张和/或负性情绪影响时，会出现紊乱（步骤2、3和3a）。她的某些中介功能失调可能是加工过程中的疏忽导致的，但她对常规的漠视也比大多数人更甚。这种倾向可能与社会疏离或社会防御有关。不管原因如何，她表现出比多数人更为突出的非常规化的行为模式（步骤4和6）。

（三）案例18的总结

他（28岁的建筑承包商）的中介过程受损严重，由此导致明显的现实检验能力缺失。这种损害的范围是相当广泛的，而且也是非常严重的（步骤1和3）。他可能有严重的思维问题，这导致他的中介操作严重受损，产生精神病性症状。他的现实检验损害非常严重，以致中介过程不能进行恰当的转换，即便是在那种适当行为线索非常明显的情境中也是如此（步骤3a、3b和4）。

五、练习

案例21

这是一位21岁的女性，自己来做评估。她主诉有抑郁、焦虑以及注意不集中等问题。她在一所规模不大的大学读书，是高年级学生，主修经济。她有个弟弟，18岁。她的父亲46岁，是一家企业的总经理。她的母亲46岁，管理着一个秘书团队。她的成长发展经历是“正常的”，没有严重损伤或疾病。她14岁加入儿童军团，从11岁到16岁参加过多次为期2~3周的夏令营。17岁完成高中学业，成绩是B，同年秋天进入大学。在大学期间，她的成绩通常是C和B。

在高中时，她与一帮同伴到处闲逛，但较少约会，在大学也类似。她说她有一帮朋友，有男有女，经常闲逛。大二时，她与一个男孩常约会，并与他有了第一次性经历。与她关系密切的那个小团体滥用药物和酒精，她说在她三年级时，使用过毒品和酒精，而且非常过分，但在昏迷和失忆3~4次后就不再使用了。她说现在偶尔喝红酒，但不再“沾毒品”。

4个月前，她得知自己怀孕了，之后就打了胎。她说她不确定谁是孩子的父亲，此事只同两个关系密切的朋友谈过。她说从那时起，她约会了几次，但“我不觉得舒服，在与一个家伙一起时还有某种焦虑”。她说在过去一个月里，她有注意集中问题，“我觉得没精力，感到有些抑郁。”她说，“我不因打胎而内疚，这是正常的事情，但也有些问题。我想问题不再直截了当了，我需要一些帮助。”她的治疗师询问她的混乱是不是一种反应性现象或是否与一种更为持续的问题有重叠。她也希望能得到有关治疗方式的建议。

案例 21 21 岁女性被试的认知中介变量

R	=28	L	=0.93	OBS = 阴性			歪曲和无形状特征
FQx +	=2	XA%	=0.86		Ⅲ	8	DdSo99 FC. FC' - (Hd), Sc 4.5
FQxo	=13	WDA%	=0.89		Ⅲ	9	Do1 F - Hd MOR, INC
FQxu	= 9	X - %	=0.11		Ⅵ	17	Dd +33 Ma - 2 H 2.5
FQx -	= 3	S -	=1		Ⅹ	27	Wv C. Y Art MOR
FQxnone	= 1						
(W + D	=18)	P	= 5				
WD +	= 2	X + %	=0.54				
WDo	=9	Xu%	=0.32				
WDu	= 5						
WD -	= 1						
WDnone	= 1						

1. 下面的哪一项陈述对步骤 1 和 2 的发现描述得最好？
   (a) 在熟悉的情境中，她的中介决策通常是恰当的，但在转换线索不明显时，就会变得不恰当。
   (b) 她的中介过程似乎在她面对紧张情境时就会出现明显的错误。
   (c) 她的中介过程通常是与环境相适应的，没有理由认为她的现实检验受到了损害。
   (d) 她的中介活动有中等程度的功能失调，且范围较广。
2. 下面的哪一项陈述最恰当地描述了步骤 3 的发现？
   (a) 她的中介过程功能失调，最常出现在被负性或愤怒情绪困扰时。
   (b) 她的中介过程损害严重，远超出了对她这样教育背景的人的预期。
   (c) 这些发现表明她很容易出现中介功能失调的问题。
   (d) 她出现中介功能失调的可能性，并不比大多数人的更大。
3. 下面的哪一项陈述对步骤 3a 的发现描述得最好？
   (a) 没有证据表明她的中介功能失调是由相同原因引起的。
   (b) 有些证据表明，她偶尔出现的中介功能失调，是由她对他人和/或她的自我意象的担忧引发的。
   (c) 似乎思维问题常常干扰她的中介活动，导致中介活动功能失调。
   (d) 很清楚，中介功能失调与某种不同寻常的对身体的关注有关。
4. 下面的哪一项陈述最恰当地描述了步骤 4 和 5 的发现？
   (a) 她对输入信息的中介操作是精确的，当有关反应的线索明显时，她可能给出所期望的或可接受的反应。
   (b) 她似乎对恪守常规或因循惯例异常关注，她的中介活动可能具有某种完美主义特征。
   (c) 在对新输入的信息进行转换时，她表现出的对常规的忽视远比大多数人的更严重。

（d）尽管她对新信息输入的中介加工很精确，但她对形成常规性反应的回避则远比大多数人的都严重。

5. 下面的哪一项陈述对步骤 6 的发现描述得最好？

（a）她有一种非常强烈的倾向，即给出可被社会接受的反应。

（b）她的中介决策，比大多数人的更无视社会的要求或期望。

（c）她的大多数中介决策，都是与社会要求或期望一致的。

（d）在中介决策过程中，她比大多数人更加具有个性化，其日常行为更可能表现出对社会常规或习俗的无视或不顾。

案例 22

这是一个 12 岁的女孩，因为在家中有问题而被转介来做评估。她常发脾气，最近还威胁父母说要自杀。给她做治疗的精神科医生将其转介给一家私立评估诊所。她的父亲 40 岁，是一位会计。她的母亲 37 岁，是一位代课教师。她有个哥哥，14 岁，刚入中学。父母说这孩子年龄越大问题越严重。她常常对哥哥实施身体攻击，最近曾扬言要自杀，要从父母房间的阳台上跳下去。

大家庭的影响也很明显。他们住的地方离外祖母家不远，外祖母在家庭决策中表现得非常活跃。被试说她不喜欢外祖母。母亲说她们的关系还好，但承认她女儿与外祖母的相处有些问题，这些问题是周期性出现的，原因是外祖母对她的限制很严格。父母说他们的女儿在过去几年中经常拒绝去学校，最近 1 年，这种拒绝到学校的行为越来越多，尽管她在学校表现得相当好。父母指出，当要强迫她去学校时，她就会对他们讲粗口，辱骂他们，常常威胁他们说要自杀。父母很担心她会对他们进行身体攻击，因为她在长大，管理她变得越来越困难。

她说学校很舒适并指出她有两门课成绩优秀（西班牙语和科学）。她说她与老师之间没什么麻烦，但承认她不喜欢日常生活并常常变得很厌烦。她在学校有几个朋友，但与同学没有社交性来往，因为她与大多数同学不住在同一个地区。她说她对男孩不感兴趣，因为他们相当幼稚。她与哥哥经常发生争执，因为他说了一些令人讨厌的话。她承认有几次“真想伤害他”。她说她的父母太固执了，从来不听她的。她也提到母亲、父亲和外祖母相互矛盾的管教方式。她觉得自己因管教规则总在变化而受到不公正的惩罚。她否认自杀的想法，但承认用自杀威胁过父母，至少有两次，当时她非常愤怒。

尽管对罗夏测验有些抵触，但她在评估时非常配合。WISC－Ⅲ 的言语智商是 119，操作智商是 120，分数散点图没有特别异常。转介者希望知道她自杀的可能性，是否需要住院，是否需要服药，行为治疗是否适合，是否需要家庭治疗，哪种是主要的，哪种是次要的。

案例 22　12 岁女孩的认知中介变量

				歪曲和无形状特征		
R =23	L =0.44	OBS = 阴性				
FQx + = 0	XA% =0.74		Ⅲ	6	Do7 FY－ Hd	
FQxo =12	WDA% =0.79		Ⅳ	8	Dd +99 FMp－ A，Id 4.0 FAB	

（续上表）

FQxu	= 5	X − %	= 0.26	Ⅷ	15	D + 1 FMa. Ma − 2 A，Hd 3.0 FAB
FQx −	= 6	S −	= 1	Ⅸ	19	Do1 FMp. FC − 2 A
FQxnone	= 0			Ⅹ	21	D + 1 Ma. FMa − 2 H，A 4.0
（W + D	= 19）	P	= 6	Ⅹ	23	DdSo99 FC − Hd
WD +	= 0	X + %	= 0.52			
WDo	= 12	Xu%	= 0.22			
WDu	= 3					
WD −	= 4					
WDnone	= 0					

1. 下面的哪一项陈述对步骤 1 和 2 的发现做了最好的描述？
   （a）她的决策（中介过程）在显而易见的环境中是适当的，但在与恰当转换有关的线索不明显时，就容易出现问题。
   （b）她付出很大努力以确保中介转换与环境相适应。
   （c）她的中介过程有中等程度的损害，部分是因为她经常歪曲现实，部分是因为紧张情绪经常干扰和破坏。
   （d）她的中介过程有中等程度的损害。即便是与转换有关的线索非常明显时，也常常被歪曲或忽视。
2. 下面的哪一项陈述对步骤 3 和 3a 的发现做了最好的描述？
   （a）步骤 1 和 2 认定其功能失调可能有些严重，而且可能与思维的问题有关。
   （b）步骤 1 和 2 认定其功能失调可能有些严重，而且可能与她的情绪处理困难有关。
   （c）步骤 1 和 2 认定其功能失调范围比较广泛，可能是由加工过程的困难所致。
   （d）步骤 1 和 2 认定其功能失调似乎主要与其对负性情绪或愤怒的控制不良有关。
3. 下面的哪一项陈述对步骤 4 和 5 的发现做了最好的描述？
   （a）她似乎对常规化有不同寻常的关注，这使她努力形成符合社会期望的反应。
   （b）如果期望或可接受反应的线索是明显的，她可能就会给出这类反应。
   （c）即使期望和可接受行为的线索是非常明显的，她也倾向于形成不太合乎常规的反应。
   （d）她努力去识别期望或可接受的行为，尝试形成非常精准的行为。
4. 下面的哪一项陈述对步骤 6 的发现做了最好的描述？
   （a）对她这个年龄的儿童来说，不典型或不适当的行为太多了，超出了预期。
   （b）她的中介活动对社会需要或期望忽略太多，超出了同龄人的水平，但她没有明显的现实检验问题。
   （c）她非常强烈地执著于常规，努力形成与社会期望一致的决策。
   （d）她似乎相当执著于给出常规反应，但这种倾向常常被强烈的社会疏离感所阻碍。

案例21和22的答案要点

案例21

1. c　XA%是0.86，WDA%是0.89，记录中只有1个无形状反应。

2. d　X－%是0.11。

3. b　在所有三个形状质量为“－”的反应中，都有某种形式的人物内容。

4. a　她给出了5个常见反应，其中有2个是FQ+。

5. d　答案b也是正确的，但答案d最适合，因为X+%只有0.54，而Xu%是0.32，明显升高。

案例22

1. d　XA%是0.74，WDA%是0.79，记录中没有无形状反应，这可解释为什么WDA%较低。

2. a　X－%是0.26，有6个形状质量为“－”的反应，其中有4个使用了D区域。6个“－”反应中的4个有运动决定因子，4个中的2个包含人类和动物运动决定因子。

3. b　记录中有6个常见反应。

4. a　尽管XA%和WDA%在0.70的中段到上段，但X－%是0.26，这非常重要，提示可能存在某种明显的现实检验问题，由此很容易导致不适当反应的出现。

第七章 概念化

概念化是“认知三联体”中的第三个分数单元。虽然“认知三联体”的三个分数单元都涉及认知活动的形式，但概念化这个分数单元可能是最复杂的。输入加工过程涉及形成图像或形象，认知中介与图像或形象的转换有关，概念化则涉及转换是如何变成概念的，或是如何被使用的。概念化是思维的形式，通过这个过程，符号和概念以某种对人有意义的方式组织起来。概念思维（conceptual thinking）是现实检验的基本成分，是心理活动的核心，所有的决策和深思熟虑的（有意识的）行为都源自于此。

尽管所有的罗夏测验反应都包含某种概念化，但它并非总能显现出来，特别是在正常的反应中。例如，当一个人观察图卡Ⅰ并说“像一只蝙蝠”时，其言语表述只涉及图像的转换。即使在询问阶段，当施测者要求被试详述所看到的东西在哪里，以及看起来为什么像时，概念性材料也不一定会出现。例如，上述被试可能会说，“这些是翅膀，这是身体”。显然，这还是对中介转换的描述。几乎可以肯定，在此反应的形成和表达过程中，某种概念化活动一定发生了，只是在言语材料中没有反映出来。

幸运的是，很多罗夏测验反应，给出的不仅仅是对转换的清晰描述。在反应阶段或询问阶段，那只蝙蝠可能会被描述为在飞行、潜水、睡觉或悬挂着，所有的这些都是概念化的。类似的，它也可能被描述为生气的、受伤的、死的等等，这同样也是概念化的。它们是概念化活动的产品。某些反应的概念化是非常明显的，例如，对图卡Ⅲ的反应：“两个人在锅里煮着什么。”再例如，对图卡Ⅴ的反应：“两个人背靠背坐着，相互靠着。”这些反应都需要大量使用思维或概念化。

一、与概念化过程有关的罗夏测验变量

这个分数单元包括14个变量（EB、Lambda、EBPer、eb、a∶p、HVI、OBS、Ma∶Mp、理智化指数、MOR、Sum6、WSum6、M－、Mnone），以及M反应的形状质量和六个关键的特殊分数。许多或大部分能显示概念化活动特征的反应，通常不足以揭示其中包含的更为细致的思维差异，但源于这些反应的综合数据一般可对某人的概念化活动做出更令人满意的描绘。

概念化有几种具体的表现形式。所有的运动反应（M、FM、m）都反映概念化特征，因为当把运动赋予某个对象时，概念化就被包括在其中。有时，运动反应中的概念化特征只是通过决定因子表现出来的，而对另一些反应来说，概念化活动更多是通过言语材料表现出来的。

例如，比较一下“一个坐在树桩上的人”和“一个旅行了很远的家伙，现在很疲惫，

瘫坐在树桩上，两脚伸出”。两个都是 Mp 反应，但第一个包含的主要是图像转换的信息，而第二个则包含丰富的概念化材料。需要指出的是，要避免将概念化和投射混淆。投射经常出现在概念化材料中，这个问题将在自我（self）和人际知觉单元中进行研究。然而，在概念化框架下解释分数时，关注的焦点是思维的特征、概念化的质量和清晰度以及概念化某个方面出现的频率和被使用的方式。

例如，上面提到的两个反应都包含概念化（一个人坐在树桩上），但第二个的概念化更为精细（“……旅行了很远、疲惫、瘫坐”）。显然，这是扩展了的概念化，它也包含了许多投射性材料，但在概念化框架的讨论中，概念化的质量才是重要的。

虽然运动反应是概念化信息的基本来源，但其他反应的特征或内容也提供了个人概念化活动的重要细节。六个关键的特殊分数（DV、DR、INCOM、FABCOM、ALOG 和 CONTAM）也能提供有关认知处置不当、概念失误和错误判断的有用信息。另外，特殊分数 MOR 通常用于观念定势的识别，而另一组变量（AB、Art 和 Ay）则与将概念化作为防御使用有关。

考察聚焦的问题

涉及概念化过程的基本问题有：①是否存在某种风格样的特征，它们可对日常生活应对和决策中有意识或指向性的思维如何使用做出描述？②是否存在外周或非中心的思维活动，其水平是否有异常？③思维是否具有某种特殊的定势，使概念化和决策的灵活性明显降低，或对其造成严重影响？④通常，概念化是不是清晰的，有无对现实检验有负面影响的怪异或错误的判断？

案例 16、17 和 18 先前是用于描述输入加工和中介过程解释的，现在用来展示概念化解释的规则。在本章的最后，将对从“认知三联体”三个分数单元中得出的结论进行综合和概括。

案例 16

被试是一位 31 岁的物理学副教授，最近刚离婚，主诉不安、难以集中注意、容易分心和有疲劳感。

案例 17

被试是女性，19 岁，因违反假释条例而来评估。转介者想知道她的抑郁严重程度、改变的动机、优点和治疗的可能性。

案例 18

被试 28 岁，男性，住院病人，有很长的药物滥用史。转介者想知道，他的精神病性症状是与精神分裂症有关，还是吸毒所致？他是否抑郁？如何最有效地应对其出院的要求？

案例 16　31 岁男性被试的概念化变量

L	=0.50	OBS	=阳性	HVI	=阴性	关键的特殊分数			
EB	=7:3.5	EBPer	=2.0	a:p	=9:7	DV	=0	DV2	=0
eb	=9:6	[FM=4	m=5]	Ma:Mp	=3:4	INC	=0	INC2	=0
Intell Indx	=2	MOR	=3	M−	=0	DR	=0	DR2	=0

（续上表）

				Mnone	=0	FAB	=1	FAB2	=0		
						ALOG	=0	CON	=0		
						Sum6	=1	WSum6	=4		

（R=24）

M 反应的特征

Ⅰ	2	W + Mp. FMa + 2（H），A，Art 4.0 GHR
Ⅲ	6	W + Ma. mp. C. FD + 2 H，Fi，Fd P 5.5 COP，MOR，GHR
Ⅳ	8	W + Mp. FDo（H），Bt P 4.0 GHR
Ⅶ	14	D + Mpo 2 H P 3.0 GHR
Ⅸ	20	D + Ma. mpo H 4.5 GHR
Ⅹ	21	D + Mao2 A 4.0 FAB，AG，PHR
Ⅹ	24	D + Mp + H，Sc 4.0 GHR

案例 17　19 岁女性被试的概念化变量

L	=1.22	OBS	=阴性	HVI	=阴性	关键的特殊分数			
EB	=2:5.5	EBPer	=2.8	a:p	=3:0	DV	=1	DV2	=0
eb	=1:4	[FM=0	m=1]	Ma:Mp	=2:0	INC	=0	INC2	=0
Intell Indx	=1	MOR	=2	M −	=0	DR	=3	DR2	=0
				Mnone	=0	FAB	=0	FAB2	=0
						ALOG	=0	CON	=0
						Sum6	=4	WSum6	=10

（R=20）

M 反应的特征

Ⅲ	5	D + Mp. FC'o 2 H，Hh P 3.0 COP，GHR
Ⅶ	13	W + Mao 2 H，Sc P 2.5 COP，GHR

案例 18　28 岁男性被试的概念化变量

L	=0.50	OBS	=阴性	HVI	=阴性	关键的特殊分数			
EB	=5:6.5	EBPer	=N/A	a:p	=6:4	DV	=2	DV2	=0
eb	=5:4	[FM=1	m=4]	Ma:Mp	=4:1	INC	=1	INC2	=0
Intell Indx	=5	MOR	=5	M −	=5	DR	=0	DR2	=1
				Mnone	=0	FAB	=0	FAB2	=0

（续上表）

			ALOG	=1	CON	=0
			Sum6	=5	WSum6	=15
				(R=18)		

M 反应的特征

Ⅱ	5	Ddo Mp－ Hd MOR，PHR
Ⅱ	6	Dd＋ Ma. mp－ 2 Hd 5. 5 AG，PHR
Ⅵ	12	Dd＋ Ma－ Hd，Sx 2. 5 DV，PHR
Ⅷ	15	Dd＋ Ma. mp. CF－ （H），Na，Ay 3. 0 PHR
Ⅹ	18	D＋ Ma. C－ H，Na 4. 5 ALOG，PHR

二、解释程序

解释程序由 11 个步骤组成，包括对 M 反应形状质量的考察，以及对包含 6 个关键特殊分数的反应进行考察。M 反应提供了了解概念化质量的信息。对特殊分数和与 R 有关的特殊分数、加权分数的研究，可清楚地发现概念化和/或判断的错误。

解释程序的前 7 个步骤，涉及日常生活中有意识或指向性思维是如何使用的，以及是否存在异常的特征或定势限制了概念化活动的有效性。其他步骤主要集中于对思维清晰度的评估。

（一）步骤 1：EB、Lambda

EB 和 Lambda 在第四章的情绪单元中已经讨论过。那里的讨论与概念化的研究也是有关的，不过，在概念化框架下对其再次进行更为直接的考察是非常必要的。在第四章中提到，当 EA 等于或小于 10，EB 的一边比另一边多 2 个点或以上时，或当 EA 大于 10，EB 的一边比另一边多 2 个点以上时，即表示存在内向风格或外向风格。EB 左边大于右边，表示内向风格；右边大于左边，表示外向风格。如果不符合内外向风格标准，则划分为中间型。同样，对第四章例外情况进行回顾，也是非常重要的。在研究概念化时，它们是特别有意义的。

第一个例外是测验记录中的 EA 小于 4。通常，在这类测验记录中，EB 的左边或右边是 0，例如 0∶2. 0、0∶3. 5、2∶0、3∶0 等。当然，有时 EB 两边的值都较低，如 2∶1、1∶2. 5、3∶0. 5 等。不论哪种情况，EB 的值都太低，不能保证对应对风格区分的有效性。所以，此时不能用 EB 来区分内向、中间型或外向风格。通常，施测者会指出这些测验记录中存在回避风格。

第二个例外与思维有更直接的关系。EB 左边等于 0，右边大于 3. 5，如 0∶4. 0、0∶6. 5 等。这种情况似乎表示外向风格，但却可能是错误的，因为此时被试可能正受情绪袭扰或被情绪所淹没。这样的话，此时任何有关应对风格的假设都应放弃，而应以此 EB 发现为基础，得出这样的结论，即强烈的情绪正在干扰被试的思维，特别是对集中注意的能力造成损害。这种强烈的情绪具有巨大的破坏性，通常会导致出现冲动性思维和/或行为。一般而言，这类情绪对思维的侵扰是暂时的，在此期间个人无法有效地与强大的情绪相抗衡。

如果上面提到的例外都是阴性的，则可从EB和Lambda中得出若干种可能的解释假设。如第四章提到的，综合这两个变量，可识别出六种不同的应对或决策风格：①内向风格；②外向风格；③中间型；④回避—内向风格；⑤回避—外向风格；⑥回避—中间型风格。概念化在各种心理活动中扮演着持续重要的角色，但对这些活动的一般影响和/或支配作用则因风格倾向的不同而不同，有时甚至相当明显。在这些倾向或风格中，概念化的影响并非固定或不变的，而且在六种风格中至少有四种在权衡和/或使用思维时，具有明显的相对独特的倾向。

潜在发现1：当EB显示被试为内向风格，且Lambda小于1.0时，则可将被试确定为具有"思维型"倾向的人。具有这种倾向的人，过多依赖概念思维。他们倾向于对事物进行彻底的思考，倾向于延迟行为，直到对各种选择都考虑后才采取行动。他们更相信内部评估而非外部反馈，更多回避情绪的影响。在决策时，他们是小心谨慎的，努力追求清晰的逻辑，不喜欢尝试—错误方式。如果思维是有逻辑、清晰和连贯的，如果在明显有利于直觉或尝试—错误方式的情境中被试能足够灵活地采用这些策略，那这种基本的应对风格便能相当有效地应对日常生活的要求。进入步骤2。

案例16 31岁男性被试的概念化变量

						关键的特殊分数			
L	=0.50	OBS	=阳性	HVI	=阴性				
EB	=7:3.5	EBPer	=2.0	a:p	=9:7	DV	=0	DV2	=0
eb	=9:6	[FM=4	m=5]	Ma:Mp	=3:4	INC	=0	INC2	=0
Intell Indx	=2	MOR	=3	M−	=0	DR	=0	DR2	=0
				Mnone	=0	FAB	=1	FAB2	=0
						ALOG	=0	CON	=0
						Sum6	=1	WSum6	=4
							(R=24)		

M反应的特征

Ⅰ	2	W+ Mp. FMa+ 2 (H), A, Art 4.0 GHR
Ⅲ	6	W+ Ma. mp. C. FD+ 2 H, Fi, Fd P 5.5 COP, MOR, GHR
Ⅳ	8	W+ Mp. FDo (H), Bt P 4.0 GHR
Ⅶ	14	D+ Mpo 2 H P 3.0 GHR
Ⅸ	20	D+ Ma. mpo H 4.5 GHR
Ⅹ	21	D+ Mao2 A 4.0 FAB, AG, PHR
Ⅹ	24	D+ Mp+ H, Sc 4.0 GHR

案例16的发现：EB是7:3.5，Lambda是0.50，显示被试具有内向风格或思维型倾向。他喜欢在决策时把自己的情绪置于脑后，倾向延迟行动，直至对各种可能性都彻底考

虑后才采取行动。

潜在发现2：如果 EB 显示被试是内向风格，Lambda 大于 0.99，则提示被试是回避—内向风格。回避—内向风格的人是思维导向的，但非常不同于“纯”内向风格者。虽然他们也是在衡量所有不同选择后才采取行动，但优势的回避风格常常使加工不够彻底、概念化活动更为简单。一般来说，在解决问题和/或决策时，他们倾向于将情绪维持在一种无关紧要的程度。但是，当面临复杂或模棱两可的情况时，他们的思维很容易受情绪的侵扰。他们一般更喜欢不复杂的逻辑系统，而且只要有可能便回避尝试—错误式探索。假如概念思维是相当清晰和连贯的，所面临的情境是熟悉和非模糊的，那这种应对方式便可以是相当有效的。进入步骤 2。

潜在发现3：如果 EB 显示被试是外向风格，Lambda 小于 1.0，则可假设被试在解决问题或决策时倾向于将情绪融于思维中。在形成概念和做出判断时，内向风格通常更多依赖于“深思熟虑”，而外向风格则更多依赖于感觉。这并不意味着外向风格的思维比内向风格的更缺少一致性或逻辑性，而只表示情绪对概念化的影响常常导致更为复杂的思维模式。外向风格者更倾向于接受非精确或模糊的逻辑系统。他们依赖外部的反馈以确保正确，他们的判断通常是以尝试—错误行为的结果为依据。如果思维是相对清晰和连贯的，如果思维不被情绪过多侵扰或不被强烈的感觉所左右，那这种更为直觉的风格在日常生活中将是非常有效的。进入步骤 2。

案例 17　19 岁女性被试的概念化变量

L	=1.22	OBS	=阴性	HVI	=阴性	关键的特殊分数			
EB	=2:5.5	EBPer	=2.8	a:p	=3:0	DV	=1	DV2	=0
eb	=1:4	[FM=0	m=1]	Ma:Mp	=2:0	INC	=0	INC2	=0
Intell Indx	=1	MOR	=2	M−	=0	DR	=3	DR2	=0
				Mnone	=0	FAB	=0	FAB2	=0
						ALOG	=0	CON	=0
						Sum6	=4	WSum6	=10
							(R=20)		

M 反应的特征

Ⅲ	5	D+ Mp. FC'o 2 H，Hh P 3.0 COP，GHR
Ⅶ	13	W+ Mao 2 H，Sc P 2.5 COP，GHR

潜在发现4：如果 EB 显示被试是外向风格，Lambda 大于 0.99，则表明被试具有回避—外向风格。像“纯”外向风格一样，回避—外向风格的人倾向于使用情绪和被情绪影响。在面对抉择时，他们非常依赖外部的反馈，常常陷于尝试—错误的行为中。然而，优势的回避风格将使他们不能充分辨别情绪经验的特征更加突出，他们的情绪常常对思维造成过度影响。当他们疏于对自己的情绪进行调节时，便容易产生冲动性思维。这常导致错

误或过于简单化的逻辑，由此导致低效的甚至与情况不相符的决策和/或行为。在那种可预测和不复杂的环境中，在那种接受或重视情绪经验开放的环境中，回避—外向风格的人通常都能非常成功地发挥他们的功能。进入步骤2。

案例17的发现：她的EB为2:5.5，Lambda是1.22，具有回避—外向风格。她的情绪通常在思维中扮演重要的角色，在决策时倾向使用尝试—错误模式。她倾向于回避复杂或模糊的情况，正因为如此，她不能准确地分辨自己的情绪。这样的话，她的情绪就能很容易地影响她的思维，反过来又导致非常简单化或有逻辑错误的思维。

潜在发现5：如果EB既不表示外向，也不表示内向，Lambda小于1.0，则表示被试是中间型的人。具有中间型风格的人，其概念化活动是很不一致的。有时，他们的思维模式与内向风格的类似，即思考问题具有远离情绪影响和延迟的倾向。有时，他们的思维更具直觉性，易受情绪影响，更像外向风格。概念化思维的形成和使用缺乏一致性，势必导致有效性的降低。

中间型的人更容易出现判断错误，更可能推翻之前的判断。他们似乎在问题—解决错误中的受益比其他人少，因此，常常需要更多的时间去寻找有效的解决办法。中间型的人不具有那种自动调整以适应问题的倾向，思维的不一致性降低了心理的有效性，很容易就成为一种缺陷，因为在应对日常生活要求时需投入更多的时间和努力。进入步骤3。

案例18　28岁男性被试的概念化变量

						关键的特殊分数			
L	=0.50	OBS	=阴性	HVI	=阴性				
EB	=5:6.5	EBPer	=N/A	a:p	=6:4	DV	=2	DV2	=0
eb	=5:4	[FM=1	m=4]	Ma:Mp	=4:1	INC	=1	INC2	=0
Intell Indx	=5	MOR	=5	M−	=5	DR	=0	DR2	=1
				Mnone	=0	FAB	=0	FAB2	=0
						ALOG	=1	CON	=0
						Sum6	=5	WSum6	=15
							(R=18)		

M反应的特征

Ⅱ	5	Ddo Mp− Hd MOR，PHR
Ⅱ	6	Dd+ Ma. mp− 2 Hd 5.5 AG，PHR
Ⅵ	12	Dd+ Ma− Hd，Sx 2.5 DV，PHR
Ⅷ	15	Dd+ Ma. mp. CF−（H），Na，Ay 3.0 PHR
Ⅹ	18	D+ Ma. C− H，Na 4.5 ALOG，PHR

案例18的发现：他的EB为5:6.5，Lambda是0.50，是中间型，在形成和使用概念时倾向于多变。有时，他会把情绪置之不理，尝试逻辑性地解决问题。有时，他的情绪对

其判断和决策影响很大。哪一种方式都不是很有效，因为他并非前后一致地使用其中的一种，结果，他不得不付出更多努力以应付日常生活的要求。

潜在发现6：如果EB显示被试是中间型，Lambda又大于0.99，那便属于回避—中间型。在考察EB和Lambda时，此发现是六种可能发现中最令人沮丧的。它代表的是一种毫无益处的心理混乱，缺乏有效性的中间型又被回避风格所主导。回避复杂事物的倾向与概念思维中的不一致性相叠加，最终的结果一定是更加无效率，因为概念化的可能性被明显减少。回避—中间型的人容易产生不成熟的想法，容易出现情绪调节不当。这种特征在年幼儿童中较为常见，社会对此一般能宽容，但如果出现在成年人身上，便是难以容忍的。正因为如此，回避—中间型的人常常难以适应复杂的环境。

（二）步骤2：EBPer

当内向和外向风格确定后（回避—内向和回避—外向除外），就需要对EBPer进行考察，以确定这种应对风格在决策情境中的普遍性如何。之前就已提到过，不论是内向风格，还是外向风格，在日常生活的应对中，都是有效率的。然而，也有这样的情况，即有时相反的风格更为有效。内向风格的人可能会发现在自己所处的情境中如果采用尝试—错误策略可能更为有效；外向风格的人也可能会遇到相反的情况，即其所处的情境更适合使用延迟和慎思的策略。EBPer便是涉及风格普遍性或深刻性的指标，反映所具有的风格是否如此普遍或深刻以致限制了灵活性。EBPer并非是风格普遍性的线性估计，但在分类模型中（是或否）还是有用处的。风格普遍性的存在未必是一种缺陷，只表示在应对和决策活动中可能缺乏灵活性。

潜在发现1：如果被试是内向风格，EBPer小于2.5，则可以假设他/她习惯于使用一种具有延迟性的概念化（思维）方式，不过情绪在决策中也具有重要的作用。另一方面，如果EBPer等于或大于2.5，则情绪在决策中所起的作用是非常有限的，即便是在更有利于尝试—错误策略的情境中也是如此。进入步骤3。

案例16　31岁男性被试的概念化变量

						关键的特殊分数			
L	=0.50	OBS	=阳性	HVI	=阴性				
EB	=7:3.5	EBPer	=2.0	a:p	=9:7	DV	=0	DV2	=0
eb	=9:6	[FM=4	m=5]	Ma:Mp	=3:4	INC	=0	INC2	=0
Intell Indx	=2	MOR	=3	M−	=0	DR	=0	DR2	=0
				Mnone	=0	FAB	=1	FAB2	=0
						ALOG	=0	CON	=0
						Sum6	=1	WSum6	=4
							(R=24)		

Ⅰ	2	W+Mp.FMa+2（H），A，Art 4.0 GHR
Ⅲ	6	W+Ma.mp.C.FD+2 H，Fi，Fd P 5.5 COP，MOR，GHR

（续上表）

Ⅳ	8	W + Mp. FDo（H），Bt P 4.0 GHR
Ⅶ	14	D + Mpo 2 H P 3.0 GHR
Ⅸ	20	D + Ma. mpo H 4.5 GHR
Ⅹ	21	D + Mao 2 A 4.0 FAB，AG，PHR
Ⅹ	24	D + Mp + H，Sc 4.0 GHR

案例 16 的发现：他是内向风格，EBPer 为 2.0。尽管他具有明显的观念型倾向，但却没理由认为他在应对或决策中使用的方法缺乏灵活性。

潜在发现 2：如果被试是外向风格，EBPer 小于 2.5，则可假设被试在大多时候倾向于将情绪融于思维，有时也会出现这样的情况，即将情绪置于一边不顾，为以全面彻底思考为特征的概念化模式所取代。相反，如果 EBPer 等于或大于 2.5，即表示其风格相当普遍和深刻，情绪对思维模式的影响总是非常明显的，即便是面对直觉性模式效果很差的情境也是如此。（注意：案例 17 的 EB 为 2:5.5，具有明显的外向风格。如果计算一下，便会发现其 EBPer 是 2.8，Lambda 是 1.22。这表示她具有回避—外向风格。当存在回避风格时，其他风格通常处于从属地位。在这种情况下，EBPer 就没什么预测价值了。）进入步骤 3。

（三）步骤 3：a:p

另一个涉及灵活性受限的分数是 a:p。EBPer 与应对方式的改变有关，a:p 则与可影响概念化过程的态度或价值观的稳定性有关。因此，a:p 适用于所有应对风格。如果态度或价值观是相当确定的，则个人可能思考的概念范围会变窄。一个人的态度或价值观越是变得明确固定，那当论及与这些态度或价值观有关的事情时，其概念化活动就会变得不灵活。思维缺乏灵活性的人，在解决问题时，不愿或没有能力考虑概念的可能范围。相反，他们的思维相对狭窄，固定在概念的框架内。

偏见和歧视可被作为固定或无灵活性思想的例子，而 a:p 所反映的那种概念化灵活性受限远超出了价值系统的范围，遍及广泛的心理和行为领域。例如，想象一下负责监护孩子的父亲或母亲“无法相信”孩子会更喜欢自己，或管理者坚信自己解决问题的方法是唯一可行的。如果具有这种特征的人成了病人，治疗师常常会受挫，因为他/她很难接受治疗师对问题原因提出的其他看法。

通常，a:p 一边的值不会大于另一边的两倍。如果比值过大，表明思维方式和价值观过于固定而难以改变。这个比率只有在（a + p）大于或等于 4 时才有解释的价值。

潜在发现 1：如果 a:p 两边的值加起来等于 4，且其中一边的值为 0，则可假设此人的思维和价值观缺乏灵活性，比大多数人的更为固定。进入步骤 4。

潜在发现 2：如果 a:p 两边值的和超过 4，且一边的值是另一边的 2 倍以上 3 倍以内，则可假设被试的思维模式和价值观相当固定且不易改变。进入步骤4。

潜在发现3：如果a:p两边值的和大于4，且其中一边比另一边大3倍以上，则可推断被试的思维模式和价值观是非常固定和较难改变的。这类人觉得改变态度或观点是非常困难的，或从不同于自己的角度看问题是非常困难的。进入步骤4。

案例16、17和18的发现：他们的a:p都不适用于上述的三种情况。在案例16和18中，a:p分别为9:7和6:4。案例17的比例是3:0，两边之和小于4，不具有解释力。

（四）步骤4：HVI、OBS和MOR

这三个变量都与影响概念形成或使用的心理定势及态度有关。HVI和OBS所提供的信息被视为先决条件，对考察输入加工和中介调节是非常重要的，因为它们往往反映某种定势。那些定势也与概念化的考察有关。同样，MOR出现频率的异常，表示存在对概念思维有重要影响的心理定势。这三个变量所代表的特征并非是相互排斥，因此，在进入步骤5之前，应当对这三个变量的可能发现进行考察。

潜在发现1：OBS呈阳性意味着存在追求正确或完美的心理倾向。具有强迫特征的人，在形成和使用概念时通常是非常谨慎的。在表达自己的想法时，他们常常比其他人更加啰嗦或冗长，这可能反映了他们概念思维的复杂性，显然与对精确性要求太高有关。强迫风格对思维的努力和活动要求更高，远超过所必需的。就此而言，可以认为其效率不高。不过，也不能将此视为一种缺陷，除非有证据表明其思维是不一致的、多余的，或以明显的联想漂移（episode of slippage）为特征，如使用不恰当的词语、怪异的表述和难以收口等。

潜在发现2：HVI呈阳性表示存在一种特质样特征。该特征在个人的心理中扮演重要角色，对概念思维有重要的影响。高警觉的人投入大量的精力来维持一种持续的准备状态。这种高警觉状态是在早年的成长中发展起来的，与对环境持有的消极或不信任态度有关。如果儿童无法准确预测其他重要人物对其行为的反应，尤其是情绪行为的反应，久而久之便会形成这种态度。这会导致不安全感、脆弱感，以及在行为的形成或实施中变得越来越小心谨慎。渐渐地就会形成对个人空间高度关注，对人际关系高度警惕的倾向。

高警觉的人不愿与他人关系密切，对别人的亲密举动感到迷惑和怀疑。高警觉倾向可使概念性思维变得不清晰和不灵活，并经常导致不合逻辑的思维。这种情况并不算是病态的，但如果严重的话，思维就会带有非常明显的偏执特征。

潜在发现3：MOR反应与自我表征有更直接的关系，在考察与此问题有关的分数单元时，对其应当仔细研究。然而，当MOR反应出现频率很高，如三次或以上时，则表示概念思维具有悲观主义倾向。MOR等于3是一个参照点，最好将其严重性解释为中度且有意义。如果MOR大于3，则其严重程度将以几何级数增长，表示悲观倾向非常突出，对思维有强烈的影响。

不管悲观主义倾向是中度的还是严重的，都对他/她与世界关系的概念化带上怀疑和消极退缩的色彩。不论付出的努力如何，这种倾向总是让他们对自己努力的结果抱有悲观的预期。悲观主义倾向常常导致个体在处理问题时使用狭隘、具体和谨慎的思维模式。错误的逻辑或判断常常被忽视，即使他们可能对此已有觉察。总的来说，悲观主义倾向可显著降低概念思维的质量，有时甚至导致严重的思维紊乱或缺乏组织性。进入步骤5。

案例16　31岁男性被试的概念化变量

						关键的特殊分数			
L	=0.50	OBS	=阳性	HVI	=阴性				
EB	=7:3.5	EBPer	=2.0	a:p	=9:7	DV	=0	DV2	=0
eb	=9:6	[FM=4	m=5]	Ma:Mp	=3:4	INC	=0	INC2	=0
Intell Indx	=2	MOR	=3	M-	=0	DR	=0	DR2	=0
				Mnone	=0	FAB	=1	FAB2	=0
						ALOG	=0	CON	=0
						Sum6	=1	WSum6	=4
							(R=24)		

M反应的特征

Ⅰ	2	W+ Mp. FMa+ 2 (H), A, Art 4.0 GHR
Ⅲ	6	W+ Ma. mp. C. FD+ 2 H, Fi, Fd P 5.5 COP, MOR, GHR
Ⅳ	8	W+ Mp. FDo (H), Bt P 4.0 GHR
Ⅶ	14	D+ Mpo 2 H P 3.0 GHR
Ⅸ	20	D+ Ma. mpo H 4.5 GHR
Ⅹ	21	D+ Mao2 A 4.0 FAB, AG, PHR
Ⅹ	24	D+ Mp+ H, Sc 4.0 GHR

案例16的发现：他有强迫风格和3个MOR反应。没有明显的思维方面的发现表明强迫风格对他来说是一种缺陷。他具有内向风格但还不够普遍和深刻，所有M反应的形状质量都是好的，测验记录中也只有一个关键特殊分数（FAB）。虽然他的强迫风格看起来还不算什么缺陷，但可使其原本只有中等程度的悲观主义倾向加重。强迫风格倾向于力争正确，而悲观主义倾向则孕育怀疑或消极退缩以及推进失败预期。这种对立或冲突性思维可能与他主诉的不安、倦怠、注意集中困难有直接关系。

案例18　28岁男性被试的概念化变量

						关键的特殊分数			
L	=0.50	OBS	=阴性	HVI	=阴性				
EB	=5:6.5	EBPer	=N/A	a:p	=6:4	DV	=2	DV2	=0
eb	=5:4	[FM=1	m=4]	Ma:Mp	=4:1	INC	=1	INC2	=0
Intell Indx	=5	MOR	=5	M-	=5	DR	=0	DR2	=1

（续上表）

Mnone	=0	FAB	=0	FAB2	=0
		ALOG	=1	CON	=0
		Sum6	=5	WSum6	=15

（R=18）

M 反应的特征

Ⅱ	5	Ddo Mp - Hd MOR，PHR
Ⅱ	6	Dd + Ma. mp - 2 Hd 5.5 AG，PHR
Ⅵ	12	Dd + Ma - Hd，Sx 2.5 DV，PHR
Ⅷ	15	Dd + Ma. mp. CF - （H），Na，Ay 3.0 PHR
Ⅹ	18	D + Ma. C - H，Na 4.5 ALOG，PHR

案例 18 的发现： OBS 和 HVI 均为阴性，但有 5 个 MOR 反应，表示其具有明显的悲观主义倾向。这种消极倾向可能侵扰他大部分的认知活动，而由其造成的怀疑感和失败预期对他的概念思维无益且影响重大。

（五）步骤 5：eb 左边的值（FM、m）

eb 左边的值是 FM 与 m 的和。如前章所述，这些变量与意识焦点之外的心理活动有关。这种心理活动通常是由需求经验（FM）或对外部环境要求敏锐的觉察（m）所导致的。这种外周性思维作为自然和有价值的信号刺激，可导致注意转移，从而改变意识性思维的焦点。然而，如果外周性思维经常或强烈地侵扰注意的焦点，有指向性的概念思维就会被破坏。这些通常具有信号功能的自然的心理活动此刻就成了一种干扰。

大多数的人都会不时经历这种情况，即通常会感到自己难以集中进行或维持有组织的概念思维。对于大部分的人来说，这种情况的出现只是短暂的，但如果导致外周性心理活动水平提高的源头没有得到满意的解决，一种更为持久、负荷过度的思维就会出现，如此概念化思维就会变得更凌乱和不一致。

eb 左边的值，对研究外周性思维来说，只能是一个大致的基础。可将其划分为三个区域：平均值范围（成年人和小孩均为 3 ~6）、高于平均值及低于平均值。它仅用来提醒解释者注意外周性心理活动的水平。FM 和 m 则能提供更多有关外周性思维活动来源的特殊信息。在这两个变量中，FM 更为稳定，似乎与需求状态引发的心理活动有关。

通常，成年人或儿童的 FM 值均落在 3 和 5 之间，而且与 FM + m 的和之差应该不超过 1。这是因为 m 非常不稳定，而且与情境性压力引起的外周性心理活动有关。m 的值通常落在0 和2 之间，总是比 FM 值小。

案例 18　28 岁男性被试的概念化变量

L	=0.50	OBS	=阴性	HVI	=阴性	关键的特殊分数			
EB	=5:6.5	EBPer	=N/A	a:p	=6:4	DV	=2	DV2	=0
eb	=5:4	[FM=1	m=4]	Ma:Mp	=4:1	INC	=1	INC2	=0
Intell Indx	=5	MOR	=5	M-	=5	DR	=0	DR2	=1
				Mnone	=0	FAB	=0	FAB2	=0
						ALOG	=1	CON	=0
						Sum6	=5	WSum6	=15
						(R=18)			

M 反应的特征

Ⅱ	5	Ddo Mp- Hd MOR, PHR
Ⅱ	6	Dd+ Ma.mp- 2 Hd 5.5 AG, PHR
Ⅵ	12	Dd+ Ma- Hd, Sx 2.5 DV, PHR
Ⅷ	15	Dd+ Ma.mp.CF- (H), Na, Ay 3.0 PHR
Ⅹ	18	D+ Ma.C-H, Na 4.5 ALOG, PHR

潜在发现 1：如果 eb 左边的值在平均范围内（3~6），则 FM 应该是两个变量中较大的。如果 m 比 FM 大，则表示通常的外周性思维活动水平是由情境相关压力引发的。如果 FM 的值小于 2，则表示被试不知为何降低或回避了许多由需求状态引发的自然的心理侵扰。某些人，通常是那些具有回避风格的人，当他们感受到需求时，倾向于快速采取行动以降低需求水平。另一些人发展出某种思维技巧，借助它将外周性思维防御性地与主流的控制性和指向性思维融合在一起，从而短暂地将需求的影响降低，即使这些需求依然持续着甚至有可能加强。例如，一个非常饥饿的人可能会构思出食物的名目或专注于食物烹饪法。这当然无法降低饥饿感，但可使其引发的外周性思维活动中性化。进入步骤 6。

案例 18 的发现：eb 的左值与平均值相等（5），但只有 1 个 FM 和 4 个 m。FM 的值低于预期值，表明他倾向于匆忙行动以满足其需要，或将与外周性思维有关的需求同概念化思维融合在一起。然而，目前的情境性压力导致外周性思维活动水平较通常的要高。

潜在发现 2：eb 左值小于 3 的情况较少见。这种情况通常出现在回避风格被试的测验记录中。如果回避风格不存在，那可能是外周性思维被防御性地融合在指向性概念思维的架构中（见潜在发现 1）。如果回避风格存在，那有可能是被试倾向于采取快速反应以降低外周性思维引起的不安。如果 FM 的值是 0 或 1，那后者就可能是真的。从自我平衡的角度来看，该策略是积极的，但通常被视为消极的，因为匆匆形成的反应常常没有经过充分考虑，而且其长期效果也可能非常有限。进入步骤 6。

案例 17　19 岁女性被试的概念化变量

L	=1.22	OBS	=阴性	HVI	=阴性	关键的特殊分数			
EB	=2:5.5	EBPer	=2.8	a:p	=3:0	DV	=1	DV2	=0
eb	=1:4	[FM=0	m=1]	Ma:Mp	=2:0	INC	=0	INC2	=0
Intell Indx	=1	MOR	=2	M-	=0	DR	=3	DR2	=0
				Mnone	=0	FAB	=0	FAB2	=0
						ALOG	=0	CON	=0
						Sum6	=4	WSum6	=10
							(R=20)		

M 反应的特征

Ⅲ	5	D+ Mp. FC'o 2 H, Hh P 3.0 COP, GHR
Ⅶ	13	W+ Mao 2 H, Sc P 2.5 COP, GHR

案例 17 的发现： eb 的左值是 1，就是一个 m 反应，无 FM 反应。这并不表示没有外周性思维活动，而是说她正以某种行动回避或忽视了它的影响。她是回避—外向风格的人，倾向于简单化，并明显受情绪的影响。她最有可能是那种迅速采取行动降低需求的人。这种策略的危害是她选择的用于降低需求的反应形成得太仓促，无法对其长期效果进行通盘考虑。

潜在发现 3： 如果 eb 的左值是 7，而且均由 FM 构成或只包含 1 个 m；或当 eb 的左值大于 7，其中 FM 超过 5 个，则可推测内部需求状态使被试体验着高水平的外周性思维活动。通常，这种状态是持续的而非短暂的，对注意集中造成明显的干扰。如果 m 超过 2 个，表明外周性思维活动也受到情境相关压力的影响。进入步骤 6。

潜在发现 4： 如果 eb 的左值是 7，FM 不超过 4 个，或 eb 的左值大于 7，FM 不超过 5 个，则 eb 左值的升高明显是由 m 的非预期升高所致。这个发现表明被试正在体验着由情境相关压力引发的高水平的外周性思维活动。一般来说，这种状态是短暂的，但值得注意的是，在此期间注意集中活动会显著降低。进入步骤 6。

案例 16　31 岁男性被试的概念化变量

L	=0.50	OBS	=阳性	HVI	=阴性	关键的特殊分数			
EB	=7:3.5	EBPer	=2.0	a:p	=9:7	DV	=0	DV2	=0
eb	=9:6	[FM=4	m=5]	Ma:Mp	=3:4	INC	=0	INC2	=0
Intell Indx	=2	MOR	=3	M-	=0	DR	=0	DR2	=0
				Mnone	=0	FAB	=1	FAB2	=0
						ALOG	=0	CON	=0
						Sum6	=1	WSum6	=4
							(R=24)		

（续上表）

M 反应的特征		
Ⅰ	2	W + Mp. FMa + 2（H），A，Art 4.0 GHR
Ⅲ	6	W + Ma. mp. C. FD + 2 H，Fi，Fd P 5.5 COP，MOR，GHR
Ⅳ	8	W + Mp. FDo（H），Bt P 4.0 GHR
Ⅶ	14	D + Mpo 2 H P 3.0 GHR
Ⅸ	20	D + Ma. mpo H 4.5 GHR
Ⅹ	21	D + Mao2 A 4.0 FAB，AG，PHR
Ⅹ	24	D + Mp + H，Sc 4.0 GHR

案例16的发现：eb左边有4个FM和5个m。某种情境相关压力导致他体验到异常升高的外周性思维活动。这可以解释他的注意涣散和难以集中，也可解释他的情绪不安。当指向性思维被外周性思维频繁干扰时，就会产生挫败感。因为他具有强迫特征，所以，这种挫败感对他具有较大的破坏作用。

（六）步骤6：Ma∶Mp

每个人时不时都会产生幻想。这是一种非常便利的概念化思维方式，可利用其暂时地回避现实的压力或要求。事实上，在现代社会中，有很多途径可用来发展幻想，例如书籍、电视、广播和电影等。每种途径都以自己独有的方式向个人提供便利的刺激，以促使其脱离现实，不过这些都不是产生幻想必需的条件。大部分人都会做“白日梦”，这是一种幻想，其中的概念化思维聚焦于非现实之物。

导致白日梦的原因有许多，如记忆、预期、需要和愿望等。无论如何，这些都是日常生活中的平常事情，人们在其中使用指向性思维否认烦恼或身边社会的残酷，并利用另一种更容易处理的情境代替它。通常，白日梦可将我们短暂地从现实中解脱出来，但其作用远不止于此。它可以成为一种奖励（即使是非现实的），可以提供一种绝对的控制感，这对某些人而言可能是极为重要的。

幻想带来的心理释放，虽然是暂时的，但也可使某些人将其作为防御系统的一个必备手段来使用。他们比一般人更频繁地陷入幻想中。虽然滥用幻想可获得短暂强化，但因其导致与现实的脱离过于频繁，结果就可能成为一种缺陷。当这类概念化否认出现得太频繁时，个人就倾向于变得依赖他人，因为他/她有这样一个潜在假设，即如果对令人不愉快的情境回避得足够久，外部的力量将会解决此问题。滥用幻想对任何人都会造成危害，尤其是对内向风格的人，因为这种基本应对方式就长远而言更可能是无效的。Ma∶Mp并不能让我们直接了解一个人的幻想。它的价值来自这样的事实，即Ma在预期中总是要比Mp大。如果情况是这样的话，就像案例17和18，Ma大于Mp，那就没有解释的意义了。然而，如果Mp大于Ma，则可确定该被试通常比一般人更多使用幻想。当然，只有在M大于1的情况下，Ma∶Mp才有价值。

潜在发现 1：如果 Mp 比 Ma 大 1 个点，则表示被试在情境性压力下比大多数人更倾向于防御性地用幻想来代替现实。这可能是一种非常有效率的防御策略，不应被看作是缺陷，除非有其他明显依赖他人的证据。如果一个人倾向于过分依赖他人，那滥用幻想只能使这种依赖加剧。进入步骤 7。

案例 16　31 岁男性被试的概念化变量

						关键的特殊分数			
L	=0.50	OBS	=阳性	HVI	=阴性				
EB	=7:3.5	EBPer	=2.0	a:p	=9:7	DV	=0	DV2	=0
eb	=9:6	[FM=4	m=5]	Ma:Mp	=3:4	INC	=0	INC2	=0
Intell Indx	=2	MOR	=3	M−	=0	DR	=0	DR2	=0
				Mnone	=0	FAB	=1	FAB2	=0
						ALOG	=0	CON	=0
						Sum6	=1	WSum6	=4
							(R=24)		

M 反应的特征

Ⅰ	2	W+ Mp. FMa+ 2 (H), A, Art 4.0 GHR
Ⅲ	6	W+ Ma. mp. C. FD+ 2 H, Fi, Fd P 5.5 COP, MOR, GHR
Ⅳ	8	W+ Mp. FDo (H), Bt P 4.0 GHR
Ⅶ	14	D+ Mpo 2 H P 3.0 GHR
Ⅸ	20	D+ Ma. mpo H 4.5 GHR
Ⅹ	21	D+ Mao2 A 4.0 FAB, AG, PHR
Ⅹ	24	D+ Mp+ H, Sc 4.0 GHR

案例 16 的发现：Mp 超过 Ma 一个点，表示他比大多数人更喜欢幻想。现在还不能确定这种倾向是否与他现在的主诉有关，也不能将其认定为一种缺陷，要待了解他的人际关系信息后才能下结论。

潜在发现 2：如果 Mp 比 Ma 大 2 个点或以上，则表明存在这样一种风格取向，即在面对不愉快的情境时，通常采用的方法便是逃入幻想之中。这种特征有时被称为“白雪公主综合征（Snow White Syndrome）”。此综合征的主要特点是回避承担责任和做出决策。这样的人滥用幻想以否认现实，结果却常常与自己的需要相反。

这种应对模式要求对他人依赖，因此导致一种自我强加的无助感（self imposed helplessness）。不幸的是，具有这种特征的人极易受到他人操控。这种防御性的应对特征对内向风格的人伤害特别大，因为在过于复杂或有潜在压力的环境中，基本的观念取向成了依赖倾向的帮凶。进入步骤 7。

（七）步骤7：理智化指数

有时，概念化思维被防御性地使用在理智化中。这种通过概念化的方法减弱或中性化强烈情绪的过程在第四章已经描述过。理智化是否认的一种形式，通过使用某种不寻常的思维来歪曲现实。例如，一个明显悲伤的人坚定地说，“我感觉很好”，可以肯定，他/她为了相信自己的陈述是正确的，必定对内部线索的概念化进行了歪曲。

虽然，大多数人会不时地使用理智化，但如果习惯性地将其作为一种防御策略而滥用的话，则容易出现逻辑错误或歪曲内部线索。它虽不会自动导致思维问题，但会明显提高形成和/或接受错误概念的可能性。极端情况下，理智化在形成或维持类似妄想的错误概念中扮演重要角色。

案例18　28岁男性被试的概念化变量

						关键的特殊分数			
L	=0.50	OBS	=阴性	HVI	=阴性				
EB	=5:6.5	EBPer	=N/A	a:p	=6:4	DV	=2	DV2	=0
eb	=5:4	[FM=1	m=4]	Ma:Mp	=4:1	INC	=1	INC2	=0
Intell Indx	= 5	MOR	=5	M-	=5	DR	=0	DR2	=1
				Mnone	=0	FAB	=0	FAB2	=0
						ALOG	=1	CON	=0
						Sum6	=5	WSum6	=15
							(R=18)		

M反应的特征

Ⅱ	5	Ddo Mp- Hd MOR, PHR
Ⅱ	6	Dd+ Ma. mp- 2 Hd 5.5 AG, PHR
Ⅵ	12	Dd+ Ma- Hd, Sx 2.5 DV, PHR
Ⅷ	15	Dd+ Ma. mp. CF-(H), Na, Ay 3.0 PHR
Ⅹ	18	D+ Ma. C- H, Na 4.5 ALOG, PHR

潜在发现1：理智化指数为4～6，表示被试比大多数人更倾向理智化其情绪。这表明该被试采用或接受了一种歪曲的概念思维方式，用以否认环境的真实影响。进入步骤8。

案例18的发现：理智化指数是5，表示他比大多数人更多使用理智化，容易形成或接受歪曲的概念。

潜在发现2：理智化指数超过6，表示被试在有压力的情境中将理智化作为主要防御策略使用。这是一种虚假的理性方法，它将否认情绪和/或放任自流，结果降低对情绪直接和/或现实处理的可能性。这类人极易接受歪曲的概念，在强烈的情绪状态下，思维会变得缺乏组织性或混乱，因为当压力增加时，理智化的有效性将变得很差。进入步骤8。

（八）步骤 8：Sum6 和 WSum6

这是聚焦于思维清晰性或怪异性的四个步骤中的第一个。六个关键的特殊分数可用来确定概念思维是否存在异常，可间接反映思维清晰性的问题。每个特殊分数都表示存在某种形式的认知不当或概念错误（ideational slippage），但所表示的严重程度不同。这就是为什么要对它们进行权重，最好是将其视为一种认知功能障碍的连续谱，DV1 为其首端，CONTAM 为末端，如下式所示：

DV1 INC1 DR1　　DV2 FAB1 INC2 ALOG　　DR2 FAB2 CONTAM

轻度　　　　中度　　　　重度

照此观点，落在第二和第三段的特殊分数是概念化或思维异常最直接的指标。处于第一段的三个分数（DV1、INC1 和 DR1）通常反映一种认知的疏忽。这并不意味着它们对概念化的研究不重要。有时，它们表示思维缺乏清晰性。当概念思维存在异常时，它们的出现频率常常会升高。

DV1 反应通常代表有轻微的认知不当。由于使用了不恰当的词语或奇异的表达方式，阻碍了人们之间清晰的交流。通常，在那些想清晰或流畅地表达自己想法的儿童中，这种情况很常见，出现 2 个或 3 个 DV1 反应没多大意义，但在成年人的测验记录中出现的频率较高，则表示存在某种认知问题，需要对言语技能进行更彻底的考察。DV2 所反映的认知错误就更为严重。它通常表示存在一种优势观念正在侵扰个人的思维操作。

在成年非病人的测验记录中，INCOM1 是六个特殊分数中最常见的，儿童的情况也类似。INCOM1 表示将墨迹图的不同细节不恰当地组合成一个物体。虽说这样的组合物也不怪异，但确实反映存在一种概念辨认失败和/或一种僵化的推理。就像 DV1 一样，出现 1～2 个 INCOM1 也不必在意。另一方面，INCOM2 所表示的则远不止简单的辨认失败。它们常常反映一种非常怪异、扭曲的逻辑，表明思维偏执和/或明显忽略现实。

DR1 反应通常代表犹豫不决或一种脱离当前任务的防御。从这个意义上说，它所反映的只是不良的判断，但如果它频繁出现，或包含大量漫无边际的内容，则表示对思维冲动的控制不佳。DR2 反映的是更严重的思维冲动控制问题，表示将思维维持在目标上的能力受损。只要有 1 个 DR2 出现，便提示概念思维是冲动和不连贯的。

FABCOM1 反应代表一种不成熟的概念化形式，表现为概念间的联系非常松散，不合逻辑。这种情况通常只在思维非常不清晰时才会出现。虽然 FABCOM1 在儿童中并非不常见，但在青少年和成年人中出现的频率非常低。在 12 岁以上的被试中，FABCOM1 出现 2 个或以上，便表示不正常，至少表明思维非常松散和不成熟。出现 FABCOM2 就更加异常了，它意味着概念化有严重的损害。由于思维控制不良，出现极端忽视现实，判断严重出错和/或全面损害。即使只有 1 个 FABCOM2，也意味着存在严重的思维问题，由于存在非常明显的概念歪曲，所以现实检验受到损害。

ALOG 反应表示存在异常的推理，表现为简单地建构和维持错误的因果关系。通常，这类异常推理更为具体而非怪异，表明不良的判断影响了概念化。ALOG 反应在儿童中并非不常见，但如果出现在青少年或成年人中，则表示存在错误的判断和不成熟的思维。CONTAM 反应相当少见，代表一种最严重的概念化损害，表现为漂浮不定的思维过程与非常扭曲的逻辑融合在一起，最终的结果便是思维明显脱离现实。

几乎每份测验记录都包含某些特殊分数，而且在儿童中出现的频率更高。除了 DR2、FAB2 和 CONTAM 外，如果其他特殊分数出现的频率很低的话，则没有必要去关注。6 个特殊分数总和（Sum6）与解释有某些关系，因为它代表着认知失当或错误出现的频率。不过，一般来说，与 R 有关的 6 个特殊分数的加权总和（WSum6）和每个特殊分数的出现频率，可提供有关思维清晰度更为特殊的信息，以及是否存在思维问题的信息。

由 Sum6、WSum6 和 6 个特殊分数出现频率所提供的有关思维清晰度的信息是间接的。没有明显的异常特征只表示认知不当或思维错误出现的频率没有预期的高。这种“没有消息就是好消息”的发现意味着没理由怀疑概念思维的清晰性。然而，这并非一定表示思维是适当或有效的。思维清晰性的问题在接下来的常规解释步骤中还会再次提及，到时从这里得到的有关思维清晰性的假设将被修改。

潜在发现 1：不论 R 值如何，如果成年人或 14 岁以上青少年的 WSum6 小于或等于 6，且只包含等级为 1 的 DV、DR 或 INCOM 反应，则表示无异常，没有理由质疑概念思维的清晰性。

案例 16 31 岁男性被试的概念化变量

						关键的特殊分数			
L	=0.50	OBS	=阳性	HVI	=阴性				
EB	=7:3.5	EBPer	=2.0	a:p	=9:7	DV	=0	DV2	=0
eb	=9:6	[FM =4	m =5]	Ma:Mp	=3:4	INC	=0	INC2	=0
Intell Indx	=2	MOR	=3	M –	=0	DR	=0	DR2	=0
				Mnone	=0	FAB	=1	FAB2	=0
						ALOG	=0	CON	=0
						Sum6	=1	WSum6	=4
						(R =24)			

M 反应的特征

I	2	W + Mp. FMa + 2（H），A，Art 4.0 GHR
Ⅲ	6	W + Ma. mp. C. FD + 2 H，Fi，Fd P 5.5 COP，MOR，GHR
Ⅳ	8	W + Mp. FDo（H），Bt P 4.0 GHR
Ⅶ	14	D + Mpo 2 H P 3.0 GHR
Ⅸ	20	D + Ma. mpo H 4.5 GHR
X	21	D + Mao2 A 4.0 FAB，AG，PHR
X	24	D + Mp + H，Sc 4.0 GHR

潜在发现1a（**儿童**）：年幼儿童的概念性思维，其清晰度或复杂性不及年长的青少年或成年人的，这是通常的情况。他们倾向于出现更多的认知不当或思维失误。这样的话，如果在他们的测验记录中没有CONTAM反应，那么，可利用下列标准做出其思维清晰度与大部分同龄人类似的推断：

11～13岁：WSum6小于或等于8。

8～10岁：WSum6小于或等于10。

5～7岁：WSum6小于或等于12。

进入步骤9。

案例16的发现：Sum6是1，WSum6是4，只有一个FABCOM反应，所以，没理由怀疑他的概念思维是不清晰的。

潜在发现2：不管R的值如何，如果成年人或14岁以上青少年的WSum6小于或等于6，且包含FABCOM或ALOG反应，但不包含CONTOM或等级为2的反应，则表示思维过程中错误判断或概念错误出现的可能性比通常要大。这不一定表示存在思维问题，但确实表明思维的清晰度比预期的差，以及存在不成熟或简单的概念化。进入步骤9。

潜在发现3：如果成年人或14岁以上青少年测验记录中的R等于或大于17，WSum6为7～10，且不包含CONTAM或等级为2的反应，则可以假设概念化活动常常出现错误。这不一定表示存在思维异常，但的确表示思维的清晰性和复杂性比通常的要低。如果成年人和年长青少年测验记录中的R小于或等于16，WSum6为7～9，且不包含等级为2或CONTAM反应，上述假设同样适合。

潜在发现3a（**儿童**）：符合下列标准的儿童，假如没有CONTAM反应，结论与上面相同：

11～13岁：WSum6在9至12之间。

8～10岁：WSum6在11至14之间。

5～7岁：WSum6在13至15之间。

进入步骤9。

案例17　19岁女性被试的概念化变量

						关键的特殊分数			
L	=1.22	OBS	=阴性	HVI	=阴性				
EB	=2:5.5	EBPer	=2.8	a:p	=3:0	DV	=1	DV2	=0
eb	=1:4	[FM=0	m=1]	Ma:Mp	=2:0	INC	=0	INC2	=0
Intell Indx	=1	MOR	=2	M−	=0	DR	=3	DR2	=0
				Mnone	=0	FAB	=0	FAB2	=0
						ALOG	=0	CON	=0
						Sum6	=4	WSum6	=10
							(R=20)		

（续上表）

		M 反应的特征
Ⅲ	5	D + Mp. FC'o 2 H，Hh P 3.0 COP，GHR
Ⅶ	13	M + Mao 2 H，Sc P 2.5 COP，GHR

案例 17 的发现： WSum6 是 10，其中 1 个是 DV，3 个是 DR。如前所述，DR 通常代表一种脱离当前任务的防御企图，如此说来，其反映的是判断力较差，但在某些情况下，可能表示对思维冲动的控制不佳。就本案例而言，前者的可能性更大，因为她具有回避风格，不过这个假设需在步骤 9 再次验证。

案例 18　28 岁男性被试的概念化变量

L	=0.50	OBS	=阴性	HVI	=阴性		关键的特殊分数		
EB	=5:6.5	EBPer	=N/A	a:p	=6:4	DV	=2	DV2	=0
eb	=5:4	[FM =1	m =4]	Ma:Mp	=4:1	INC	=1	INC2	=0
Intell Indx	=5	MOR	=5	M –	=5	DR	=0	DR2	=1
				Mnone	=0	FAB	=0	FAB2	=0
						ALOG	=1	CON	=0
						Sum6	=5	WSum6	=15
							(R =18)		

		M 反应的特征
Ⅱ	5	Ddo Mp – Hd MOR，PHR
Ⅱ	6	Dd + Ma. mp – 2 Hd 5.5 AG，PHR
Ⅵ	12	Dd + Ma – Hd，Sx 2.5 DV，PHR
Ⅷ	15	Dd + Ma. mp. CF – (H)，Na，Ay 3.0 PHR
Ⅹ	18	D + Ma. C – H，Na 4.5 ALOG，PHR

潜在发现 4： 如果是成年人或 14 岁以上的青少年，其 R 等于或大于 17，WSum6 为 11～17，则反映有严重的思维问题。出现概念不连贯和错误概念比预期的更为频繁，从而使思维变得不清晰并导致错误的判断。这样，错误决策的可能性将大大增加。如果成年人和年长青少年测验记录中的 R 小于或等于 16，WSum6 为 10～12，那上述假设同样适合。

潜在发现 4a（儿童）： 如果儿童符合下列标准，上述结论同样适合：

11～13 岁：WSum6 在 13 至 17 之间。

8～10 岁：WSum6 在 15 至 19 之间。

5～7 岁：WSum6 在 16 至 20 之间。

进入步骤 9。

案例 18 的发现：总共有 18 个反应，其中有 5 个关键特殊分数，计算得到的 WSum6 为 15。对于一个研究生而言，这个发现显然是在预期之外的，表示存在严重的思维问题。他的思维很可能是冲动、不连贯的，并常常出现严重的逻辑错误。

潜在发现 5：如果成年人或年长青少年测验记录中的 R 大于或等于 17，WSum6 大于 18，则表示思维严重紊乱。当概念化的损害达到这个水平，现实检验最多也只能达到边缘水平。思维常常是没有条理、紊乱和不一致的，不时出现错误判断，也常出现怪异的概念化。具有这类特征的人，通常不能以持续有效的方法应对日常生活的要求。如果成年人和年长青少年测验记录中的 R 小于或等于 16，WSum6 大于 12，上述假设同样适合。

潜在发现 5a（儿童）：如果儿童符合下列标准，则结论同前：

11～13 岁：WSum6 大于 18。

8～10 岁：WSum6 大于 19。

5～7 岁：WSum6 大于 20。

进入步骤 9。

（九）步骤 9：关键特殊分数的评估

有时，WSum6 可能对异常思维高估或低估。因此，有必要对包含关键特殊分数的反应进行考察。例如，如果被试在描述不同的动物时习惯性地用“手”这个词代替爪子或脚，那 WSum6 就会变得很简单。如果这种情况发生 4 或 5 次，那 WSum6 的值就会落到可提出异常假设的范围。尽管 INCOM 的编码是正确的，最后得到的 WSum6 依然可能具有误导性。所以，应该对来自步骤 8 的假设做出调整。相反，一个测验记录可能只含有 2 或 3 个具有异常迹象的特殊分数，但按照记分者的看法，它们都不符合等级 2 的标准。在这种情况下，WSum6 就极可能低估思维异常的程度。

在此步骤中，包括更主观的评估，涉及下列三个问题：①特殊分数在多大程度上反映的是亚文化现象、教育影响或习惯性的选词不当；②反应中显现的不清晰思维和/或错误判断的程度；③CONTAM 反应、等级为 2 的反应和某些 ALOG 反应中的怪异特征所显示的病理性思维的程度。

潜在发现 1：如果大多数关键特殊分数的反应，反映的是亚文化或相同教育背景的习惯性用语，那么有关概念化错误的假设就应当调整，但没必要拒绝。与此类似，如果大部分或所有的特殊分数都是因持续性的选词问题所致，那么来自步骤 8 的假设就应当适当修改。对步骤 8 假设的任何修改都应在步骤 10 中再次评估。

潜在发现 2：通常，包含关键特殊分数的反应不都是怪异的，但可能有几个显示出该年龄段不该出现的错误或不成熟的逻辑。如果确有这种情况，步骤 8 得出的任何假设都应该扩展，并指出被试可能缺乏社会能力以维持或引导适应性的思维活动。有时，有关控制方面的数据对此发现的理解有益，但不论有关控制的发现如何，都可得出这样的结论，即被试的概念化非常容易受到错误逻辑或错误判断的影响。

潜在发现 3：如果任何 ALOG、CONTAM 或等级为 2 的反应的怪异性清楚地表明存在明显的思维紊乱，那么在被试近期的行为资料中，可能存在某种相应的证据。如果行为资料不能提供相应证据，则应考虑存在某种症状的夸大或伪装。进入步骤 10。

案例 16 的发现：这份记录中有 1 个 FABCOM 反应：

图卡 X（D2）“上面这部分（D8）看起来像两只蚂蚁，正在为一根棍子或别的什么东西而争辩。”（询问）“棍子的两边各有一只蚂蚁，它们在用自己的腿蹬棍子，试图把它从另一只蚂蚁那儿抢来，看，这是它们的触须和腿。我不知道这是什么，它就像一根棍子。”

这个反应的正确编码是 FABCOM，因为蚂蚁不会争辩。不过，如果“争辩”一词用打架代替，这就差不多是一个 DV 反应。蚂蚁确实会打架。这样的话，它代表的是一种轻微的认知不当。作为测验记录中唯一的关键特殊分数，它根本不足以对思维清晰性提出质疑，也不表示存在思维问题。

案例 17 的发现：在这份测验记录中，有 4 个特殊分数：

图卡Ⅱ（D6）“对我来说，它看上去像一只发抖的（gruely）飞蛾。”（询问）“我不是说发抖的，我是说可怕的（gruesome），飞蛾是可怕的，尤其是黑色的飞蛾，像这只，看，这些是展开的翅膀。”[DV]

图卡 V（W）“我猜我应该是有创新性的，好吧，我之前说这是一只大鸟，现在我要说这是一只大的老鹰，不过，我确实没见过真的鹰。”（询问）“它有大的翅膀和爪子，鹰是有爪子的呀。”[DR]

图卡Ⅸ（D1）“这部分看起来像什么人画的，画得像树冠，我不知道为什么有人要画树冠。”（询问）“好吧，如果你从树顶往下看，它们是圆的，像这，有些部分比另一些更近些，这些暗的点。”（主试：我没看见）“它是圆的，绿色的，像是某个人画的树冠。”[DR]

图卡 X（D9）“真可怕，我说是血。”（询问）“我不知道为什么有人把这些弄得像血似的，但他们就这么做的，所有这红色的看起来就像是血，你要是问我的话，那就太愚蠢了。”[DR]

步骤 8 的假设指出，她的特殊分数可能代表一种脱离当前任务的防御性企图，可能反映的是不良的判断或对思维冲动不良的控制。对其反应的考察证实了这个假设，并突出地显示出其思维所具有的具体性和不成熟性。

案例 18 的发现：这份测验记录有 5 个含有关键特殊分数的反应：

图卡Ⅰ（W）“这是一幅还没有被发现的陆地的地图，以前从来就没有人见过。”（询问）“整个的，它可能是，如果没人见过的话，它可能真的就是，可能就是亚特兰蒂斯，但我认不出它，我的意思是它不是亚特兰蒂斯，而是像亚特兰蒂斯的东西，没人知道它。”[DR2]

图卡Ⅲ（WS）“这样看，确实像一只黑寡妇蜘蛛，因为这是它腹部的沙漏，这里是手臂和头，这不是真的蜘蛛，像是艺术家的抽象画作。”（询问）“好吧，这不是全部，只有头、部分身体、手臂、沙漏，这外边的 2 块红色代表它在小蜘蛛出生后杀死了它的配偶，不过其余的白色部分，实际上都是黑色的，那就是为什么它看起来像艺术家画的抽象作

品。”[INC]

图卡Ⅳ(W)“可能是个巨大的大怪物，头很小但手臂很大。”(询问)“很小的头上有一个巨大的长鼻子伸向它的前面，这些是手臂样的东西(指点)，像在上下拍打，可能是一个很大的海藻怪人，就像尼斯湖水怪，有大大的尾巴，这里是巨型的翅膀(指点)，还有个很小的头，我想到有一本写它的书。”[DV]

图卡Ⅵ(Dd99)“每个人都会说这看上去像性交，这一定是，但我不知道，它不全像，也许只是我不认为……不太像。”(询问)“嗯，我不知道，这里是阴道通道(指点)，这里是阴茎(指点)，我猜这可能是性交。”[DV]

图卡Ⅹ(D2)“我看到一个女孩在做直体后空翻，跳到水池，像是跳水比赛，因为她们在做直体后空翻。”(询问)“这真是很愚蠢，你知道吗？OK，最后一个吧？”(主试：是的)“好吧，这里，她或他，随便啦，不过一定是个女孩，女孩做直体后空翻，这是她的背，很适合做此动作。”(主试：我没有看到，你帮帮我。)“这里，看，手臂张开，身体向后弯(指着)，你看不到脸，这下面蓝色的是水，你知道，水是蓝色的。”[ALOG]

步骤8的假设提到他有严重的思维问题，并指出他的概念化活动可能是不连贯和冲动的。对这5个反应的考察支持这一假设。他有时是散漫的，很容易变得夸大其辞。他的判断不是很好，有时会变得很具体，就像对图卡Ⅹ的反应。另一方面，这些反应都不是妄想性的。这些反应确实表明他存在概念化问题，表现为似乎不能以一种可控的方式思考其概念。此问题必定对其现实检验能力有负面影响。

(十) 步骤10：M的形状质量

通常，在人类运动反应中，包含着极其明显的概念思维，而这些反应的形状质量是评估概念化清晰程度的有用资料。

理想情况下，所有M反应的形状质量都应该是“+”、“o”或“u”，如果不是这样的话，则表示概念化可能要比预期的模糊不清，甚至有可能存在异常的或紊乱的思维。通常，这些迹象和步骤8和9的发现是一致的，但也存在这样的情况，即先前的发现可能无法对概念化问题做出细致的辨认，而M的形状质量则对此作用突出。

案例16　31岁男性被试的概念化变量

						关键的特殊分数			
L	=0.50	OBS	=阳性	HVI	=阴性				
EB	=7:3.5	EBPer	=2.0	a:p	=9:7	DV	=0	DV2	=0
eb	=9:6	[FM=4m=5]		Ma:Mp	=3:4	INC	=0	INC2	=0
Intell Indx	=2	MOR	=3	M−	=0	DR	=0	DR2	=0
				Mnone	=0	FAB	=1	FAB2	=0
						ALOG	=0	CON	=0
						Sum6	=1	WSum6	=4
							(R=24)		

（续上表）

M 反应的特征

Ⅰ	2	W + Mp. FMa + 2（H），A，Art 4.0 GHR
Ⅲ	6	W + Ma. mp. C. FD + 2 H，Fi，Fd P 5.5 COP，MOR，GHR
Ⅳ	8	W + Mp. FDo（H），Bt P 4.0 GHR
Ⅶ	14	D + Mpo 2 H P 3.0 GHR
Ⅸ	20	D + Ma. mpo H 4.5 GHR
Ⅹ	21	D + Mao2 A 4.0 FAB，AG，PHR
Ⅹ	24	D + Mp + H，Sc 4.0 GHR

案例 17　19 岁女性被试的概念化变量

						关键的特殊分数			
L	=1.22	OBS	=阴性	HVI	=阴性				
EB	=2:5.5	EBPer	=2.8	a:p	=3:0	DV	=1	DV2	=0
eb	=1:4	[FM =0	m =1]	Ma:Mp	=2:0	INC	=0	INC2	=0
Intell Indx	=1	MOR	=2	M –	=0	DR	=3	DR2	=0
				Mnone	=0	FAB	=0	FAB2	=0
						ALOG	=0	CON	=0
						Sum6	=4	WSum6	=10
							(R =20)		

M 反应的特征

Ⅲ	5	D + Mp. FC'o 2 H，Hh P 3.0 COP，GHR
Ⅶ	13	M + Mao 2 H，Sc P 2.5 COP，GHR

潜在发现 1：如果 M 反应的形状质量都是“+”、“o”或“u”，就像案例 16 和 17 一样没有解释价值。进入步骤 11。

潜在发现 2：有时，在一份测验记录中，只出现 1 个 M – 反应。如果在此记录中没有无形状的 M 反应（Mnone），那么 1 个 M – 反应表示在思维中可能存在某种独特性。这种独特性可能是由某种定势（偏见）通过干扰中介过程或思维的清晰度而导致的。在某些案例中，出现 1 个 M – 反应可能是思维混乱的一闪现。如果是这样的话，之前关键特殊分数的发现就必定是有意义的。

潜在发现 3：偶尔，在一份记录中没有 M – 反应，但却有无形状 M。无形状 M 反应常常意味着存在概念的控制问题，由此可干扰思维的清晰程度。大部分的无形状 M 反应包含情绪成分，如悲伤、愤怒、痛苦、狂喜和爱等，但有些则包含更为深奥的特点，例如平静、创造性和智力等。

前者代表思维受到情绪的强烈冲击，导致其脱离现实。后者表示思维不稳定，内部先占观念叠加在现实上，或代替了现实。两者都表示控制思维的能力受损，然而，更为深奥的无形状 M 反应可能包括与产生幻觉体验类似的过程。

潜在发现 4：如果 M－和无形状 M 的和大于或等于 2，则表示思维很可能是异常或紊乱的。这可能是由半孤立的先占观念导致的，当然更可能代表的是思维混乱的一般形式，如果是后者，WSum6 可能会显著升高。

案例 18　28 岁男性被试的概念化变量

L	=0.50	OBS	=No	HVI	=No		关键的特殊分数				
EB	=5:6.5	EBPer	=N/A	a:p	=6:4	DV	=2	DV2	=0		
eb	=5:4	[FM=1	m=4]	Ma:Mp	=4:1	INC	=1	INC2	=0		
Intell Indx	=5	MOR	=5	M－	=5	DR	=0	DR2	=1		
				Mnone	=0	FAB	=0	FAB2	=0		
						ALOG	=1	CON	=0		
						Sum6	=5	WSum6	=15		
							(R=18)				

M 反应的特征

Ⅱ	5	Ddo Mp－ Hd MOR，PHR
Ⅱ	6	Dd+ Ma.mp－ 2 Hd 5.5 AG，PHR
Ⅵ	12	Dd+ Ma－ Hd，Sx 2.5 DV，PHR
Ⅷ	15	Dd+ Ma.mp.CF－ (H)，Na，Ay 3.0 PHR
Ⅹ	18	D+ Ma.C－ H，Na 4.5 ALOG，PHR

案例 18 的发现：他的 5 个 M 反应的形状质量都是“－”，表明极有可能存在异常或紊乱的思维。尽管这个发现不一定就与步骤 8、9 的不一致，但他所有 M 反应的形状质量均为歪曲的（－），则多少让人感到意外。任何一份测验记录中出现 5 个 M－反应都是很不寻常的，表示存在非常严重的思维混乱，可能比 WSum6 为 15 所表示的紊乱更为广泛和严重。转介者提出的问题是，他的混乱状态与中毒有关还是精神分裂症的表现。5 个 M－反应与 WSum6 为 15 之间的不一致达到了中等程度，表明在未对认知三联体的发现整合前，这个问题很难回答。

（十一）步骤 11：M 反应的质量和对发现的概括

就像之前提到的，一个测验记录中的很多反应，不仅仅涉及墨迹图是如何被转化的，也包含概念化思维，而在许多实例中，反应中的措辞只涉及概念化。最稳定和最直接的概念化就表现在人类运动反应中，因此，人类运动反应通常是评估思维质量和清晰度的最佳材料来源。

显然，一份测验记录中 M 反应的频率，对建构这种判断的参数有所限制。在很多测验记录中，特别是在那些回避和/或外向风格被试的测验记录中，可能只含有1个或2个M反应，而在许多内向风格被试的记录中，可能有4、5或6个M反应。然而，即使样本较少，也应该对M反应进行考察，因为通过考察可拓宽和/或阐明之前有关思维的发现。

大部分的M反应与墨迹图区域是吻合的，而且其表述是清晰和准确的。同样，大多数的M反应的措辞也是连贯和果断的，并且不含有逻辑错误。这些都是普通的M反应，反映思维是清晰的。一个普通的M反应通常包含有关概念化质量的信息。很多普通的或非典型的M反应都含有丰富的有关思维质量的信息。有些概念化是非常复杂的，而另一些则明显不成熟，甚至是幼稚的。

潜在发现：在成年人的记录中，预期运动反应的概念化质量是普通或精细的。如果是这样，那就是积极的结果。关于观念形成过程的总结必须阐述这个结果。如果在成年人或年龄较大的青少年的记录中有1~2个概念化较幼稚的反应，那么可以假设该被试的思维较不成熟。在儿童或年龄较小的青少年给出的人类运动反应中，预期会有这种特性。如果在他们的反应中1个这样的反应都没有，那么可以推断该个体的思维比同龄人的更成熟。

年龄在9岁以上的儿童，通常不会出现概念化幼稚的M反应。一个质量差或幼稚的M反应会以某些方式凸显出来，通常与其有关的措辞都会被编码为1个或多个特殊分数。具有原始或幼稚特征的M反应，表示思维是具体的和不成熟的。如果出现在成年人或年龄较大的青少年的记录中，可能表示侵扰性非常强的先占观念正在损害着思维。

案例16的M反应：图卡Ⅰ（W）“中间有一座女人的雕像，手臂举起，两边各有一只大鸟，翅膀是张开的，像是扑打着翅膀抓着她。”（询问）“雕像在中间这里，她把手举起来，看，这是她的手臂（指着）、臀部、腿，两边是大鸟，翅膀延伸到这里（指着），下面是爪子，这是头、喙，这就像是一座雕像，两边有两只鸟紧紧抓着。”

图卡Ⅲ（W）“看起来像是两个人在煮什么东西，或者准备煮饭，他们身后挂着几块肉，看起来像是正在准备做饭。”（询问）“一边一个，像是他们在把锅往中间的火这边移，看，这是手臂、腿、头，这是鼻子，这是他们的鞋，中间的这个东西是一口锅，他们把东西放进去就可以煮了。”（主试：你说他们后面挂着几块肉?）“是啊，这两块红色，像是什么被杀了，然后挂了起来，它们是红色的，看起来像生肉。”（主试：那火呢?）“中间那团红色的。”

图卡Ⅳ（W）“像一只大怪兽坐在树桩上，像是你在仰视它，它的大脚伸到前面，它就是个结实的大怪兽。”（询问）“这是它的脚，上面这里是它的小手臂，它的头，这个应该是它坐着的树桩。”

图卡Ⅶ（D2）“像是两个女孩在互相对视。”（询问）“一边一个，像是她们蹲下来互相对视，看，这是脸，这是鼻子，她们的手臂在后面这里。”

图卡Ⅸ（D1）“像是个大的女人或大的人，正走在一个小女孩后面，她在跑，她的头发在往后飘。”（询问）“这是个大体型的人，这是头、身体，腿不是很清晰，他/她前面是个小女孩，看起来她在奔跑，因为她的头发像是在往后飘，看这里（比划）。”

图卡Ⅹ（D2）“上面这部分（D8）看起来像2只蚂蚁，正在为一根棍子或什么东西而争论。”（询问）“这棍子的两边各有一只蚂蚁，它们用腿蹬棍子，想从对方把它抢过来，看它们的触角和腿。我也不知道这是什么，就像根棍子。”

图卡Ⅹ（D10）“这像一个男人举着信号旗或者指挥棒，像是一场赛跑要开始了，他举起信号旗准备发起跑令。”（询问）“好吧，他不是很清楚，他的头、腿、手臂应该是这里（指着），这个应该是用来发信号的什么东西，可能是旗子或者就是指挥棒，他在举着它，一手一个，看起来他要发出信号了，我觉得是开始赛跑，但也可能是用信号旗跟别人沟通交流。他现在就站在那里，准备发出信号。”

1. 案例16的总结

他的多数M反应都是相对复杂的。有4个是普通的（图卡Ⅳ、Ⅶ、Ⅸ和对图卡Ⅹ的第一个反应），另外3个则是比较精细的。总的来说，它们反映出思维是清晰的，概念化的质量范围从好到优秀。这个结论与之前（步骤8、9、10）提出的有关他思维清晰的结论是一致的，而且这一点特别重要，因为他是观念风格的（步骤1）。他倾向于延迟行为的启动，直到他认为各种选择都被彻底地思考过。不过，没有理由怀疑他的应对或决策方式是缺乏灵活性的。

他也是一个强迫型的人，但没有明显的发现表明这对他来说是一种缺点，除非强迫特征加剧了他本不严重的悲观倾向（步骤4、5）。他的强迫特征令其力争正确，但他的悲观主义特征导致他多疑和对失败的关注。这些是对立的思维形式，可能与他主诉的不安、倦怠及注意集中困难有直接关系。

某种与情境有关的压力使他感到外周思维异常地增多，这基本能解释他抱怨的分心和注意集中困难（步骤5）。这可能还与他报告的情绪不安有关。当指向性思维被外周思维频繁地打断，通常会产生无助感和挫败感。与大多数人相比，他确实更容易投入到幻想中（步骤6），但他的这种倾向是否与他当前的主诉有关，对此尚不能回答，要等有关他的人际关系信息收集结束后才能确定。

案例17的M反应：图卡Ⅲ（D1）“是两个黑人妇女，正在桌子或别的什么东西前弯着腰。”（询问）“像是两个女人，看，这里是她们的乳房，她们的腿和手，她们在中间的这个东西前弯着腰，我猜是张桌子，她们各自抓住它，像是准备把它抬起来。”（主试：你说她们是黑人妇女？）“当然，她们是黑色的呀。”

图卡Ⅶ（W）“应该是两个小女孩在玩跷跷板。”（询问）“一边一个人，她们像是坐在这个东西上，应该是跷跷板，你知道，当你蹬的时候，这东西会一上一下，看，她们的头发是往上的，这里是鼻子，就两个孩子，真的就是这样，任何人都应该看得出来。”

2. 案例17的总结

她的两个M反应都是相对普通的，它们是清晰和有逻辑的。事实上，这比依据先前的发现所预期的要好，之前的发现表明她是回避—外向风格（步骤1），她的思维常常是不太成熟的（步骤8、9）。通常，情绪在她的思维中具有重要的作用，因为她特别倾向于回避复杂性或模糊性，所以她可能很难准确地辨别她的情绪。这样，她的情绪很容易对其思维产生过度的影响，因此概念化常常变得比较简单或充满逻辑错误（步骤8、9）。

她看起来也是那种以快速行动降低需要的人。这个策略的危害在于，她选择的可促进需要降低的某些反应，可能是非常草率的，没有对其长远后果进行彻底思考。她的思维常常具有这样的特征，即防御性地尝试从复杂情境中摆脱出来，这很容易导致具体的和不成熟的判断（步骤5）。另一方面，她的两个较好的M反应表明，当她能控制情绪的影响和/或对简单化的强烈需要，她的思维质量和效率便会得到显著改善（步骤11）。

案例18的M反应：图卡Ⅱ［Dd99（D3的内部）］“在这下面，是一张悲伤的脸，至少眼睛是悲伤的。”（询问）“就在这里（指着），它看起来像是皱眉，其实你知道，它们有那种戏剧里面具的容貌，这是悲伤的，看，两边向下垂得多么厉害。”

图卡Ⅱ［Dd99（D2+墨迹点）］“这上面看起来像两个人在互相吐口水，看，口水在两人间飞溅。”（询问）“这是人的头，没有身体，看这里，是鼻子和嘴巴，这是他们中间飞溅的吐沫。”

图卡Ⅵ（Dd99）“这一定是一个，每个人都会说这看上去像性交，但我不知道，它不全像，也许只是我不认为……不太像。”（询问）“嗯，我不知道，这是阴道通道（围着D12周围的区域勾画）和阴茎（D12），我猜这可能是性交。”

图卡Ⅷ［Dd99（倒转的D2+D5的中间+D3的两边）］“这样看，这像一个人正在拉另一个人，可能是上帝在拉他的儿子，把他拉回到天堂，周围是五颜六色的阳光四处照射。”（询问）“只有一个儿子，上帝只有一个儿子，看这里，手臂伸出，阳光在他的头上。上面这里，看，这是四射的阳光，这里是上帝（用手勾画D2的部分），看，这是手臂，下面这里是儿子，他的腿是分开的，好像被往上拉（勾画），你必须使用一些想象，你明白吗？”

图卡Ⅹ（D2和D6）“我看到一个姑娘正在水池上做直体后空翻，像是跳水比赛，因为那就是她们做直体后空翻的时候。”（询问）“这真的很蠢，你知道，好，最后一张，是吧？这里是她或他，男女都可以，但她一定是女的，女孩做直体后空翻，她们的背形态优美，很适合做这个，看，就在这里，看，伸出的手臂，身体向后翻（勾画），你不能很好地看到脸，这下面蓝色的是水，水是蓝色的，你明白。”

3. 案例18的总结

这些反应都不是正常反应，有些还很不正常。要是不考虑所有反应的形状质量都是“-”的话，大部分的反应都给人以高智商的感觉，但却没有一个反应拥有清晰的逻辑，而这是一个精致反应所具有的特征。除了图卡Ⅱ的反应“悲伤脸”外，所有的反应都是通过非常精致的方式给出的，但每个反应的质量都随着他与概念的斗争在降低。例如，图卡Ⅹ的“直体后空翻”反应是有创意的，但在回答中很快就被这句“那就是她们做直体后空翻的时候”破坏了，又因这句“她们的背形态优美，很适合做这个”而变得非常具体。受损的质量表明，这些反应与其他反映严重认知混乱的发现是一致的。

作为一个中间型的人，他形成和使用概念的方式是不一致的，有时他会把情绪放在一边，深思熟虑地处理问题；有时在形成判断和决策时又很依赖他自己的感觉。两种方式都不是很有效，这就需要额外的努力去处理日常生活中的需求（步骤1）。他的状况因某些消极特征而变得更复杂，其中最重要的是存在严重的思维问题。他的思维较为冲动、杂乱，其逻辑常常是牵强附会的。他的思维有时是散漫的，倾向于夸大。他的判断非常不好，有时变得很具体（步骤8、9、10）。另一方面，虽然他的思维有时较为奇怪，但似乎并没有达到妄想的程度。

尽管如此，他确实有思维问题，体现在概念的控制方式上。这个问题毫无疑问地对其现实检验造成负面的影响（步骤9、10、11）。这个问题又与明显的悲观主义结合在一起，后者导致怀疑和对失败的预期，这不但对他的概念思维没有帮助反而产生严重的冲击（步骤4）。很明显，他匆忙行动以满足需要或应对压力，但这样做并不很成功，因为他缺乏清晰的思维（步骤5）。看起来他虽然比大多数人更努力地从理智上与他的问题进行抗争，但这让他更容易形成或接受幼稚的，甚至是歪曲的概念化（步骤7）。总的来说，他的问题很严重。

三、对认知操作相关发现的整合

虽然对认知三联体每个单元的数据都进行了考察，如果对其发现进行整合将会更有意义。这一步很重要，因为来自某个单元的发现常常可解释或进一步澄清其他单元的发现。例如，紊乱的思维常常会导致无效的信息加工。同样，不良的信息输入加工常常会导致认知中介过程出现差错，认知中介的问题又很容易导致异常的概念化过程。在三种认知操作之间不存在直接的一对一关系。因此，解释者需再花费一些额外的时间，以被评估的人和其所提出的问题为框架，对每一个认知三联体进行考察并将其组织起来，以期获得最佳的理解。

在很多案例中，三类认知活动之间的因果关系很容易被发现。当某一认知操作的优点或缺点对另一个的影响相当清晰时，解释者便可借此将被试的人格画面大大地丰富起来，对评估转介中提出的问题给予清楚的解答。然而，在有些案例中，解释者会面临“先有鸡和先有蛋”的困境。每种认知活动的强项或弱项可能是清楚的，但其因果关系却不清楚，尤其是弱项的。然而，即使在因果关系不明的情况下，对发现的整合也有助于更全面地理解认知的优缺点和它们对整体功能的影响。

下面对用以研究认知三联体的案例进行整合性概括，以此展现不同发现的综合是如何拓宽对个人的理解，以及如何使重要的问题凸显出来。

（一）对案例16的整合

他具有强迫特征，倾向于完美主义，关注细节。在信息的输入加工过程中，他投入大量的精力去研究每一块新的区域，这与其强迫特征是一致的。总的来说，他的输入加工质量是相当好的。他的完美主义倾向也影响到他对新信息的转换。他是谨慎的，很看重他的判断是否正确以及他的决策能否被接受。

他对身体有些关注，对此似乎感到无助，这导致他偶然出现认知中介功能方面的问题，但并不严重。在开始行动前，他喜欢把情绪放到一边，对各种选择进行思考。但没有理由怀疑他的应对或决策方式缺乏灵活性。

他的思维是清晰的，而且概念化的质量有时是很富有创造性的。他的强迫特征对他来说并非明显的缺陷，但可使其不严重的悲观主义倾向加重。他力求做得正确，但他的悲观主义倾向却引发怀疑和增强对失败的关注。这些对立的思维形式可能与他现在的不安和倦怠有关。

某种情境相关压力似乎与其主诉中提到的分心和注意集中困难关系更密切。这也可能与他谈到的情绪不安有关。他比大多数人更倾向于幻想，但这种倾向是否与他目前的主诉有关或代表一种进行性缺陷？对此尚不能确定，因为还需对其人际关系方面的信息进行考察。

评论：这个概括是简单易懂的。它从信息输入加工开始，通过认知中介过程，最后到概念化。总的来说，是一个积极的结果。他的信息输入加工很好，中介转换也是恰当的，他的思维通常是清晰的，质量也是好的。唯一明显的问题是轻度的悲观主义倾向（这其实不是一个真正的认知问题），事实上由于存在情境性压力，所以他的外周观念活动明显增多。这些情况与他目前的困境有直接关系，也提示其他特征（自我知觉和人际知觉）可提供与其问题有关的更多有用信息。另外，有关此人认知功能的相对积极的发现，凸显了该被试的特征和优点，这点对治疗的决定很重要。

（二）对案例 17 的整合

她是个喜欢逃避模糊性或复杂性的人，她的思维时常受到防御性地逃离复杂情境的企图的影响。这很容易导致具体和不成熟的判断。另外两个相互关联的因素使这种倾向变得更为复杂。

首先，由于她倾向于回避复杂性，所以她对新信息的输入加工和中介转换就倾向于以一种草率或勉强的方式进行。这是一种不成熟的疏忽，有时可导致她忽视原本对形成决定或行为很重要的线索。第二，她的思维受其情绪影响明显，而她也总是不能清楚地辨别她的情绪。这会影响她处理新信息的方式，以及常常导致产生简单或逻辑错误的观念。

另一方面，当她花费时间小心地处理新信息时，当她能够控制情绪和简单化需要的影响时，她是清晰和有逻辑的，她的思维质量和效率也会提高起来。不幸的是，这确实不常发生。她似乎很喜欢快些行动以降低需要。这么做的危害是在没有充分考虑远期结果的情况下便做出反应。

她比大多数人更容易忽视习俗，因此她的环境会变得更加复杂。这可能与一种社会疏离感或社会防御有关。这加剧了她对事物简单化的追求，导致与社会要求或期望不一致的行为倾向。

评论：这个概括与案例 16 很不同。虽然它指出她能清晰和有逻辑地思考，但它也强调了她确实做得还不够。这个概括强调了她的回避风格，草率的加工过程，对习俗或常规关注的缺乏，以及情绪对认知活动的强烈影响。它还提到了社会或人际交往问题可能是她困难的核心所在。

（三）对案例 18 的整合

他形成和使用概念的方式是不一致的，有时他会把情绪放置一边，理智地处理问题；

有时判断和决策又依赖他的情绪。两种方式都不十分有效，结果他需要投入额外的努力去处理日常生活的需求。虽然这本身并非一种缺陷，但其他一些负面特征令其情况变得更为复杂，其中最重要的是存在一种严重的思维问题。

他的思维较为冲动和杂乱，逻辑也经常是牵强附会的。这对他的其他认知活动很具破坏性。比如说，他要付出大量努力去加工新信息，但他的习惯是没有规律的，有时甚至是混乱的。结果他处理新信息时常常犹豫不决。同样，这个问题还影响到他转换新信息的方式，由此导致现实检验出现问题。事实上，他时常无法现实地转换新信息，甚至在恰当转换的线索很明显时也是如此。

他的思维问题因明显的悲观主义倾向而加重。悲观主义倾向使其怀疑感增强，这对他的思维毫无帮助反而造成严重影响。很明显，他试图快速地行动以满足需要或处理压力，但这样做并不是成功的，主要的原因可能是他的思维缺乏清晰度。

他看起来是聪明的，但却常常不能始终如一地、恰当地运用他的智慧。相反，他的思维常常是散漫的，他倾向于夸大其智力，这样的后果就是他的判断不佳，有时会很具体。这使他很容易形成或接受幼稚的，甚至歪曲的概念。没有妄想性思维的明显证据，但他概念化的方式时常是易变和怪异的。这个问题毫无疑问地对他的现实检验造成负面影响。

评论：转诊者提出的问题是，他的混乱状态是否与服食违禁药物而中毒有关，或是精神分裂症的一种表现。在这个概要中，不能给出直接回答。此概括强调了混乱的思维对其他认知活动的负面影响。这里我们对因果关系做一假设，但要超越这一点以及尝试对药物问题和精神分裂症做出区分是不切实际的。病史可以用来支持其中的一个观点。实际上，他在住院后不久便神志清醒了，这提示是药物中毒的问题而非精神分裂症。测验是在住院后的第十天进行的。如果只是单纯的药物问题，他的思维就应该在接下来的 10 ~ 20 天内变得更加清晰。如果在那时进行重测，是药物的问题还是精神分裂症就应该比较容易区分了。

四、练　习

案例 23

这是一位 28 岁的女性，有许多身体症状，先是去看全科医生，但药物治疗效果不佳，后被转介看心理治疗师，然后被转介来做测评。身体症状包括头疼，背和颈部疼痛，时常感到胃部不适。她的治疗师采用疼痛和焦虑管理策略对她进行了 10 周的治疗，但没有明显的好转。治疗师发现她的婚姻明显不和，询问婚姻咨询是否可作为一种恰当的辅助手段，是否可替代目前的治疗方案，另外，他也想知道关于身体问题的病因学信息。

该被试 26 岁结婚，她丈夫现在 34 岁，是一名会计师。他们恋爱 5 个月后结婚。她描述说："我们相处得非常好，但我们也跟每个人一样都存在问题。"（她的治疗师说她报告自己有优越感，还抱怨她和她丈夫无法分享很多共同爱好）。她是家里的独生女（父亲 62 岁，自己有个小公司，母亲 57 岁时死于乳腺癌）。高中毕业后她读完了两年的社区大学，21 岁开始工作直到现在，是一名法律秘书。她说她喜欢自己的工作，但担心自己的问题会影响她的能力水平。她的治疗师想确定她是否有抑郁以及她的情绪混乱问题是否比她自己欣然承认的要多得多。

案例23 28岁女性被试的概念化变量

L	=0.21	OBS	=阴性	HVI	=阴性	关键的特殊分数					
						DV	=1	DV2	=0		
EB	=5:5.5	EBPer	=N/A	a:p	=8:2	INC	=0	INC2	=0		
				Ma:Mp	=4:1	DR	=0	DR2	=0		
eb	=5:4	[FM=2 m=3]				FAB	=0	FAB2	=0		
				M-	=1	ALOG	=0	CON	=0		
Intell Indx	=8	MOR	=1	Mnone	=0	Sum6	=1	WSum6	=1		
							(R=17)				

M反应的特征

Ⅰ 2. W+Mpo2 (H), Sc, Art 4.0 DV, GHR

Ⅲ 5. D+Ma+2 H, Id P 3.0 COP, GHR

Ⅲ 6. Dds+Ma. FC'. FDu Art, (A), Cg 4.5 GHR

Ⅶ 11. W+Ma+2 H, Cg 3.0 COP, GHR

Ⅹ 17. WS+Ma, FC'. FC. mp-Hd, Ay, Art 6.0 DR, PHR

她的5个M反应如下：

图卡Ⅰ“嗯，我猜是一只铃铛，两边2个天使抓着它，就像你在教堂里看到的，像那种精心制作的雕像，可能是教堂的铃铛，有天使在两边。”（询问）“这是铃铛（Dd24），看这形状，这是两边天使的身体，这些是翅膀，所以我说是天使，铃铛的上面是把它挂住的小器具。”

图卡Ⅲ“噢，OK，这是2个舞者，在跳什么舞。”（询问）“你知道他们是怎么做到腰和手一起向后仰的吗？看这是身体，胸部，手臂，腿，这是臀部，像2个人在跳舞。”

图卡Ⅲv“这好像是儿童人物，像迪斯尼里面的卡通人物，打着蝴蝶结领带，穿着白色运动衫，看这个圆亮的眼睛，有几分像青蛙站着，突出脑袋，像青蛙，又像小孩，像是在指挥交通。”

图卡Ⅶv“2个舞者，像老电影里面的人物，他们把头发弄得高高的，这是他们的肩膀和腿，他们在摆舞蹈姿势。”（询问）“头发都束起来了，他们的鼻子上翘，他们的手臂伸出，这里是裙子和腿，在跳舞。”

图卡Ⅹv“这样看，一个印第安人的脸，装扮起来去展览或别的什么，像是盛装展示，看，眼睛、嘴、脸，所有的都像印第安人为展示所画的，先涂上白色，然后在白的上面涂上不同颜色，或许他在跳战争舞蹈，抖动着挂在帽子上的东西。”（询问）“眼睛在这里，眼睛和嘴都化妆了，两边是羽毛，他像是在抖动，在跳战争舞、下雨舞或其他什么舞，所有的颜色都像印第安人使用的，无论什么人做这样的装扮确实相当有创意。”

1. 以下哪项对其通常的决策做了最好的描述？
   （a）她喜欢延迟决策，决策前她会对各种选择仔细考虑。
   （b）通常，她依赖情绪做决定。
   （c）她倾向于回避决策，倾向于依赖他人的指导。
   （d）她的决策方式是不一致的。
2. 以下哪项是对来自步骤 3 的发现的最佳描述？
   （a）她的观点和价值观都很固定，不太灵活。
   （b）她的大部分观点和价值观可能都是灵活的。
   （c）虽然她的观点和价值观是相当固定的，但她似乎能公开挑战它们。
   （d）没有理由怀疑她的观点和价值观是僵化的。
3. 以下哪项是对来自步骤 4、5 的发现的最佳描述？
   （a）她体验到的外周思维对注意集中的干扰比大多数人的都严重，这导致她出现注意力集中问题。
   （b）她是一个非常悲观的人，这成为一种倾向，对她的决策有很大影响。
   （c）她的外周思维水平并不比大多数人的高，但因情境性压力而有所升高。
   （d）她似乎是这样一个人，当她体验到需要时，她可以通过迅速行动将外周思维活动维持在较低水平。
4. 以下哪项是对来自步骤 7—10 的发现的最佳描述？
   （a）通常她的思维是清晰的，但她倾向于过分使用理智化，这种情况有时会使她接受幼稚或错误的概念。
   （b）她的思维经常出现控制不当和观念飘忽的情况，这常导致她做出错误的判断。
   （c）她的思维常出现不连贯，她的判断也比大多数成年人的更易出现错误。
   （d）她具有某种明显的偏见，常常由此导致错误的概念或逻辑。
5. 以下哪项是对她的 M 反应质量的最佳描述？
   （a）她的 M 反应是高水平的，没有逻辑错误。
   （b）她的 M 反应超出对成年人的预期，显得更具体和幼稚。
   （c）她的 M 反应具有相当高的水平，但却也具有明显的幼稚特征。
   （d）她的 M 反应是不精确和杂乱的，提示她的概念化有时是混乱的。

案例 24

这是一名 26 岁的男性。他的内科医生转介他看精神科医生，在 1 个小时的“咨询”后，被转介来做评估。他在之前看过内科医生三次，抱怨有胸痛和频繁的眩晕。他的内科医生说他的症状没有明显的器质性基础，认为可能与其人格和/或职业问题有关。精神科医生注意到他的说话慢，情绪单调平淡，怀疑他是否有抑郁和/或人格障碍。

被试在测验期间比较配合，他的语速明显缓慢，几乎是刻意要谨慎小心。他的韦氏智力测验结果显示，总智商是 111（言语为 114，操作为 108）。他是家中的老二，只有一个姐姐，今年 32 岁，已婚，是一名实习护士。他的父亲 54 岁，是一家大型制造业公司的航运主管。他的母亲53岁，是家庭主妇。直系亲属中无精神病史。

他19岁高中毕业（10岁时患风湿热耽误了一年；没有新的并发症，12岁时心脏杂音消失）。之后在一家药店做了一年职员，20岁上大学。大学期间他住在家里。他主修历史，24岁毕业（在夏天，他继续在那家药店工作）。毕业之后他当了中学历史老师（他被要求在第二年夏天多修一门教育学课程以获得教师证）。

第二年他的合同却没有得到续约，“他们对我不满意，我确实与小孩相处不来，不管怎么说，这都不是我想做的事情”。他继续住在家里。他相信他的胸痛可能与风湿热有关，还对体检中没有搞清楚这点感到困惑。他说他在中学和大学及工作期间约会过“几次”，“总有人让我去相亲，你知道吧，就是一场盲目的约会，但我从来没真正跟谁在一起过。也许我应该继续读研，我觉得我去大学教书会更好”。他将父亲描述为“严厉的，他对你很直率”，将母亲描述为“能真正理解人，我总能与她轻松地交流”。

案例24 26岁男性被试的概念化变量

						关键的特殊分数			
L	=0.67	OBS	=阴性	HVI	=阴性				
						DV	=0	DV2	=0
EB	=3:3.0	EBPer	=N/A	a:p	=4:2	INC	=1	INC2	=0
				Ma:Mp	=0:2	DR	=1	DR2	=0
eb	=4:2	[FM=4	m=0]			FAB	=0	FAB2	=0
				M−	=1	ALOG	=1	CON	=0
Intell Indx	=4	MOR	=1	Mnone	=0	Sum6	=3	WSum6	=10
							(R=15)		

M反应的特征

Ⅲ	4.	D+1 Mpo 2 H, Art, Hh, Cg 4.0 DR, COP, GHR
Ⅳ	5.	W+Mpo 2 H, (Hd), Hh P 4.0 ALOG, GHR
X	17.	DdS+22 Mp−Hd, Sc 4.0 PHR

他的3个M反应如下：

图卡Ⅲ“噢，这是两个男舞者的画，他们的身体在舞蹈中弯曲，因为某些原因，他们戴着手套，两人抓着什么东西，在他们之间。”（询问）“他们在这里（指着），看，这是头和腿，他们抓着这个锅。”（主试：你说他们戴了手套?）“嗯，因为某些原因，画家让他们戴了手套，如果你要抓着一个锅，你该戴手套吧，不过这在一个舞蹈里有点不对劲，不管怎么说，他们戴着这些大手套拿着锅，你看不到他们的手，只有手套。”

图卡Ⅳ“这看起来像某种巫术仪式，一个巫师坐在椅子上。”（询问）“这是其中的一个巫师，他戴了面具，你看不到他的脸，他坐在椅子上。”（主试：你说这是个巫术仪式?）“这是他的脚，这是面具，所以这一定是与巫术有关的。”

图卡Ⅹv“这是一张脸，他在皱眉，他有副有趣的眼镜，不，等等，你真的看不到眼镜，只是部分鼻子而已（指D6），眼睛在这里（D2），我看不到眼镜。”（询问）“你看这些黄色的东西是眼睛，蓝色的是鼻子的部分，像是戴了眼镜，这是个特别的眼镜，这是嘴

(D3) 和胡须 (D11)，这是一个皱着眉头的有趣的男人。”

回答下列问题，正确的填“T”，错误的填“F”：

1. 他做决策的概念化方式是不一致的。
2. 他可能难以集中注意，因为情境性压力引发的外周观念活动水平异常地高。
3. 他的价值观或态度不是很灵活。
4. 与大多数人相比，他的思维受情绪的影响更大。
5. 他的思维受到一种对环境持有警惕或不信任态度的影响。
6. 他看起来比大多数成年人更倾向于理智化情绪。
7. 他似乎比大多数人更喜欢防御性地使用幻想，以逃避不愉快的情境。
8. 他的思维似乎比预期的更为模糊和具体。
9. 他的思维常受到非常严重的悲观主义倾向的影响。
10. 他很可能有严重的思维问题。

案例 23 和 24 的答案要点

案例 23

1. d　EB = 5∶5.5
2. a　a∶p = 8∶2
3. b　eb = 5∶4，但左值包含 3 个 m 反应。
4. a　她的理智化指数为 8，有 2 个特殊分数（DV 和 DR），1 个 M - 反应。这个组合与严重的思维问题是不相吻合的，但确实提示不时出现的认知失误可能与理智化有关。
5. c　她的 M 反应的质量，即便是 M - 反应，也都还不错，但大多数都有过于精细的倾向，而这并不足以改善反应。

案例 24

1. T　他是中间型的人。
2. F　eb 左值只有 4，没有 m 反应。
3. F　a∶p = 4∶2。
4. F　他是中间型的人。
5. F　HVI 不是阳性。
6. T　理智化指数为 4。
7. T　Ma∶Mp = 0∶2。
8. T　他的头两个 M 反应非常具体，第三个有点杂乱。
9. F　只有一个 MOR 反应。
10. T　这是一份有 15 个反应的测验记录，含有 3 个特殊分数，其中 WSum6 等于 10，还有 1 个 M - 反应。

第八章　自我知觉

在心理学中，自我（self）有很多不同的定义。因此，将自我应用于这个变量单元时，有必要对该术语的含意进行阐明。自我知觉（self - perception）与两个特征有关，分别为自我意象（self - image）和自我卷入（self - involvement）。自我意象是指一个人对他/她自己的特征的印象，它是关于自身特征的内部的概念系统。许多这些印象很容易就进入到个人的有意识的思维中，但有一些可能部分或完全不能被意识觉察到。这是因为它们是不被接受或有冲突的，从而常常被压制（suppressed）或甚至被压抑（repressed）。

虽然每个人有时都会在内心使用概括性的术语和词汇对他们的自我进行概括（例如：我是一个平凡的人，我是一位好人），但在个人印象的词典（lexicon）中，个人特征更多是用具体的、具有两级连续谱性质的词汇进行概括，例如聪明和笨拙、漂亮和丑陋、开朗和害羞等。在很多印象的形成中没有使用如创造性、脆弱、仁慈、友好、敏感、真诚和信任这样的词汇，尽管存在这样的可能性。

印象系统源自于经验，许多被个人归属于他自己的性格特征是源自于以现实为基础的经验。然而，印象系统中的其他一些特征可能是来自对经验的曲解，有一些甚至纯粹是想象或幻想出来的。不管它们的来源基础是什么，觉察到的性格特征系统，就形成了自我的内部表征而被个人所知觉。自我意象与现实符合或不符合的程度与适应或不适应的潜能有很大的关系。

自我卷入来源于自我意象。它涉及一个人对自己关注的程度，涉及与关注外界相比，他对自己的关注程度如何。实际上，自我卷入就等同于以自我为中心，但这并不意味着非常自我卷入或非常自我为中心的人就必定尊重自己。事实上，那些自我卷入较强的人常会尊重自己或看重自己，也就是说，当他们在自己和外界之间做判断时，倾向于将更多的价值放在组成他们的自我意象或性格方面。然而，有问题的人也常常变得非常自我卷入，倾向于更少关注外部世界。当他们与那些真实的或想象的人相比时，总是将关注的焦点集中在他们个人的不足或缺陷上。

因此，自我卷入可以在积极或消极的架构中进行讨论，它可以是特殊的（“我不如她开朗”），也可以是一般的（“我比大部分的人更有创造力”）。在设定成就目标中，自我卷入常常扮演重要的角色。自我意象和自我卷入是相互联系的，但在某些情况下，这种联系并非像理论假设的那样直接。例如，尽管一个人对他知觉到的某些特征的评价是适度的，甚至是过低的（“我不是很有天赋，但我是一个非常好的人”），但他还是会看重自己的。

如果知觉到的自我特征，主要是建立在想象或歪曲现实的基础之上，那就会产生错误的个人价值感。例如，如果知觉到的与自我意象有关的许多特征都是消极的，那么，不管自我意象是否建立在现实基础上，出现低自尊都是不可避免的。类似的，当知觉到的自我意象的特征被高估了，那就会产生过度的自我卷入和夸大的个人价值感。当高估的自我意象特征没有得到来自成就或人际关系的证实，为了维系膨胀的自我价值感，个体通常会过分使用防御策略。这就容易引起内部或外部的问题。

一、与自我知觉有关的罗夏测验变量

在罗夏测验中，与自我知觉有关的变量很多，对其解释在很大程度上依赖于解释者探查和使用投射材料的技巧。这个单元包括九个结构变量［OBS、HVI、镜像、自我中心指数、FD、SumV、H:（H）+Hd+（Hd）、An+Xy和MOR］，所有人物内容编码和投射在某些反应的自我表征。另外，在考察人物内容材料时，R和EB可提供必要的前提条件。

对于解释者来说，找出自我意象中积极和消极的特征都非常重要。通常，消极特征容易发现，积极特征却常被忽视。在某些情况下，对积极特征的忽视可能是因为对其较难辨别，但更可能是由提交给解释者评估的问题导致的定势所致。通常，这些问题包含了负面特征或问题，解释者在处理这些问题时，没有注意到或低估了积极的成分。

考察聚焦的问题

在解释有关自我知觉的材料时，需要考虑的基本问题是：①是否有某种表示特殊自我意象存在的人格特征？②自我价值和自我关注的水平，与同龄人相比是相近还是不同？③是否存在某种具有倾向性的特殊的自我意象特征？④可辨别的消极的自我意象特征是什么？⑤可辨别的积极的自我意象特征是什么？⑥是否有证据表明存在被严重扭曲的积极或消极的自我意象特征？下面以三个案例来说明自我知觉的程序和步骤。第一步，就是将注意的焦点集中在结构变量上，然后再转到内容上。

案例25

被试35岁，男性，因其8岁儿子的监护权诉讼而来进行评估。他在大约30个月前离婚，离婚后他33岁的前妻取得了监护权，他自己则有周末探视权和夏季30天的临时监护权。他说他被律师误导了才会在办理离婚手续时同意这些协议，他以为该协议等同于“法律共同监护”。大约2个月前，他得知儿子的老师向他前妻反映他儿子看起来在社会化方面不够成熟，常被其他三年级的同学忽视。当他试图给他的孩子一些日常建议时，才发现他在法律上没有权利对儿子的事情做决定。之后他提交了共同监护的诉状。他说他前妻在这件事上不予合作，还说她认为他的行为是在试图“报复”，因为她在考虑再婚。他对此否认，并说他希望她能再婚，但他也非常坚定地想要帮助解决儿子的社会发展问题。

该男子是家里的老大（有一个30岁的弟弟和一个26岁的妹妹）。他父亲现年57岁，是一名已退休的消防员，他母亲55岁，是家庭主妇。他父母住在较远的一个州。他18岁高中毕业后不久就应征入伍了。他服役3年，其中有18个月作为装甲师成员在海外服役。他22岁退伍并进入一所州立大学，但一年后决定不再上学，而在一家汽车经销商店做汽车修理工，同时在一个货柜车赛车维修站做兼职。几个月后他通过朋友认识了自己的妻子，开始恋爱。她当时是一名大学生，毕业没多久他们就结婚了，之后她开始继续攻读商学研究生。

婚后第三年他在一间汽车配件店做了管理者。过去两年中他都购买有股权，现在拥有该店铺的1/3股权。小孩出生后他妻子决定去找工作，后来在一家广告公司就职。她的工作非常出色。在此期间，小孩周末被送往日托中心，下午由他接回。他说妻子开始逼迫他与大学同学和朋友有更多交往，而这就是他们疏远的原因。显然，妻子的收入比他多。当小孩上幼儿园后他和妻子就不再有感情了，双方都表达了对婚姻的不满。于是他们分居了，妻子还住在原有的公寓中，还请了保姆在她不在家时照顾小孩。他承认离婚并没有很不愉快，那时他也觉得离婚协议比较合理。但现在觉得他太天真了。他说自己有再婚的想法，但目前交往的异性中没有合适的人选。他觉得他是个良好的榜样，可以给儿子提供许多比现在更好的成长经验。夏天，他会在一个小的棒球队帮忙，也在红十字会做志愿者。

案例25　一位35岁男子的自我知觉相关变量

R = 26	OBS = 阴性	HVI = 阴性		人物内容、解剖和X光片反应
			I	2. Do Fo Hd PHR
Fr + rF = 0	3r + (2) /R = 0.35		Ⅲ	6. D + Mao 2 H，Id P 3.0 COP，GHR
			Ⅵ	13. D + Mp. FD + H，Sc 2.5 GHR
FD = 3	SumV = 0		Ⅶ	14. W + Mao 2 H，Ls P 2.5 COP，GHR
			Ⅶ	15. W + Mao 2 H 3.0 COP，GHR
An + Xy = 1	MOR = 2		Ⅸ	19. D + Ma. FCo 2 (H)，Id P 2.5 COP，GHR
			Ⅸ	20. D + Mao H，Sc 2.5 GHR
H:(H) + Hd + (Hd) = 6:3			Ⅹ	21. D + Mau 2 (H)，Bt 4.0 COP，GHR
[EB = 8:5]			Ⅹ	24. Dv Fu An MOR
			Ⅹ	25. D + Ma. FCo H，Bt 4.0 GHR

案例26

这是一位23岁的女性，在内科医生的建议下，去一家私人心理健康诊所。该内科医生为她治疗结肠痉挛已经有7个月。她的病情经常复发，他（内科医生）认为这可能与她的压力应对困难有关。她还有个姐姐（现年25岁，大学毕业，结婚3年）。她父亲50岁，是一家制造业公司的行政主管，母亲48岁，是家庭主妇。她跟姐姐感情很好，虽然她们住在不同的州，但经常通电话，尤其是在姐姐18个月前生下双胞胎女儿后。她说跟姐姐打电话是她生活中很重要的一部分，“这常能让我保持情绪稳定”。

她18岁高中毕业，成绩在前20%，之后如愿进入大学，主修小学教育。在大二结束那年，她对教育前景大失所望，于是决定至少休学2年，去探索她未来的工作兴趣。她后来做了律师助理，并对这份工作产生了浓厚的兴趣。目前，她在权衡回到学校完成法律预科然后再申请入读法学院的可能性。她说虽然她的工作是有酬劳的，但对于她的个人生活来说还远远不够。工作之后她一直是一个人住在公寓里，直到大约2年前，她开始与一个经常约会的男人（学生）同居。他们的关系只持续了4个月，“我无法相信我对他的判断是如此的错误。他总是提出要求却从不会帮助解决。没多久我就觉得我像他的女佣，即便如此，我也用了将近1个月的时间才鼓起勇气把他甩了”。第二年她开始频繁约会。她承认那段时间她与许多人有性关系，她说，“那真是太愚蠢了，因为我真的是把自己置于一堆麻烦之中。”大约1年前，她开始跟一个37岁的男人约会。这个人与妻子分居了，他告诉她他将要离婚。在他们恋爱的第三个月，他搬去跟她一起住了，同居关系持续了3个月。这段恋爱在这个男人向她承认还有去看他妻子并有可能重新和好时结束了。

她说过去6个月中“我的生活就是一团糟”。她发现她在工作中心烦意乱，有一些睡眠障碍，经常受到疼痛的困扰。她抱怨说，虽然她有一些相熟的人，但唯一能真正与她分担痛苦的只有她姐姐。她似乎意识到需要治疗，她说“我会去做我必须要做的任何事情，把自己拯救出来。”转诊者想了解她的人格结构，她接受探索性治疗模式的意愿有多大，以及接受团体模式的支持治疗的可能性。

案例26　一位23岁女子的自我知觉相关变量

R = 19	OBS = 阳性	HVI = 阴性	人物内容、解剖和X光片反应
Fr + rF = 3	3r +（2）/R = 0.74	Ⅱ	3. WS + CF. FT. Mp - Hd，Bl 4.5 MOR，PER，PHR
		Ⅲ	5. D + Ma + 2 H，Cg P 4.0 COP，GHR
FD = 1	SumV = 1	Ⅲ	6. DS + Ma. FC'o 2 H，Cg，Hh P 4.5 COP，GHR
		V	10. W + Ma. mpo 2 H，Cg 2.5 GHR
An + Xy = 0	MOR = 1	Ⅶ	13. W + Mp. Fr + H，Hh，Cg P 2.5 GHR
		X	17. Dd + Mpo 2（Hd），Cg 4.5 GHR
H:（H）+ Hd +（Hd）= 4:2			
[EB = 6:3.5]			

案例27

这是一位26岁的男子，由法庭同意首次住进一家私人精神病院。进行评估时，他已经在医院住了9天。他因为违反骚扰禁令而被逮捕，禁令是他入院前3周发布的。禁令是应一名23岁女子的要求发布的，她是该男子曾经工作的一家公司里的秘书。她控告他每天都会给她打4到6通电话，在公司打在家也打，而且电话内容都是淫秽的。她还控告说他在她上下班时跟踪她，在她汽车的挡风玻璃上留言，有三次试图要进她的公寓。她把自家电话号码改了而且没有公开，但他还是能获得新号码。警察在禁令发布后记录到两个他给她的电话。两通电话里他都恳求她嫁给他，还说他前妻跟她说的关于他的话都是谎言，他能给她“这个世界上最好的性爱”，接着他还描述了细节。第二通电话之后他就被拘留了。按照与法庭达成的协议，他同意住院“评估与治疗”。

他有个妹妹，现在22岁，是名大学毕业生，刚结婚。他父亲51岁，是保险销售员。母亲50岁，是法庭书记员。他母亲在39岁时因抑郁在门诊接受了5个月的治疗。他自述其发展史正常。他说在高中时，他的成绩处于中等偏上水平，而且是田径选手。他说他约会过好几个女孩，第一次性经历是在16岁，否认有同性恋经历。他18岁高中毕业，虽然被一所州立大学录取，但他还是决定延迟学业，后在一家建筑公司做了石匠学徒。他住在家里，他说“我存了很多钱，这样我就不用担心上大学的问题了”。

他20岁进入大学，但觉得“很无聊”，成绩也处于及格边缘（他在第一学年的下学期被留级察看）。此时他通过另一个学生认识了一个20岁的秘书，并开始跟其约会，当年夏天他们就订婚了。从学校的第二年开始，他越来越觉得失望，于是5周后就退学了。然后在一家建筑公司做石匠，一个月后结婚。

据他前妻说，他们的婚姻在大约4个月后开始恶化，“他总会熬夜看电视还喝啤酒”。她说他抱怨大学老师对他不公平，还开始反对她上班前化妆，指责她想要勾引其他男人。最后，她决定离开他，与自己父母住在一起。他恳求她回来而她一个月后确实回去了，但当他在一次争吵中打了她之后，她就又走了，并在此之后很快提出离婚。他没有对离婚诉讼提出异议，但他确实打了好几次电话还写了好几封信给她，希望她能给他一次机会。

离婚之后她见过他两次，第二次见面的时候他想要跟她发生性关系。她反抗，他就开始辱骂，并指责她跟他的一个同事有暧昧关系（她不认识那个人）。她告诉他“他需要帮助”，但他变得非常有威胁性，于是她下了车。过去4年里她都没有跟他联系过，虽然他在她的生日、情人节、复活节和圣诞节都会寄卡片给她。

离婚之后他在4家不同的公司做过石匠。他声称跳槽是因为工作需要，而确实也没有证据表明他曾经被解雇。他说离婚后他约会过很多女孩，包括申请了禁令的那位。他说那个女子夸大了电话的次数，还说是她想要跟他发生性关系，说她认识他前妻，以及“她站在我们中间”。他说，“我老婆就想让我的生活变得糟糕。她就是不想让我高兴，因为她自己不高兴，她还说了很多关于我的谎话。”

他承认自己抑郁，但指出，“这不会让我停止工作。”他说他在大学时就抑郁过，现在正在寻找新的生命意义。他觉得如果他能“跟一个好人”再结一次婚，那什么问题都能解决。他对住院很恼火，“这个地方是给疯子住的，我不是疯子。”尽管如此，他还是合作的，虽然有时会恶语中伤其他男病人。他否认自己有妄想、强迫和幻觉。他偶尔会跟医护人员开玩笑，也愿意做一些建筑维修工作，“我要让自己保持忙碌”。在评估完成前，一直没有给他用药。

案例27　一位26岁男子的自我知觉相关变量

R = 18	OBS = 阴性	HVI = 阳性	人物内容、解剖和X光片反应
Fr + rF = 0	3r + (2) /R = 0.28	Ⅲ	5. W + Ma. C. FDo 2 H，Art，Sx，Cg P 5.5 GHR
		Ⅳ	8. Wo Fu A，An 2.0 MOR
FD = 4	SumV = 0	Ⅸ	16. WSo CF. Mp. FD − Hd，An 5.5 MOR，PHR
An + Xy = 2	MOR = 4		
H:(H) + Hd + (Hd) = 1:1			
[EB = 2:7.5]			

二、解释程序

解释程序总共有八个步骤。前七个步骤聚焦于结构数据和人物内容编码。最后一个步骤是在测验记录的措辞和内容中，寻找投射性材料。

（一）步骤1：OBS、HVI

OBS和HVI在解释认知功能时已讨论过，但在自我知觉这个单元中对其再次进行考察也是很重要的。

OBS的潜在发现：就像之前提到的，OBS呈阳性表示专注于完美。这种特征不一定就是一种缺陷，但如果使用过分或经历重大挫折，它可能成为一个问题。具有强迫特征的人，很看重正确性或精确度，并常常蔑视那些不看重这类特征价值的人。有关强迫性的起因有多种理论，但它们都有一个共同假设：有强迫倾向的人有一种不安全感，因为他们对自己的能力表示怀疑。追求完美是对不安全担忧进行控制的一种方法，甚至是一种对犯错误恐惧的回避，因为犯错误便证明他们是无能的。

通常，具有强迫倾向的人，在他们的自我意象中，炫耀夸张的特征是不明显的。他们对自我的看法倾向于保守，有时会比一般人更消极。如果一个强迫性的人，其自我意象中包含不切实际的夸大，那他/她在失败时，出现心理问题的危险就越大。这是因为强迫性的人倾向于夸大错误的重要性和后果，以及贬低自己。

案例26的阳性发现：她确实具有强迫风格，表明她的自我意象以关注她的能力为特征，并可能有一种没有把握的感觉，尽管她更期望有把握。

HVI的潜在发现：HVI为阳性，表示对攻击高度关注。这不是一种特殊的关注，而是一种普遍的关注，正如前面章节中提到的，它来自对环境的不信任态度。高警觉性的人非常关注对个人完整性的捍卫，他们倾向于将困难或失败的原因归于外部力量，而不管现实情况如何。他们对他人的行为和反应有一种不确定感，从而使他们高度关注自己的行为，力求确保其适当性，以避免被贬低或被控制。高警觉性的人固执于这种谨慎状态，并投入相当多的精力来维持这种状态。当环境使这种高警觉性强化时，他们的思维就会明显具有偏执的特征。进入步骤2。

案例27的阳性发现：他是个高警觉性的人，对环境持不信任态度，对贬低和控制的可能性过分关注。他时刻准备识别和对付这种可能性，并为此投入大量精力。人格的完整对他来说是非常重要的，他经常通过将负性事件归因于外部因素来保护这种人格的完整性，而不管事实真相如何。

（二）步骤2：镜像反应

镜像反应与人格的自恋样特征（narcissistic-like feature）有关。这种特征是自我的核心成分，具有一种明显的赋予自己很高价值的倾向。在年幼儿童中，有这种高估自我价值的特征是正常的。在青春期，随着有条理的认知操作变得更加普遍，社会关系变得更为重要，这种夸大自我价值的倾向或特征就会消失或变得更加适度。夸大的自我价值感并不会自动导致某种心理障碍。很多对自己评价很高的人，在生活中是非常成功的，但也总是存在这样的危险，即他们的自我中心破坏了对自我完整性和他人完整性关注的平衡发展。

这种膨胀的自我价值感是否导致适应问题，在很大程度上要视个人能否获得认可而定。因为这种高自我评价的倾向对追求身份地位的动机发展有显著影响。如果能获得认可，那病理或失调发生的可能性就会降低。另一方面，如果高自我价值感无法得到认可，通常就会导致挫败和消极观念。这种情况通常会导致形成精细的自我防御体系，通过该防御体系，个人非同寻常的价值信念将得到保护。这将导致其形成一种罹患心理障碍和/或适应不良的易感素质。合理化、外化和否认构成了这类防御的核心。

案例26　一位23岁女子的自我知觉相关变量

R = 19	OBS = 阳性	HVI = 阴性	人物内容、解剖和X光片反应
		Ⅱ	3. WS + CF. FT. Mp − Hd，Bl 4.5 MOR，PER，PHR
Fr + rF = 3	3r +（2）/R = 0.74	Ⅲ	5. D + Ma + 2 H，Cg P 4.0 COP，GHR
		Ⅲ	6. DS + Ma. FC'o 2 H，Cg，Hh P 4.5 COP，GHR
FD = 1	SumV = 1	Ⅴ	10. W + Ma. mpo 2 H，Cg 2.5 GHR
		Ⅶ	13. W + Mp. Fr + H，Hh，Cg P 2.5 GHR
An + Xy = 0	MOR = 1	Ⅹ	17. Dd + Mpo 2（Hd），Cg 4.5 GHR
H:（H）+ Hd +（Hd）= 4:2			
[EB = 6:3.5]			

潜在发现：如果 Fr + rF 大于0，表示过分的自我卷入和夸大的自我价值感支配着个人对世界的知觉。这种特征是一种基本的人格特征，它对决策和行为有很大的影响，因为需要不断地确认和强化这种夸大的自豪感。具有这种特征的青少年和成年人，常常发现难以建立和维持深刻和有意义的人际关系。在某些情况下，它可激发自我审查，如果这种反省或自我审查发生，就会引起内心冲突：一方面赋予自我高价值，另一方面又意识到没有充分证据。如果外界没有给予特别的认可，那就很容易发展出不合群和/或反社会的倾向。进入步骤3。

案例26的阳性发现：她的测验记录中包含3个镜像反应，表明她是非常以自我为中心的，有夸大的自我价值感。这个特征对她的决策和行为非常有影响，可能使她很难与他人建立和维持成熟的人际关系。这也增加了她外化指责和/或否认不愿面对的压力的可能性。她具有强迫风格，因此这个发现对她而言是有点不寻常。有强迫倾向的人通常对他们自身有一种不安全感，这与其自恋样的关注不吻合。另一方面，她对完美和正确的关注，可能是支持她高度自尊的一种合理方式。如果后者是正确的，那将增加因生活中的任何负性事件而外化指责的可能性。

（三）步骤3：自我中心指数

自我中心指数用于评估自我关注和自尊。它是测量自我专注行为的粗略指标。如果它的值在平均范围之上，则表明有过度的自我投入，但并不一定等同于高自尊，除非镜像反应也是阳性。另一方面，如果它的值低于平均值，则表明自尊比正常情况要低，那就是说在将自我和他人做比较时，结果是倾向于负面的。

对成年人而言，该指数的预期或平均范围是0.33～0.45，儿童的上下限值有所增加，依年龄不同而不同，具体如下所示：

5岁	0.55～0.83	11岁	0.45～0.58
6岁	0.52～0.82	12岁	0.38～0.58
7岁	0.52～0.72	13岁	0.38～0.56
8岁	0.48～0.74	14岁	0.37～0.54
9岁	0.45～0.69	15岁	0.33～0.50
10岁	0.45～0.63	16岁	0.33～0.48

儿童的预期值增加并不奇怪。儿童作为一个群体，倾向于比大多数成年人有更多的自我投入。随着儿童对现实世界的认识、对他人重要性和对人际关系价值的意识的不断发展，这种自我投入会逐渐减弱。

潜在发现1：当自我中心指数在平均值以上，表示他/她对自己的关注比大多数人的高。如果在测验记录中，出现一个或以上的镜像反应，则表示被试具有强烈的自恋样特征，在与他人的关系中对自我有更多有利的判断。如果在测验记录中没有镜像反应，则表示被试通常的自我关注是异乎寻常地强，容易导致对外界的忽略。在很多案例中，自我中心指数高于平均值，表示高自尊或高自我价值感。但是在某些案例中，这种对自我的高度关注可能暗示存在一种自我不满感。当后一种情况是真实的，那在测验记录中应该有其他自我贬低和/或社交适应问题的证据。进入步骤4。

案例26　一位23岁女子的自我知觉相关变量

R＝19	OBS＝阳性	HVI　＝阴性	人物内容、解剖和X光片反应
		Ⅱ	3. WS＋ CF. FT. Mp－ Hd，Bl 4.5 MOR，PER，PHR
Fr＋rF＝3	3r＋（2）/R＝0.74	Ⅲ	5. D＋ Ma＋ 2 H，Cg P 4.0 COP，GHR
		Ⅲ	6. DS＋ Ma. FC'o 2 H，Cg，Hh P 4.5 COP，GHR
FD ＝ 1	SumV ＝ 1	Ⅴ	10. W＋ Ma. mpo 2 H，Cg 2.5 GHR
		Ⅶ	13. W＋ Mp. Fr＋ H，Hh，Cg P 2.5 GHR

（续上表）

An + Xy = 0	MOR = 1	X	17. Dd + Mpo 2（Hd），Cg 4.5 GHR
H:（H） + Hd + （Hd） = 4:2			
[EB = 6:3.5]			

案例 26 的阳性发现：她的自我中心指数是 0.74，远高于成年人平均水平的上限。3 个镜像反应是自我中心指数升高的重要原因，同时也提供了一些关于她过多自我卷入和高估自我价值的证据。

潜在发现 2：当自我中心指数落在平均范围内（成年人为 0.33～0.45，儿童见上面的数据），表示对自我投入与大部分人的相当。

案例 25　一位 35 岁男子的自我知觉相关变量

R = 26	OBS = 阴性	HVI = 阴性		人物内容、解剖和 X 光片反应
			Ⅰ	2. Do Fo Hd PHR
Fr + rF = 0	3r + （2）/R = 0.35		Ⅲ	6. D + Mao 2 H，Id P 3.0 COP，GHR
			Ⅵ	13. D + Mp. FD + H，Sc 2.5 GHR
FD = 3	SumV = 0		Ⅶ	14. W + Mao 2 H，Ls P 2.5 COP，GHR
			Ⅶ	15. W + Mao 2 H 3.0 COP，GHR
An + Xy = 1	MOR = 2		Ⅸ	19. D + Ma. FCo 2（H），Id P 2.5 COP，GHR
			Ⅸ	20. D + Mao H，Sc 2.5 GHR
H:（H） + Hd + （Hd） = 6:3			Ⅹ	21. D + Mau 2（H），Bt 4.0 COP，GHR
[EB = 8:5]			Ⅹ	24. Dv Fu An MOR
			Ⅹ	25. D + Ma. FCo H，Bt 4.0 GHR

案例 25 的阳性发现：自我中心指数为 0.35，无镜像反应。这个结果表明他的自我投入不比大多数人的更多或更少。

潜在发现 2a：如果自我中心指数在平均范围内，且记录中有一个或以上的镜像反应，则是不寻常的情况。这是因为自恋样特征导致了一种过分的自我关注。如果自我中心指数在正常范围，且至少有一个镜像反应，表明被试很可能意识到对自我高价值的推定是错误的，此外自我怀疑的问题也并非不常见。

对一个青少年来说，这个发现是阳性的，一般来说可能是有益的，因为它可能表示社会成熟的进程正在不断进行。但对成年人来说，就不是一个正面的发现，因为对夸大的自我价值的质疑常常引起被试更频繁地使用在过去已经被强化了的防御策略。这样会导致其心理功能更加混乱和效率更低，情绪波动也会经常出现。进入步骤 4。

潜在发现 3：如果自我中心指数低于平均水平，那就有理由认为被试对自己的价值评估是消极的。这样的人在与别人做比较时总是认为自己差。这种特征通常是抑郁的先兆。这样的发现在含有镜像反应的记录中不常见。如果自我中心指数低于平均值，且测验记录中有镜像反应，则表明被试的自我意象与自我价值有严重冲突。情绪波动的可能性非常大，也可能出现行为功能紊乱。进入步骤4。

案例27　一位26岁男子的自我知觉相关变量

R = 18	OBS = 阴性	HVI = 阳性	人物内容、解剖和X光片反应
		Ⅲ	5. W + Ma. C. FDo 2 H, Art, Sx, Cg P 5.5 GHR
Fr + rF = 0	3r + (2) /R = 0.28	Ⅳ	8. Wo Fu A, An 2.0 MOR
		Ⅸ	16. WSo CF. Mp. FD – Hd, An 5.5 MOR, PHR
FD = 4	SumV = 0		
An + Xy = 2	MOR = 4		
H:(H) + Hd + (Hd) = 1:1			
[EB = 2:7.5]			

案例27的阳性发现：自我中心指数为0.28，低于平均值范围，没有镜像反应。在与别人比较时，对自己的评判是偏负面的，自尊水平低于大多数成年人。

（四）步骤4：FD和SumV

FD和V反应与内省行为有关。自我反省或审查通常被认为是一种积极的特征，通过自我反省对自己的认识会更多。在理想的情况下，内省能排除偏见、定势和情绪，使对自己的观察尽可能客观，并从现实的角度来研究自己的特性。通常，自我审查能使意识推向更高水平，大部分的人时不时采用某种形式的内省，对他们的优缺点做更全面的评价。当然，内省也包含某种危险，因为它有时代表了一种对自己完整性的蓄意挑战。在极端情况下，它可能变成一种苦思冥想，导致非常令人痛苦的情绪。

FD与内省倾向有关，通常，在测验记录中出现FD，是一种积极的信号，除非出现的频率过高。出现V反应，便较少有积极意义。它也表示一种内省倾向，但会导致非常消极的情绪。正像在第三章和第四章提到的，V反应是与情境相关的内疚或悔恨有关，但更多的是与对自我的负面特征的持续关注有关。不论哪种情况，V反应都表示存在一种对自我特征反复琢磨的倾向。这种倾向导致烦恼，常常使人感到痛苦。

潜在发现1：当R至少为17，且没有FD或V反应时，表明被试可能比一般人更少进行内省。这种人通常对他们自己更为天真和无知。这种情况在儿童和青少年中是常见的。如果R小于17，这种假设便是靠不住的，在总结时要避免这样的假设。进入步骤5。

潜在发现2：如果SumV为0，FD为1或2，则可假设此人热衷于自我审查并且差不多成了一种习惯。通常，这是一个积极的发现，因为这个过程能推进对自我意象的再评估。进入步骤5。

潜在发现3：如果FD超过2个，或SumV大于0，则表示存在某种不寻常的内省行为。如果记录中有3个或以上的FD反应，而又没有V反应，则表示对自我意象有异常的关注。如果这种关注涉及努力改善自我，那它可能是积极的。如果自我中心指数在正常范围，那这种情况就更有可能是真的。另一方面，如果仅仅是对自己进行反复思索，则可能有不良后果。在自我中心指数低于平均值时，这种情况就很有可能发生。如果出现1个或多个V反应，不管FD出现多少，都表示被试对觉察到的负面特征有过分的关注，由此可导致痛苦的情绪。

这种情况在生命周期中的某些阶段并非不常见，例如在青春期和老年期，或在面对重要的生活事件时，如情感丧失、失败、身体或心理问题等等。一些接受探索性治疗的被试，在治疗的早期阶段，在他们的测验记录中也常出现这种情况。不管原因是什么，这都表示自我专注的程度相当高。这种情况在含有1个镜像反应的测验记录中很少出现，它可能表明存在严重的自我意象冲突。如果测验记录中有1个或多个V反应，还有1个镜像反应，则几乎可以肯定该被试正在努力尝试处理高自我价值感与觉察到的负面特征之间的冲突。进入步骤5。

案例25　一位35岁男子的自我知觉相关变量

R = 26	OBS = 阴性	HVI = 阴性		人物内容、解剖和X光片反应
			Ⅰ	2. Do Fo Hd PHR
Fr + rF = 0	3r + (2) /R = 0.35		Ⅲ	6. D + Mao 2 H, Id P 3.0 COP, GHR
			Ⅵ	13. D + Mp. FD + H, Sc 2.5 GHR
FD = 3	SumV = 0		Ⅶ	14. W + Mao 2 H, Ls P 2.5 COP, GHR
			Ⅶ	15. W + Mao 2 H 3.0 COP, GHR
An + Xy = 1	MOR = 2		Ⅸ	19. D + Ma. FCo 2 (H), Id P 2.5 COP, GHR
			Ⅸ	20. D + Mao H, Sc 2.5 GHR
H:(H) + Hd + (Hd) = 6:3			Ⅹ	21. D + Mau 2 (H), Bt 4.0 COP, GHR
[EB = 8:5]			Ⅹ	24. Dv Fu An MOR
			Ⅹ	25. D + Ma. FCo H, Bt 4.0 GHR

案例25的阳性发现：有3个FD反应，但没有V反应，表明他的自我审查行为远比预期的要多，可能对自我意象的关注非常强烈。事实上，他的自我中心指数在平均值范围内，这是一个积极的信号，由此可推测他的自省行为可能与努力改善自我有关。

案例26　一位23岁女子的自我知觉相关变量

R = 19	OBS = 阳性	HVI = 阴性		人物内容、解剖和X光片反应
			Ⅱ	3. WS + CF. FT. Mp − Hd, Bl 4.5 MOR, PER, PHR

（续上表）

Fr + rF = 3	3r + （2）/R = 0.74	Ⅲ	5. D + Ma + 2 H，Cg P 4.0 COP，GHR
		Ⅲ	6. DS + Ma. FC'o 2 H，Cg，Hh P 4.5 COP，GHR
FD = 1	SumV = 1	Ⅴ	10. W + Ma. mpo 2 H，Cg 2.5 GHR
		Ⅶ	13. W + Mp. Fr + H，Hh，Cg P 2.5 GHR
An + Xy = 0	MOR = 1	Ⅹ	17. Dd + Mpo 2（Hd），Cg 4.5 GHR
H:（H） + Hd + （Hd） = 4:2			
[EB = 6:3.5]			

案例 26 的阳性发现：她的测验记录中只有 1 个 FD 反应，但也有 1 个 V 反应。另外，她的记录中有 3 个镜像反应，自我中心指数很高。这种组合提示她对自我意象异常关注，以及在努力处理高自尊与知觉到的负面特征冲突的问题。后者使她产生痛苦的情绪，自我积极和消极方面之间的冲突一定令其非常困惑。她过去的生活中至少有两段令人非常失望的情感关系，为此她公开贬低自己。这使得 V 反应不大可能仅仅与情境有关，提示她努力在好的和坏的自我特征之间进行抗争已有相当长的时间了，她现有的某些症状可能与此有关。

案例 27 一位 26 岁男子的自我知觉相关变量

R = 18	OBS = 阴性	HVI = 阳性	人物内容、解剖和 X 光片反应
		Ⅲ	5. W + Ma. C. FDo 2 H，Art，Sx，Cg P 5.5 GHR
Fr + rF = 0	3r + （2）/R = 0.28	Ⅳ	8. Wo Fu A，An 2.0 MOR
		Ⅸ	16. WSo CF. Mp. FD − Hd，An 5.5 MOR，PHR
FD = 4	SumV = 0		
An + Xy = 2	MOR = 4		
H:（H） + Hd + （Hd） = 1:1			
[EB = 2:7.5]			

案例 27 的阳性发现：这份测验记录中有 18 个反应，其中有 4 个 FD 反应，表明他对自我意象的关注非常强烈。自我中心指数为 0.28，低于平均值。因此，他很有可能对自己有大量思索，其中隐藏着一种自己不如别人的感觉。同时，他也是一个高警觉的人。这样，他倾向于把自己觉察到的对自己任何缺点的指责外化。

（五）步骤 5：An + Xy

An 反应在大部分测验记录中是不常见的，X 光片反应则更少出现。因此，对 An + Xy

的预期值为0，最多是1。如果超过1，通常表示对身体有不寻常的关注，当这个值增大时，可能存在对身体全神贯注的倾向。

潜在发现1：如果An + Xy为2，那解释者需要注意，可能存在对身体的某种关注。不必将此发现视为存在个人心理组织问题的指标，除非这类反应中有一个形状质量为“-”的反应，或有一个MOR。如果其中的一个或两个FQ是“-”，或有一个MOR，那存在严重的身体关注的可能性便提高了。这个问题在步骤8的内容考察中还将讨论。进入步骤6。

案例27的阳性发现：他的测验记录中有2个An反应，且每一个都有MOR，其中一个还是FQ-反应。他很可能对身体有异常担忧，或至少他觉得自己比自己期望的更脆弱。

潜在发现2：如果An + Xy等于或大于3，则几乎可以肯定存在某种对身体不寻常的担忧或高度关注，而不论反应的形状质量如何或是否包含MOR。这种情况在有身体问题的人中并非少见。如果不存在身体问题，则表明存在对身体和/或自我意象反复思索的可能性，以及存在一种令人不安的脆弱感。进入步骤6。

（六）步骤6：MOR

在一份测验记录中，发现一个包含病态内容（MOR）的反应并非少见。它们最常出现在图卡VI涉及动物毛皮的常见反应（P）中。当MOR反应超过一个，则表示自我意象中包含消极或不完美的特征。有很多因素可导致人们产生对自己的负面印象。有些是由不幸或挫折的累积而产生的，另一些则更可能直接源于具体的教育、职业、情感或社交经历中的失败或失望，其中有些可能是最近发生的。这些背景通常是理解这些负面特征产生原因的重要材料。不管原因是什么，这些特征的影响通常是持续的，当其增大到某种程度时，便会产生对自我的悲观看法。所有的MOR反应都将作为投射性材料在步骤8中研究，但是通常仅仅是MOR反应出现的频率就足以提醒解释者注意在自我意象中可能包含重要的令人讨厌或损坏的印象。

潜在发现1：如果MOR为2，则表明自我概念中可能有一些消极特征，它们会导致对自我的悲观看法。这种情况很少会出现在含有镜像反应的测验记录中，如果出现，则表示存在自我价值的冲突，或在一些案例中，它可能与新近出现的被知觉为对高估的自我意象有贬损的环境事件有关。进入步骤7。

案例25　一位35岁男子的自我知觉相关变量

R = 26	OBS = 阴性	HVI = 阴性		人物内容、解剖和X光片反应
			I	2. Do Fo Hd PHR
Fr + rF = 0	3r + （2）/R = 0.35		Ⅲ	6. D + Mao 2 H，Id P 3.0 COP，GHR
			VI	13. D + Mp. FD + H，Sc 2.5 GHR
FD = 3	SumV = 0		VII	14. W + Mao 2 H，Ls P 2.5 COP，GHR
			VII	15. W + Mao 2 H 3.0 COP，GHR

（续上表）

An + Xy = 1	MOR = 2	Ⅸ	19. D + Ma. FCo 2 (H), Id P 2.5 COP, GHR
		Ⅸ	20. D + Mao H, Sc 2.5 GHR
H:(H) + Hd + (Hd) = 6:3		Ⅹ	21. D + Mau 2 (H), Bt 4.0 COP, GHRBH
[EB = 8:5]		Ⅹ	24. Dv Fu An MOR
		Ⅹ	25. D + Ma. FCo H, Bt 4.0 GHR

案例 25 的阳性发现：有 2 个 MOR 反应，提示他可能对自己有更多悲观的看法。有一个假设值得考虑，那就是他的某些自我否定可能是由婚姻失败和随便处理监护权的事实演化而来的。有关监护权的问题，直到最近发生了某些事情，才让他更直接地去面对。

案例 27　一位 26 岁男子的自我知觉相关变量

R = 18	OBS = 阴性	HVI = 阳性		人物内容、解剖和 X 光片反应
			Ⅲ	5. W + Ma. C. FDo 2 H, Art, Sx, Cg P 5.5 GHR
Fr + rF = 0	3r + (2)/R = 0.28		Ⅳ	8. Wo Fu A, An 2.0 MOR
			Ⅸ	16. WSo CF. Mp. FD – Hd, An 5.5 MOR, PHR
FD = 4	SumV = 0			
An + Xy = 2	MOR = 4			
H:(H) + Hd + (Hd) = 1:1				
[EB = 2:7.5]				

潜在发现 2：如果 MOR 等于或大于 3，则有理由认为自我意象具有明显的消极特征，一般而言，思维中包含了更多对自我的悲观看法。这种情况在含有镜像反应的测验记录中极少出现，如果出现了，则有两种可能：第一，在自我意象和自我价值之间存在明显的冲突；第二，努力夸大悲伤和/或无助的印象。进入步骤 7。

案例 27 的阳性发现：这份有 18 个反应的记录中有 4 个 MOR 反应，表明他的自我意象具有明显的消极特征，提示他对自己的知觉是相当悲观的。这与先前的自我中心指数的发现是一致的，FD 反应和 An 反应的结果表明他对自己充满了担忧。他的高警觉性提示他会把悲观的原因归咎于外部因素，并可能把自己当作他人的受害者。

（七）步骤 7：人物内容反应编码

这一步骤包括两个部分，每个部分都是从不同但又相关的角度来研究人物内容反应的。每个部分都能提供有关自我意象和/或自我价值的一些信息，把它们综合起来常常就能得到相当有用的信息。由此步骤产生的解释，需要将认同理论与有关反应过程和墨迹图外周特征的发现整合起来。

反应过程和墨迹图外周特征的信息有力地支持了这样的观点，即有时接受测验的人，对给出人物内容反应有选择的自由。认同理论认为在进行选择时，他们可能会选择那些与他们自己身份最一致的反应，丢弃那些与他们的印象不相符合的反应。

这个步骤的第一部分包括对纯 H 反应频率的研究。第二部分研究人物内容反应的编码特征。这是以这样的假设为基础的，即在有些情况下，反应的编码特征能够提供有关他/她自己印象的信息。从这两部分得出的假设，常常支持之前得出的假设，但有时又与之前的不一致。但不管哪种情况，在与步骤 8 来自投射性材料的结论整合之前，都应被看作是试验性假设。

1. **步骤 7a**：H:（H）+Hd+（Hd）

H:（H）+Hd+（Hd）只有当人物内容反应的数目等于或大于 3 时才有用。非病人和治疗进展良好的门诊病人都倾向于给出比其他人物内容反应总和还要多的纯 H 反应。另一种极端情况是，有严重适应问题的人给出的纯 H 反应通常比其他人物内容反应的和要少。

H 编码只用于对完整和真实的人物反应。Hd 反应涉及真实人物的部分，但包括许多特征。主要是脸部或头部这两个比较常见，其他身体特征，如腿、手、眼睛和性器官等也并非少见。那些加了括号的内容类别（H）和（Hd），用于对非真实人物反应的编码。有些人的自我意象，更多建立在对现实不大相符的想象或内部表征上，而非建立在与真实人物认同的基础上，他们在选择人物内容反应时，更多选择其他人物内容形式，而非纯 H 反应。

有一点必须强调，即对这个比率的数据必须慎重对待。提出这样的警告有两个原因：第一，可能也是最重要的，对所有人物内容反应出现频率的预期，因 EB 的不同而不同。表 8 给出了 500 名非病人样本依据四种风格和 R 范围划分的各类人物内容反应的平均数。

表 8　按照 R 和反应风格划分的各类人物内容反应的平均数（500 名非病人样本）

	R=14~16				R=17~27				R=28~55			
	反应风格				反应风格				反应风格			
	I	A	E	L	I	A	E	L	I	A	E	L
N=	18	22	17	16	116	54	129	38	33	16	24	17
类别												
H	3.8	1.8	1.6	1.7	4.8	2.5	2.5	1.8	7.1	3.7	2.1	2.9
(H)	1.0	1.2	1.3	0.7	1.2	1.7	1.1	1.0	1.2	0.9	2.0	1.4
Hd	0.4	0.5	0.6	1.0	0.9	0.9	0.8	1.6	1.7	2.7	1.4	2.6
(Hd)	0.1	0.2	0.1	0.6	0.1	0.2	0.3	0.5	0.4	0.4	0.1	1.3
总计	5.3	3.6	3.6	4.0	7.0	5.3	4.7	4.9	10.4	7.7	5.6	8.2

注意：I=内向；A=中间型；E=外向；L=回避型

如表 8 所示，内向风格的人，给出的人物内容反应的平均数比中间型或外向风格的人多 2 ~ 3 个，而且大部分是纯 H 反应。有趣的是，回避型（高 Lambda）的人要比中间型的人给出的人物内容反应少。

第二，在研究 H:（H） + Hd + （Hd）时要考虑 R，特别是涉及简短和冗长的测验记录时更要注意。某些墨迹图的关键外周或末梢特征有利于形成 H、Hd，或带括号的人物内容，这种情况对简短的测验记录特别重要。给出少于 17 个反应的人，通常对测验的防御性较强。通常，他们对进行测试准备不充分，他们觉得测验具有潜在的威胁性。

如果防御性的人在形成反应时把自己限制在墨迹图明显的末梢特征上，那对图卡 I（D4）和/或 III（D9）给出 H 反应，对图卡 IV（W 或 D7）和图卡 IX（D3）给出（H）反应，对图卡 VII（D9）给出 Hd 反应的可能性就会增加。如果所给出的人物内容反应只有这些，除了对图卡 I 没给出 H 反应，那么 H:（H） + Hd + （Hd）就是 1:3；如果只有图卡 IX 没给出反应，那么 H:（H） + Hd + （Hd）就是 2:2；或给出全部五个反应，H:（H） + Hd + （Hd）则为 2:3。

那些自我意象主要建立在对真实人的认同或真实人的经验之上的人，预期他们给出的纯 H 反应更多。按照这个假设，上述任何一种情况所显示的比率数据都不是那么令人鼓舞。

表 8 的数据显示，当 R 小于 17 时，只有内向风格组给出的 H 反应的平均值大于其他人物内容反应的总和；当 R 大于 27 时，所有组都给出更多的人物内容反应，但增加比例大的都是 Hd 反应。因而，在简短和冗长的测验记录中，除了内向组外，对其他所有的组，预期 H 反应都不大可能会超过其他人物内容反应的总和。

潜在发现 1：当人物内容反应的总和大于等于 3 时，则有理由认为被试的自我意象更多是以经验为基础的，而不是想象的。如果：

1a. 被试是内向风格且纯 H 反应比其他人物内容反应的总和至少多 2 点；

1b. 被试不是内向风格，纯 H 反应大于或等于其他人物内容反应的总和，且 R 为17 ~ 27；

1c. 被试不是内向风格，R 小于 17 或大于 27，纯 H 反应大于或等于其他人物内容反应总和，或只少于其他人物内容反应总和不到 1 个点。

当上面任何一种情况出现时，提示社会相互作用可能在自我的形成中具有重要作用。当然，这个发现并不意味着该被试的自我意象和/或自我价值就一定是正确或现实的。进入步骤 7b。

潜在发现 2：当给出的人物内容反应是 3 个或以上时，则有理由假定自我意象和/或自我价值在很大程度上是建立在想象或对真实经验歪曲的基础之上的，如果：

2a. 被试是内向风格，纯 H 反应比其他人物内容反应的总和少 2 个点；

2b. 被试不是内向风格，纯 H 反应小于其他人物内容反应的总和，且 R 在 17 ~ 27 范围内；

2c. 被试不是内向风格，R 小于 17 或大于 27，纯 H 反应比其他人物内容反应的总和小 1 个点或以上。

如果符合上述三种情况中的任何一种，则表明被试是不大成熟的，有关其自我的概念常常是歪曲的。这种非常有限的自我意识，有时会对决策和解决问题造成非常负面的影响，导致潜在的人际交往困难。进入步骤7b。

2. 步骤7b：人物内容反应编码

人物内容反应编码，常常对步骤7a的发现有澄清作用。例如，如果在一份测验记录中，所有的人物内容反应都是纯H，从步骤7a得出的假设性结论将是：该被试的自我意象主要是建立在与社会相互作用的基础之上。然而，如果这些纯H反应都是FQ－，且有些或全部都含有关键特殊分数，那么7a的假设就可能是错误的。这样，就有必要对编码的同质性进行检查，包括积极的和消极的。

任何一个反应的编码，都不足以提供特定的解释，当然如果反应的编码特征特别突出时，可能存在例外。不过一般来说，在7a和7b发现的基础之上，可通过权衡积极的和消极的特征，形成一个一般的假设，从而使解释不断得到完善。

对编码的解释没有硬性规定，但有经验的解释者应该能够很容易地区别出哪些反应具有积极的特征，哪些反应是消极的。例如，考虑下列编码：

D + Ma. FCo 2 H，Cg 4.0 COP
Do Mpo Hd MOR
DdSo FC'u（Hd）
D + Ma. FV － H，Cg 4.0 DR

第一个显然是最积极的。它的形状质量是普通（o），有一个纯H反应，一个Ma，一个经过调整的色彩编码，一个COP特殊分数。所有这些都是正面的特征，虽然不能对一个编码单独进行解释，但根据这些特性可以预期该被试的自我意象是相当健全的。

第二个反应也是FQo，但其内容是Hd，更重要的是，它有一个MOR，这可能表示自我意象中包含缺损或缺陷。

第三个反应有4个不理想的特征。有一个含S的Dd，一个非彩色决定因子和一个（Hd）。对自我意象感到不安的人，在其人物内容反应中，常常含有阴影决定因子，特别是阴影维度、弥漫阴影或非彩色决定因子。

第四个编码可能是最不如意的。尽管它有一个纯H，但也有一个阴影维度决定因子，一个歪曲（－）的形状质量和一个DR。

对自我意象有歪曲或感到困惑的人，通常会给出FQ－的人物内容反应。当人物内容反应编码中含与认知失误或与功能紊乱有关的6个特殊分数中的任何一个，则表示在有关自我的思维中存在歪曲。正如前面所指出的，包含特殊分数MOR的人物内容反应，提示存在缺损感。

出现Hx表示被试试图以过度理智化的方法来处理自我意象和/或自我价值的问题，这样可能会忽略现实。如果在含有AB特殊分数的反应中出现Hx内容，则这种可能性就更大。给出含有Hx和AB反应的人，常常在冲动思维的控制方面存在问题，这样就导致出现许多严重歪曲的自我意象特征。

需要再次强调的是，在大多数情况下，不能过分看重单独一个反应的编码在形成解释中的作用。我们的目标是研究所有人物内容反应的编码，如果可能的话，对自我意象和/或自我价值形成一般性的观点。下面给出了一些区别积极和消极特征的一般准则。它们并不是全部，而且不能僵化地使用。它们只是提醒解释者注意那些可能是积极或消极的特征，还要明白一点：列为积极的特征，也可以出现在含有消极特征的反应中；反之亦然。

常见的积极特征：	**常见的消极特征：**
没有S的W或D	有Dd或在W或D反应中有S;
形状质量为+或o	形状质量为-
纯H反应中有M	（Hd）反应中有M
如果使用色彩，是FC	如果使用色彩，是纯C
没有阴影或非彩色特征	有阴影或非彩色特征，特别是有阴影维度或非彩色决定因子
没有色彩混合或阴影混合特征	有色彩混合或阴影混合特征
没有An、Bl、Ex和Hx内容	有An、Bl、Ex和Hx内容
除COP外，没有其他特殊分数	有除COP之外的其他特殊分数，特别是MOR、AB、INCOM、FABCOM、ALOG、CONTAM

案例25　一位35岁男子的自我知觉相关变量

			人物内容、解剖和X光片反应
R=26	OBS=阴性	HVI　=阴性	
		Ⅰ	2. Do Fo Hd PHR
Fr+rF=0	3r+（2）/R=0.35	Ⅲ	6. D+ Mao 2 H，Id P 3.0 COP，GHR
		Ⅵ	13. D+ Mp. FD+ H，Sc 2.5 GHR
FD　=　3	SumV　=　0	Ⅶ	14. W+ Mao 2 H，Ls P 2.5 COP，GHR
		Ⅶ	15. W+ Mao 2 H 3.0 COP，GHR
An+Xy　=1	MOR　=　2	Ⅸ	19. D+ Ma. FCo 2（H），Id P 2.5 COP，GHR
		Ⅸ	20. D+ Mao H，Sc 2.5 GHR
H:（H）+Hd+（Hd）=6:3		Ⅹ	21. D+ Mau 2（H），Bt 4.0 COP，GHR
[EB　=　8:5]		Ⅹ	24. Dv Fu An MOR
		Ⅹ	25. D+ Ma. FCo H，Bt 4.0 GHR

案例25的阳性发现：这位内向风格男被试的记录中有9个人物内容反应，H:（H）+Hd+（Hd）是6:3。所有部位编码都是W或D。形状质量有8个是“+”或“o”，没有“-”。有6个纯H反应。有3个混合反应（2个有FC，1个有FD），都没有消极特征，也没有消极的特殊分数。一般来说，这些发现都是相当积极的，由此可推测他的自我意象发展得不错，主要建立在社会人际基础之上。他的自我意象可能是相当健全的。不过，还是要小心对待，因为在他的记录中有2个MOR特殊分数，提示他对自己可能比看起来的要更消极或悲观。

案例 26 一位 23 岁女子的自我知觉相关变量

R = 19　OBS = 阳性　HVI = 阴性		人物内容、解剖和 X 光片反应
	Ⅱ	3. WS + CF. FT. Mp − Hd, Bl 4.5 MOR, PER, PHR
Fr + rF = 3　3r + (2) /R = 0.74	Ⅲ	5. D + Ma + 2 H, Cg P 4.0 COP, GHR
	Ⅲ	6. DS + Ma. FC'o 2 H, Cg, Hh P 4.5 COP, GHR
FD = 1　SumV = 1	Ⅴ	10. W + Ma. mpo 2 H, Cg 2.5 GHR
	Ⅶ	13. W + Mp. Fr + H, Hh, Cg P 2.5 GHR
An + Xy = 0　MOR = 1	Ⅹ	17. Dd + Mpo 2 (Hd), Cg 4.5 GHR
H:(H) + Hd + (Hd) = 4:2		
[EB = 6:3.5]		

案例 26 的阳性发现：在这位内向风格女性的记录中，有 6 个人物内容反应，H:(H) + Hd + (Hd) 是 4:2。有 5 个反应的部位编码是 W 或 D，但其中的 2 个包括了 S，另有一个是 FQ −。有 1 个 Dd 反应。所有 6 个反应都包含 M，其中的 4 个是混合反应，但其中的附加决定因子没有一个具有清晰的积极特征（CF. FT、FC'、mp、Fr）。事实上，有 2 个含有阴影或非彩色特征。6 个反应中有 4 个是纯 H 反应，但不利的反应有 Hd，也包括 1 个 MOR 特殊分数，而 Dd 反应有 1 个（Hd）内容。虽然在这些反应中，有些含有积极特征（W、D、M），H 反应比其他人物内容反应的总和多 2 个点，但也有许多消极特征，尤其是 S、FQ − 及两个阴影决定因子和 1 个 MOR，这些都不容轻视。总的来说，消极特征提示她对其自我意象是不满意的，可能具有损害性印象。考虑到之前发现的她对自我价值的夸大，这个假设就越显重要。

案例 27 一位 26 岁男子的自我知觉相关变量

R = 18　OBS = 阴性　HVI = 阳性		人物内容、解剖和 X 光片反应
	Ⅲ	5. W + Ma. C. FDo 2 H, Art, Sx, Cg P 5.5 GHR
Fr + rF = 0　3r + (2) /R = 0.28	Ⅳ	8. Wo Fu A, An 2.0 MOR
	Ⅸ	16. WSo CF. Mp. FD − Hd, An 5.5 MOR, PHR
FD = 4　SumV = 0		
An + Xy = 2　MOR = 4		
H:(H) + Hd + (Hd) = 1:1		
[EB = 2:7.5]		

案例 27 的阳性发现：只有 2 个人物内容反应。因此，步骤 7a 不适用。这两个编码没有一个是积极的。两个混合反应都包含 3 个决定因子，其中一个包含 1 个具有积极特征的

FD，但另一个则是 FQ-，还有1个 An 和1个 MOR。其他还包括1个纯 C 反应和1个次要内容 Sx。期望从一个或两个反应的编码中获取太多的东西总是危险的。不过，早先的发现已经提示，他的自我意象可能更偏于负面，他的自尊也比较低。这两个反应的编码与此解释并非不一致。

（八）步骤 8：搜寻投射性材料

虽然罗夏测验的程序并没有要求或强迫产生投射，但墨迹图和测验任务的要求所具有的模糊性，允许给出的反应具有这样的特征，即对刺激区域的转换或对报告对象的修饰超越反应区域所具有的特征。这样的反应几乎总是包含了投射性材料。它们几乎出现在每一份测验记录中，不过出现的频率变化很大，但也很少能遍及所有给出的反应。实际上，遇到一份在反应中不包括任何投射性材料且可靠、有效的测验记录是可能的。

在罗夏测验的反应中有两种类型的投射。第一种类型包含某种错误的知觉。就像在第六章中描述的，墨迹图或墨迹图区域关键性末端特征，限制了适合墨迹图特征的反应范围。所有的墨迹图或墨迹图区域都能被识别为某种物体，但却不能被识别为任何物体。

如果一个人对墨迹图或墨迹图区域的界定与墨迹图或墨迹图区域的特征是不一致的，那就是一个歪曲反应（-）。如果这种歪曲不是由神经生理的损伤而引起的，那便可以假设它所反映的是一种心理活动的投射，即心理内部的定势或操作取代了对该区域的现实转化。因而，在搜寻投射材料时，对所有形状质量为歪曲或“-”的反应都要进行仔细的检查。

通常，第二种类型的投射更容易解释。它可以出现在“-”反应中，但是也常常出现在对刺激区域没有歪曲的反应中。在这种情况下，一个人已经超越了对刺激区域的简单转化，或脱离了刺激区域。这类修饰可以出现在任何反应中，它们反映出来的是给出反应的人的某种东西，而在激发它们出现的刺激区域或任务中并不存在这种东西。

含有这种投射的大多数反应，常常不需做解释性转换，因为这种修饰要么偏离刺激区域，要么对区域进行精细化，所以通常是很明显的。一般而言，这类投射材料出现在含有人物内容、运动和特殊分数如 MOR、AG 或 COP 的反应中，但就像上面提到过的，任何反应都可能被修饰。

任何单个反应的投射材料，通常都无法提供大量的有关个人的解释性信息。相反，能提供最可靠的、具有解释价值的是投射性材料的类型。当测验记录中的修饰或主题越来越多或过剩时，解释者对所表现出的个人特征就更为确信。

例如，许多运动反应中出现“活泼快乐的”这个词，或非常频繁地出现将对象描述为“怪异的”或“损坏的”反应，都能提供大量有关自我意象或自尊的信息。然而，冗长的主题有时可能不是很明显。比如，像“漂亮的”、“有吸引力的”和“动人的”等这类词可能散布在测验记录中，或像“脸不干净”、“他似乎转过去了”和“这是他的背面”等这类评论也会出现在反应中，并广泛地分布在记录中。

解释者在搜索投射性材料时，有两种方法可使用。一种是简单地阅读整个记录，从第一个到最后一个。这种方法有利有弊。积极的一面是，它使解释者可以考察被试从一张图卡到另一张图卡的一连串活动。消极的一面是，解释者必须小心谨慎地解释每一个反应。

通常，很多反应不含有投射性材料，假设只能使进程变得混乱。

另一种方法更有系统性。这种方法通过分类或分组来研究反应，也就是说，选择性地考察同一类反应，因为它们最有可能包含具有解释意义的投射性材料。一旦对分类反应的研究完成后，便开始对整个记录做最后的浏览，寻找尚未辨识的反应。

下面使用四种反应类型（FQ－、MOR、人类运动/人物内容和其他运动反应）来举例说明这种方法，最后以对整个记录的查看而结束。前两个反应类型（FQ－和 MOR）通常显示有关自我消极特征的信息，而后两个反应类型（人类运动/人类内容和其他运动反应）显示的信息更为广泛，既有积极的，也有消极的。某些反应可归属不止一种反应类型，但是这种重复只能用以确保反应在一个恰当的框架中被充分考虑和解释。

1. 步骤 8a：形状质量为"－"的反应

首先，选择这一反应类型是因为它能反映可影响认知中介活动的内部心理倾向。需要强调的是，有些歪曲反应（－）可能不是投射的产物。它们可能源自错误的输入加工或中介调节。因而，必须谨慎处理歪曲反应（－）的内容。

歪曲反应（－）中的投射材料，因其同质的内容或共同的措词而显得相当明显。如果在歪曲反应（－）中投射性材料不明显，那就应当放弃对其进行解释，因为试图从不清晰的内容中发现意义，将会对解释进程产生反作用。

2. 步骤 8b：MOR 反应

编码为 MOR 的反应，几乎总是显示个人对自己有某种消极的印象，然而某些 MOR 反应出现的频率相当高。在图卡 II，它们是打斗中受伤的动物，在图卡 VI 是被辗过的动物。它们不应被视为无意义的而被忽略，但任何源于它们的假设都应被视为暂时或试验性的，在没有得到其他数据证实前，不得纳入到最后的结论中。

通常，在不同 MOR 反应中使用的同义词，如受伤的、坏掉的、垮掉的和荒废的等，能提供最可靠的有关自我概念的信息。然而，有时一个或两个非常独特或显眼的 MOR 反应，能对理解自我意象提供丰富的信息。如果 MOR 反应的形状质量是"－"，则进一步肯定该反应是直接的自我表征的投射。

3. 步骤 8c：人类运动与人物内容反应

这一反应类型很可能代表着个人认同或专注的某些特征。通常，在形成有关自我意象或自尊的假设中，它能提供有用的信息。人类运动反应尤其重要，因为它们包含了超出墨迹图外周特征的修饰，而且，如果在反应中给出的是人物活动，那么表示自我意象的可能性就更加明显。

通常，对所包含的运动属性给予特别关注是有益的。然而，应当注意的是，有三张墨迹图的刺激特征确实容易引起 M 反应（图卡Ⅲ，D1，举着或拖着某物的人；图卡 VII，D1/D9，正在看或玩耍的小孩；图卡 IX，D3，相互靠着或打架的小丑或怪物）。解释者在对这些反应做出假设时必须谨慎，除非其他反应明显支持这一假设。

4. 步骤 8d：动物与非生物运动反应

最后一类要检查的反应是 FM 和 m。对动物运动反应做出解释性假设必须谨慎。如同某些 M 反应一样，有三张墨迹图的刺激特征很容易引起 FM 反应。它们分别是图卡 I、V（W，一只在飞的有翼的动物）和图卡Ⅷ（D1，在爬行的动物）。对这些区域的 FM 反应做出假设时，主要应依据反应中的异常特征。

一般而言，在FM和m反应中，最有意义的投射性材料是不同反应中明显使用的相同特征或措辞（例如消极的、攻击性的和明显的情绪等）。就像其他反应类型一样，重复对形成假设是重要的，因为主题或特征出现得越频繁，则越有可能反映自我意象或自我价值。

5. 步骤8e：寻找其他修饰

寻找投射性材料的最后一步是对尚未研究的反应进行检查，以确定是否存在反映自我表征投射的修饰。某些还没有阅读过的反应，可能包含戏剧性的或不寻常的词语或精细化描述。

对来自这些反应的发现应当谨慎使用，它们通常很容易与之前形成的假设融合在一起。在某些记录中，特别是在那些缺少运动反应或特殊分数的记录中，这些反应中的材料是非常重要的。因为通过这些修饰和异常词语的积累，可以形成有关自我意象的假设，否则便无从下手。

对测验记录的浏览，给解释者提供了从头到尾阅读反应的机会，也为获取被试在整个测验过程中认知和投射活动的整体印象提供了机会。例如，有些人对最初几张墨迹图的反应是防御性的，而当他们对任务适应后，就会变得更为开放。另一些人则正好相反，他们对头两张或第三张图卡给出非常细致的反应，之后则变得更加谨慎和表达不清楚。有时，与投射有关的材料能够提供测验行为改变的线索。

6. 对案例25的考察

8a：该测验记录中没有“－”反应。

8b：该测验记录中有2个MOR反应。第一个（图卡Ⅵ，W，反应12）是“一只被剥了皮的动物。”虽然这是一个普通反应（o），但在询问阶段，他加入了一些令人感兴趣的说明，“……整个都展开了，像是一张动物的毛皮，某种战利品。”他争辩说，在离婚和监护权问题上他被误导了。这个反应所反映的，可能就是这种令人恼火的被操纵感。

第二个MOR反应（图卡X，D11，反应24）是“某种动物的骨架。”在询问阶段，他将此详细描述为“死动物的一些骨头……就是一些像脊椎骨的骨头和关节。”这是一个不常见反应（u），尤其是将其具体确定为脊椎骨和关节。这个描述引出一个有关他自我意象稳健性的问题，尽管是极具推测性的。

案例25　一位35岁男性被试的罗夏测验记录

图卡	反　应	询　问
Ⅰ	1. 我猜是一只鸟，可能是一只黑色的鸟。 主试：多花点时间，多看看，我想你会看到其他东西的。	主试：（重复被试的反应） 被试：这应该是翅膀，这是身体部分，我猜可能是蝙蝠，之前我一直没想到是蝙蝠。 主试：你说一只黑色的鸟？ 被试：是的，它就有那样的颜色。

（续上表）

图卡	反 应	询 问
Ⅰ	2. 这部分看起来像人的下半部分，我是不是要看到更多的？ 主试：随你。 被试：我可以转动吗？ 主试：随你。	主试：（重复被试的反应） 被试：只是腰部以下的部分，看，这里是腿（指D3），正好就是那样的轮廓。
	v3. 如果你把它延伸一点，中间的部分可能是发射台上的火箭。	主试：（重复被试的反应） 被试：中间是火箭，顶部带有一个舱，这些边上的部分（D2）应该是发射台，在发动机启动前，让它悬挂着，看这里（D1），可能是排气口，这些（Dd28）是发射台的支架，上面这里（Dd31）可能是机舱。
Ⅱ	4. 较暗的部分可能是两只狗，正在磨蹭鼻子，像玩耍时那样。	主试：（重复被试的反应） 被试：你看不到全部，只有头，这里和这里（D1），它们正触碰着鼻子，这里，有一点像它们在玩耍时那样做的，我猜它们在互相嗅着，以一种友好的方式，看，耳朵在这里（指着），脖子。
	5. 如果把白色和红色合在一起，就像在起飞的火箭。	主试：（重复被试的反应） 被试：白色的像火箭，红色的全都是火箭起飞时从排气管喷出的火，鲜红的。
Ⅲ	6. 像两个人围着一只鼓或其他什么东西在跳舞。	主试：（重复被试的反应） 被试：他们弯着腰，像是某种舞蹈动作，看，这是头，这里是手臂，看起来像他们正在击鼓，他们的腿，像是土著舞。 主试：土著舞？ 被试：我不知道，土著舞或是现代舞，有鼓和围绕着鼓跳舞的什么东西。
	7. 这中间的部分可能是红色的风筝。	主试：（重复被试的反应） 被试：它有翅膀，中间部分很窄，他们做不同形状的风筝，这个更像是鸟或蝴蝶，没有尾。
	v8. 这些红色的可能是海马。	主试：（重复被试的反应） 被试：他们有那样的形状，不过我觉得它不应该是红色的，看，头和长长的尾巴（指着）。
Ⅳ	9. 那让我想起某种长毛大狗，蹲着。	主试：（重复被试的反应） 被试：这是耷拉着的耳朵（D4），头（D3），大脚（D6），我猜这可能是尾巴，在它的后面（D1）。 主试：你说一只长毛狗。 被试：它看起来全身都是毛，长长的毛，像一只长毛狗，看那里不同的阴影，这让它有那种印象。

（续上表）

图卡	反　应	询　问
Ⅳ	v10. 这样看，中间部分看起来像一只昆虫的头，像毛毛虫。	主试：（重复被试的反应） 被试：就是这部分（D1），有小小的触角，有点方形的头，像某种昆虫，像毛虫。
Ⅴ	11. 我猜是一只鸟，在飞，像是鹰或雕。	主试：（重复被试的反应） 被试：它有大的翅膀，细小的身体，我猜这些可能是腿（Dd34），这些是尾部羽毛（Dd32），它的颜色太黑了，像鹰或雕。
Ⅵ	12. 我猜它可能是一只被剥了皮的动物。	主试：（重复被试的反应） 被试：头还在，但其他部分都摊开了，像是一张皮，某种战利品，我猜，某种有毛的动物，像狐狸或狼。 主试：你说一只有毛的动物？ 被试：这些斑纹，特别是靠近中间的部分，让它看起来有些像皮毛，短毛的，像狐狸或狼。 主试：你说头还在？ 被试：上面这里（D3），这看起来像脖子，鼻子，可能是胡须或其他。
	<13. 这样看，像是一个坐在划艇上的人。	主试：（重复被试的反应） 被试：人的轮廓不是很清晰，但这部分像船，你可能想到这前面部分（Dd25）像钓竿，有点像是仰视着它。 主试：仰视着它？ 被试：像你在平面上以一个角度向上看，看，这是那个人，像是戴着尖顶帽（Dd24），这是船（D4 剩下部分），这可能是钓鱼竿，伸出到这里。
Ⅶ	14. 它让我想到两个小女孩，像是坐在一块大石头上，一起玩着。	主试：（重复被试的反应） 被试：看上去她们的头发里有羽毛，上面这里（D5），看，前额和下巴、鼻子，伸到这里的可能是手臂，这下面的是石头，像是在玩游戏或什么。
	v15. 这样看像是两个在跳舞的女人，背对背，她们的头向后，几乎要贴在一起了。	主试：（重复被试的反应） 被试：一边一个，她们的发型好像很大，这是手臂、腿，她们像是在跳舞。 主试：你说她们的发型很大。 被试：看这里，如果只是头的话（Dd23）就太大了，所以我想是很大的发型，我猜可能是帽子。

（续上表）

图卡	反 应	询 问
Ⅷ	16. 很多颜色，像是圣诞树的装饰。	主试：（重复被试的反应） 被试：有很多颜色，它的顶端尖尖的，两边像是一些动物，像狗或猫，就像某种特别的装饰。 主试：很多颜色？ 被试：粉红、蓝色、白色、橙色，可能是一种有自然景色和动物的装饰。
	17. 这顶部让我想到一只飞镖。	主试：（重复被试的反应） 被试：看起来像，我舅舅曾从新西兰买了一个给我，它们的形状就像这样，有锥形的末端，如果你把它抛出去，它会飞回来。
Ⅸ	18. 可能是一种开花的植物。	主试：（重复被试的反应） 被试：它有这些尖角的橙色花朵，绿色的可能是叶子，这中间的是茎，粉红色部分是花盆，植物插在里面。
	19. 如果只用橙色这部分，它看上去像两个女巫一样的人，正在这个大锅里酿造着什么。	主试：（重复被试的反应） 被试：她们戴着尖尖的帽子，她们的手臂伸向这个大锅，像是在搅拌某种东西，都穿着橙色的衣服，酿制某种魔水或其他什么东西。 主试：我对锅不大确定。 被试：中间这部分，可能是大缸或大锅（勾画 D8）。
	<20. 这部分看上去像一个正在驾驶摩托车的人。	主试：（重复被试的反应） 被试：通常能看到那个人，身体前倾一点，这是车把，看，头在这里（Dd24），这是身体，车轮看得不是很清楚。
Ⅹ	21. 上面这里看起来像两个守护神一样的人，正试着举起这根棒子。	主试：（重复被试的反应） 被试：他们看起来有些怪异，所以说是守护神。他们有短小的腿，看上去他们有触角或某些从头或帽子突出的东西，他们试着举起这根棍或棒。
	22. 这些蓝色的部分可能是螃蟹，我猜。	主试：（重复被试的反应） 被试：它们的形状像，有很多脚。
	<23. 这样看，棕色部分看起来像一只趴着的狗。	主试：（重复被试的反应） 被试：就这里（D13），有狗的形状，看，这是头，前腿向前伸出，有点像在趴着，使它放松。
	v24. 这样看的话，灰色部分看上去像是什么动物骨架的东西。	主试：（重复被试的反应） 被试：可能是什么头骨的东西，或是死动物的一些骨头。我猜你没见过像这样的头骨，可能只是一些像脊椎或关节的骨头。

（续上表）

图卡	反　应	询　问
X	V25. 这部分像一个人在几根绳子或树藤间摆荡，像人猿泰山。	主试：（重复被试的反应） 被试：就是这里（D5），看起来像一个人，他在这些绿色的树藤间摆荡，这让我觉得像人猿泰山。这是腿、身体，手臂举起，像是在抓住这些树藤，在树间摆荡。
X	26. 你知道，你可以把所有一切看作一个花园，有各种各样的花，远处是一座喷泉或雕像。	主试：（重复被试的反应） 被试：很多漂亮的花，各种各样的颜色，我不知道是什么品种，但都布置得非常仔细，你知道吗？非常像，这粉红色的像圆木或石头，放在那里增色不少。 主试：你说远处是一座喷泉或雕像？ 被试：是的，灰色部分，如果你想象，从你站的这里看过去，它就在另一端。

案例 25　分数序列

图卡	部　位	#	决定因子	(2)	内　容	P	Z	特殊分数
I	1Wo	1	FC'o		A		1.0	
	2Do	3	Fo		Hd			PHR
	3W+	1	mpu		Sc		4.0	
II	4D+	1	FMao	2	Ad	P	3.0	COP，GHR
	5DS+	5	ma. CFo		Sc，Fi		4.5	
III	6D+	1	Mao	2	H，Id	P	3.0	COP，GHR
	7Do	3	FCu		Sc			
	8 Do	2	Fu	2	A			
IV	9Wo	1	FMp. FT. FDu		A		2.0	
	10Do	1	Fo		Ad			
V	11Wo	1	FMa. FC'o		A		1.0	
VI	12Wo	1	FTo		Ad	P	2.5	MOR
	13D+	4	Mp. FD+		H，Sc		2.5	GHR
VII	14W+	1	Mao	2	H，Ls	P	2.5	COP，GHR
	15W+	1	Mao	2	H		3.0	COP，GHR
VIII	16WSo	1	CF. C'Fo	2	Art，A	P	4.5	
	17Do	4	Fo		Sc			PER
IX	18W+	1	FCo		Bt，Hh		5.5	
	19D+	3	Ma. FCo	2	(H)，Cg	P	2.5	COP，GHR
	20D+	1	Mao		H，Sc		2.5	GHR

（续上表）

图卡	部 位	#	决定因子	(2)	内 容	P	Z	特殊分数
X	21D +	11	Mau	2	(H), Bt		4.0	COP, GHR
	22Do	1	Fo	2	A	P		
	23Do	13	FMpo		A			
	24Dv	11	Fu		An			MOR
	25D +	10	Ma. FCo		H, Bt		4.0	GHR
	26W +	1	CF. FDo		Bt, Art		5.5	

8c：有趣的是，在他的9个人物内容反应中只有2个（图卡Ⅰ，反应2和图卡Ⅲ，反应6）和8个M反应中只有1个出现在测验记录的前半部分。它们都没有明显的投射，而都是比较谨慎的。第一个"看起来像人的下半部分"，是唯一不包含M反应的。这是一个简单的形状反应，唯一值得注意的是他的关注点"腰部以下部分"，并在随后询问"我要找出更多的吗？"这可能什么都说明不了，但也可能暗示隐匿于心中的一些顾虑。

第二个是对图卡Ⅲ作出的，是一个普通反应（o），"两个人围着一只鼓在跳舞。"但有点不自然的是"某种弯着腰的舞蹈动作……正在击鼓。"当问及"土著舞"时，他的小心谨慎是明显的，在这一点上他放弃了，"我不知道，土著舞或是现代舞，有鼓和围着鼓在跳舞的什么东西。"

第三个人物内容反应（图卡Ⅵ，反应13）更具创造性，也更详细，"一个坐在划艇上的人"，不过明显是被动的。在询问阶段，加入了钓鱼竿，但从未说那个人正在钓鱼。他只是"坐在"船上，"人的轮廓不是很清晰。"就此一点便很难让人不怀疑，他是否对自己缺乏信心？是否由此导致了过分的谨慎？

第四和第五个人物内容反应（图卡Ⅶ，反应14和15）更加积极主动，但也有谨慎的迹象。那个女孩是"坐着……在玩游戏或什么。"那些女人在跳舞，"背对背，几乎要贴在一起了。"第六个反应（图卡Ⅸ，反应19）比较普通，"女巫一样的人在酿造什么东西"。唯一可能不寻常的措辞就是她们"都穿着橙色的衣服，在酿造某种魔水或其他什么东西"，但这都不具有任何清楚的解释意义。第七个反应（图卡Ⅸ，反应20）是一个孤立的人物，"一个正在驾驶摩托车的人……身体前倾"。这是一个很好的反应，但也有一些谨慎的痕迹"车轮看得不是很清楚"。

最后两个是对图卡X的反应（反应21和25）。两个都很有意思。反应21是"守护神一样的人试着举起这根棍子或杆子。"他们的样子很奇怪，长着"短小的腿"。像其他M反应一样，这是一个好的（+）反应，但他说他们试着抬起（lift）而不是正在抬起（lifting），提示某种不确定感。最后一个人物内容反应是"一个人在几根绳子或树藤间摆荡，像人猿泰山……抓住这些树藤，在树间摆荡。"人猿泰山是一个比较孤独的人，他的生活远离文明，与动物比他与人交流更容易。相反的，8个M反应中的5个包含合作运动，表明他倾向于把自己知觉为一个社会导向的人。

这些反应中没有一个是真正消极的，尽管其中体现了一系列的谨慎小心。这些都是相对较好的反应，很容易将其解释为自我意象的发展相当好，尽管他对自己的信心比别人猜测的要差些。

8d：有4个FM反应（图卡Ⅱ，反应4；图卡Ⅳ，反应9；图卡Ⅴ，反应11；图卡Ⅹ，反应23）和2个m反应（图卡Ⅰ，反应3；图卡Ⅱ，反应5）。对这个案例来说，最好是从2个m反应开始考察，因为它们出现在记录的开头，可能与接受测验及监护权的压力有关。

第一个是反应3，“发射台上的火箭……在发动机启动前悬挂在上面……”这是一个被动反应，涉及的对象强劲有力。第二个m反应是主动的，“火箭起飞……在发射升空时，火从排气管里喷出。”按照已经积累起来的假设，似乎值得提出这样的疑问，即他的小心谨慎是否与其对情绪控制的担忧有关。

4个FM反应可划分为主动和被动的，即2个主动的，2个被动的。第一个是主动的，且具有谨慎特征，“两只狗，正在磨蹭鼻子，像玩耍时那样……我猜它们在互相嗅着，以一种友好的方式”。实际上，狗相互嗅对方通常是以一种小心和试探的方式进行，而不是玩耍的方式。另一个主动的FM反应是“我猜是一只鸟，在飞，像是鹰或雕”。鹰和雕都是掠食性动物，但到现在为止，测验记录中没有证据提示他把自己知觉为那种角色。

剩下的2个FM反应是非常被动的，“长毛大狗，蹲着……耷拉着耳朵……我猜这可能是尾巴，在它的后面”，“一只趴着的狗……有点像在趴着，使它放松。”对这组反应的解释，再次确定他是一个非常谨慎的并有点被动的人，对自己没有信心。

8e：到目前为止，他的26个反应已检查了17个。剩下的9个反应包括（图卡Ⅰ）“一只黑色的鸟”，（图卡Ⅲ）“一只红色风筝……没有尾”和“可能是海马……不过我觉得它不应该是红色的”，（图卡Ⅳ）“昆虫的头，像毛毛虫”，（图卡Ⅷ）“像是圣诞树的装饰……就像某种特别的装饰”和“一只飞镖”，（图卡Ⅸ）“一种开花的植物”，（图卡Ⅹ）“螃蟹”和“一个花园……都布置得非常仔细……粉红色的像是圆木或石头，放在那里增色不少。”

这些反应中，除了圣诞树的装饰和花园反应外，没有异乎寻常的修饰，这两个反应似乎传递出一种温和的情感。与他的大多数反应一样，这9个反应形成得都不错，有的还很有创造性。

步骤8的总结：总的说来，这些反应表明，在他的自我意象中积极的远多于消极的。他的自我意象是有现实基础的，倾向将其描绘成温和的、敏锐的，有时还具有创造性。另一方面，也清楚地显示他是一个非常谨慎小心的人，对自己的信心明显比外表看上去的要差。这种对自己能力的不确定感，使得其谨慎小心更为加剧，对问题和决策有时表现得被动。不过，有一点需要指出，那就是此次评估与监护诉讼有关，这里表现出的明显的谨慎小心可能受这个背景的影响。

7. 对案例26的考察

8a：有两个“-”反应。第一个（图卡Ⅱ，反应3）“某个受伤人的脸”，这是一个非常引人注目的投射。有趣的是，在询问阶段，她将“某个人”识别为男人，可能是想回避与她自己更直接的关联，不过询问到的内容与她报告的人际交往史是一致的。“他受伤了……他的下巴和胡须上都有血，他有很浓密的胡须，但这是血，在他的头上……像是很痛。”胡须很有意思，因为它被描述为有质感的，可能与她的丧失和/或孤独感有关。这是个MOR反应，传递出她感受到的痛苦和隐藏在心中的对其处境的悲观主义态度。

第二个是“－”反应（图卡Ⅳ，反应8），“两只鸭子从灌木丛中向不同的方向窥视”，不大引人注目，但却很有趣，因为她把一个普通反应（o）转变成一个“－”反应。单独使用D4将其视为一只长脖子的鸟，形状质量是“o”。但她通过扩展包括了墨迹图内部更大的部分（Dd22），超越了原来基本的外周特征，创造出了一个灌木丛，还加入D4环绕的白色部分，识别出“一只有黑色和白色的鸭头”。灌木丛是防护性的，鸭子在“偷看……向不同的方向”。这是胆小、退缩的反应，它包含了空白和阴影维度，可能表示疏离和悔恨。总的来说，这两个“－”反应似乎都传达了许多有关她的基本情境的信息，而正是因此她才转诊做评估。

8b：只有一个MOR反应，已经评论过了。

8c：有6个人物内容反应，都含有M。第一个是对图卡Ⅱ做出的，已经分析过了。接下来的两个都是对图卡Ⅲ做出的。反应5是“两个舞者，一起跳舞，像迪斯科舞厅的。”这是一个主动的反应，她描述得很详尽，“夹克的翻领或竖领的女衬衫……她们都穿着高跟鞋。”

案例26　一位23岁女性被试的罗夏测验记录

图卡	反　应	询　问
Ⅰ	1. 天哪，某种野兽，我说是一只狼，它的脸，它是愤怒的。 主试：如果你多看一会，我想你会看到别的东西。 被试：你希望看到别的吗？ 主试：试一试，每个人都不止看到一个东西。	主试：（重复被试的反应） 被试：它像是在低声咆哮，它的嘴上翘着，眼睛在这，脸部，耳朵，双眼向下。它确实看上去愤怒了。
	<2. 一头毛驴，这下面是它的倒影。	主试：（重复被试的反应） 被试：这是水线（中间的线），我猜它站在一些石头上，后腿，前腿，耳朵竖起，这下面的全是倒影。
Ⅱ	3. 某人受了伤的脸。	主试：（重复被试的反应） 被试：我不喜欢这个，一个男人的脸，而且他受伤了，因为下巴和胡须都有血，他有非常浓密的胡须，而这是血，头上也有血，看这上面的红色，他的嘴巴（DS5）张开，像是很疼的样子。 主试：你说他的胡子非常浓密？ 被试：看起来暗的、浓密的，我曾认识一个家伙就有这样胡须。
	<4. 这样就好多了，它看起来像兔子，正在冰上滑着，像电影里那样，班比，沙佩就是它的名字。	主试：（重复被试的反应） 被试：这是它的鼻子，尾巴，这白色的是冰，它在上面滑行，你能看到冰上它的倒影，看，都在这下面（用手勾画），不算红色的那些。

（续上表）

图卡	反 应	询 问
Ⅲ	5. 两个舞者，一起跳舞，像在迪斯科舞厅。	主试：（重复被试的反应） 被试：这里和这里（D9）是她们的头，脖子，夹克的翻领或竖领的女衬衫，她们的手臂，腿，她们相互向前倾，两人都穿着高跟鞋。
	6. 两个服务员，在清理桌子。	主试：（重复被试的反应） 被试：相同的身体，穿着黑衣服和白色围裙，这里，她们的身体向这个桌子倾斜，像是在清理桌子。
Ⅳ	7. 像只松鼠，像是仰视着看它，它站在这里，你往上看可看到它，它的尾巴，大大的脚。	主试：（重复被试的反应） 被试：它的头，尾巴，肚子，像松鼠那样蹲着，你能从下面看到它，这浅的颜色凸显出它的皮毛，这种视角让它的脚像是往上的。 主试：我不清楚怎么看起来像毛皮。 被试：这些线条像有质感（用手擦）。
	8. 两只鸭子，从灌木丛向不同的方向窥视。	主试：（重复被试的反应） 被试：黑色和白色的鸭头，向不同的方向看去。 主试：还有灌木丛? 被试：这里，不同明暗的黑色让它看起来很浓密，圆形像是灌木丛，它们躲在里面，只是偷看。
Ⅴ	9. 如果去掉末端的部分，像一只正在飞的昆虫。	主试：（重复被试的反应） 被试：它有触角，翅膀，尾巴，可能是飞蛾，因为它全是灰色的，是的，飞蛾，像飞蛾那样飞来飞去。
	10. 一个女人在表演，穿着长长的拖尾的衣服。	主试：（重复被试的反应） 被试：她的腿，戴着头饰，手臂举起，像是在拉斯维加斯表演的歌舞女郎，当她走动时服装便垂下来，像是大的羽衣，你看到的是她的背影。 主试：我不知道怎么看出羽衣? 被试：它们是大的，像那种演出服，当你走动时，都拖在地板上。
Ⅵ	11. 一只鹰，站在石头上，伸展着它的翅膀。	主试：（重复被试的反应） 被试：在这里（D3），头，翅膀伸展开，站在石头上。
	12. 这部分可能是一件印第安长袍或毛毯，一件大的毛皮的。	主试：（重复被试的反应） 被试：这部分（用手勾画 D1），就是一大块毛皮，像是印第安长袍或毛毯，它真的没有什么形状，只是一件皮长袍（用手摸），你差不多能感觉到它。

（续上表）

图卡	反 应	询 问
Ⅶ	13. 一个小女孩对着镜子在打扮，她蹲坐在垫子上。 被试：我可以倒过来吗？ 主试：随你。	主试：（重复被试的反应） 被试：你看不到她的腿，可能是压在身体的下面。这是她的头，看鼻子，下巴，她留着马尾辫，这是垫子，她戴着大蝴蝶结或其他东西（Dd21）。
	14. 看起来像是一盏灯，周围有阴影。	主试：（重复被试的反应） 被试：这是灯罩，有一个大大的底座，像一个盒子，所有这些（墨迹）全是它周围的阴影，灰色的，像你把灯关了之后，它变暗了，只是不同的灰色。
Ⅷ	15. 看起来像旗帜印章，像是州旗印章。	主试：（重复被试的反应） 被试：两边各有一只动物，像是熊，是对称的，像是野生动物或其他东西的徽章。顶部像是一座山的顶峰，中间蓝色方形部分代表水，底部橙色部分代表岩石。
Ⅸ	16. 一朵奇异的白色和橙色的花，有绿色大叶子，插在红色的花盆里。	主试：（重复被试的反应） 被试：花是上面中间部分，中间有白色的花瓣，橙色花瓣在这里（指出），这是茎，从中间向上穿过，这是大绿叶子，下面是花盆，这红色的，你看不到整个花盆，这只是它上面的部分。
Ⅹ	17. 这部分像两个小精灵，它们的头，戴着睡帽，相互看着彼此。	主试：（重复被试的反应） 被试：这里，粉红色的顶部，只是两个头，不是真的，就像童话里的小精灵，戴着尖尖的帽子，看鼻子、下巴，这里是帽檐。
	18. 这小的部分，看起来像是随身听的耳机，我慢跑时会使用。	主试：（重复被试的反应） 被试：就在这里，耳机，这部分把它们连接起来。
	v19. 这样看，这部分看起来像两朵粉红色的花，非常漂亮，是从同一根茎长出来的。	主试：（重复被试的反应） 被试：这（D11）是茎，看不到全部，粉红色的是花，大大的，实际上它们几乎是一样的，非常漂亮，我想我从没见过这样的花。

案例 26　分数序列

图卡	部 位	#	决定因子	(2)	内 容	P	Z	特殊分数
Ⅰ	1WSo	1	FMao		Ad		3.5	AG，PHR
	2W +	1	FMp. Fro		A，Na		4.0	
Ⅱ	3WS +	1	CF. FT. Mp -		Hd，Bl		4.5	MOR，PER，PHR
	4DS +	6	FMp. Fro		(A)，Na		4.5	
Ⅲ	5D +	9	Ma +	2	H，Cg	P	4.0	COP，GHR
	6DS +	1	Ma. FC'o	2	H，Cg，Hh	P	4.5	COP，GHR

（续上表）

图卡	部　位	#	决定因子	(2)	内　容	P	Z	特殊分数
Ⅳ	7Wo	1	FD. FMp. FTu		A		2.0	
	8 DdS +	99	FMp. FC'. FV -	2	Ad，Bt		5.0	
Ⅴ	9Ddo	99	FMa. FC'o		A			
	10W +	1	Ma. mpo		H，Cg		2.5	GHR
Ⅵ	11D +	8	FMpo		A，Ls		2.5	
	12Dv	1	TFo		Ad	P		
Ⅶ	13W +	1	Mp. Fr +		H，Hh，Cg	P	2.5	GHR
	14WS +	1	FYo		Hh，Na		4.0	
Ⅷ	15Wo	1	FC +	2	Art，A，Na	P	4.5	
Ⅸ	16WS +	1	CF. C'F +		Bt，Hh		5.5	
Ⅹ	17Dd +	99	Mpo	2	(Hd)，Cg		4.5	GHR
	18Do	3	Fu		Sc			PER
	19Ddo	21	CFo		Bt			

她的下一个反应，基本使用 D1 部位，但加入了空白区域，“是个服务员，在清理桌子……穿着黑衣服和白色围裙。”在第一个反应中，对象是从事主动性活动的，在第二个反应中，则是屈从性的活动。第二个反应中包含 S，暗示着对屈从的愤怒（测验记录中包含有 7 个 S 反应）。

第四个人物反应，是给图卡 V 的，似乎与她自恋样的特征有关，“一个女人在表演……像是在拉斯维加斯表演的歌舞女郎，在走动时她的服装便垂下来……你看到的是她的背影。”这是一个自我表现的反应，不过有趣的是这个人物只能看到后背。很显然，这明显是防御性的，可能与步骤 4 的假设有关，即她在膨胀的价值感与对消极特征的专注之间挣扎着。

第五个反应是对图卡Ⅶ做出的，也是她的第三个镜像反应，“一个女孩对着镜子在打扮。”很明显这是一个自我中心的反应。最后一个人物内容反应，是一个（Hd）反应，对图卡 X 做出的，“两个小精灵……他们戴着睡帽，看着对方……像童话里的小精灵。”虽然精灵是小的，但也被认为是有魔法的。

把这些反应集中起来看，有一半是消极的，传递出两种明显不同的自我意象。一个是非常消极的，包含了伤害、痛苦和屈从。第二个则表现出自我美化的倾向。有趣的是，后一个主要呈现在最后的 3 个 M 反应中，它依赖于幻想的显现（歌舞女郎和精灵）。

8d：有 7 个 FM 反应和 1 个 m 反应。m 决定因子出现在图卡 V 的歌舞女郎反应中，“她的服装在走动时往下垂……在地板上拖着。”这个反应没有明显的意义，但它增加了早前就注意到的有关隐藏的假设。7 个 FM 反应都在前 11 个反应中。其中 5 个是混合反应，3 个包含 S。从理论上说，这种混合反应有着丰富的投射性材料。

前两个 FM 反应是对图卡 I 做出的。第一个是“某种野兽……它的脸……它在低声咆哮……它真的看上去很愤怒。”这可能代表了她对被评估的反应，但也可能是一种更加持久的特征。第二个反应是她的第一个镜像反应，同时也是被动反应，“一头毛驴，它的倒影在这里……它站在一些岩石上……这全是倒影。”驴有时被认为是倔强的，但更重要的是在她表达了愤怒后，选择了沉迷于自我（镜像）。

她的第三个 FM 反应是对图卡Ⅱ的反应 4。这是她第一次转动图卡，在受伤脸的反应之后，她给出反应，“这样就好多了，看起来像是一只兔子在冰上滑着，像电影里面那样……你能看到冰上的倒影。”像精灵反应一样，这是个想象性反应，与图卡Ⅰ的顺序一样，在给出包含负面情绪的反应后，选择沉迷于自我。

接下来的两个 FM 反应是对图卡Ⅳ做出的。第一个出现在反应 7 中，其中有一个形状维度（FD）决定因子且是被动的，第二个是 3 个纹理反应中的一个，“像一只松鼠……仰视看，好像它正站在那里……浅的颜色凸显出它的皮毛。”松鼠是一种小动物，经常被掠食动物捕食。下面的一个 FM 反应是鸭子从灌木丛中窥视，前面已经分析过了，也是被动反应。

第六个 FM 反应是对图卡Ⅴ的第一个反应，“一只在飞的昆虫……飞蛾，像飞蛾那样飞来飞去”飞蛾不是有吸引力的，飞来飞去包含快速的，有时是无目的运动。可能她对自己不太满意，或许也担忧自己的行动到头来全无目的。最后一个 FM 是对图卡Ⅵ的反应 11，“一只鹰站在岩石上，正在伸展翅膀。”鹰是一种有力量的鸟类，经常作为身份的象征。这个反应也是被动的，因为老鹰是蹲着的，在伸展翅膀。

FM 和 m 反应中最显著的特征就是被动性，8 个中有 6 个都是这样编码的。她的 6 个 M 反应中有 3 个也是被动的，综合起来考虑，提示强烈的被动消极是她的基本特征之一。有些人是被动的，因为他们害怕承担责任，但有些人常常将被动作为控制他人行为的一种方法。她的动物反应，有两个是掠食动物，愤怒的狼和鹰。其他的是驴、兔子、松鼠、鸭子和飞蛾，都是比较胆小的，常常是牺牲品。这种不一致导致一个疑问，她所扮演的角色是矛盾的或不一致的？

8e：剩下的 6 个反应是对最后 4 张图卡做出的。第一个是反应 12，“一件印第安长袍或毛毯，一个大的毛皮的……一大块毛皮。”虽然这是常见反应（P），但询问阶段的措辞有重要意义，因为她强调了触觉，“你几乎能感觉到它。”长袍或毯子是有保护作用的覆盖物，是安全的源头，似乎这正是她此时所缺乏的。

下一个是对图卡Ⅶ的第二个反应，“一盏灯，周围有阴影。”这在某种程度上反映她对自己世界的印象，那就是：她是灯，但她周围的一切都是黑暗的、不清晰的。

这六个反应中的第三个是对图卡Ⅷ唯一的反应，“像旗帜印章，像州旗印章……像是野生动物或其他东西的徽章。”这是一个身份地位反应。

第四个是对图卡Ⅸ的，也很特别，“一个奇特的橙色和白色的花朵。”这不是平常的花而是奇特的花，暗示着特殊的魅力或美。第五个反应是头戴式耳机，也就是对图卡Ⅹ的第二个反应，“我有一个，在慢跑时我戴着它。”戴在头上的耳机控制着所听的。

第六个是她的最后一个反应，“两朵粉红色的花，非常漂亮，它们有同一根茎……我想那个茎应该更长。”这是一个积极的反应而且有趣，因为她的重点在茎上，当然是它支撑着花。

这六个反应都是积极的，并且对满意的特征、身份和特殊特征给予了更多的强调。长袍或毯子表达了对保护的需要，灯似乎表示她周围的世界不够清晰。头戴式耳机的反应很有意思，因为它代表着对她所听的一种控制。

步骤8的总结：她反应中的投射材料包含了两种非常矛盾的主题：一种是消极的，包含伤害、痛苦、愤怒和威胁；另一种则描绘了她的自我中心，以积极的和有时爱出风头的特征为标志。这些冲突性主题，提示她经常在膨胀的自我价值与对消极特征和经验的专注之间挣扎着。看起来，她似乎陷入了一种自我沉迷的幻想方式，并以此作为“避风港”，在她体验到消极情绪或外部威胁时逃入其中。她也给人一种非常被动的印象，借此逃避责任，可能也以此作为操控他人的方法为自己谋利。她对身份相当关心，当她自己的身份受到威胁或贬低时，她会感到非常不安。

8. 对案例27的考察

8a：有4个歪曲反应（-），其中3个包括S部位。第一个（图卡Ⅱ，反应3）是“某人拍窗上的一只臭虫……全部是黏糊状，到处都是红色的血……甚至有个洞。”这是一个引人注目的MOR反应，看起来是他对自己印象的确认。重要的是，这个反应只是简单地反映了他的现状，还是与他更为持久的对自己的看法有关。前者更有可能，因为他曾经被逮捕和监禁，可能确实感到心理打击。不过，对此问题还应保持开放，在下结论前，需要对其他反应进行研究，需要对其他发现进行整合。

第二个“-”反应（图卡Ⅵ，反应11）是“一个杯子，一个小的白色杯子，像是用来喝水的。”这个反应很有意思，因为它的部位（图卡Ⅵ底部的空白区域）和它的内容。这是个Dd区域，被大多数人所忽略，但有时被作为开口或入口，偶尔有人给出性（阴道）的反应。在寻找投射时，假定象征意义总是很危险的，但这个反应似乎证实了这种危险。他过去的经历清楚地表明他对性很关注，这个反应包含了一种食物（喝它），通常它被概念化为与依赖有关。在某种推测的水平上，对他来说，性和依赖是有相互关联的，这是一个空白反应，暗示他可能因其依赖的需要没有得到满足而感到恼怒。

案例27　一位26岁男性被试的罗夏测验记录

图卡	反　应	询　问
Ⅰ	1. 狼头，它非常愤怒。	主试：（重复被试的反应） 被试：只是一个头，耳朵在这里，眼睛在这里，眼睛是白色的，这是嘴。 主试：你说它非常愤怒？ 被试：肯定是，狼愤怒时眼睛就变白了。
Ⅱ	2. 两只狗，脸背对着。我可以继续，但我要停下来了。	主试：（重复被试的反应） 被试：一边一只，看，大鼻子，像只大狗，下面这里是肩部，它们没做什么，其实它们都不知道对方在那里，因为它们的脸是相互背对着的。 主试：我不知道你说它们没做什么是什么意思？ 被试：就像我说的，这只是两个狗头，就这些，当我看到狼的时候，它是愤怒的，这些则什么都没有。

（续上表）

图卡	反　应	询　问
Ⅱ	3. 看起来像某人拍碎了玻璃窗上的一只臭虫。	主试：（重复被试的反应） 被试：全部是黏糊状的（smushy），到处都是红色的血，全部压平了，两端都是血，中间有个洞。 主试：全压平了？ 被试：是的，黑色部分就是残留下的，甚至有一个洞，那个部分通常就是洞。
	V4. 这样看，看起来像爆炸。	主试：（重复被试的反应） 被试：整个都是爆炸，但不算这红色的（D2），这是向上射出的一串火（D3），是从这里开始的，嗖的冲出，像是爆炸，所有其他部分是烟，黑色的烟，就像你知道的爆炸，爆炸顶端的火是红色的，其他的全都是黑色的烟，除了中间像爆破力产生的真空，像一个洞，小子，爆炸力很强。
Ⅲ	V5. 两个人在跳舞或做有氧运动。	主试：（重复被试的反应） 被试：她们在跳舞，可能是有氧运动，不管怎样，背景中有些装饰品，这些红色的东西像是为聚会增添光彩。 主试：两个人？ 被试：她们就在这里，两个女孩，看她们的奶头，她们可能是裸体的，哇，长腿，高跟鞋，难看的鼻子，我觉得太大了，但乳房很美。
	6. 你知道，这看起来像两只死猫，好像有人把它们的皮剥了。	主试：（重复被试的反应） 被试：它们看起来像，看，长尾巴，小小的身体，但它们全是红色的，像是什么人刚把它们的皮剥去了，像人们做实验时那样，把它们夹在老虎钳上，他们杀了它们并剥了它们的皮。
Ⅳ	7. 火山爆发。	主试：（重复被试的反应） 被试：就像那东西，熔岩喷到了这里，向两边这里流下来，遍及各处，没有什么能阻挡它们。 主试：我不确定像你一样看到了，帮一帮我？ 被试：看，看到两边这些不同的线条吗？这让它看起来像熔岩从顶部这里喷出来后从两边流下，不像爆炸膨胀得那么大，像是溢出来的，火山通常就那样爆发的，就像这样溢出来，从顶部喷出来，然后所有的岩浆从两边流下，看，在顶部像是沸腾了，从边上流了下来。
	8. 一只被碾碎的青蛙或臭虫，青蛙。	主试：（重复被试的反应） 被试：全都被搞得乱七八糟，像是被压平了，这些（D1）可能是流出来的内脏。 主试：我不确定是什么让它看起来像碾碎的青蛙？ 被试：看，这是头，前腿，后腿，它们是较大的一种，它完全被压扁了，这下面的可能是内脏。

（续上表）

图卡	反　应	询　问
V	9. 我说是蝙蝠。	主试：（重复被试的反应） 被试：看起来就像。 主试：我知道你看出来了，但请帮我也看出来。 被试：好吧，它有大翅膀，这些角在前面，它全是黑色的，当它们飞的时候看起来就像这样，在不飞的时候看上去就不像这样，它们只是倒挂着，你看不到翅膀，但当它们飞起来、翅膀展开时，就像这样，你能看到前面的角。你看怎样？ 主试：很好。
Ⅵ	10. 我想说是一只毛毛虫，它从一片树叶下爬出来。	主试：（重复被试的反应） 被试：上面这里（D6），它从这（D1）树叶下爬出来，当它扭动时，使泥土变得凌乱。 主试：你说它从一片树叶下爬出来？ 被试：是的，你能看到叶子的末端（勾画 D1 的顶部），毛毛虫的部分还在叶子下，到这里，看这些线条（Dd22），像是它扭动时弄乱了泥土。
	v11. 这小的白色部分看起来像杯子。	主试：（重复被试的反应） 被试：只是有白色小杯的形状，像是用它来喝水的。
Ⅷ	12. 中间部分看起来像是一个门把手。	主试：（重复被试的反应） 被试：我不知道，只是有门把手的形状。
	13. 一种武器，像是起飞的火箭，像在很远地方。	主试：（重复被试的反应） 被试：只是这里这小的部分（Dd26），它的周围都是黑烟，就像火箭从发射台发射时那样。 主试：黑烟？ 被试：是的，就是很多深灰色的那里，像是你站得很远，看着它起飞。
	14. 那是一件真正的有价值的艺术品，像抽象派艺术品。	主试：（重复被试的反应） 被试：它不是很明确地代表什么，但做的很好看，全是设计好的以使两边一样，一对动物，像是鼹鼠或花栗鼠各在一边，以便给它一些形式感，象征着某种含义，它们好像把所有的东西都容纳在一起。 主试：你说它是真正有价值的？ 被试：是的，这是某一类作品中的一件，如果你想卖掉它，那将能卖到一个好价钱。
	15. 下面这里看起来像是一些太妃糖。	主试：（重复被试的反应） 被试：是的，太妃糖有时就像这样，是粉红色和橙色的，它没有形状，就是一团粉红色和橙色，像太妃糖，颜色好像混合在一起，因为他们是后来才加的，在他们制作的时候，它是白色的，但他们后来加了颜色，我曾经在大西洋城买过一些，就像这样的，非常好。

（续上表）

图卡	反 应	询 问
Ⅸ	16. 如果你往某个人的喉咙里看，重感冒看上去就像那样。	主试：（重复被试的反应） 被试：如果你曾看过某人的喉咙，化脓性咽喉炎就是这样的，有不同的颜色，看，粉红色的像舌头，这里白色的是口腔顶部的部分，橙色像是扁桃体，它们都发炎红肿了，像某人张开嘴巴，你正好往里面看，它们没有非常好的形状。
Ⅹ	17. 两只蜥蜴正试图把这根管子撞倒。	主试：（重复被试的反应） 被试：这里一只，这里一只（D8），它们在推这根管子，像是要把它撞倒。 主试：我不确定是什么让它看起来像蜥蜴？ 被试：它们就是像，看，这是腿，脸部在这里。
	18. 这所有的可能是一束花，像是一束花。	主试：（重复被试的反应） 被试：所有的在底部下面这里弄在一起，其中有不同颜色的花，大的粉红色的花，小的黄色的花，一些绿色的，还有蓝色的，真的很漂亮。

案例 27　分数序列

图卡	部 位	#	决定因子	(2)	内 容	P	Z	特殊分数
Ⅰ	1WSo	1	FMa. FC'o		Ad		3.5	AG，ALOG，PHR
	2Do	2	Fo	2	Ad			
Ⅱ	3WS/	1	CF -		Ad，Bl		4.5	MOR，DV
	4DS/	6	ma. CF. C'Fo		Ex，Fi		4.5	
Ⅲ	5W +	1	Ma. C. FDo	2	H，Art，Sx，Cg	P	5.5	GHR
	6Do	2	FCo	2	Ad			MOR，DV
Ⅳ	7W +	1	ma - p. YFu		Ls，Ex		4.0	
	8 Wo	1	Fu		A，An		2.0	MOR
Ⅴ	9Wo	1	FC'. FMao		A	P	1.0	INC
Ⅵ	10W +	1	FMa. FD. FYu		A，Bt		2.5	DV
	11DdSo	30	FC' -		Hh			
Ⅶ	12DSo	10	Fu		Hh			
	13Dd +	99	ma. C'F. FDu		Sc，Fi		1.0	
Ⅷ	14Wo	1	Fo	2	Art，A	P	4.5	DR
	15Dv	2	C. Y		Fd			PER
Ⅸ	16WSo	1	CF. Mp. FD -		Hd，An		5.5	MOR，PHR

（续上表）

图卡	部 位	#	决定因子	(2)	内 容	P	Z	特殊分数
X	17D+	11	FMa-	2	A，Id		4.0	AG，COP，FAB，PHR
	18W+	1	CFo		Bt		5.5	

第三个“-”反应（图卡Ⅸ，反应16）与第一个有些相同的寓意，但由于它的独特性而显得更戏剧化。这是一个MOR反应，“某人得了重感冒，喉咙出了问题……像是化脓性咽喉炎……扁桃体都发炎了，看起来像人张开了嘴……它们没有好的形状。”早前就提出一个问题，即他对图卡Ⅱ的反应所代表的自我意象是否与他目前的情境有关。这个反应则表示是一种持久的特征。他就是“没有好的形状”，这种情况可能已经有相当长时间了。

他的最后一个歪曲反应（-）（图卡X，反应17）是“两只蜥蜴正试着把这根管子撞倒”，这是4个“-”反应中最不明显的一个。它包含了合作运动、攻击运动和蜥蜴，通常蜥蜴被认为是没什么价值的。他可能是以消极的方式知觉自己，也可能对适当的社会交往感到困惑。

作为一个整体，这4个反应表明存在一种自我损毁感，而且可能是一种持久性特征，并因他目前的处境而加剧。也存在这样的可能，即他在心理上将性活动与依赖混为一谈，并将与此有关的某些烦恼隐藏起来，以及将自己知觉为缺乏社会价值的。

8b：他有4个MOR反应，其中的2个（拍打虫子和某人的咽喉）已经研究过了。第3个（图卡Ⅲ，反应6）同样也是引人注目的，“两只死猫，好像有人把它们的皮剥了……像是有人把皮取下来了……他们把这两只猫杀了并剥了皮。”假设这代表了他对自己的印象，那就意味着一个非常痛苦的状态。他感到自己是受害者，感到被击垮了。第四个MOR反应也明显表现出相似的主题（图卡Ⅳ，反应8），“一只被碾碎的青蛙……全都碎了……这应该是内脏，都出来了。”

当我们将这里研究的这两个反应的发现，加入到步骤8a得到的假设中，就不可能回避这样的结论，即他把自己知觉为有严重损坏和有功能障碍的。他是一个高警觉性的人，这个事实对理解他的这些自我意象也是重要的。他觉得他是一个受害者。虫子和青蛙都被打碎了。猫被杀了，还被剥了皮，咽喉也被感染了。

8c：他有两个M反应，其中一个（某人的咽喉）已经分析过了。第二个（图卡Ⅲ，反应5）是一个较为积极的常见反应（P），但也表达了他对性的专注，“两个人在跳舞或做有氧运动……她们正在跳舞，可能是有氧运动……看她们的奶头，她们可能是裸体的，哇，长腿，高跟鞋，她们长着难看的鼻子，我觉得太大了，但乳房挺迷人。”如果她们仅仅是在跳舞，那将会有一个COP反应，但他说“可能是有氧运动”，这就消除了积极的合作。尽管如此，基本内容“两个人在跳舞”也比之前考察过的任何一个反应都要积极。当他把重点放在性的方面，当他把性作为基本的东西注入反应中，此时，反应的积极性就降低了。

8d：他有4个FM反应和3个m反应。第一个FM是他的第一个反应，“一个狼头，它很愤怒，”这是非常直接的投射内容。同样值得注意的是他使用S的方式，他将其作为错误逻辑的依据注入反应中，“当狼愤怒的时候，它的眼睛就变成白色。”第二个反应（图卡V，反应9）是“蝙蝠……当它们飞的时候看起来就像这样。”这是一个常见反应（P），他将攻击性特征“前面的那些角”加入其中，这种情况是少见的。

第三个FM反应（图卡Ⅵ，反应10）的主题非常不同，“一只毛虫，它正从一片树叶下爬出来……它扭动时，使泥土变得凌乱。”这是他4个FD反应中的一个，并且比前面的两个FM反应显得更胆小一点，其中还隐藏着一个成分。他说“使泥土凌乱（scruffing up the dirt）”，这是一个DV。“Scruffing”不是一个词。“Scruffy”的意思是凌乱的、不整洁的，他可能以此来暗示自己。第四个FM（图卡X，蜥蜴）已经分析过了，它是包含攻击运动或攻击特征的4个反应中的第三个。

他有3个m反应，第一个出现在图卡Ⅱ（反应4），是“爆炸”。这并非一个不常见的反应，但在询问阶段他使其程度加强了，这样就更为少见了，“整个都是爆炸……嗖的冲出……爆炸的顶端是红色的，其他的全都是黑色的烟，爆炸在中间产生的这个真空，像一个洞，小子，爆炸力很强。”他可能正在展现他自己的情绪以及其结果，“一个像洞的真空”。

第二个m反应（图卡Ⅳ，反应7）的强烈程度也是类似的，“火山爆发……没有什么能阻挡它们……它们像这样溢出……看，顶部在沸腾，从两边流下来。”假设这两个m反应反映的是他的一些情绪，那他似乎承认他的情绪是非常难控制的，结果通常也是相当负面的。两个m反应都包含了灰黑特征，第三个m反应（图卡Ⅶ，反应13）也同样如此，“一种武器，像是起飞的火箭，好像离的很远……周围全是黑色的烟……像是你站得很远。”这是一个攻击性的内容，他想远离它，“站得很远”。这三个反应不仅刻画了他强烈的攻击性或破坏性情绪，也描绘了他对此的痛苦意识，以及他无法控制它们的无用感。

8e：还有5个反应。第一个（图卡I，反应2）反应很有意思，不是因为它的内容，而是因为它显现出的顾虑，“两只狗，脸背对着。我可以继续，但我要停下了……它们什么也没做，实际上它们甚至不知道对方在那里……我看到的狼是愤怒的，而它们则什么都没有。”看起来他是想说在反应1中他表露的东西太多了，在这里要回避。这5个反应中的第二个（图卡Ⅶ，反应10）是他第五次在反应中使用S，“一个门把手。”这没有明显的投射性材料。

5个反应中的第三个（图卡Ⅷ，反应14）是“一件真正有价值的艺术品……做的很好看，设计的也好……给它某种形状感……它就是某类作品中的一个……如果你把它卖了，一定能卖个好价钱。”这是一个很有趣的反应，原因如下：他是一个外向风格的男人，在他面对第一张全彩色的图卡时，给出了一个理智化的“艺术品反应”，却没有使用颜色。他在询问中是这样开始的“它真的什么都不是。”虽然反应中包含了常见的动物（P），但却没有运动特征。他把动物描述为“给它某种形状感……它们好像把所有的东西都包容在一起。”这是一个对他所描述的有价值和独特的对象的压抑性反应，这样做的原因可能是他在控制自己的情绪反应，虽然是以一种不太自然的方式。

在后续的反应中（图卡Ⅷ，反应15），反应14中被控制的情绪明显地展现出来了，“一些太妃糖……就是那一团粉红色和橙色的，很像太妃糖，那些颜色混合在一起……他们制作的时候，它是白色的，但他们加了颜色。”这是色彩—阴影混合反应（C. Y），显示他有情绪混乱。他说它是白色的"但他们加了颜色"，这可能有意义，但还不清楚。值得注意的是这个反应没有稳定的边界。反应14有"一种形状感"但没有颜色，相比而言这个反应只是"一团"，被弄到了一起。总的说来，这两个反应提示他意识到是情绪使他变成了一个缺乏价值和对自己没有把握的人。

这一组的第五个反应也是他的最后一个反应（图卡X，反应18），"一束花，像是一束花……其中有各种不同颜色的花……真得很漂亮。"对一个表现出如此愤怒和攻击性的，且有4个MOR反应的人来说，这是一个非常积极和相当细腻的反应，可能代表他更为理想化的自我意象。

5个反应中至少有3个提示，他意识到他的情绪是混乱和麻烦的，意识到他应对情绪进行控制，尽管不易做到。他的最后一个反应似乎很重要，因为它传递出一个理想化的自我意象，反映出他控制自己情绪及其表达的强烈愿望。

步骤8的总结：很明显，在他的自我意象中，有一种严重的损毁感和对功能障碍的某种意识。这些消极的印象可能是持久的，并因目前的处境而加剧。他的过度警觉对于理解这些自我意象是重要的，因为他通常将它们视为受迫害的结果。很显然，他倾向于将性与他的依赖需求联系起来。他似乎对此有些意识，觉得自己在社交方面远比期望的要差。然而，当与他人有积极的关系时，他还是不时将其具有破坏性的性行为放在优先地位。

他充满了攻击性或破坏性情绪。他似乎对此有所觉察并感到痛苦，但当这些情绪变得强烈时又无力控制。总的来说，他觉得自己的情绪是混乱、麻烦和难以掌控的，尽管他希望能有更好的状态，令自己的情绪及表达更为恰当。

三、对自我知觉发现的总结

与其他单元一样，对所有发现要进行整合和概括。不论是积极的特征，还是消极的特征，都应给予关注，如果可能的话，对矛盾性的假设应加以解释或说明。

（一）案例25的总结

虽然他对自我的关注并不比大多数人的多或者少（步骤3），但他确实比预期有更多的自我检查行为。这表明，他对自己的印象非常关注（步骤4）。这种关注可能与努力改善自我有关，但也有证据表明他可能对自己有更多悲观主义看法，而且比表现出来的要明显（步骤6）。他将一些消极特征归属于自己，这种情况可能是从婚姻的失败和对监护权的漠不关心演变来的，直到最近因监护权出了一些问题，才引起他更直接的关注，不过这种悲观主义感觉也可能是更为持久的。

实际上，多数发现支持这样一种观点：他的自我意象主要是基于社会经验的，而且发展得不错（步骤7、8）。总的来说，有关自我意象的发现是积极的多于消极的。自我意象的基本内容发展得相当好。他看起来像一位彬彬有礼和敏感的人，但有一点也是清楚的，他是一个非常谨慎的人，对自己的把握比应有的要差。这种对自己能力不确定的感觉，使其谨慎和小心更为加重，有时也令其解决问题和决策的方式更为被动（步骤8）。我们很难确定他对自己的不确定感是否是持久的。不过，他失败的婚姻、离婚和监护权诉讼过程中的被操纵感，增强了他不如他期望的那么坚强的观念。需要指出的是，这项评估是与诉讼有关的，这里表现出的显著的谨慎特征可能受此情境影响。

（二）案例26的总结

有关这位女性的发现表明，她是非常自我中心的，有夸大的个人价值感（步骤2、3）。这种特征对其决策和行为有非常大的影响，可能在建立和维持成熟的人际关系方面给她造成困难。同时，也增加了对自责外化和/或对不想要的压力否认的可能性。有趣的是，她还是一位具有强迫风格的人（步骤1），这通常标志着一种不安全感，与其膨胀的个人价值感多少有点不协调。不过，对于她来讲，她对完美主义的关注可能是一种逻辑策略，用来证明自己认定的高自尊感。如果确是如此，那她对生活中任何负性事件引发的指责外化的可能性便会增加。

很明显，她经常被迫陷入高自尊与她知觉到的消极特征之间的冲突中（步骤4)。后者给她带来不必要的痛苦情绪，而且自我积极与消极两方面的矛盾必定使她非常困扰。她更喜欢使用积极的言语思考自己，但当她的消极特征侵入时，她对自我意象就感到非常不安，有时不得不承认自我意象是破损的或不完美的（步骤7）。这种挣扎已经持续了相当长时间，可能与她现有的症状关系密切。她的反应中所包含的有关自我矛盾的投射性材料，揭示了这种动力机制（步骤8）。一方面是消极的，包含伤害、疼痛、愤怒和威胁；另一方面又是非常积极的，有时甚至包含炫耀性特征。似乎她使用了自我沉迷的幻想方式，其中包括了精致、魅力和吸引力，以此对负面的情绪或外部威胁进行防御。这种策略常常因其被动性而有所增强，这种被动特征可能是她用来回避责任或操纵他人满足其利益的方式。她是一个以身份、地位为导向的人，当她自己的身份、地位受到威胁或贬低时，她会变得相当不安。

（三）案例27的总结

他是一个高警觉性的人，倾向于对环境不信任，对羞辱或被控制敏感（步骤1）。他花费了大量精力时刻准备着识别和对付这种可能性。个人的完整性对他来说很重要，他常常通过将负性事件的原因归咎于外部力量来保护其完整性，而忽视现实性。当把自己与他人作对比时，他可能更关注自己的消极特征。这样，他的自尊水平就比大多数人的要低（步骤3），他有一种在能力上不如他人的感觉（步骤4）。

他似乎对身体有一种异乎寻常的关注，至少倾向于觉得自己比他希望的要更脆弱（步骤5）。事实上，他的自我意象具有明显的消极特征，表明他对自己的知觉是非常悲观的（步骤6、7和8）。很明显，他的自我意象包含了一种严重的毁损感和对其功能障碍的某种意识。这些消极印象可能是持久性的，但也因其目前的处境而恶化。一般而言，他将自己看作是受害者。他似乎把性与其依赖的需要联结在一起。他对此有某种意识，认为自己在社交方面比他期望的要差（步骤8）。他充满了攻击性或破坏性情绪（步骤8）。他似乎意识到他对这种攻击或破坏性情绪的专注，当它们非常强烈时，他感到无力控制。他感到自己的情绪是混乱、麻烦和难以控制的，虽然他渴望有更好的状态，以使他的情绪及其表达更为恰当。然而不幸的是，这种渴望是难以实现或维持的，因为在积极的社会关系中，他总是将性和攻击性置于优先地位。

四、练　习

案例 28

这是一位 26 岁的女性，在这次测验前 5 天住院。她是当天凌晨 4 点钟被警察发现后带到医院的，那时她非常混乱。她对警察的询问没有反应，不知自己是谁，也没带身份证。第二天早上，她母亲确认了她的身份。她下班后未回家，所以母亲报警说她失踪了。她对母亲或其他工作人员的询问同样没有反应。她偶尔反应问题，但言辞含糊不清，前言不搭后语。实验室检查未发现有毒品或酒精摄入。

入院后的第二天早晨，她就变得有反应了，条理也清晰了，对自己的身份能准确辨认，对时间和空间的反应都是适宜的，还简单地讲了一些家庭的事情，通常也能配合对她的照顾。不过，她的情绪是“平淡的”，在精神状态检查中显得不太适宜（无明显原因的哭泣，在描述她丈夫的死时不合时宜地咧嘴笑）。

她是家里三兄妹中的老大（有两个弟弟，分别 23 和 21 岁，都是大学生）。她父亲 52 岁，是一名工业管理工程师。母亲 50 岁，大学毕业，但没有去工作。她父亲曾因过度饮酒而接受过 3 年的治疗（40—43 岁时）。直系亲属中无精神病史。她 18 岁上大学，主修教育学。大学第一年便与一位高年级的电子工程系的学生确定了情侣关系，在他毕业后他们便结婚了。那时她 19 岁，又上了一年多的学，丈夫在一家致力于发展中国家农村电气化的公司工作。她在第三学年的第一学期辍学，因为她怀孕了。在接下来的四年中，她生了 3 个小孩，其中两个男孩，现在分别是 5 岁和 2 岁，一个女孩 4 岁。她描述她的婚姻“与大多数家庭一样快乐”，但她母亲却说因她丈夫常到国外出差，所以夫妻之间冲突不断。

住院前 11 个月，她丈夫在建造高压电缆时触电身亡。在他死后 4 个月，她开始在一家律师事务所做接待员，同时考虑完成大学学业。最近，她得到一大笔保险赔偿金。她否认有任何抑郁特征，对入院前那晚的事没记忆，也不记得下班时的情况。评估的问题包括：①抑郁的性质和程度；②导致她住院的发作是精神病性的还是分离性的，有无精神分裂症的证据？③治疗计划的建议；④是否继续住院？

案例 28　一位 26 岁女子的自我知觉相关变量

R = 22	OBS = 阴性	HVI = 阴性		人物内容、解剖和 X 光片反应
			Ⅱ	5. D + Mp. FVu 2（H），Id 3. 0 GHR
Fr + rF = 1	3r +（2）/R = 0. 55		Ⅲ	6. D + Ma. FC'o 2 (H), An, Sc P 3. 0 FAB2, PHR
			Ⅲ	7. D + Mp. FCo 2 (H), Fi, Id 3. 0 GHR

（续上表）

FD=2	SumV=3	Ⅳ 9. Do Mp. FDo (H) P PER, MOR, PHR
		Ⅵ 12. W+Mp. FC'o H, Ls 2.5 GHR
		Ⅶ 14. W+Mp. C'Fo 2 (H), Cl P 2.5 MOR, PHR
An+Xy=2	MOR=8	Ⅸ 18. Ddo FCo Hd, Sx MOR, PHR
		Ⅹ 21. Do F- An, Sx DR
H:(H) +Hd+ (Hd) =1:7		
[EB=6:9.0]		Ⅹ 22. D+FMa. FC. FVo 2 A, Hd 4.0 FAB2, MOR, PHR

1. 回答下列问题，正确的选“T”，错误的选“F”：
   (a) 她的自我意象的核心特征是对完美主义的专注。
   (b) 她是非常自我中心和自我高估的人。
   (c) 她可能对自己比较悲观，且超过大多数人。
   (d) 她对人很警惕，总觉得别人要操控她。
   (e) 她对身体异常关注。
   (f) 她似乎将自己投入到幻想之中，远比通常期望的要频繁，且喜欢让别人承担决策的责任。
   (g) 这样的假设是合乎逻辑的，即她的分离性发作直接与其自恋样特征有关，代表着一种从残酷的现实世界逃离的企图。
2. 下列哪项是对步骤 4 的最佳描述？
   (a) 与大多数人相比，她不是内向风格或内向风格不明显。
   (b) 她可能对其负面印象非常在意，这与其保持高自尊的期望形成冲突。
   (c) 她可能隐藏了对丈夫死亡的内疚感。
   (d) 她比大多数人有更多的反省，这可能与其期望结束丈夫死亡这件事对自己的影响并重新开始新生活有关。
3. 下列哪项是对步骤 7 的最佳描述？
   (a) 她的自我意象发展得不好，对此她感到困扰和不安，比其应该有的更甚。
   (b) 我们可以合理地推测，她的自我意象主要是从真实经验中发展起来的。
   (c) 她的自我意象发展得不好，可能包含许多比期望更不成熟的特征。
   (d) 她的自我意象与其同龄人的相比更加健全和成熟。

考虑一下她的人物内容和解剖学反应：

图卡Ⅱ (5)“下面这里，看起来像是鬼，站在什么东西之间。”（询问）“呃，你看这小的红色部分（D3 的中间），它有点白，不是白色，是浅红色，看起来像个人，像个鬼，站在那里，在这些墙的中间，这后面，深色的部分像是山洞，像是向后延伸，他在那里面。”

图卡Ⅲ (6)“两个骷髅在打保龄球，不是真的骷髅只是轮廓，因为它们是黑色的，没有显示出所有骷髅的细节。”（询问）“它们看起来真得像骷髅，它们好像是分开的，像是骷髅的轮廓，这两个是保龄球，骷髅弯下腰，准备打保龄球。”

图卡Ⅲ（7）“上面这里，这些红色的东西看起来像两个红色的魔鬼吊在绳索上，它们看起来烧着了。”（询问）“好像它们是倒挂着，它们头上长着小小的角，还有尾巴，像魔鬼，好像烧着了，整个是红色的，就吊在绳子上。”

图卡Ⅳ（9）“可能是巴黎圣母院的那个驼背人。”（询问）“不是中间的东西，只是其他的，他向前弓背，顶部是他背部的隆起，我在电视上看了这个电影，他真得很丑陋，你看不到他的脸，只有腿和隆起物，小小的手臂伸出，他就站在那里，完全驼着背。”

图卡Ⅵ（12）“顶部这个深色的部分看起来像一个人的轮廓，他站在一块石头上，手垂在两边。”（询问）“他有好的外形，底部应该就是他站着的石头，你看，这是头、身体、腿，颜色很黑，看着像是轮廓。”

图卡Ⅶ（14）“啊，这像是小天使坐在云上。”（询问）“你看这是脸，这是头发，是一种卷发，这是胳膊，而下面的就是云朵，他们看起来很悲伤。（问：悲伤？）云朵全是黑色的，像是雨云，我不知道他们为什么要坐在雨云上，但我觉得这让他们看起来很悲伤。”

图卡Ⅸ（18）“这粉红色的，噢，它看起来像是一个死婴，不是刚出生的，是流产的，是胚胎。”（询问）“它没有完全成形，主要能看到它的头，胎儿的姿势，粉红色的皮肤，样子很怪异。”

图卡Ⅹ（21）“这些可能是卵巢。”（询问）“我不知道它们看起来像什么，但我总觉得它们像卵巢……可以说是连在一起的种子，对我来说，它看起就像卵巢。”

图卡Ⅹ（22）“这个看起来很可怕，像两只巨大的蠕虫，在一个人剩余部分的上面，绿色的大虫子。”（询问）“它们在他的上端移动着它们的头，像是在吃他的胳膊，看，腿，但没有头，好像它们已经把它吃掉了。（问：它们在他的上端？）是的，看这深色的点，像是你能从它们看穿过去一样，这就是他手臂剩余的部分，它们所吃的都到了它们的尾部，它们真的很大。”

4. 基于上述反应中的投射材料，以下哪项假设是最合理的？
   （a）对于失去丈夫，她似乎有内疚，并由此产生严重的抑郁，干扰了其重新开始正常的生活。
   （b）她可能在童年时遭受过性虐待，这个创伤一直纠缠着她。
   （c）她有可能在丈夫死后拥有一段秘密的关系，最近做了堕胎手术。
   （d）失去丈夫使她产生了一种自我混乱感，她时常感到无助和/或无法适应，从而不能扮演一种新的成人角色。

案例 28 的答案要点

案例 28

1.（a）F　她不是强迫型的。
　（b）T　她有镜像反应和高的自我中心指数。
　（c）T　她有 8 个 MOR 反应。
　（d）F　她不是高警觉性的。

（e）T　她有 2 个 An 反应。

（f）T　她的 6 个 M 反应中的 5 个是消极被动的。

（g）T　她非常自我中心，被迫扮演独立和承担责任的角色，对此她并非完全心甘情愿。

2. b　除了镜像反应和高自我中心指数外，还有 3 个阴影维度反应。

3. a　H:(H)　+Hd+　(Hd) 是 1:7，在她的人物反应中，有 5 个是（H），有 5 个是阴影和非彩色决定因子，有 4 个是 MOR。

4. d　9 个反应中的投射反映出一种丧失、消极被动、无助和完全被情绪淹没的状态。她是悲伤的，甚至是抑郁的，但没有证据表明她对丈夫的死感到内疚。相反，她似乎更愿意在生活中扮演一个消极被动的角色，而让别人为大多数的决策承担责任。但现在她不能再消极被动了，于是便感到十分脆弱，无法承担强加给她的责任。

第九章　人际知觉与行为

有很多因素决定一个人在不同的人际交往中如何看待别人和如何表现。这些因素有一些属于内在特征，例如需要、态度、情绪状态、定势和应对风格。这些内在特征明显影响个人对他人和环境的印象。它们通常是决定一般交往行为模式的核心因素。当然，外部因素对人际行为也具有重要作用。在某些时候，外部因素对社交行为具有决定性作用。

例如，一个具有武断倾向的人，在发现他们的武断不被别人接受或给自己带来麻烦的情况下，会表现得更为顺从。同样，一个在通常情况下情绪表达无拘束的人，可能因环境的缘故而抑制情绪的表现。

这种在人际交往中发生的角色转变，是因意识到转变对环境的必要性。它反映的是一种适应性，而这种适应性对创造和维持有效的社交关系是非常重要的。不幸的是，有些人在社交情境中表现得不是很灵活。

某些人缺乏灵活性与他们内在的社交特征有关，因而限制了他们在多种社交情境中的灵活表现。例如，一个人可能会觉得非常没有安全感，并且发展出一种依赖他人做重要决策的倾向。当要求他/她做决策时，他/她可能会表现得勉强，甚至挣扎。但无论是哪一种，都会对交往的质量造成损害。

而另一些倾向犹豫、畏缩不前的人，仅仅是因为他们还没有发展成熟，或不够敏感，而这些对理解不同社交情境的基本因素或要求是必需的。他们的人际交往方式常常是程序化的、固定的。他们对不同的环境几乎做出同样的反应。他们缺乏灵活性，致使其社交行为的有效性变化不定。

罗夏测验的解释者在描述人际行为方面，多少有点处于不利境地，这主要是因为几乎没有多少测验数据能提供有关被试真实环境的信息，或与其交往对象的信息。因此，尽管从这一组数据得出的关于人际知觉的假设是相当可靠的，但有关行为的假设更多只是推测性的，而且常常是更为一般或笼统的。

一、与人际知觉有关的罗夏测验变量

这一单元包括 14 个结构变量（CDI、HVI、EBPer、a:p、Fd、SumT、人物内容总和、纯 H、GHR、PHR、PER、COP、AG 和孤独指数）、COP 和 AG 反应的编码以及含有成对反应的 M 和 FM 的内容。虽然这个单元较为混杂，涉及范围广泛，但在很多情况下并非如此。该单元包含了几个“消极”变量，更确切地说，当这几个变量中的任何一个为阳性时，就表示在人际知觉或行为中存在消极特征。当它们是阴性时，则对个人如何知觉他人或与他人交往提供很少信息。有时候，解释者面临这样的挑战，即对被试人际交往的积极特征给予恰当的权重。

自我知觉和人际知觉单元的考察总是一前一后的。多数情况下，自我知觉在前。但当两个关键变量之一为阳性时（DEPI > 5 和 CDI > 3，CDI > 3），人际知觉的考察要先于自我知觉。不管顺序如何，对人际知觉发现的总结，总是要根据自我知觉的发现进行，因为在很多时候，自我意象或自我价值的发现能够帮助理解人际知觉和行为。依据这样的框架，第八章的三个案例将再次被使用，以说明如何解释人际知觉的数据。

考察聚焦的问题

人际知觉和行为涉及的基本问题如下：①有无证据表明被试缺乏社交技能？②被试是否具有某种不同寻常的、对知觉他人或与他人交往的方式有影响的、倾向性的或风格性的特征？③被试对亲近的情绪开放吗？④被试对他人的兴趣有多大？⑤被试通常对人际交往持积极态度吗？⑥是否有证据表明被试对社交过度防御或有社交封闭倾向？

案例 25

被试 35 岁，男性，因 8 岁儿子的监护权诉讼而进行评估。

案例 26

被试 23 岁，女性，因复发性结肠痉挛和压力管理问题进行评估。

案例 27

被试 26 岁，男性，违反骚扰禁令被逮捕后住进精神病院。

案例 25　一位 35 岁男性的人际知觉相关变量

R = 26	CDI = 1	HVI = 阴性		COP 和 AG 反应
a:p = 10:4	SumT = 2	Fd = 0	Ⅱ	4. D+ FMa 2 Ad P 3.0 COP, GHR
	[eb = 6:5]		Ⅲ	6. D+ Mao 2 H, Id P 3.0 COP, GHR
人物内容总和 = 9	H = 6		Ⅶ	14. W+ Mao 2 H, Ls P 2.5 COP, GHR
[风格 = 内向]			Ⅶ	15. W+ Mao 2 H 3.0 COP, GHR
GHR:PHR = 10:0			Ⅸ	19. D+ Ma. FCo 2 (H), Id P 2.5 COP, GHR
COP = 5	AG = 0	PER = 1	Ⅹ	21. D+ Mau 2 (H), Bt 4.0 COP, GHR
孤独指数 = 0.19				

案例 26　一位 23 岁女性的人际知觉相关变量

R = 19	CDI = 4	HVI = 阴性		COP 和 AG 反应
a:p = 5:9	SumT = 3	Fd = 0	Ⅰ	1. WSo FMa Ad 3.5 AG, PHR
	[eb = 8:9]		Ⅱ	5. D+ Ma+ 2 H, Cg P 4.0 COP, GHR
人物内容总和 = 6	H = 4		Ⅱ	6. DS+ Ma. FC'o 2 H, Cg, Hh P 4.5 COP, GHR

（续上表）

[风格=内向]		
GHR∶PHR=5∶2		
COP=2	AG=1	PER=2
孤独指数=0.63		

案例 27　一位 26 岁男性的人际知觉相关变量

R=18	CDI=3	HVI=阳性		COP 和 AG 反应
a∶p=8∶2	SumT=0	Fd=1	I	1. WSo FMa. FC'o Ad 3.5 AG, ALOG, PHR
	[eb=7∶8]		X	17. D+ FMa- 2 A, Id 4.0 AG, COP, FAB, PHR
人物内容总和=2	H=1			
[风格=外向]				
GHR∶PHR=1∶3				
COP=1	AG=2	PER=1		
孤独指数=0.17				

二、解释程序

解释程序总共有 11 个步骤。前 10 个步骤包括对结构数据及 COP 和 AG 反应编码进行检查。最后一个步骤是对含有成对反应的 M 和 FM 反应的措辞进行考察。

（一）步骤 1：CDI

在第四章提到，应对缺陷指数（CDI）包括 11 个变量，按照 10 条标准进行记分，分值为 0～5。这些变量中的 6 个与人际知觉或行为有关（COP<2 且 AG<2，p>a+1，纯 H<2，Fd>0，孤独指数>0.24）。另外 3 个变量与情绪有关（WSumC<2.5，Afr<0.46，SumT>1），剩下的两个变量（EA<6.0 和 AdjD<0）与资源和控制有关。如果变量符合标准（除了 COP<2 或 AG<2），其所代表的特征便是非期望的。符合 1～2 条标准的阳性发现并非异常，如果有大量的阳性发现则预示社交关系不良。

如果 CDI 为 4 或 5，表示存在与社交无能或不成熟有关的特征，意味着难以与他人建立和/或维持亲密和成熟的关系。例如，假设某人的结构数据是这样的：EA=4.5，a∶p=1∶3，Afr=0.40 及 SumT=2。因为不存在可用来质疑假设的其他数据或背景资料，所以，可从这组数据推测：此人的资源是有限的，倾向于消极被动，回避情感交流以及喜欢孤独。虽然这样的特征组合不一定阻碍有益的人际关系，但确实包含了对这种关系的维系具有破坏性作用的特征。

潜在发现：当 CDI 为 4 或 5 时，表示被试在社交方面不够成熟，比预期的要差。这类人缺乏社交技能，在与环境的互动中，特别是在人际互动方面，常常会遇到困难。他们与他人的关系较为肤浅，不易维持。在处理与他人的关系方面，他们常被视为疏远、无能或无助的。他们对别人的需要和兴趣不敏感。

CDI 呈阳性的被试，常有社交混乱和/或人际关系不满的经历。有时，他们回避社交，满足于较为孤独的生活方式，与他人仅限于保持一种表面的关系。不过，一般来说，他们的社交愿望与大多数人的并无太大不同。他们寻找亲密和持久的关系，但因其不恰当的方式而不易被接受，甚至遭到拒绝。他们很容易对自己的生活感到不满，常对其社交状况感到迷惘或无助。实际上，他们中的许多人，周期性地出现抑郁发作，以此作为社交失败的反应。

对于那些还在努力解决自己认同和与同伴关系问题的年幼儿童来说，CDI 呈阳性是常见的，不过这种情况在 9 岁以上儿童中较不常见。在年龄较大的儿童和青少年中，如果 CDI 呈阳性，表示他们的社交成熟度可能比预期的低，他们可能在与他人建立或维持关系方面，存在与 CDI 呈阳性的成年人一样的问题。进入步骤 2。

案例 26　一位 23 岁女性的人际知觉相关变量

R = 19	CDI = 4	HVI = 阴性		COP 和 AG 反应
a:p = 5:9	SumT = 3	Fd = 0	Ⅰ	1. WSo FMa Ad 3.5 AG, PHR
	[eb = 8:9]		Ⅱ	5. D + Ma + 2 H, Cg P 4.0 COP, GHR
人物内容总和 = 6	H = 4		Ⅱ	6. DS + Ma. FC'o 2 H, Cg, Hh P 4.5 COP, GHR
[风格 = 内向]				
GHR:PHR = 5:2				
COP = 2	AG = 1	PER = 2		
孤独指数 = 0.63				

案例 26 的阳性发现： 她的 CDI 为 4。从她的生活史来看，她的人际关系明显是失败的，所以这并不奇怪。她与两个男人同居过，但这两段关系维持的时间都不长。她提到，虽然她有一些熟人，但唯一能与她讨论问题的是她姐姐，但也只是电话交流而已。她说她的社交生活“一团糟”，对此她能意识到，这对她的治疗计划是有利的。

（二）步骤 2：HVI

在概念化和自我知觉单元中，对高警觉指数（HVI）已经讨论过。就像前面提到的，如果存在高警觉风格，那它将会成为个人心理结构中的核心要素。一个高警觉性的人，会使用相当多的能量来维持一种相对持续的戒备状态，因为他/她对环境抱有负面或不信任的态度。

潜在发现： 当 HVI 呈阳性，表示被试在与他人的关系中存在过分谨慎和保守的倾向。

高警觉性的人很容易感到受伤害，所以在计划和实施行为时非常谨慎小心。他们强调个人空间，在人际关系中表现得非常敏感。通常情况下，他们不会与他人保持长期的亲密关系，除非他们觉得是在自己的掌控中。他们不期待亲密的关系，对他人的亲密举动常表示怀疑。虽然该特征不一定就是病理的，但如果加剧则会导致类偏狂样的表现。进入步骤3。

案例27　一位26岁男性的人际知觉相关变量

R=18	CDI=3	HVI=阳性		COP 和 AG 反应
a:p=8:2	SumT=0	Fd=1	I	1. WSo FMa. FC'o Ad 3.5 AG, ALOG, PHR
	[eb=7:8]		X	17. D+ FMa- 2 A, Id 4.0 AG, COP, FAB, PHR
人物内容总和=2	H=1			
[风格=外向]				
GHR:PHR=1:3				
COP=1	AG=2	PER=1		
孤独指数=0.17				

案例27的阳性发现：他是一个缺乏信任感的人，对建立人际关系非常谨慎，除非他相信自己能控制局面。他对保护自己的完整性非常在意，倾向于将失败归咎于他人。他的生活史似乎证实了这点。他相信他的老师是不公平的，他的前妻不想让他过得幸福，他现在喜欢的那个女人也在欺骗他。

（三）步骤3：a:p

a:p在概念化单元中已经讨论过，它被用来研究价值和态度的灵活性问题。在本单元，对其进行考察的目的，是确定被试在人际关系中是否倾向于扮演更为被动的角色。就像在第八章指出的，运动反应通常包括能代表个人某种特征的投射性材料。主动运动反应与哪种行为有关还不清楚。这可能是因为大多数的运动反应都是主动的，通常是被动运动反应的2~3倍。被动运动反应通常不超过运动反应的三分之一。因此，有理由建立这样的假设，即当p的频率显著大于a时，表示存在被动的人际风格。

案例26　一位23岁女性的人际知觉相关变量

R=19	CDI=4	HVI=阴性		COP 和 AG 反应
a:p=5:9	SumT=3	Fd=0	I	1. WSo FMa Ad 3.5 AG, PHR
	[eb=8:9]		Ⅱ	5. D+ Ma+ 2 H, Cg P 4.0 COP, GHR
人物内容总和=6	H=4		Ⅱ	6. DS+ Ma. FC'o 2 H, Cg, Hh P 4.5 COP, GHR
[风格=内向]				
GHR:PHR=5:2				

（续上表）

COP = 2	AG = 1	PER = 2
孤独指数 = 0.63		

潜在发现：当被动运动超过主动运动1个点时，表示被试在人际关系中通常扮演更为被动的角色，尽管并非一定是顺从性的。这样的人通常宁愿回避做决策的责任，也不愿为解决问题寻找新的方法，或采取新的行为模式。进入步骤4。

案例26的阳性发现：a∶p = 5∶9，支持她在人际关系中更喜欢充当较被动角色的假设。高频率的被动运动反应在自我知觉单元中就提到过。总的来说，那些发现提示，她的被动性可能是一种逃避责任的方式，但也可能代表一种以她为中心的操控他人的策略。

（四）步骤4：Fd反应

Fd反应通常表示存在影响人际关系的依赖倾向。Fd反应的期望值是0，但在儿童的记录中出现1个Fd反应并非不常见。

潜在发现：如果在青少年或成年人的测验记录中，Fd大于0，或在儿童的记录中大于1，表示该被试表现出比通常预期更多的依赖行为。这样的人倾向于依赖他人的指导和支持，在人际关系中表现得更为单纯。他们通常希望别人对他们的需要（need）和需求（demand）有更多的容忍，更乐于迎合他们的需要和需求。如果这个发现是阳性的，而且被试又具有被动倾向，则有理由推断被动—依赖是其人格结构中的核心成分。进入步骤5。

案例27 一位26岁男性的人际知觉相关变量

R = 18	CDI = 3 HVI = 阳性			COP和AG反应
a∶p = 8∶2	SumT = 0	Fd = 1	I	1. WSo FMa. FC'o Ad 3.5 AG, ALOG, PHR
	[eb = 7∶8]		X	17. D + FMa - 2 A, Id 4.0 AG, COP, FAB, PHR
人物内容总和 = 2	H = 1			
[风格 = 外向]				
GHR∶PHR = 1∶3				
COP = 1	AG = 2	PER = 1		
孤独指数 = 0.17				

案例27的阳性发现：有1个Fd反应，表示他可能比一般成年人有更多的依赖行为。对于一个高警觉性的、对人际关系持谨慎和冷漠态度的人来说，这是一个不寻常的发现。在自我知觉单元的发现中，包括一个与食物有关的物体（杯子），它与将性与依赖需要联系在一起的假设有关，他的背景资料也显示他对性的高度关注。如前面所提到的，高警觉性的人关注人际关系中的控制问题。在这个案例中，做出这样的假设也并非不切合实际，

即他对依赖的明显需要代表的是他对确保自己完整性的需要。如果这是真的话，可推断他将性行为作为一种满足这种需要的控制手段。

（五）步骤5：SumT

纹理反应与对亲密感的需要和对亲近的情绪关系开放的需要有关。在控制、压力和情绪的章节中，已经对超预期的高SumT论述过，但在这里要对其做更广泛的讨论，因为纹理反应与人际关系的体验和行为有明显的关联。

触觉接触是日常关系中的一个重要组成部分。它是一种基本的感觉，也是学习和交流的一种重要信息来源。通过该途径，婴儿可以粗略地区别环境。在发育阶段，它的重要性持续存在着，对人和物的触摸帮助儿童区分和理解它们。抚摸或拥抱经常被用来奖励、保护或安慰儿童，当然，在惩罚中也包括触摸或拒绝触摸。当一个人成年后，在发育阶段学到和使用的触摸依然是探索和交流的方式。人们经常用触觉的词语来描述物体，例如光滑的、松软的、坚硬的和粗糙的等。握手和拥抱是欢迎和庆祝的方式。抚摸、抚弄或爱抚是典型的表达兴趣或关怀的非语言方式，而爱的表达也通常包含多种形式的触觉交流。

人们广泛且频繁地使用触觉构成了理解和解释纹理反应的概念基础。也就是说，由于在生活中用触觉模式来体验和解释事物和事件是如此频繁，因此我们可以假设，当向一个人呈现可用触觉模式来转换的刺激时，他/她便会使用这种模式。

在罗夏测验中，有经验支持这种关于纹理反应的假设。纹理反应在所有墨迹图中都会出现，但最常出现在图卡Ⅳ和Ⅵ中，通常是和常见反应（P）在一起。这是因为那些墨迹图的明暗特征形成了明显的末端（外围）细节，而这些又很容易被转化为皮毛或头发。这些特征的效力得到下面事实的有力支持：在各种各样的非病人样本中，除回避风格外，有60%到80%的人至少给出1个纹理反应。大多数的人只给出一个纹理反应，且绝大多数是对图卡Ⅳ和Ⅵ。

一般而言，基于这个原因，SumT的预期值为1。从解释的角度看，SumT应当被划分为三段，分别为SumT = 0、SumT = 1和SumT > 1。

潜在发现1：对大部分人来说，T的预期值是1。只有1个T反应表明被试使用与大部分人相类似的方式承认和表达对亲密的需求。这样的人通常愿意接受亲密的关系，愿意将常规的触觉交流作为建立和维持亲密关系的一种方法。进入步骤6。

潜在发现2：如果T等于0，通常表示被试倾向于采用与大多数人不同的方式承认和/或表达对亲密的需求。这并非意味着被试没有这种需要，而只是表示他/她在亲密的人际交往中比预期的要保守，尤其是在那些包含触觉交流的情境中。T值低的人倾向于过度关注个人空间，在与他人建立或维持亲密关系方面更是小心翼翼。

这个假设有一个例外，在某些缺乏T反应的记录中，这可能是一个“假阳性”发现。在这类记录中，完全没有灰—黑或阴影反应。例如，对于年龄在9岁以下的儿童来说，这种情况并非不常见。他们在给出或解释反应时，常常不能清楚地描述阴影。同样，在回避风格的被试中，有25%的人完全没有灰—黑或阴影反应，尤其是那些Lambda大于1.2和给出的反应不超过20个的被试。这样，在解释没有灰—黑或阴影反应的记录时，就很难确定 T 的缺少是一个有效的发现。因此，在对发现进行总结时，解释者是否要将 T=0 的假设也包括在内，则需慎重考虑。有时，在解释没有灰—黑或阴影反应的记录时，背景资料对判断缺少 T 的发现是否有意义很有帮助，不过，在通常情况下，对此问题还是谨慎为好。

记录中缺乏 T 的例外情况是否对高警觉指数的计算有影响？提出这样的质疑完全是合理的，因为缺乏 T 是该指数的核心。不过答案是否定的。这是因为 HVI 的要素（T=0 除外）总是出现在相当复杂的记录中。通常，没有灰—黑或阴影反应的记录，同时也是缺乏复杂性和其他决定因子的，它们可能反映的是对测验的防御，或只是代表一种相当匮乏的人格结构。进入步骤 6。

案例 27　一位 26 岁男性的人际知觉相关变量

R=18	CDI=3	HVI=阳性		COP 和 AG 反应
a:p=8:2	SumT=0	Fd=1	I	1. WSo FMa. FC'o Ad 3.5 AG, ALOG, PHR
	[eb=7:8]		X	17. D+ FMa- 2 A, Id 4.0 AG, COP, FAB, PHR
人物内容总和=2	H=1			
[风格=外向]				
GHR:PHR=1:3				
COP=1	AG=2	PER=1		
孤独指数=0.17				

案例 27 的阳性发现：他的测验记录中有 8 个灰—黑或阴影决定因子，但没有纹理反应。之前已经确定他是一个高警觉性的人，而且缺少 T 正是该指数的核心部分。他对人际关系非常谨慎小心，比大多数成年人更关注个人空间。

潜在发现 3：如果 T 大于 1，表示被试对亲密关系有非常强烈的需要。在大多数案例中，这种自然渴望的增强是反应性的，是由近期的情感丧失引发的。然而，在某些案例中，这项阳性发现可能代表着一种更为持久的状态，可能是由从未得到适当补偿或替代的情感丧失或失望引发的。不论是哪种情况，他们通常都体验到了令人不快的渴望或孤独。通常，体验到这种不愉快情绪的人都想获得与他人的亲密情感关系，但是他们对如何获得却茫然不知。有时，他们的这种强烈的需要干扰他们的判断，使其变得易受别人控制。对被动或依赖的人来说，情况更是如此。进入步骤 6。

案例 25　一位 35 岁男性的人际知觉相关变量

R=26	CDI=1	HVI=阴性		COP 和 AG 反应
a:p=10:4	SumT=2	Fd=0	II	4. D+ FMa 2 Ad P 3.0 COP, GHR
	[eb=6:5]		III	6. D+ Mao 2 H, Id P 3.0 COP, GHR
人物内容总和=9	H=6		VII	14. W+ Mao 2 H, Ls P 2.5 COP, GHR

（续上表）

［风格＝内向］			VII	15. W + Mao 2 H 3.0 COP, GHR
GHR:PHR＝10:0			IX	19. D + Ma. FCo 2 (H), Id P 2.5 COP, GHR
COP＝5	AG＝0	PER＝1	X	21. D + Mau 2 (H), Bt 4.0 COP, GHR
孤独指数＝0.19				

案例 25 的阳性发现：他的测验记录中有 2 个 T 反应，看起来这不大可能与他目前的诉讼有关，因为近期未见有明显的丧失发生。他是在 30 个月前离婚的，与儿子的关系也没有发生实质性改变。因此，他无法调和或满足的渴望或孤独的体验可能更为持久。他说他会再婚，不过他又提到，在目前约会的女性中还没有遇到合适的。自我知觉的发现显示，他对自己缺乏信心，较为悲观。这可能导致他很不情愿投入到新的情感中，上面提到的令人痛苦的对亲密关系的期盼便是这种不情愿的代价。

案例 26　一位 23 岁女性的人际知觉相关变量

R＝19	CDI＝4	HVI＝阴性		COP 和 AG 反应
a:p＝5:9	SumT＝3	Fd＝0	I	1. WSo FMa Ad 3.5 AG, PHR
	［eb＝8:9］		II	5. D + Ma + 2 H, Cg P 4.0 COP, GHR
人物内容总和＝6	H＝4		II	6. DS + Ma. FC'o 2 H, Cg, Hh P 4.5 COP, GHR
［风格＝内向］				
GHR:PHR＝5:2				
COP＝2	AG＝1	PER＝2		
孤独指数＝0.63				

案例 26 的阳性发现：她有 3 个 T 反应，表示存在相当强烈的渴望和/或孤独感。在她以往的生活经历中，既有背叛，也有遗弃。对一个高度自我中心且在人际关系中倾向于被动的人来说，这可能意味着严重的侮辱。她在描述自己目前的生活时，特别提到这些经历明显加重了她的混乱感。

（六）步骤 6：人物内容总和与纯 H 反应

虽然人物内容反应通常是自我意象的形式，但一份测验记录中的人物内容总和，也能为对人的兴趣的评估提供依据。如果一个人对他人有相当大的兴趣，不管是出于什么原因，通常都会给出几个人物内容反应。另一方面，如果一个人对他人不怎么感兴趣，或回避社交活动，通常给出的这类反应就会少。

当考虑对他人兴趣这个问题时，解释者也应注意被试对他人的印象是否以现实为基础。此外，出于同样的原因，解释者也应考虑纯 H 反应的频率。如在前面章节中提到的，纯 H 是唯一的对真实人物的人物内容编码。因此，如果纯 H 反应在人物内容反应中占较大比例，则有理由假设被试对他人的知觉是以事实为依据的。相反，如果它们只占人物内容反应较少的比例，则可推测被试对他人的理解不是很好。

如前面章节提到的，人物内容反应的预期值依据 R 和反应风格的不同而变化。因此，对人物内容反应和纯 H 比例的解释，应在与这些变量的关系中形成。表 9 列出了成年非病人样本的人物内容反应总和的预期范围。纯 H 的平均值也列在表中，以便比较，因为这一步骤的解释需要考虑这两个变量。需要指出的是，R 小于 17 和大于 27 的预期范围是从小样本中获得的，应该谨慎使用。

表 9　500 名非病人样本依据 R 和反应风格分组的人物内容总和及纯 H 的预期范围

	R=14~16				R=17~27				R=27~55			
	预期值和反应风格				预期值和反应风格				预期值和反应风格			
	I	A	E	L	I	A	E	L	I	A	E	L
N=	18	22	17	16	116	54	129	38	33	16	24	17
人物内容总和	4~6	2~4	2~4	2~5	5~8	4~7	3~6	4~7	7~11	5~9	4~7	5~9
纯 H 平均值	3.8	1.8	1.6	1.7	4.8	2.5	2.5	1.8	7.1	3.7	2.1	2.9

注意：I=内向型；A=中间型；E=外向型；L=回避型

表 9 列出的人物内容总和的数据可用于 8 岁以上儿童，但 13 岁以下儿童的纯 H 平均值通常较低。年幼儿童常常给出的人物内容反应是（H）或（Hd）。他们对人的理解不够好，倾向于识别出更多虚构的特征。这样，在解释年幼儿童的测验记录时，对纯 H 反应的预期比例应当作相应的调整。

潜在发现 1：按照 R 和反应风格，如果人物内容反应的总和在预期范围内，内向风格的纯 H 超过总和的一半，或其他风格的纯 H 至少为总和的一半，则有理由假设被试对他人的兴趣与大多数人的一样，对他人的概念化是以现实为依据的。进入步骤 7。

案例 26　一位 23 岁女性的人际知觉相关变量

R=19	CDI=4　HVI=阴性			COP 和 AG 反应
a:p=5:9	SumT=3	Fd=0	I	1. WSo FMa Ad 3.5 AG, PHR
	[eb=8:9]		II	5. D+ Ma+ 2 H, Cg P 4.0 COP, GHR
人物内容总和=6	H=4		II	6. DS+ Ma. FC'o 2 H, Cg, Hh P 4.5 COP, GHR
[风格=内向]				
GHR:PHR=5:2				
COP=2	AG=1	PER=2		
孤独指数=0.63				

案例 26 的阳性发现：这位女性是内向风格，其测验记录中有 19 个反应，其中 6 个是

人物内容反应，在预期范围之内。这6个反应中有4个是纯H反应。总体来看，这些发现提示她对他人的兴趣与大多数人的一样，对他人的知觉是建立在现实基础之上的。就其混乱的人际交往经历而言，这是一个有趣的发现。这很有可能是她强烈的自我中心和被动倾向，干扰了她对如何与人恰当相处的判断，尽管她对他人的印象是基于现实的。

潜在发现2：按照R和反应风格，如果人物内容反应总和在预期范围内，内向风格的纯H低于或等于总和的一半，或其他风格的纯H低于总和的一半，则有理由假设被试对他人的兴趣与大多数人的一样，但对他人的理解可能不是很好。这类人有一种“误读”他人的倾向，常常曲解社交手势。有时，他们对自己的社交关系有不合理的预期。另外，他们在理解方面的欠缺可导致在社交中出现差错，从而有可能疏远他人。进入步骤7。

案例27　一位26岁男性的人际知觉相关变量

R＝18	CDI＝3　HVI＝阳性			COP和AG反应
a∶p＝8∶2	SumT＝0	Fd＝1	Ⅰ	1. WSo FMa. FC'o Ad 3.5 AG, ALOG, PHR
	［eb＝7∶8］		Ⅹ	17. D＋ FMa- 2 A, Id 4.0 AG, COP, FAB, PHR
人物内容总和＝2	H＝1			
［风格＝外向］				
GHR∶PHR＝1∶3				
COP＝1	AG＝2	PER＝1		
孤独指数＝0.17				

案例27的阳性发现：这位男性是外向风格，在他的测验记录中有18个反应，其中只有3个是人物内容反应，不过仍在预期范围内。因此，他可能与大多数人一样，对他人是有兴趣的。然而，他的反应中只有1个纯H反应，提示他不能很好地理解他人，容易误读他人，在社交情境中可能有不恰当的行为。这些发现与他过往的生活经历是一致的，与其被转介评估的原因是吻合的。

案例25　一位35岁男性的人际知觉相关变量

R＝26	CDI＝1　HVI＝阴性			COP和AG反应
a∶p＝10∶4	SumT＝2	Fd＝0	Ⅱ	4. D＋ FMa 2Ad P 3.0 COP, GHR
	［eb＝6∶5］		Ⅲ	6. D＋ Mao 2 H, Id P 3.0 COP, GHR
人物内容总和＝9	H＝6		Ⅶ	14. W＋ Mao 2 H, Ls P 2.5 COP, GHR
［风格＝内向］			Ⅶ	15. W＋ Mao 2 H 3.0 COP, GHR

（续上表）

GHR∶PHR＝10∶0			Ⅸ	19. D＋ Ma. FCo 2 (H), Id P 2.5 COP, GHR
COP＝5	AG＝0	PER＝1	Ⅹ	21. D＋ Mau 2 (H), Bt 4.0 COP, GHR
孤独指数＝0.19				

潜在发现3：在考虑R和反应风格的前提下，如果人物内容反应总和超过预期范围，内向风格的纯H大于总和的一半，或其他风格的纯H至少为总和的一半，则表示被试对他人很有兴趣，且这种兴趣是以对他人现实的理解为基础的。如果这个发现是阳性，提示被试对他人的兴趣通常是健康的，但也反映像在高警觉性人中所发现的对他人不大健康的偏见，例如对他人强烈的不信任感。进入步骤7。

案例25的阳性发现：他的26个反应中有9个人物内容反应，稍超出预期范围。其中有6个是纯H反应。这些数据表明他对他人有强烈的兴趣，对他人的理解是相当现实的。

潜在发现4：依据R和反应风格，如果人物内容反应总和超出预期范围，内向风格的纯H小于或等于总和的一半，或其他风格的纯H小于总和的一半，则表明被试对他人有浓厚的兴趣，但也提示被试对他人的理解不是很好。对他人的兴趣可以是一个积极的信号，但在某些情况下，它可能只代表一种不健康的关注，这种情况在那些对他人持谨慎和不信任态度的人中常见。不论哪种情况，对他人错误的理解，常常导致对社交关系不切实际的预期和/或社交失误，因而与他人关系疏远或格格不入。进入步骤7。

潜在发现5：按照R和反应风格的不同，如果人物内容反应总和低于预期范围，可以假设被试对他人的兴趣比大多数人的低。在那些情绪封闭或社交孤立的人中，这个发现常常是阳性的。如果这个发现是阳性的，测验记录中的反应低于17个，则不适合对纯H进行解释；如果测验记录中的反应不少于17个，前面提出的原则依然适用。也就是说，如果被试是内向风格，纯H大于总和的一半，或如果被试是其他风格，纯H等于或大于总和的一半，则可假设被试对他人的知觉是符合现实的。有时，有关纯H的发现有助于理解为什么一个人那么疏远社会或孤立于社会。进入步骤7。

（七）步骤7：GHR与PHR

借助特殊分数好的人物形象反应（GHR）和坏的人物形象反应（PHR），可以对人际行为及其有效性进行更为广泛的研究。用于划分好的或坏的人物形象反应的法则列于表10。它包括几种编码类型（决定因子、形状质量、内容和特殊分数），还包括了对人物内容反应和具有人类活动的动物反应的评定。

表 10 将人物形象反应划分为好（GHR）与坏（PHR）的方法

人物形象反应的定义： 1. 所有包含人物内容编码的反应：H、(H)、(Hd)、(Hx)。 2. 所有包含决定因子 M 的反应。 3. 所有包含 COP 或 AG 特殊编码的 FM 反应。 划分好的（GHR）或坏的（PHR）的步骤： 1. 含有纯 H 编码且符合以下所有条件的反应编码为 GHR。 a. 形状质量为 FQ +、FQo 或 FQu； b. 除 DV 外，没有其他认知特殊分数； c. 没有 AG 或 MOR。 2. 符合以下任何一个条件的反应编码为 PHR。 a. FQ - 或 FQnone (无形状)； b. FQ +、FQo 或 FQu 且有 ALOG、CONTAM 或任何等级水平为 2 的认知特殊分数。 3. 其他含有 COP 但没有 AG 编码的人物形象反应编码为 GHR。 4. 其他符合以下条件之一的人物形象反应编码为 PHR。 a. 含有 FABCOM 或 MOR； b. 含有内容编码 An。 5. 图卡 III、IV、VII 或 IX 的且被编码为 P 的其他人物形象反应编码为 GHR。 6. 其他符合以下条件之一的人物形象反应编码为 PHR。 a. 含有 AG、INCOM 或 DR 编码； b. 含有 Hd 编码［不是（Hd)］。 7. 所有剩下的人物形象反应编码为 GHR。

GHR 和 PHR 正好是相反的。GHR 通常被认为与有效的和适应的人际经验有关。通常，那些给出大量 GHR 反应的人是被别人尊重的，他们的人际活动相当有序，没有混乱。就如预期的那样，在非病人的测验记录中，GHR 反应出现的频率最高，但在那些问题还没有扩展到人际领域的各类病人中，出现大量 GHR 反应也并非不常见。通常，严重紊乱的病人给出 GHR 的频率是低的。

在另一端，PHR 反应与无效或适应不良的人际行为模式高度相关。那些给出大量 PHR 反应的人，通常在人际关系方面是冲突和/或失败的。他们似乎缺乏社交能力，常常被他人拒绝或回避。在某些情况下，社交意识的缺乏导致社交行为的不恰当，而且也容易引起不必要的冲突。在有严重心理障碍的人群中，PHR 反应出现的频率很高。在大多数病人中，PHR 出现的频率为低到中等。在非病人中，出现低频率的 PHR 也并非少见。

潜在发现 1：如果人物形象反应至少是 3 个，而且 GHR 大于 PHR，则可假设被试的人际行为通常是与环境相适应的。如果 GHR 与 PHR 的差值增大，而且 GHR 依然是较大的，则表示被试的人际行为在众多社交场合中是有效的，通常是被他人尊重的。进入步骤 8。

案例 25　一位 35 岁男性的人际知觉相关变量

				COP 和 AG 反应
R = 26	CDI = 1	HVI = 阴性		
a:p = 10:4	SumT = 2	Fd = 0	Ⅱ	4. D + FMa 2Ad P 3.0 COP, GHR
	[eb = 6:5]		Ⅲ	6. D + Mao 2 H, Id P 3.0 COP, GHR
人物内容总和 = 9	H = 6		Ⅶ	14. W + Mao 2 H, Ls P 2.5 COP, GHR
[风格 = 内向]			Ⅶ	15. W + Mao 2 H 3.0 COP, GHR
GHR:PHR = 10:0			Ⅸ	19. D + Ma. FCo 2 (H), Id P 2.5 COP, GHR
COP = 5	AG = 0	PER = 1	Ⅹ	21. D + Mau 2 (H), Bt 4.0 COP, GHR
孤独指数 = 0.19				

案例 25 的阳性发现：他的记录中有 10 个人物形象反应，全部是 GHR。这是一个非常正面的发现，表示他的人际行为通常是适应的，是受人尊重的。

案例 26　一位 23 岁女性的人际知觉相关变量

				COP 和 AG 反应
R = 19	CDI = 4	HVI = 阴性		
a:p = 5:9	SumT = 3	Fd = 0	Ⅰ	1. WSo FMa Ad 3.5 AG, PHR
	[eb = 8:9]		Ⅱ	5. D + Ma + 2 H, Cg P 4.0 COP, GHR
人物内容总和 = 6	H = 4		Ⅱ	6. DS + Ma. FC'o 2 H, Cg, Hh P 4.5 COP, GHR
[风格 = 内向]				
GHR:PHR = 5:2				
COP = 2	AG = 1	PER = 2		
孤独指数 = 0.63				

案例 26 的阳性发现：她的记录中有 7 个人物形象反应，其中 5 个是 GHR。表示她的社交行为通常是适应的，被他人赞同的。这个发现与之前 CDI 的发现相矛盾，与其社交经历中的混乱也有些不符。这可能与她非常强的自我中心和社交中的被动倾向有重要关系。也可能是当她与人交往不深时，她的社交行为是被他人认可的，但在与那些她所依赖的、满足她个人需要的人交往时，问题就会出现。

案例 27　一位 26 岁男性的人际知觉相关变量

R = 18	CDI = 3　HVI = 阳性			COP 和 AG 反应
a:p = 8:2	SumT = 0	Fd = 1	I	1. WSo FMa. FC'o Ad 3.5 AG, ALOG, PHR
	[eb = 7:8]		X	17. D + FMa - 2 A, Id 4.0 AG, COP, FAB, PHR
人物内容总和 = 2	H = 1			
[风格 = 外向]				
GHR:PHR = 1:3				
COP = 1	AG = 2	PER = 1		
孤独指数 = 0.17				

潜在发现 2：如果人物形象反应至少为 3 个，PHR 大于或等于 GHR，则可假设被试的人际行为与环境的适应性比预期的要差。如果 PHR 比 GHR 越大，则被试的人际行为在许多社交场合中的有效性就越差，常常不被他人接受。进入步骤 8。

案例 27 的阳性发现：他的记录中有 4 个人物形象反应，其中的 3 个是 PHR。就其早先的发现和他的经历而言，这个发现并非不可预期，前两者都表示他的社交世界充满了问题。这个发现再次确认他的人际行为缺乏有效性，有时是不恰当的，通常不被他人接受。

（八）步骤 8：COP 和 AG

合作性（COP）和攻击性（AG）运动反应都含有被试在反应中添加的投射性成分。如自我的陈述一样，它们有时能提供一些有关个人在人群中交互作用的内部模式的信息。

COP 反应表示人际交往是积极、正面的；而 AG 反应则暗示人际交流具有攻击或竞争的特征。初看起来，对它们的解释似乎很简单，它们似乎代表了对立的两面。但事实并非如此简单，因为 COP 和 AG 常常出现在同一份记录中，在将近 50% 的非病人记录中，至少各有一个。大部分 COP 反应出现在图卡 II、III 和 VII 中。那些能促进 M 转换的墨迹图外周特征，也容易赋予运动反应以积极的交互作用特征。然而，这些相同的特征也容易使运动反应具有攻击性特征。因此，COP 和 AG 的基线或预期频率都是 1。

有意思的是，在病人的记录中，COP 和 AG 出现的频率很低，只有约 25%。这可能是因为病人更固执于他们的人际交往模式。因此，不论何种情况，对这两个特殊分数的任何解释性假设，都必须在充分考虑这两个分数之后才能形成。

在非回避风格的非病人样本中，大约有 80% 的人至少给出 1 个 COP 反应，大约有 40% 的给出 2 个以上的 COP 反应。在回避风格的非病人样本中，COP 反应出现的频率则非常不同。在不考虑 R 的情况下，他们中只有约 30% 的人至少给出 1 个 COP 反应，只有不足 10% 的人给出多于 2 个 COP 反应。大约 50% 的病人至少给出 1 个 COP 反应，但只有大约 20% 的给出 2 个或以上。

给出多个尤其是多于 2 个 COP 反应的被试，倾向于对人友好，对人际关系持乐观态度。大家可能会预期，相对于其他风格的人，内向风格的人会给出更多的 COP 反应，因为他们给出更多的 M 反应。但事实并非如此。中间型和外向风格的人给出多个 COP 反应的人数比例与内向风格的相同。

大约有 70% 的非病人样本，包括回避风格在内，至少给出 1 个 AG，但只有大约 20% 的人给出 2 个或以上。在病人中，大约有 50% 的人至少给出 1 个 AG，而大约有 35% 的人给出 2 个或以上。给出多个 AG 的人，倾向于将人际关系视为具有竞争性或攻击性的。这不一定就意味着攻击是自我中心或反社会的。很多人认为社会接受的攻击形式（支配、逗趣和争论等）是正常行为。通常，这些人的记录中也有 COP 反应。另一方面，在一份没有 COP 的记录中出现多个 AG 反应，特别是 3 个或以上，则表示被试的攻击性使人们疏远他/她，而且在某些情况下，其攻击性具有自我中心或反社会特征。

对那些包含 COP 和 AG 的反应进行检查也是重要的。有时，这些反应包含消极特征，如 S、差的形状质量、不寻常的决定因子组合或其他特殊分数。这些编码都可能改变 COP 反应的积极含义，或增强 AG 反应可能的消极含义。

例如，包含形状质量为“ - ”和 1 个特殊分数 INCOM2 的 COP 反应就不能被认为是积极的。同样，某些 COP 反应也包含 AG，通常，当将这些反应置于代表个人人际交往概念的框架下考虑时，它们就不是非常好的反应。

潜在发现 1：如果 COP 为 0，AG 为 0 或 1，表示被试并不将积极的人际交往作为通常事件来预期。这样的人在交往环境中觉得不舒服，他们可能被别人视为疏远或冷漠的。这并不妨碍他们与他人有成熟和/或深入的关系，但他们通常被认为是不爱交际的，在集体活动中常常处于边缘地带。进入步骤 9。

潜在发现 2：如果 COP 为 0 或 1，AG 等于或大于 2，或如果 COP 为 2，AG 大于 2，则可推测被试将攻击性理解为人际交往的自然组成部分。在这类人的日常行为中，常可见到明显的暴力或攻击行为。有时，这些行为代表的是一种防御策略，用以应对人际关系中的不安全感。不过，它们通常反映的是一种已习得的与他人交往的行为方式。专断或攻击的具体表现多种多样，具体取决于其他人格特征和环境性质。进入步骤 9。

案例 27 一位 26 岁男性的人际知觉相关变量

R = 18	CDI = 3	HVI = 阳性		COP 和 AG 反应
a:p = 8:2	SumT = 0	Fd = 1	I	1. WSo FMa. FC'o Ad 3.5 AG, ALOG, PHR
	[eb = 7:8]		X	17. D + FMa - 2 A, Id 4.0 AG, COP, FAB, PHR
人物内容总和 = 2	H = 1			
[风格 = 外向]				
GHR:PHR = 1:3				
COP = 1	AG = 2	PER = 1		
孤独指数 = 0.17				

案例 27 的阳性发现：他有 1 个 COP 反应和 2 个 AG 反应，表明他可能比大多数人更具攻击性，并将这些行为理解为人际活动中自然的、可接受的部分。这些反应的编码显示，只包含 2 个反应。第一个是对图卡 I 做出的，其中有 1 个 AG，同时也包括了 S 和 1 个 ALOG；第二个是对图卡 X 做出的，其中有 1 个 COP 和 1 个 AG，同时也包括了 1 个歪曲的形状质量（–）和 1 个 FABCOM。这种消极或负面特征的组合，表示他对自己的攻击性毫无觉察，常常将其以一种与情境不相适应的方式表现出来。在他的经历中，有骚扰他人的记录，这可作为此假设的佐证。

潜在发现 3：如果 COP 为 1 或 2，AG 为 0 或 1，则有理由认为被试通常对人际交往的预期是积极的，并乐于付诸实践。交往的具体形式由其人格的其他特征确定，尤其是应对风格和自我意象。进入步骤 9。

案例 26　一位 23 岁女性的人际知觉相关变量

R = 19	CDI = 4	HVI = 阴性		COP 和 AG 反应
a:p = 5:9	SumT = 3	Fd = 0	I	1. WSo FMa Ad 3.5 AG, PHR
	[eb = 8:9]		II	5. D + Ma + 2 H, Cg P 4.0 COP, GHR
人物内容总和 = 6	H = 4		II	6. DS + Ma. FC'o 2 H, Cg, Hh P 4.5 COP, GHR
[风格 = 内向]				
GHR:PHR = 5:2				
COP = 2	AG = 1	PER = 2		
孤独指数 = 0.63				

案例 26 的阳性发现：她的测验记录中包括 2 个 COP 和 1 个 AG，表明她似乎对人际交流持比较开放与积极的态度。这三个反应除了有两个含有 S 外，并没有特别不寻常的编码。这可能与她令人失望的情感关系有关，不过也可能反映的是一种更为持久的对抗性态度，后者是因人们辜负了她对人际关系的期望而发展形成的。

潜在发现 4：如果 COP 为 2 或 3，AG 为 2，则表示被试对积极的人际交往是开放和感兴趣的，不过许多交往带有更多强制性或攻击性特征。有这样一类人，他们将攻击性理解为一种自然的交流形式，但又期望交流是积极的。进入步骤 9。

潜在发现 5：如果 COP 等于或大于 3，AG 为 0 或 1，或如果 COP 大于 3，AG 等于或小于 2，则表示被试通常被他人视为可爱和对人友好的。这样的人通常将社交活动视为他们日常生活的重要部分，他们周围的人也常将他们认作喜好交际的人。他们不时期望并寻求与他人的和睦关系。进入步骤 9。

案例 25　一位 35 岁男性的人际知觉相关变量

R = 26	CDI = 1　HVI = 阴性			COP 和 AG 反应
a:p = 10:4	SumT = 2	Fd = 0	Ⅱ	4. D + FMa 2Ad P 3.0 COP, GHR
	[eb = 6:5]		Ⅲ	6. D + Mao 2 H, Id P 3.0 COP, GHR
人物内容总和 = 9	H = 6		Ⅶ	14. W + Mao 2 H, Ls P 2.5 COP, GHR
[风格 = 内向]			Ⅶ	15. W + Mao 2 H 3.0 COP, GHR
GHR:PHR = 10:0			Ⅸ	19. D + Ma. FCo 2 (H), Id P 2.5 COP, GHR
COP = 5	AG = 0	PER = 1	Ⅹ	21. D + Mau 2 (H), Bt 4.0 COP, GHR
孤独指数 = 0.19				

案例 25 的阳性发现：在他的记录中，有 5 个 COP，检查其编码发现均不具消极或负面特征。这提示他是个非常开放的人，积极寻求人际关系，一般来说，对人际关系的预期是积极乐观的。在他人的眼里，他是爱交际并深受他人喜爱的。

潜在发现 6：如果 COP 等于或大于 3，AG 大于 2，则是不寻常的发现。表示被试在人际行为方面可能存在严重的冲突或混乱。这样的人不能很好地理解他人，其日常人际行为缺乏一致性和/或可预测性。进入步骤 9。

（九）步骤 9：PER

个人化反应并非不常见。在成年非病人的记录中，含有至少一个 PER 的超过一半，含有 2 个的差不多占 20%。儿童比成年人给出的 PER 更多。当一个人清楚地给出一个包含 PER 的反应时，表示他/她在给自己信心，让自己安心，同时也在尝试击退主试的挑战。这是一种正常的策略，大多数人不时在使用这种策略。对一个人的知识的肯定就是让他/她安心或有信心。然而，有些人会过分使用，如此便不只是为了个人的安心或信心。相反，它可能是一种理智权威主义，被当作一种防御，以防他人觉察到自己的虚弱，有时也被用作支配控制他人的方法。使用这种方法的人常与他人格格不入，因为他们对知识和观点的表述过于频繁和强烈。他们常常被视为心胸狭窄或“什么都知道”的人。

案例 26　一位 23 岁女性的人际知觉相关变量

R = 19	CDI = 4　HVI = 阴性			COP 和 AG 反应
a:p = 5:9	SumT = 3	Fd = 0	Ⅰ	1. WSo FMa Ad 3.5 AG, PHR
	[eb = 8:9]		Ⅱ	5. D + Ma + 2 H, Cg P 4.0 COP, GHR
人物内容总和 = 6	H = 4		Ⅱ	6. DS + Ma. FC'o 2 H, Cg, Hh P 4.5 COP, GHR
[风格 = 内向]				

（续上表）

GHR:PHR＝5:2		
COP＝2	AG＝1	PER＝2
孤独指数＝0.63		

潜在发现1：如果PER为2或3，表示被试在人际交往中比大多数人更倾向于防御，常常依赖展示学识以求在那种环境中保持安全。这不一定会损害人际关系，仅表示在具有挑战性环境中比预期更缺乏安全感。进入步骤10。

案例26的阳性发现：她有2个PER，提示她在人际关系中倾向于防御，常常依赖展示知识使自己安心，同时回避或对抗他人的挑战。

潜在发现2：如果PER大于3，有理由推测被试在人际环境中对自己个人的完整性没有信心，倾向于防御性地将自己变成权威，以此抵制环境中出现的对自我的挑战。这样的人通常被认为是固执或心胸狭隘的，因而他们常常难以维持亲密的关系，特别是与那些不顺从他们的人。进入步骤10。

（十）步骤10：孤独指数

该指数的计算方法为（Bt ＋ 2Cl＋ Ge ＋ Ls ＋ 2Na）/R，是由出现频率低的反应内容组成的。植物和风景出现在大多数记录中，但出现频率低。剩下的三个是云、地理和自然，出现的频率更低，接近0。如果计算这些反应内容的总和，或对其中极少见的两个加倍后再计算调整总和，那最后计算出的总和，通常在全部反应中所占的比例也不会太大。如果这个总和超过R的1/4，则表示存在某种有趣的人际关系模式。

潜在发现1：如果孤独指数落在0.26和0.32之间，则表示被试在社交中的主动性或积极程度比预期的低。这并不是一个少见的发现，在病人和非病人样本中，超过15%的人落在此区间。这并不意味着存在社交不适应或社交冲突。相反，它可能表示对社交活动兴趣不大或不愿意参加。如果是这样的话，测验记录中的人物内容反应通常至少能达到平均值，COP至少是1，表明兴趣是存在的，参与受到限制。进入步骤11。

潜在发现2：如果孤独指数等于或大于0.33，表明被试与社会的隔离程度更高。那些此发现呈阳性的人，给出的人物内容反应常常低于平均值，给出2个或以上COP的可能性也很低。这类人似乎很难建立和/或维持稳定的或有意义的人际关系。这个发现并非意味着一种病态的社交退缩，它仅仅表示由于某种原因，该被试与他人的交往欠佳，以及常常发现自己相对缺乏有益的交往。进入步骤11。

案例26　一位23岁女性的人际知觉相关变量

R＝19	CDI＝4	HVI＝阴性		COP和AG反应
a:p＝5:9	SumT＝3	Fd＝0	I	1. WSo FMa Ad 3.5 AG, PHR

（续上表）

	[eb=8:9]	Ⅱ	5. D+ Ma+ 2 H, Cg P 4.0 COP, GHR
人物内容总和=6	H=4	Ⅱ	6. DS+ Ma. FC'o 2 H, Cg, Hh P 4.5 COP, GHR
[风格=内向]			
GHR:PHR=5:2			
COP=2	AG=1 PER=2		
孤独指数=0.63			

案例26的阳性发现：她的孤独指数为0.63，表示她的社交活动比预期的更贫乏。早前已注意到，她似乎对他人很感兴趣，不过其他发现和生活史资料提示，她的人际关系是比较肤浅和缺少价值的。

（十一）步骤11：带有成对编码的M和FM反应

这个单元的最后一个步骤是对带有成对编码的人类运动和动物运动反应进行检查。通常，在考察自我知觉的数据时，就已经见到过这些反应。这里的考察有不同目的。它要确定所描述的人际交往方式是否一致或是否具有某种模式，以及寻找与人际交往有关的不寻常的词语或用词方法。通常，在此步骤中的考察不形成新的假设，但在某些情况下，它将澄清或扩展之前提出的有关人际交往的假设。

1. 案例25的反应

图卡Ⅱ4 “较暗的部分可能是两只狗，正在蹭鼻子，像玩耍时那样做的。”（询问）“你看不到全部，只有头，这里和这里（D1），它们正触碰着鼻子，这里，有一点像它们在玩耍时那样做的，我猜它们在互相嗅着，以一种友好的方式，看，耳朵在这里（指着），脖子。”

图卡Ⅲ6 “像两个人围着一只鼓或其他什么东西在跳舞。”（询问）“他们弯着腰，像是某种舞蹈动作，看，这是头，这里是手臂，看起来他们正在击鼓，他们的腿，像是土著舞。”（主试：土著舞?）“我不知道，土著舞或是现代舞，有鼓和围绕着鼓跳舞的什么东西。”

图卡Ⅶ14 “它让我想到两个小女孩，像是坐在一个大石头上，一起玩着。”（询问）“看上去她们的头发里有羽毛，上面这里（D5），看，前额和下巴，鼻子，伸到这里的可能是手臂，这下面的是石头，像是在玩游戏或什么。”

图卡Ⅶ15 “这样看像是两个在跳舞的女人，背对背，她们的头向后，几乎要贴在一起了。”（询问）“一边一个，她们发型好像很大，这是手臂，腿，她们像是在跳舞。”（主试：你说他们的发型很大。）“看这里，如果只是头的话（Dd23）就太大了，所以我想是很大的发型，我猜可能是帽子。”

图卡Ⅸ19 “如果只用橙色这部分，它看上去像两个女巫样的人，正在这个大锅里酿造什么。”（询问）“她们戴着尖尖的帽子，她们的手臂伸向这个大锅，像是在搅拌某种东西，都穿着橙色的衣服，酿制某种魔水或其他什么东西。”（主试：我对锅不大确定。）

“中间这部分，可能是大缸或大锅（勾画D8）。”

图卡X21 “上面这里看起来像两个守护神一样的人，正试着举起这根棒子。”（询问）“他们看起来有些怪异，所以说是守护神。他们有短小的腿，看上去他们有触角或某些从头或帽子突出的东西，他们试着举起这根棍或棒。”

案例25的考察：正如步骤7、8提到的，这些都是好的人物形象反应，全都是COP反应。因为它们都具有积极的特征，所以它们是一致的。在它们当中，也没有能导致对原假设进行说明或增加的异常措词。这样就再次肯定了原来的假设，即他对别人非常感兴趣，对人是友好的，是一个喜欢交际的人。

2. 案例26的反应

图卡Ⅲ5 “两个舞者，一起跳舞，像迪斯科舞厅的。”（询问）“这里和这里（D9）是她们的头，脖子，夹克的翻领或竖领的女衬衫，她们的手臂，腿，她们相互向前倾，两人都穿着高跟鞋。”

图卡Ⅲ6 “两个服务员，在清理桌子。”（询问）“相同的身体，穿着黑衣服和白色围裙，这里，她们的身体向这个桌子倾斜，像是在清理桌子。”

图卡Ⅳ8 “两只鸭子，从灌木丛中向不同的方向窥视。”（询问）“黑色和白色的鸭头，向不同的方向看去。”（主试：还有灌木丛？）“这里，不同明暗的黑色让它看起来很浓密，圆形像是灌木丛，它们躲在里面，只是偷看。”

图卡X17 “这部分像两个小精灵，它们的头，戴着睡帽，相互看着彼此。”（询问）“这里，粉红色的顶部，只是两个头，不像真的，像童话里的小精灵，戴着尖尖的帽子，看鼻子，下巴，这里是帽檐。”

案例26的考察：这4个反应中有3个具有被动或顺从的特征，这一特征在步骤3中就已发现。它们表达了一种不情愿或肤浅的感觉，这与步骤10的假设是一致的，即她更倾向于将自己与社会隔离，像一个漠不关心的观察者。

3. 案例27的反应

图卡Ⅲ5 “两个人在跳舞或做有氧运动。”（询问）“他们在跳舞，可能是有氧运动，不管怎样，背景中有些装饰品，这些红色的东西像是为聚会增添光彩。”（主试：两个人？）“他们就在这里，两个女孩，看，她们的奶头，她们可能是裸体的，哇，长腿，高跟鞋，难看的鼻子，我觉得太大了，但乳房很美。”

图卡X17 “两个蜥蜴正试图把这根管子撞倒。”（询问）“这里一只，这里一只（D8），它们在推这根管子，像是要把它撞倒。”（主试：我不确定是什么让它看起来像蜥蜴？）“它们就是像，看，这是腿，脸部在这里。”

案例27的考察：这两个反应没有明显的一致性。

三、对人际知觉与行为发现的总结

需要对来自多个步骤的假设进行综合和概括。与其他单元一样，对积极和消极的特征都要注意，如果可能的话，还应解决矛盾性假设或对其作出解释。

（一）案例25的总结

总的来说，有关这位35岁男性被试的发现是非常积极的。他对别人有非常浓厚的兴趣，对人的理解是基于现实的（步骤6）。他的人际活动应该是比较适应的，因为他是一个开放的人，主动寻找人际交流，通常对人际关系有积极的预期（步骤6、7）。他应该是个爱交际的人，可能也是受人欢迎的（步骤8）。在众多的发现中，唯一的负面特征是其持续的孤独感，这种孤独感已经存在了相当长时间，对此他无法协调或满足（步骤5）。他对孤独感的无能为力可能与其自我知觉的发现有关。他比较没有自信，对自己有些悲观。这可能是由他失败的婚姻所致，不过，抛开这个原因不谈，这种悲观和缺乏自信使他不愿再深深地卷入其中。这样，他便背负上这些令人不快的情绪。不过，他的孤独感并没有对他的人际活动的适应性造成任何不良影响。

（二）案例26的总结

这是位23岁的女性被试，测验结果显示她可能严重缺乏建立和维持成熟人际关系的某些社交技能（步骤1）。她与人交往时，通常喜欢充当较为被动的角色（步骤3）。虽然这种角色可能是一种逃避责任的方式，但也代表了一种用于操控他人的策略。她有一种相当强烈的渴望和/或孤独感，从她遭受背叛和抛弃的经历看，这并不出人意料（步骤5）。它代表的是一种对她自尊的侮辱，令其目前混乱的生活雪上加霜。她似乎对他人很有兴趣，她对别人的知觉也较为现实，但她的自我卷入和消极被动常常使她在与人交往时做出错误的决定（步骤6，自我知觉的发现加生活经历）。一般而言，她的人际行为是适当的，也被他人所认可，不过这仅体现在人际关系的浅层。在与那些她所依赖的能满足她个人需要的人交往时，她的行为便不被认可（步骤6、7的发现加自我知觉的发现）。

她对人际交流是开放的，通常对社交的预期是积极的，但在人们辜负了她对交往的期望时也会心生怨恨（步骤8）。在人际交往中，她倾向于使用防御，常常将展示自己的学识作为一种肯定自己和回避他人挑战或竞争的方式（步骤9）。事实上，她的社交生活是肤浅的、缺少价值的，还多少有些贫乏，尽管她对他人是有兴趣的（步骤6、7、10）。从她失败的人际关系的经历来看，这并不让人吃惊。她提到虽然她有几个熟人，但唯一能与她讨论问题的就只有她的姐姐，不过与姐姐的交流也只是通过电话。她指出她的社交生活就是“一团乱麻”，对于为她制定治疗计划来说，她对此的觉察应该是一个重要的优点。

（三）案例27的总结

他是一个不信任他人的人，可能在建立人际关系时十分谨慎，除非他相信他能控制对方。他对保护自己的完整性非常专注，倾向于将失败归咎于别人（步骤2）。有趣的是，他的依赖行为远超出了对一个成年人的期望（步骤4）。这对于一个人际态度谨慎、疏远以及在人际关系中关注掌控的人来说是个不寻常的发现。将性与他的依赖需求联系在一起，似乎他将性行为知觉为能确保其个人完整性和满足其依赖需要的一种可控的方法（自我知觉的发现）。然而，他通常对人际关系是非常谨慎的，可能对个人空间问题的关注远超过对大多数成年人的预期（步骤5）。

他看起来对人是感兴趣的，但他对人的理解并不好。他经常误读他人，在社交中的行为也常常不恰当（步骤6）。事实上，他的人际世界充满了问题，他的行为总是被别人视为不恰当的（步骤7）。他比大多数人更为强硬，更具攻击性（步骤8）。不幸的是，他对其攻击性缺少意识，且常常以一种与情境不相适应的方式表现出来。

四、练　习

案例 29

这是一位25岁的女性，因申请参加一项在门诊进行的物质滥用治疗计划而来进行评估。她承认经常在晚上与朋友一起吸食可卡因，他们中的两个因可卡因成瘾已经致残。她说她想接受治疗，因为她觉得在面对摆在她面前的毒品时，她无法说“不”，但又不愿住院治疗，因为怕失去工作。如果接受这项门诊治疗，她将一周就诊2次，一次是个人治疗，另一次是团体治疗，至少要持续12周。

她是独生女，父母在她9岁时离异。她跟母亲一起生活，直到有正式的工作。她母亲49岁，在一家服装店做助理经理。她父亲53岁，在过去5年中，除了偶尔的信件或贺卡外，她与父亲没有任何来往。她高中毕业后不久，父亲就再婚并搬到了离她比较远的州居住。在此之前，她大概每年会去探望他6次，通常都是在特别的时间（圣诞节、生日等）。她父亲是一家制造公司的经理。

她说她因过敏而有呼吸系统问题，这使她在一、二年级时经常无法上学，三年级时病好了，但直到14岁还是要继续使用抗过敏注射剂。她18岁高中毕业，在药店工作了一年，之后开始参加理疗师培训。她21岁时获得了准学士学位（A. A. degree）并通过了认证考试，然后到一家医院康复科工作。她说她喜欢自己的工作，并希望能一直在这个岗位上工作。目前她跟另外两位女孩（秘书，27岁；航空公司代理，25岁）合租一套公寓。

她说她小学时没什么朋友，但高中时的情况就变了，她开始跟两个同学一起参加聚会和舞会。在一次聚会上，一个男孩吻了她并抚摸了她。大约4个月后，她与这个男孩有了第一次性行为。她说这对她来说并不愉快，于是她在高中毕业之前再没有过性行为。她说在高中毕业之后，她大概跟“八或十个人有过关系”，但一直没体验过性高潮，直到大约十个月前遇到她现在的男朋友。她说：“我想我爱他，他说他也爱我。”

她说她的男朋友也吸食可卡因，但已经答应“如果我戒他也戒”。她推测说：“我想如果我们没有吸毒，我们一定会相处很好，不过有时我们俩都想得比较复杂，事情不总是那么顺利。”她否认有抑郁，还说她从未“真正迷失”过。她承认她对目前的关系很担忧，“我愿意嫁给他，但我知道在事情理顺之前不可以。”评估的问题包括：①她是否有明显的精神病问题？②对治疗的动机和对她在治疗计划中的预期。③是否有其他特别的治疗目标？

案例 29 一位 25 岁女性的人际知觉相关变量

R = 19	CDI = 4	HVI = 阴性		COP 和 AG 反应
a:p = 3:7	SumT = 0	Fd = 1	Ⅶ	12. Dd + Mp. FYu 2 H, Cg 1.0 COP, GHR
	[eb = 6:6]		X	16. D + FMa. FC'o 2 A, Bt 4.0 COP, GHR
人物内容总和 = 7	H = 3		X	19. Dd + Mp. FCo 2 (Hd), Fd 4.0 DV, COP, GHR
[风格 = 内向]				
GHR:PHR = 6:2				
COP = 3	AG = 0	PER = 1		
孤独指数 = 0.11				

1. 以下哪个选项最准确地描述了步骤 6、7 的发现？
   (a) 她对人的兴趣比期望的要低，对人的理解可能也不好。不过，她的人际行为通常是适当的。
   (b) 她似乎对人有兴趣，但对人的理解可能不好。除此之外，她的人际行为通常与环境是相适应的。
   (c) 她对人有浓厚的兴趣，对人的理解也是相当现实的。这能促进她的人际行为，她的人际行为通常与环境是非常适应的。
   (d) 她似乎对人不那么感兴趣，但对人的理解是非常现实的。然而，她的多数人际行为似乎与环境不那么适应。
2. 以下哪个选项最准确地描述了她一般的人际交往特征？
   (a) 攻击性的
   (b) 谨慎的
   (c) 被动的
   (d) 退缩的
3. 以下哪个选项对步骤 4、5、6 的发现整合得最好？
   (a) 她喜欢依赖他人做决策，常常扮演较为依赖的角色，不过，当别人希望与她有亲密的情感交流时，她便感到某种不舒服。
   (b) 她是个非常孤独和愿意与他人建立亲密和依赖关系的人。
   (c) 她是个非常被动和依赖的人，通常，她期望别人为她承担决策的责任，作为回报，她非常愿意与其进行亲密的感情交流。
   (d) 她是一个被动且独立的人，她关注个人空间，可能有些不愿意进行亲密的情感交流。

4. 以下哪个选项对步骤 1 和 8 的发现整合得最好？

（a）她似乎对人际交流持开放态度，可能比较擅长建立深厚且成熟的人际关系。

（b）她通常对人际关系的预期是积极的，但她缺少一些建立深厚和成熟人际关系的社交技能。

（c）通常，在一般的人际关系中，她是被认可的，但那些熟悉她的人则回避与她建立亲密关系，因为她不大成熟。

（d）她在社交方面是一个天真幼稚的人，在人际关系中表现得非常焦虑和武断，不被多数人接受。

5. 假设她被门诊物质滥用治疗计划所接受，以下哪个选项可作为主要治疗目标？

（a）发展社交技能

（b）减少依赖需要

（c）发展更多的人际自信

（d）消除对人际关系的戒备态度

案例 29 的答案要点

案例 29

1. b　作为一个内向风格的人，7 个人物内容反应是在平均水平，纯 H 的频率是低的。不过，她的 GHR∶PHR 是 6∶2。

2. c　a∶p ＝ 3∶7。

3. a　她是被动的，有一个 Fd 反应，但也没有 T，虽然给出了 6 个灰—黑色和阴影反应。

4. b　CDI 呈阳性，但有 3 个 COP 反应。c 选项可能也是正确的，但这样的陈述超出了数据的范围，需要更详细的生活经历资料来确定其有效性。

5. a　发展更为有效的社交技能可能是降低她被动性和依赖性的关键因素，一项为期三个月的个体和团体治疗应该说是够充分了。

第十章　完整的描述

前面八章聚焦于罗夏测验的各个组成部分。每个单元只能提供关于某些人格特征的信息，却不能给出人格的完整画面。如果使用罗夏测验的语言，它们所代表的是测验的D（部分）信息。解释者所面临的挑战是把这些来自各单元的信息组合成W+（良好的整体），力求形成一个完整的、独特的个人描述。

形成一个完整的描述并不是一件困难的事。虽然每一位解释者都有他/她自己的书写风格，但对罗夏测验每个单元的发现进行综合总是有其逻辑的。有时候，按照单元考察的顺序将已有发现进行整合是件很便利的事。第一章表3罗列的关键变量就是按一定顺序排列的。一般来说，这个顺序所关注的是先前解释程序中最重要的发现，它们所代表的通常是一个好的开端。然而，由关键阳性变量所产生的发现常常是消极或负面的。重要的是，在一个完整的描述中，既要包含消极的，也要包含积极的，二者之间要有一个平衡。

某些解释者不假思索地将各单元的总结一个接一个地罗列出来，如此便构成一个"完整的"报告。这不是一种好的方法，其所代表的也不是一个完整的描述。因为每个单元的总结是缺乏联系而各自分离的。它们聚焦的范围是狭窄的，即便是包括了几个单元，情况也是如此，就像认知三联体的总结一样。单元的总结常常包含多余的信息，因为许多变量，如Lambda、EB、SumV和HVI等，都与多个单元的解释有关。事实上，简单地将各单元的总结罗列在一起，远不足以展现某人完整的人格面貌。

为了形成一个独一无二的能够说明被试心理组织和功能的描述，对发现的整合也需要探讨转介提出的问题。这就需要解释者在不同材料的关系中对涉及某特征的发现进行研究。也就是在这个阶段，第一章提到的解释的前提条件，如对人、人格、病理心理学和适应不良等知识，才变得至关重要。

作为解释前提条件的相关知识，能够帮助我们理解内部冲突，及其与外部行为之间的关系。它也能为我们提供一个基础，以理解某些特征如何在某种情境下成为优点，而在另一种情境下变成缺陷。它可以帮助解释者理解这些特征之间的关系，发现哪些处于支配地位，哪些是次要的，以及以一种能捕捉到某人个性特征的方式，描述这种混合状态。

在介绍将发现整合和组织成一个完整描述的程序前，有两个先前没有介绍的变量需要讨论。第一个是自杀指数，第二个是知觉—思维指数。

一、自杀指数

自杀指数（S-CON）由12个不同的变量组成，每一个变量按标准划分为阳性（+）或阴性（-）。S-CON是20世纪70年代中期提出的，所依据的数据来自59个自杀者。

这些人在接受罗夏测验后的60天内成功地实施了自杀。若干年后，又增添了一些数据，它们均来自罗夏测验基金会的数据库，这些人在成功自杀前的60天内都进行过罗夏测验。到20世纪80年代中期，样本达到了101个。使用先前样本的分析方法，对新的样本进行了研究，以确定哪些变量或变量组合能正确地将成功自杀者与对照组的病人和非病人样本区分开来。

最初对59份记录的分析，筛选出11个变量。按照11个变量中至少有8个呈阳性的标准，自杀样本符合标准的为75%，相比较而言，病人对照组为10%～20%，非病人对照组为0。交叉检验样本（cross validation sample）的分析得出非常类似的结果，不过在指数中增加了一个变量。

对包含12个变量的自杀指数的研究显示，交叉检验的自杀样本符合8个或以上阳性的比例为80%，病人对照组为6%～12%，非病人对照组为0。当划界标准降低到7个变量呈阳性时，自杀者的符合率上升至90%，对照组的错误判别率也提高到30%，其中非病人对照组达到6%。

S－CON的解释

解释者应该首先对S-CON进行考察。S-CON为8或以上是危险信号，表明被试有许多在那些接受罗夏测验后不久便成功自杀的人中常出现的特征。应将此作为一个警告，需要迅速探查是否存在对自我毁灭的高度专注。通常，对此问题的进一步探究需要与被试进行全面、深刻的面谈，在某些情况下，详细了解被试的生活经历也有助于该问题的解决。

发展S-CON使用的是成人样本。S-CON是否可以在儿童中使用？有一项小样本的研究分析了这些样本自杀前的罗夏测验数据，结果显示，儿童的S-CON结果不肯定，假阳性率较高。不过，这项研究指出，成年人的S-CON可以用于年长的青少年（15～17岁），使用的标准与成年人的一样。

S-CON小于8不应解释为不存在对自我毁灭的专注。在自杀样本中，假阴性率为20%～25%。以此类推，一些解释者对S-CON为7的被试深感忧虑。这种忧虑看起来合乎逻辑。因此，对反应的编码应仔细检查。即使编码是正确的，被试对自杀的偏执想法是否存在，依然需要对所有涉及个人的可能的资料进行探究。

二、知觉—思维指数

知觉—思维指数（PTI）是原有的精神分裂指数（Schizophrenia Index, SCZI）的修订版。最初的SCZI是在20世纪70年代使用与知觉或思维相关的变量建立起来的。它包括5条标准。20世纪80年代晚期，被修订为6条标准。SCZI的解释总是依赖一个划界值，它的建立与S-CON的划界分是类似的。研究发现SCZI为4或以上时，表示可能存在精神分裂症样的问题。

有研究显示，当划界分为4时，在诊断为精神分裂症的病人中，SCZI达到这个标准的占65%~80%。不过，其他有严重问题的人，SCZI等于或大于4的也占到10%~20%。这种情况最常出现在住院的情感障碍病人中，但在其他处于精神病状态的病人中，假阳性的情况也很突出。

实际上，在那些非精神分裂症中，如果结合该指数的其他变量考虑，SCZI呈阳性也不一定就是假的。它们与中介和概念化过程的问题有关，那些处于明显紊乱的人，这方面的功能常常有严重受损。然而，在面对该指数呈阳性而又非精神分裂症时，精神分裂指数这个标签对解释其阳性发现便是一个挑战。

高的假阳性率也出现在较年轻的人中，特别是在青春期前和青春期的儿童中，他们的行为常常具有反复无常的特征。通常，这些人有明显的逆反或愤怒，这对他们的测验行为有重要的影响，常导致他们在给出反应时忽略或歪曲墨迹图的某些较为突出的外周或末梢特征。如果将该指数所包含的其他变量一同考虑的话，那他们就不是真正的假阳性，通常也不是精神分裂症。

由于诊断精神分裂症的临床和行为标准在不断改变，使用SCZI对解释者的挑战也变得更加复杂。在某些方面，那些标准变得更为严格，而在其他方面，标准则变得更为宽松。精神分裂症谱系的概念日益受到推崇，来自该谱系的其他标签也常常被用于曾经被诊断为精神分裂症的患者。

这些变化引发了一系列关于SCZI的研究，目的是改进该指数对中介和概念化方面存在严重问题的人的区分效度。结果确定了两个很鼓舞人心的新变量，它们对发现知觉或中介过程的问题很有帮助。这两个变量是XA%与WDA%，在前面有关中介过程的章节中提到过。这些研究也影响到了命名，将其改为知觉—思维指数，从而更加准确地反映了与变量有关的特征。构成PTI的变量和标准见表11。

表11　构成PTI的变量和标准

1. XA% <0.70 和 WDA% <0.75
2. X-% >0.29
3. LVL2 >2 和 FAB2 >0
* 4. R <17 和 WSUM6 >12 或 R >16 和 WSUM6 >17
5. M- >1 或 X-% >0.40

注意：* 号为年龄在13或以下的调整：如果R >16，年龄为5~7 = 20；年龄为8~10 = 19；年龄为11~13 = 18。如果R <17，年龄为5~7 =16；年龄为8~10 = 15；年龄为11~13 = 14

PTI指数的发展，受益于对两个"假阳性"样本的考察。第一个样本有150份测验记录，SCZI等于或大于4，但却没有一个被诊断为精神分裂症或有精神病特征。他们被视为"有效"的假阳性。第二个样本有50份记录，SCZI是5或6，他们不是精神分裂症病人，但却有精神病性特征。他们被视为"真正的"阳性。在150份假阳性记录中，有127份的PTI小于4，将近2/3的PTI小于3。50份真阳性记录中，有31份的PTI为4或5，11份的PTI为3。

虽然PTI比SCZI在判定中介或思维问题方面更为保守，但PTI的分数在精神分裂症中的分布与 SCZI 没有明显不同。比如，在按照 DSM 标准诊断为精神分裂症的 110 个被试中，有 84 个的 SCZI 为 4 或更大。这 84 个中有 62 个的 SCZI 为 5 或 6。这 110 个被试的 PTI 分布为：61 个为 4 或 5，22 个为 3。

PTI 的解释

该指数不应被作为特殊诊断的主要依据。它没有临界划分值。更确切地说，它应被视为一个连续的等级尺，较高的一端比较低的一端有更严重的问题。它的主要目的是提醒解释者在中介和概念化方面可能存在困难。通常，PTI 为 4 或 5 要比 PTI 为 0、1 或 2 在中介/概念化方面有更多麻烦，不过，这只是一个简单的划分。中介或概念化方面的问题到底到了怎样的程度，唯有在对与这些特征有关的单元进行彻底考察后才能确定。

在关键变量列表中，PTI 取代了 SCZI 成为决定数据单元最佳考察顺序排位的第一关键变量（见第一章的表 3）。它在关键变量列表中排位第一强调了在 PTI 升高的情况下，在解释其他数据前，优先对认知相关数据考察的重要性。

三、案例 30：形成完整的描述

此处我们使用一位 32 岁女性被试来说明如何将测验数据中的发现整合成一份完整的报告。这项评估是应一位精神科医生的请求进行的，评估的对象是由一位牧师介绍给这名精神科医生的。某日深夜，牧师发现她一个人坐在教堂里哭。牧师不认识她，她不是本教区的。当被问及是否需要帮助时，她似乎有些语无伦次。她说不清楚自己的名字，也不知道自己的住址。牧师认为她使用毒品过量。经她许可，牧师查看了她的钱包，里面的证件显示她住在约 20 英里外的郊区。他安排她在一家与教堂有联系的女性救助站过夜，并打算第二天一早再与她交谈。第二天早上，她似乎清醒了，说出了自己的姓名和住址。她否认自己使用毒品，但承认前一天的事不记得了。她不愿意联系自己的丈夫，但同意与在救助站服务的精神科医生聊聊。

在与医生的交谈中，她承认以前也有过几次失忆或遗忘发作，多数持续几个小时，但有一次持续了差不多 2 天。她对丈夫隐瞒了这些事，说她去附近的社区看堂妹了。她说她担心自己“有某种多重人格，好像别的什么人占据了我的身体，我曾经读过那一类东西”。她同意“除非有绝对必要”且在不告诉她丈夫的情况下接受神经学和心理评估。

十年前，她从一所大学拿到政治学学位，毕业后不久就结婚了。她的丈夫今年 35 岁，是一家企业审计公司的会计和合伙人。结婚之后，她找到一份法律助理的工作。她说自己喜欢这份工作，不过发现工作会影响她照顾家庭。工作 3 年后，她就离职了，从此再没去工作。她有个哥哥，今年 35 岁，是一名律师，但很少联系。他父亲今年 66 岁，退休前是一位邮政局长。母亲 64 岁，是家庭主妇。他们住在一个很远的城市，除了假期，她很少与他们联系。

她说最近五六年，他们的婚姻一团糟。刚结婚的几年里，他们的婚姻很快乐。辞职后不久她便怀孕了，之后婚姻就开始出现问题。她说丈夫为怀孕的事很烦心，“他觉得他还没准备好要孩子”，所以她就把孩子打掉了。她为自己屈从于丈夫的要求而感到自责，说自己现在更困惑了，因为“他赚了很多钱，他要开始家庭生活，但我很害怕”。她指出自己的恐惧是因为在12岁时被哥哥的两个朋友强奸了，他们当时16岁。她从没对父母和其他人讲过此事，但总被此事的回忆所折磨。她说自己在大学里有两三个亲密朋友，但现在都失去联系了。最近这些年，她有不少泛泛之交，但“没有一个真正能谈心的人”。她承认大学期间曾大量使用毒品，但否认近期使用过毒品或酒精。她说丈夫为此常斥责她。

她说失忆让她很困惑。每次失忆时，她都发现自己身处一个新的地方。在最近这次发作前，有一天早晨醒来她发现自己在一家汽车旅馆里，还有一次发现自己坐在离家50多英里外的一个湖边的车里。她很坦诚地说，在某些或所有失忆发作时，她可能和别人发生了性关系，但对此都记不得了。

全面的神经学检查没有阳性发现。她的精神科医生询问：分离性反应（dissociative reaction）的诊断是否合适？是否有其他发现可解释其失忆？是否有理由怀疑她存在精神分裂症谱系问题？短期和长期治疗的目标是什么？她的精神科医生还指出有关她的问题和评估刚通知了她丈夫，不知在当前的治疗计划中是否应将其丈夫包括在内。

案例30　一位32岁女性被试的罗夏测验记录

图卡	编　号	反　应	询　问
I	1	可能是一只蝴蝶。	主试：（重复被试的反应） 被试：整个东西，有两只翅膀，身体和上面的小触须。
	2	两个滴水兽雕塑，紧紧地抓着一只巨大的甲虫。	主试：（重复被试的反应） 被试：也是整个，滴水兽在两边，看翅膀是明显的，这是腿，中间看起来像一只甲虫，看起来它们在紧紧地抓着它。 主试：你说它们是雕塑？ 被试：应该是吧，它们都不是真的，所以我会想到某种艺术品。
	>3	一头大象竖着耳朵站在一个池塘边上，在往里面看，看着自己的影子。	主试：（重复被试的反应） 被试：这是水位线，这些是灌木，这是那只大象，它全部倒映在这里。
	∨4	死了的东西，像蝙蝠，一只黑色的蝙蝠，蝙蝠就是这种黑色的，但是它们身上没有这些洞。	主试：（重复被试的反应） 被试：尾巴、翅膀，身上有洞，所以我想它是死的，我猜它可能是睡着了，它们倒挂着睡觉，但是没有洞，所以我想它是死了。
Ⅱ	5	两只熊用手指在墙上画画。	主试：（重复被试的反应） 被试：一边一只熊，看头和身体，这是墙上的爪印或手印，它们将颜料洒溅到地板上，下面红色的是颜料。

（续上表）

图卡	编　号	反　应	询　问
Ⅱ	6	也可能是某种黑魔法仪式，两个人站在这白色的祭坛前，在进行血祭。	主试：（重复被试的反应） 被试：两个穿着黑斗篷的人，红色的帽子，他们的手在一起，跪在白色的圣坛前，下面这是血。 主试：你说它是个仪式？ 被试：中间白色的是祭坛，这是血，必定是仪式，像黑魔法。
Ⅲ	7	两个土著人在敲鼓，有死猴子倒挂在背景上。	主试：（重复被试的反应） 被试：他们是自然主义者，女性自然主义者，你能看见她们的乳房，这些看起来像死了的猴子，倒挂在那儿，看，长长的尾巴，这里是小脑袋。 主试：你说她们是自然主义者？ 被试：当然了，她们赤身裸体，就像裸体主义者，她们称她们自己是自然主义者。
	8	中间的是肺。	主试：（重复被试的反应） 被试：有两个肺，中间连起来，是红的，像肺。
Ⅳ	9	一只巨大的食蚁兽，仰面躺着。	主试：（重复被试的反应） 被试：你能看见鼻子、手臂、大脚、尾巴。 主试：你说它仰面躺着？ 被试：仰面躺着，因为你能看到它的肚子，但看不到它的脸，就像我们站在它上方很高的地方向下看一样。
	10	可能是一棵树，如果你透过这些树叶向上看的话。	主试：（重复被试的反应） 被试：如果地上的是草，那你就是在草的下面向上看，应该是这个样子，向上看，树干（勾画），这里伸出来的是树枝和树叶。
	∨11	这样看，像一个宫内节育器。	主试：（重复被试的反应） 被试：小小的头，锯齿形的边，就是那种形状。
	12	可能是一张剥下来的动物毛皮。	主试：（重复被试的反应） 被试：颜色和质地都像，像毛皮，就像一张毛皮。
Ⅴ	13	一只蝴蝶。	主试：（重复被试的反应） 被试：这是身体，这是翅膀。
	14	两只动物将头撞在一起。	主试：（重复被试的反应） 被试：它们像公羊或鹿，后脚、前脚，它们挤到一起了，就是侧面。
Ⅵ	15	像女性的器官，不要上面这些。	主试：（重复被试的反应） 被试：阴唇扩展到这里，就像被扯开了，你能看到深浅不一的灰色，从缝的里面向外变化。
	∨16	挂在墙上的一张动物皮。	主试：（重复被试的反应） 被试：腿、尾巴垂下来，这里、那里不同的颜色看起来毛茸茸的。

（续上表）

图卡	编　号	反　应	询　问
Ⅶ	17	破碎的东西。	主试：（重复被试的反应） 被试：缺了几块，它是某种东西，但是碎了，可能是花瓶，或别的你说不出来的东西，只是某种东西的碎片，就放在那里。
	∨18	像一个中间什么都没有的螃蟹。	主试：（重复被试的反应） 被试：像螃蟹的背面，但是中间什么都没有，像是螃蟹壳的一部分，中间的部分没有了，烂掉了。
	∨19	哦，或许是两个土著女黑人在跳舞，背对背，头发挨着头发。	主试：（重复被试的反应） 被试：你能看到她们的腿、裙子，她们的头挨着，就像是某种奇异的舞蹈。
Ⅷ	20	一只金龟子。	主试：（重复被试的反应） 被试：一个像大头针一样的五颜六色的甲虫，就像一块珠宝。
	＞21	一只粉红色的猫，一只脚踩在岩石上，另一只脚踩在树桩上，正在看它水中的倒影。	主试：（重复被试的反应） 被试：一只粉红色的猫，看，这是眼睛和鼻子，水是蓝色的部分，猫倒映在下面。
	22	内脏，像肚子里面的东西，像医学书里面的插图。	主试：（重复被试的反应） 被试：肠子，就像一幅图，五颜六色的图，就像时代生活出版社的那些图书中的内脏插图，这粉红色的是胃，其他的像肠子和液体，像胆汁和里面的东西。
Ⅸ	＞23	一个胖精灵坐在水边的一块粉红色的岩石旁边抽着烟斗。	主试：（重复被试的反应） 被试：一个弓着腰的精灵，叼着烟斗，烟从烟斗中冒出，他在水边，这都是倒影，看，这是烟斗（勾画），橙色的都是烟。
	∨24	某种炸弹爆炸。	主试：（重复被试的反应） 被试：来自爆炸的力量，在蘑菇云的下面，橙色的火和绿色的烟将蘑菇云向上推。
Ⅹ	25	狂欢节戴的面具，五颜六色的。	主试：（重复被试的反应） 被试：整个就是一个野兽的面具，一个五颜六色的野兽面具，有尖尖的顶，绿色下垂的胡子，很多色彩鲜艳的东西从两边垂下来，就像你在狂欢节看到的那样。
	26	很多色彩纷呈的海底生物，到处游来游去。	主试：（重复被试的反应） 被试：蓝色的、灰色的和棕色的都像螃蟹，绿色的看起来像鳗鱼，粉红色的像珊瑚，很多珊瑚都是这样的粉色，我在电视上看到过，它们都在围着珊瑚游来游去。

案例 30　分数序列

图卡	编号	部位	#	决定因子	(2)	内容	P	Z	特殊分数
Ⅰ	1	Wo	1	Fo		A	P	1.0	
	2	W+	1	FMpo	2	Art，(A)		4.0	
	3	W+	1	FMp. Fro		A，Na		4.0	
	4	WSo	1	FC'o		A	P	3.5	MOR
Ⅱ	5	W+	1	Ma. CFo	2	A，Art	P	4.5	FAB，PHR
	6	WS+	1	Mp. FD. FC'. CFo	2	H，Bl，Cg，Id		4.5	AB，ALOG，COP，PHR
Ⅲ	7	D+	1	Ma. mp. FDo	2	H，Id，A，Sx		4.0	DV2，MOR，PHR
	8	Do	3	FCo		An			
Ⅳ	9	Wo	1	FMp. FDo		A		2.0	INC
	10	Wo	1	FDo		Bt		2.0	
	11	Wo	1	F-		Sc，Sx		2.0	
	12	Wv	1	TFo		Ad			
Ⅴ	13	Wo	1	Fo		A	P	1.0	
	14	W+	1	FMao	2	A		2.5	DV，AG，PHR
Ⅵ	15	Do	1	FVu		Hd，Sx			PHR
	16	Wo	1	mp. FTo		Ad	P	2.5	
Ⅶ	17	Wv	1	F-		Hh			MOR
	18	WSo	1	F-		Ad		4.0	MOR
	19	W+	1	FC'. Mao	2	H，Cg		2.5	COP，GHR
Ⅷ	20	Wo	1	CFu		Art，(A)		4.5	
	21	W+	1	FMp. Fr. CFo		A，Na	P	4.5	INC
	22	Wo	1	CF-		Art，An		4.5	
Ⅸ	23	W+	1	Mp. FC. Fr. mpu		(H)，Fi，Ls		5.5	INC，PHR
	24	Wo	1	ma. CFo		Ex，Fi		5.5	
Ⅹ	25	WSo	1	CF. mp-		(Hd)		5.5	PHR
	26	W+	1	CF. FMao	2	A，Bt	P	5.5	PHR

案例 30　结构化表

部位特征		决定因子 混合反应	单个反应	内容	序列	
				H =3, 0	Ⅰ W. W. W. WS	
Zf =22		FM. Fr	M =0	(H) =1, 0	Ⅱ W. WS	
ZSum =79. 5		M. CF	FM =2	Hd =1, 0	Ⅲ D. D	
ZEst =73. 5		M. FD. FC'. CF	m =0	(Hd) =1, 0	Ⅳ W. W. W. W	
		M. m. FD	FC =1	Hx =0, 0	Ⅴ W. W	
W =23		FM. FD	CF =2	A =9, 1	Ⅵ D. W	
D =3		m. FT	C =0	(A) =0, 2	Ⅶ W. WS. W	
W + D =26		FC'. M	Cn =0	Ad =3, 0	Ⅷ W. W. W	
Dd =0		FM. Fr. CF	FC' =1	(Ad) =0, 0	Ⅸ W. W	
S =4		M. FC. Fr. m	C'F =0	An =1, 1	Ⅹ WS. W	
		m. CF	C' =0	Art =3, 1		
		CFl FM CF. m TF	FT =0	Bl =Ay 1 =0, 0	特殊分数 DQLv2	
+ =10			T =0	Bt =1, 1	DV =1×1	1×2
o =14			FV =1	Cg =0, 2	INC =3×2	0×4
v/+ =0			VF =0	Cl =0, 0	DR =0×3	0×6
v =2			V =0	Ex =1, 0	FAB =1×4	0×7
			FY =0	Fd =0, 0	ALOG =1×5	
			YF =0	Fi =0, 2	CON =0×7	
形状质量			Y =0	Ge =0, 0	Raw Sum6 =7	
FQx	MQual	W + D	Fr =0	Hh =1, 0	Wgtd Sum6 =18	
+ =0	0	0	rF =0	Ls =0, 1		
o =18	4	18	FD =1	Na =0, 2	AB =1	GHR =1
u =3	1	3	F =5	Sc =1, 0	AG =1	PHR =7
- =5	0	5		Sx =0, 3	COP =2	MOR =4
none =0	0	0		Xy =0, 0	CP =0	PER =1
			(2) =7	Id =0, 2		PSV =0

记录 167　比率、百分率和导出分数

R =26	L =0. 24		FC:CF + C =2:8	COP =2	AG =1
			Pure C =0	GHR:PHR =1:7	
EB =5:9. 0	EA =14	EBPer =1. 8	SumC':WSumC 3:9. 0	a:p =6:10	
eb =11:6	es =17	D = - 1	Afr =0. 37	Food =0	

（续上表）

		Adj es	=13	Adj D	=0	S	=4	SumT	=2
						Blends:R	=12:26	Humon Cont	=6
FM	=6	SumC'	=3	SumT	=2	CP	=0	Pure H	=3
m	=5	SumV	=1	SumY	=0			PER	=1
								Isol Indx	=0. 27

a:p	=6:10	Sum6	=7	XA%	=0. 81	Zf	=22	3r+ (2) /R	=0. 62
Ma:Mp	=3:2	Lv2	=1	WDA%	=0. 81	W:D:Dd	=23:3:0	Fr+rF	=3
2AB+Art+Ay	=6	WSum6	=18	X-%	=0. 19	W:M	=23:5	SumV	=1
MOR	=4	M-	=0	S-	=2	Zd	=+6. 0	FD	=4
		Mnone	=0	P	=7	PSV	=0	An+Xy	=2
				X+%	=0. 69	DQ+	=10	MOR	=4
				Xu%	=0. 12	DQv	=2	H:(H) +Hd+ (Hd)	=3:3

PTI=1　DEPI=6*　CDI=3　S-CON=9*　HVI=阴性　OBS=阴性

在将测验的发现组织形成完整的描述前，先要对不同单元的发现进行概括，完整的描述是从这些概括中发展而来的。首先考察的是自杀指数（S-CON），接下来按照表4（第一章）列出的由第一关键阳性变量所确定的顺序，对各分数单元进行考察。就此案例而言，DEPI大于5，符合表3的第三条。

这样，对单元解释的顺序应该从考察情绪相关数据开始。接下来考察控制、自我知觉和人际知觉，最后是认知三联体。由于D分数低于调整D分数（Adj D），所以与情境性压力有关的发现将与控制单元一同考察。

（一）自杀指数（S-CON）

S-CON的数值是9。不论其他发现如何，除了重视测验报告中的这个发现外，与转介她来评估的精神科医生就此事进行接触是非常必要的。最终的描述应从提醒人们注意这样一个事实开始，即被试的某些数据与那些最终成功自杀者的类似。尽管在病史中，她没有谈到任何自杀观念，但她的许多失忆发作似乎显示自杀迹象。一次是发现自己坐在停在湖边的车里，最近的一次是去了教堂。企图自杀的人对实施自杀是相当矛盾的，他们常常去寻求帮助，但又是非常间接的。她衣冠不整地出现在教堂可能就是一种寻求帮助的姿态。事实上，人们现在对她的关注，可起到缓和其自杀意图的作用，但对其自杀可能性的评估应仔细有序地进行并迅速完成。

（二）情绪

测验的发现显示她可能经常处于情绪困扰之中，突出表现为难以控制的抑郁发作（步骤1）。她是那种在解决问题，或决策时习惯于依赖自己感觉的人（步骤2）。这种习惯并非一成不变，有时，情绪对其思维过度影响，她也可将情绪放置一边不顾（步骤3）。事实上，她倾向于隐藏自己的负面情绪，其中包括与自我怀疑、自责和孤独有关的情绪（步骤4）。她这么做似乎是因为她直接处理这类情绪会很不舒服（步骤6）。

有时，她倾向于在更加理智的水平上对其情绪的真实特征加以否认或歪曲（步骤7）。当她的情绪过于强烈时，理智化有助于控制它们。另一方面，她的情绪表露对他人而言是非常强烈的，因为她无法像多数成年人一样调节它们。认识她的人可能会将她看成是一个有强烈情绪或过于情绪化的人（步骤9）。她似乎相当愤怒（步骤11），这可能源于她不幸的婚姻，至少部分如此。她是一个十分复杂的人，而这种复杂性因其当前所经受的压力而有所增加（步骤12、13、14）。

（三）控制和情境压力

通常，她自身的资源相当充裕，足以确保其拥有良好的压力控制和压力耐受能力（控制，步骤1和2）。然而，此刻她所经受的压力远非她能轻松应对的。所以，她目前正处于刺激过载状态，这使她有时容易出现紊乱或冲动（压力，步骤2）。即使没有压力，她出现混乱或不连贯思维的可能性也比一般人的高。这可能因为她是一个非常匮乏的人，倾向于反复思考那些被她知觉为负面的人格特征（控制，步骤5）。

她的思维因目前的心理过载而变得更加复杂。这导致她容易分心和注意集中困难（压力，步骤3）。情绪单元的发现已清楚表明当前的压力增加了她的复杂性，其中包括观念活动的明显增加（12个混合反应都包含运动因子）。

（四）自我知觉

她是一个高度自我中心的人。她的自我卷入度很高，有一种自恋样的个人价值观，所有这些都深深地影响着她对世界的知觉和对他人的判断。这种类型的人倾向于将失败或不幸归罪于外在因素，他们通常对令人讨厌的压力进行否认（步骤1和2）。有趣的是，她热衷于内省，其中包括对那些她知觉为负面特征反复思索（步骤3）。对于一个自恋的人来说，这些都显得格格不入，似乎表明存在严重的内部冲突。一方面她要努力维持自己膨胀的价值感，另一方面又要承认自己的缺陷。她倾向聚焦于负面特征，这可能与她被强奸、堕胎和婚姻中受支配的地位有关。总之，前面提到的抑郁便由此而来，她对自杀或自我毁灭的专注也与此有关。

她似乎对身体过分担忧，并觉得比自己期望的更脆弱（步骤5）。她对自己有一种悲观看法，有一种受损的感觉（步骤6）。实际上，她的自我意象主要还是建立在她对社会交往的知觉之上，但这并不意味它是准确的或现实的（步骤7）。在她消极的自我观念中，包含明显的对性的专注（步骤8a、8b和8e），她受损的意象所波及的范围可能更广，涉及许多自我意象特征（步骤8b、8c和8d）。一般而言，她总是通过呈现更为正面的形象来隐藏那些负面的意象，不过并不总能成功（步骤8c和8d）。

（五）人际知觉

通常，她在人际关系中充当相当被动的角色。她情愿让别人来做决定，这显然是一种避免因出错而承担责任的便利方法（步骤 3）。将此特征与情绪分数单元显示的愤怒结合起来考虑，似乎可这样推测：她的某些行为具有被动攻击的特征。她是一个孤独的人（步骤 5）。显然，她的婚姻并没有满足她对亲密感的需要。她对人是非常有兴趣的，对他们的印象一般也是基于现实的（步骤 6）。但是，她似乎不能以一种可带来平和与持久人际关系的方法展现自己。事实上，她的社交行为常常是肤浅的，所以不能很好地适应情境，有时甚至令人不快（步骤 7）。她在这方面比较天真幼稚，因为她以为人际交往总是正面积极的（步骤 8）。这种对人际关系天真的态度可能源自她对自己的过度关注，以及对他人的需要或他人提供的线索不敏感。尽管她对人有兴趣，但参与社交活动的主动性比预期的要低（步骤 10）。

（六）信息加工

她花费大量的精力对其看到的每一个新区域进行组织，似乎一点也不考虑经济性问题（步骤 1 和 2）。即便她通常总是有很多的资源可利用（控制，EA），但对一个被动的人来说，依然是有些不一致的。所以，她的这种加工新经验的方式似乎是由防御驱动的，目的是确保不会错过任何东西（步骤 4 和 5）。这或许是因导引决策的情感太强烈（情绪），或是她难以长时间集中注意力（控制）。她的努力经常是成功的（步骤 3），对新的输入信息的组织是可靠和适应的，但有时因内部优势贯注，如愤怒或对性的关注，导致加工扭曲（步骤 7 和 8）。

（七）认知中介

一般来讲，她对新输入信息的转换是与情境相适应的（步骤 1），不过她似乎对现实的歪曲超过了预期（步骤 3）。这些歪曲通常是因其情绪或自我意象和性观念的过度影响所致（步骤 3a）。后者似乎在这方面影响更甚（步骤 3b，反应 11）。然而，当线索明显时，她的转换通常是很大众化的（步骤 4）。事实上，她的大部分转换相对来说都是符合常规的（步骤 6）。

（八）概念化

通常，她的思维受情绪影响相当严重。直觉在她的决策中扮演重要角色。尽管她有时使用不那么精确的逻辑以及为稳妥而过多依赖外部反馈，但她的这种特征还不能算是明显的缺陷（步骤 1）。这种直觉方式是非常有效的，如果不是被僵化使用且思维不被情绪或错误的判断过度袭扰的话。看起来她在决策时并非顽固地使用直觉（步骤 2），但有些特征显示她的思维并不总是清晰和连贯的。很明显，她有一种悲观主义倾向，这使她常常以一种怀疑的眼光看待她与世界的关系，以一种悲观的预期看待她的努力结果（步骤 4）。她在保持思维的组织性方面有困难，其原因是内部需要和情境相关压力使外周性心理活动显著增加，从而频繁地侵扰有意识的指向性思维（步骤 5）。她也容易出现错误的逻辑，其原因是她在理智上否认那些令她困惑或痛苦的情绪（步骤 7）。最终的结果是思维缺乏一致性和清晰性，思维松散，判断不佳（步骤 8 和 9）。她的思维并不奇异（步骤 9），不过她的概念化方式达不到人们对受过良好教育人的期望，比较简单化，缺乏复杂性（步骤 11）。

（九）完整描述和建议

该被试的情绪非常混乱，可能经常出现自我毁灭的念头，并深受其折磨。目前，她正处于情境性压力之中，压力可能来自她自身的境遇。她感到有些混乱，这使其良好的控制力有所削弱，导致心理组织功能中等程度的破坏，需要特别指出的是她目前的状态很容易出现冲动的思维或行为，特别在复杂或陌生的情境中更是如此。

她提到有失忆或遗忘发生，这也不足为奇，因为她就是这种类型的人，即通过广泛的压抑从不安和痛苦中得到必要释放的人，如分离状态的发生。似乎她已经与负性或混乱的情绪抗争了相当长时间，这意味着她频繁地体验着痛苦或抑郁。这种情况的发展演变似乎是多样和复杂的。

她是那种感觉型的人，思维和行为更多受感觉或直觉影响。这种生活在直觉中的方式在人群中并不少见，而且只要能合理地控制情绪，不要远离情境的现实性，便可良好地运行。就她而言，其情绪并不是总能控制得很好。事实上，她常因情绪表达过分强烈而引人关注。她的这种缺乏控制给人的感觉是太过情绪化，尽管在某些场合尚可被接受，但也使一些人远离了她。

这并不意味着她有持续的情绪控制问题。虽然她目前的控制能力比平时的要差，但她通常有足够的心理资源可确保对决策的形成和实施的控制或对情绪表达的控制。她较少控制其情绪表达，这是她的一种习惯性模式，可能在青少年时期便是如此。这种模式至今没有改变，说明她展现给别人的自我意象是相当幼稚的。这种情况会因下面的情况而变得更加复杂：她努力隐藏负性情绪，常常假扮有智慧的样子，以此否认明显的不快情绪。有时，这种外表很容易在他人面前显露其浅薄性，从而影响与他人的亲密关系。

她也是一个非常自我中心的人，有着夸大的个人价值感。这种特征在年轻人中是常见的，通常随着在与他人的关系中对自己的评价越来越现实而减弱。对她而言，这种变化却没有发生，直到成年她依然保持不变，期待他人接纳她的高自我价值，盼望别人以令其满意的方式行事。事实上，在与他人的关系中，她扮演着相当被动的角色，总是期望别人承担起大部分决策的责任，并期望这些决策是对她有益的。这样的角色可让她在事情变糟糕时责难他人，从而保全自己的完整性。

很明显，她对人是有兴趣的，但似乎缺乏建立亲密和持久关系所必需的敏感和技巧。她的自我中心、被动和强烈的情绪组合在一起，让她与别人的距离远远地超过她所希望的。她对自己不佳的社会关系感到失望，这种失望又因不幸的婚姻而加剧。最后的结局就是成为一个孤独的人，一个对认可和亲密的需要得不到满足的人，一个对周围环境心怀不满或愤怒的人。

这种情况又导致她陷入自我反省之中，自我反省使她面对和反复思考自己的缺陷。她知觉到自己是一个虚弱和有缺陷的人，她对自己的性能力产生怀疑。这对她来说肯定是特别难以面对的，因为她一直都自视甚高。自我中心的人一般都将问题归咎于外部因素，任何将责任归咎于内在缺陷的举动都将与其膨胀的自我意象相冲突。她在病史中提到自己在少女时曾被强奸，还提到是她丈夫催促她堕胎。不管这些是否属实，都为其逃避承担目前困境的责任提供了一个理由。然而，从更深的层面来看，她的确有自我贬低的倾向，她对其处境怀有内疚或悔恨，其严重程度远比表面看到的要多。

她对新信息的处理非常努力，这应该是她的一个积极方面。她要确认没有错过任何重要的事情。通常，她在组织新信息方面还是非常有效的。她努力尝试成为一个正常的人，她搜寻有关可接受行为的明显线索，但有时她对自己负面特征的愤怒或过度思虑，导致她歪曲或忽略现实。然而，这种情况并非经常发生，通常她的现实检验能力是完整的。

另一方面，她的思维没有预期的那样复杂，也并非总是一致或清晰的。之前已经提到，她很容易受自己情绪的影响，在面对负性或混乱情绪时，她的思维会受到影响。另外，她的许多思想具有悲观主义色彩，这使得她总是以怀疑的眼光和悲观的预期审视自己的世界。她的需求和情绪都很强烈，常常令其不能集中注意，结果有时思维会变得松散，甚至出现错误判断。

说她是个非常复杂的女人恐怕也不为过。她感到无助，并深受严重的忧伤或抑郁发作的煎熬。她对自己夸大的自我价值感确信无疑，同时又挣扎在悲惨的生活现实中。她有许多资源和潜能。她在新信息输入方面相当出色，对这些信息的处理也很努力和现实。尽管她的思维有时会模糊不清，但不会紊乱或失常。她对人真的是有兴趣的。她的自我中心、幼稚的情绪和被动性严重影响了她对生活的良好适应和享受。

分离性反应这个诊断是否适合她？显然没有证据否定这个诊断，当然其他诊断术语如心境恶劣、自恋人格、歇斯底里，甚至被动—攻击人格也是适合的。没有证据显示她存在精神分裂症谱系问题。也许更重要的问题是她的无助感是否会发展为绝望感，以及是否会引发自杀观念。

眼前最需要的治疗是为其提供支持、安慰和保证，以缓解她目前的混乱情绪。考虑到她有自杀的可能性，因此应在一段时间内保持每天与她接触。不论是怎样的治疗计划，都要让其丈夫参加，这非常重要，因为她的某些问题很明显是与婚姻有关的。当然，认为她的问题只要聚焦于她的婚姻便可解决是不现实的。她的问题远远超出了这个层面，需要干预的范围可能更广。

一旦目前觉察到的压力减弱了，治疗就应该着重于外部问题而不是内部问题。必须避免对她完整性的任何直接威胁。这样的威胁可能会导致她过早结束治疗。她与他人包括其丈夫难以维持亲密关系，她对此似乎较为关注，应当将此作为短期治疗的基本目标。与情绪和被动有关的问题也应在这个阶段涉及。最后，治疗的焦点应转移到更加基本的有关自我意象的问题。

（十）最后的建议

对案例 30 的描述可以以不同的方式进行，包括将测验的发现置于不同的人格和/或行为的理论模型中。有时这是很必要的，除非它不是一个案例，否则解释者应当努力给出一个大多数具有不同理解能力的人都能看懂的描述。使用专业术语常常不能达到这个目的。

另外，描述应尽可能简短。写一份简短报告的难点在于能否将她所经历的混乱凸显出来，以及能否将那些导致混乱的易感人格特征之间的关系解释清楚。同样，治疗建议应聚焦于更为具体的干预手段，指出哪些是适当的，哪些是不适当的，以及使用的时机。当然，如果报告是写给解释者熟悉的人，且解释者对他们的治疗导向和技术比较熟悉，那写治疗建议时最好对此有所保留。

最后，临床医生在写报告时，习惯在报告的最后给出一个简要的总结，即将所有的发现综合起来，给出一个简要的人物描述。但对案例 30 而言，这类概要不太容易写，因为其人格特征和她的世界之中存在的关系过于复杂，即使没那么复杂，一个简短的小结对她来说也是不公平的。这几乎对每个案例来说都是如此，因为每个人都有各自的复杂性，他们的问题的产生和发展也都不会是简单和显而易见的。如果确实有必要写一个简要的总结，解释者应避免给出具体的诊断性结论，而应给一个简述，一个对测验发现完整评估的简述。如此，才可让那些负责照顾他们的治疗者对他们至少有一个基本的了解，为后续工作奠定一个基础。